本书编写人员

主　编　杨丽芳

副主编　徐　静　张志凌　李　理

参　编　郑建萍　刘炳华　吴文彬　彭　莉

王　皓　谭向东　王　琳

丛 书 编 委 会

全国高职高专规划教材

大气污染治理技术

——工学结合教材

杨丽芳　主编
王宜明　主审

中国环境科学出版社·北京

图书在版编目（CIP）数据

大气污染治理技术——工学结合教材/杨丽芳主编. —北京：中国环境科学出版社，2011.3
全国高职高专规划教材
ISBN 978-7-5111-0507-3

Ⅰ. ①大… Ⅱ. ①杨… Ⅲ. ①空气污染控制—高等学校：技术学校—教材 Ⅳ. ①X510.6

中国版本图书馆 CIP 数据核字（2011）第 028525 号

责任编辑 黄晓燕
责任校对 扣志红
封面设计 中通世奥

出版发行 中国环境科学出版社
（100062 北京东城区广渠门内大街 16 号）
网　　址：http://www.cesp.com.cn
联系电话：010-67112735
发行热线：010-67125803，010-67113405（传真）
印　　刷 北京东海印刷有限公司
经　　销 各地新华书店
版　　次 2011 年 3 月第 1 版
印　　次 2011 年 3 月第 1 次印刷
开　　本 787×960　1/16
印　　张 23.75
字　　数 430 千字
定　　价 38.00 元

前言

随着国家示范性高职院校建设工作的深入推进，基于工作过程的课程研究与实践在高职院校轰轰烈烈地开展起来。《大气污染治理技术》是高职高专环境类专业的一门重要主干课程，具有很强的实践性，需要将企业、行业岗位知识纳入课程中，通过“教、学、练”一体的教学形式，缩短学校知识与岗位知识的距离，全面提高学生的岗位能力和职业素质。

本教材在内容编排上，力求将学生的认知规律和实践应用相结合，注重对基本概念的讲解，理论知识以实际够用和必需为度，侧重实用技术。教材编写紧扣“工学结合”的高职教育理念，将企业、行业的技术能手和一线工程技术人员纳入教材编写队伍，共有三位高级工程师和两位工程师参加了本教材的编写。工程案例及大气污染治理工艺、设备的安装、运行、维护管理等技能知识，除少部分引自其他同类教材外，绝大部分均由参编的工程技术人员提供，来自真实的大气污染治理岗位，实现了理论知识与岗位实践技能的对接。

教材注重知识点间的相互联系，课程分六个学习任务，每一个学习任务由若干学习项目完成。第一学习任务重点介绍常见专业术语、相关法律法规与标准，以及大气污染物稀释扩散规律等基本知识；第二学习任务重点介绍粉尘颗粒的粒径与物理性质，除尘器性能等除尘技术基础知识；第三学习任务在介绍大气污染治理工程中应用最广泛的四大类除尘，即机械除尘、过滤式除尘、静电除尘、湿式除尘的工艺与设备原理基础上，通过具体的工程案例，介绍除尘器的安装、运行、维护及常见故障处理的主要方法，并将目前最新的电袋除尘器的工艺原理及其在实际工程中的操作、运行、维护知识纳入其中；第四学习任务重点介绍吸收、吸附、催化转化等气态污染物净化的基础知识；第五学习任务重点介绍烟气脱硫、脱硝、脱氟的技术方法，并对有机废气、含氯废气、含汞废气、恶臭气体、汽车尾气等的净化技术进行了简单介绍，并通过脱硫、脱氟、脱氯的具体工程案例，介绍相关气态污染的净化工艺在实际工程中的应用；第六学习任务重点介绍大气污染净化系统的整体配置方法及净化系统工艺、设备、管路的安装、运行、调试与日常运行维护知识与技能，并对烟气净化工程的通用设备“风机、水泵”的安装、运行、维护的技术方法进行了介绍；第七学习任务为与教材配套的技能训练指导书，供实际教学选择使用，无需再配专门的实训教材。

该教材的最大特点是，每一学习任务的开始部分，提出相应的知识和技能要求，并以典型案例为载体，提出学习型工作任务，让学生带着任务学习，通过学习型工作任务的完成，培养学生的主观能动性；每一学习任务结束后，布置理论与实训相结合的课程作业，全面提高学生的理论知识和实训技能。

本教材由杨丽芳主编，徐静、张志凌、李理担任副主编，昆明冶金高等专科学校的王宜明教授担任主审。参加编写的人员有昆明冶金高等专科学校杨丽芳（教授、高工）、徐静、李理、郑建萍（高工）、谭向东、王皓（工程师）、彭莉、吴文彬、王琳，昆明有色冶金设计研究院张志凌（高工），云南铜业集团公司冶炼厂收尘车间刘炳华（工程师）。教材编写的具体任务如下：第一、二学习任务由杨丽芳、徐静、李理编写；第三、六学习任务由杨丽芳、张志凌、刘炳华、王皓编写；第四学习任务由李理、谭向东编写；第五学习任务由徐静、杨丽芳、彭莉、吴文彬、郑建萍、王琳、谭向东编写；第七部分（技能训练项目指导书）由李理、杨丽芳、郑建萍编写。

由于编者水平有限，书中疏忽和错误在所难免，敬请读者批评指正。

编者

2011 年 1 月

目录

学习任务一 大气污染基本知识

● **任务描述**

该学习任务主要描述：① 国内外大气污染现状及危害；② 污染物在大气中的扩散规律和特点，利用气象资料进行厂址选择和烟囱设计等知识；③ 我国《大气污染防治法》及相关国际条约；④ 在大气污染预防与治理工作中广泛应用的规范和标准。

该学习任务是学生毕业后从事大气污染预防与治理工作必须掌握的基础知识，要求学生对常见专业术语能熟练阐述，并能熟练查阅相关法律法规与标准等，对大气污染源分析有全面了解，为制订大气污染综合防治方案提供依据。

● **学习目标**

知识目标	技能目标
1．掌握大气污染的相关专业名词的含义 2．熟悉污染物的形成过程及污染物分类与危害 3．掌握烟气在大气中的扩散类型及相关浓度预测模型，了解烟囱设计与厂址选择原则 4．掌握我国现行大气污染控制方面的法律法规及国际条约	1．具有阐述大气污染防治的相关专业名词和专业熟语的能力 2．能阐述大气污染物的主要来源及形成过程，能阐述污染物的主要类型及其主要危害 3．能从污染气象学角度解释污染物在大气中的迁移、扩散规律；了解大气扩散模式；学会烟囱设计与厂址选择所必需的条件 4．能够查阅我国必须执行的与大气污染预防与治理有关的法律法规和国际条约

● **学习型工作任务**

以某一大气污染源分布较广的企业为载体，以该企业环保科一名普通管理员的身份，完成四项学习型工作任务：

1．该企业有哪些大气污染源、大气污染物？它们的危害如何？

2．该企业所执行的大气环境质量标准和污染物排放标准有哪些？该企业大气污染物的达标排放情况如何？

3．该企业的高架排放源有几个？全年的污染气象条件如何？全年什么时间气象条件有利于污染物的稀释扩散，什么时间处于最不利的气象条件？

4．引申内容：（1）应对全球气候变暖，联合国和世界各国提出什么应对措施？

（2）目前我国最新的与大气污染预防与控制相关的法律、法规有哪些？相关的国际法有哪些？

（3）污染企业、环保公司、治理设备制造及销售企业、环境管理部门等各须熟练掌握哪些与大气污染预防和治理有关的法律、法规？

项目一　大气污染基础知识

一、大气污染及其危害

（一）大气的重要性

都说水是生命之源，没有水就没有生命，但人和其他生物赖以生存的空气是比水更重要的物质资源。人类生存离不开空气，发展工农业生产离不开空气，燃料燃烧离不开空气。

空气、水和土壤是人类生存不可或缺的三大自然环境要素。人类时刻都要呼吸空气，一个成年人每天呼吸 10～12 m^3 空气。一个人可以五周不吃饭，五天不喝水，但是五分钟不呼吸空气就会死亡。人的生命离不开空气，健康的身体需要新鲜清洁的空气。人类的很多疾病都与大气污染密切相关。

（二）大气污染的含义

按照国际标准化组织（ISO）作出的定义：大气污染通常指由于人类活动和自然过程引起某些物质介入大气中，呈现出足够的浓度，达到足够的时间，并因此危害了人体的舒适、健康和福利或危害了环境。

自然过程和人类活动都会引起大气污染，但主要是人类活动。所谓人类活动不仅包括生产活动，也包括生活活动，如做饭、取暖、交通等。自然过程包括火山活动、山林火灾、海啸、土壤和岩石的风化及大气圈中空气运动等。一般来说，由于自然环境所具有的物理、化学和生物机能，会使自然过程造成的大气污染经过一定时间后自动消除。所以大气污染主要是由于人类活动造成的。

大气污染对人体的舒适、健康的危害，包括对人体的正常生活环境和生理机能的影响，引起急性病、慢性病以致死亡。所谓福利指与人类协调并存的生物、自然资源及财产、器物等。

（三）大气污染的危害

（1）温室效应

随着大气中某些痕量气体含量的增加，引起地球平均气温升高的现象，称为温室效应。痕量气体称为温室气体，主要有 CO_2、CH_4、O_3 等，其中尤以 CO_2 的温室作用最明显。

CO_2 等产生温室效应的机理，普遍认为与 CO_2 等温室气体的物理性质有关。这些气体对来自太阳的短波辐射有高度的透过性，但能吸收地面的长波辐射。CO_2 的吸收带在 12.5～17.0 μm。由于 CO_2 等温室气体的含量在大气中的增加，使大气层吸收地面的长波辐射能力增强，导致大气层温度升高，气候变暖，形成温室效应。

燃料燃烧的主要产物是 CO_2，随着世界人口的增加和经济的迅速发展，排入大气的 CO_2 愈来愈多。据估算，过去 100 年通过燃烧排入大气的 CO_2 约为 4.15×10^{11} t，使大气中 CO_2 含量增加了 15%，使全球平均气温上升 0.83℃。该数字与百年来全球气温升高记录接近。有人估计，按照目前石化燃烧用量的增加速率，大气中的 CO_2 将在 50 年内加倍，使中纬度地面温度升高 2～3℃，极地升高 6～10℃。果真如此，温室效应将给人类的生态环境带来难以预测的后果。尽管温室效应不是气候变化的唯一因素，也有人对温室效应提出种种疑问，但 CO_2 等气体浓度的增加是肯定的。温室效应已引起国际社会的普遍关注。

（2）酸雨

酸雨是 pH 值小于 5.6 的雨、雪或者其他形式的大气降水（如雾、露、霜），是一种大气污染现象。空气中 CO_2 的平均质量浓度约为 621 mg/m^3，此时被 CO_2 饱和的雨水 pH 值为 5.6，故清洁的雨、雪、雾等降水呈弱酸性。由于人类活动向大气排放大量酸性物质，使降水 pH 值降低，当 pH 值小于 5.6 时便形成酸雨。

形成酸雨的主要污染物是 SO_2 和 NO_x 等。以 SO_2 为例，大量 SO_2 进入大气后，当合适的氧化剂和催化剂存在时，就会发生化学反应形成硫酸。在干燥条件下，SO_2 被氧化成 SO_3 的反应十分缓慢；在潮湿的大气中，SO_2 转化成硫酸的过程与云雾的形成同时进行，SO_2 首先生成亚硫酸（H_2SO_3），而后在铁、锰等金属盐杂质催化下，被迅速氧化为 H_2SO_4。

酸雨的主要危害是破坏森林生态系统和水生态系统，改变土壤性质和结构，腐蚀建筑物，损害人体呼吸道系统和皮肤等。酸雨在世界上分布较广，可以飘越国境影响他国。最早深受酸雨之害的是瑞典和挪威等国家，而后是加拿大和美国东北部，我国华南等地区也出现了酸雨。酸雨是国际社会关注的重要环境问题，我国正积极采取措施，规划酸雨控制区，控制 SO_2 排放总量等。

（3）臭氧层破坏

臭氧是大气中的微量气体之一，主要浓集在平流层 20～25 km 的高空，该大气也称臭氧层。臭氧层对保护地球上的生命、调节气候具有极为重要的作用。但是，近几年来，由于出现在平流层的飞行器逐渐增多，人类产生和使用消耗臭氧的有害物质增多，导致排入大气中的 NO_x、氯氟烃等增多，使臭氧层遭到破坏。以氯氟烃为例，它在对流层内性质稳定，进入平流层后易与臭氧发生反应消耗臭氧，使臭氧层中的 O_3 浓度降低。

臭氧层被破坏的危害有以下几点：① 臭氧层破坏使大量紫外线辐射到地面，危害人体健康。有关数据表明，臭氧层 O_3 体积分数减少 1%，地面紫外线辐射会增加 2%，使皮肤癌发病率增加 2%～5%。② 臭氧减少会使白内障发病率增高，并使人体免疫系统功能产生抑制作用。③ 紫外线辐射增大，也会对动植物产生影响，危及生态平衡。臭氧层破坏还将导致地球气候异常，带来灾害。防止臭氧层破坏已成为全球关注的问题，受到科学界和各国政府的高度重视。《保护臭氧层维也纳公约》《关于消耗臭氧层物质的蒙特利尔协定书》等国际法律文件，都是为了保护臭氧层制定的。我国非常重视臭氧层保护工作，已签署了有关文件。

除温室效应、酸雨和臭氧洞等全球性的大气污染之外，由于汽车数量迅速增加，NO_x、CH、苯并[*a*]芘和 Pb 等污染也是不可忽视的当代大气污染问题。

二、大气污染源与大气污染物

（一）大气污染源

大气污染物的发生源也简称大气污染源。按污染物质的来源可分为天然污染源和人为污染源。天然污染源指自然原因向环境排放污染物的地点与地区，如排出火山灰、SO_2、H_2S 等污染物的活火山，自然逸出瓦斯气和天然气的煤田和油气井，发生森林火灾、飓风和海啸等自然灾害的地区等。人为污染源指人类生活和生产活动形成的污染源。在大气污染控制工程中，主要研究对象是人为污染源。

人为污染源有多种分类方法，按污染源空间分布可分为点污染源、面污染源和区域性污染源。点污染源即污染物集中于一点或相当于一点的小范围发生源，如工厂的烟囱等；面污染源即在相当大的面积内有多个污染物发生源，如居民区的炉灶等；区域性污染源即更大面积范围内，甚至超出行政区或国界的大气污染物发生源。另外还有按照污染源的相对高度分为高架点源、低架点源和复合污染源等。按照人们的社会活动功能，可将人为污染源分为生活污染源、工业污染源和交通污染源。

（1）生活污染源。人们由于烧饭、取暖、沐浴等生活需要，燃烧化石等燃料向大气中排放烟气而造成大气污染的污染源，如炉灶、民用锅炉等。这类污染源由于分散，往往构成面污染源。

（2）工业污染源。火力发电厂、钢铁厂、化工厂等工矿企业生产和燃料燃烧过程中排放的煤烟、粉尘及无机化合物等造成大气污染的污染源。

（3）交通运输污染源。汽车和船舶等交通工具排放所造成的大气污染，称为交通运输污染源。这种污染源因位置是移动的，又称为移动污染源或流动污染源。生活污染源和工业污染源的位置是相对固定，也称为固定污染源。

大气污染按范围大小可分为：局部地区大气污染，如某个工厂烟囱排气造成的污染；区域性大气污染，如工矿区及其附近或整个城市的大气污染；广域性大气污染，如城市群或大工业地带的污染；全球性大气污染，如温室效应、酸雨和臭氧洞等。

（二）大气污染物

大气污染物是指由于人类活动或自然过程排入大气的并对人类或环境产生有害影响的那些物质。大气污染物的种类很多，根据其存在的特征可分为气溶胶状污染物和气体状态污染物。

（1）气溶胶状污染物

在大气污染中，气溶胶是指空气中的固体粒子和液体粒子，或固体和液体粒子在气体介质中的悬浮体。按照气溶胶的来源和物理性质，可将其分为以下几种。

1）粉尘（dust）

粉尘是指悬浮于气体介质中的微小固体粒子，受重力作用能发生沉降，但在某一时间内也能保持悬浮状态。通常是由于固体物质的破碎、分级、研磨等机械过程或土壤、岩石风化等自然过程形成的。粒子的形状往往是不规则的。粒子的尺寸一般为 1～200 μm。

2）烟（fume）

烟一般指燃料不完全燃烧产生的固体粒子的气溶胶。它是熔融物质挥发后生成的气态物质的冷凝物，在其生成的过程中总是伴有氧化之类的化学反应。烟的特点是粒径很小，一般在 0.01～1 μm，烟颗粒能够长期地存在于大气之中。金属的冶炼过程是烟产生的主要途径之一。例如精炼铅和锌时，在高温熔融状态下，铅和锌能够迅速挥发并氧化生成氧化铅烟和氧化锌烟。在核燃料后处理过程中，产生的氧化钙烟也属于这一类污染物。

3）飞灰（flyash）

飞灰是指由燃料燃烧产生的烟气中分散的非常细小的无机灰分。

4）黑烟（smoke）

黑烟通常指燃料燃烧产生的能见气溶胶，是燃料不完全燃烧的炭粒。主要成分有炭、碳、氢、氧、硫等组成的化合物。黑烟颗粒的大小约为 0.5 μm。

在某些情况下，烟尘、烟、飞灰和黑烟等小固体颗粒气溶胶之间的界限难以确切划分。按照我国的习惯，一般将冶金过程或化学过程形成的固体颗粒气溶胶称为烟尘；而将燃料燃烧过程产生的固体颗粒气溶胶称为飞灰或黑烟。

5）雾（fog）

雾是气体中液滴悬浮体的总称。在气象学中，雾则是指造成能见度小于 1 km 的小水滴悬浮液。在实际工程中，雾一般泛指小液体颗粒悬浮体。液体蒸汽的凝结、液体的喷化以及化学反应等过程均可形成雾，如水雾、酸雾、碱雾或油雾等。

在大气污染控制中，根据大气中颗粒物的大小又将其分为可吸入颗粒物、降尘和总悬浮微粒。

1）可吸入颗粒物（PM_{10}）

可吸入颗粒物是指大气中粒径小于 10 μm 的固体微粒。它的粒度小，质量轻，能长期漂浮在大气中，故又称为浮游粒子或飘尘。

2）降尘

指大气中粒径大于 10 μm 的固体微粒。在重力作用下，降尘能够在较短的时间内沉降到地表面上。

3）总悬浮微粒（TSP）

总悬浮微粒是指大气中粒径小于 100 μm 的所有固体颗粒。

（2）气体状态污染物

气体状态污染物是指以分子状态存在的污染物，简称气态污染物。气态污染物种类很多，主要是无机气体。常见的有五类，第一类：以 SO_2 为主的含硫化合物；第二类：以 NO 和 NO_2 为主的含氮化合物；第三类：碳氧化合物，如 CO、CO_2 等；第四类：碳氢化合物，如烷烃、烯烃和芳香烃等；第五类：卤族化合物，如 HF、HCl 等（表 1-1）。

表 1-1　气体状态污染物种类

污染物	一次污染物	二次污染物
含硫化合物	SO_2、H_2S	SO_3、H_2SO_4、MSO_4
含氮化合物	NO、NH_3	NO_3、HNO_3、MNO_3
碳氧化合物	CO、CO_2	
碳氢化合物	CH	醛、酮、过氧乙酰硝酸酯、O_3
卤素化合物	HF、HCl	

注：M 代表金属离子。

气态污染物又可分为一次污染物和二次污染物。一次污染物是指直接从污染源排放到大气中的原始污染物质；二次污染物是指由一次污染物与大气中已有的组分或几种一次污染物之间经过一系列化学或光化学反应而生成的与一次污染物不同的新污染物质。在大气污染中受到普遍重视的一次污染物主要有硫氧化物、氮氧化物、碳氧化合物和碳氢化合物等；二次污染物主要有硫酸雾、烟雾和光化学烟雾。

1）硫氧化物

硫氧化物的主要来源是 SO_2。它是目前大气污染物中数量较大、影响面较广的一种气态污染物。几乎所有的工业企业都可能产生 SO_2。主要的工业过程有化石燃料的燃烧过程、硫化物矿石的焙烧、冶炼等热过程、火力发电厂、有色金属冶炼厂、硫酸厂、炼油厂以及所有燃煤或油的工业锅炉、炉灶等。在排放 SO_2 的各种过程中，约有 96%来自燃料燃烧过程，其中火电厂排烟中的 SO_2 浓度虽然较低，但总排放量却最大。

危害：腐蚀性较强；损害植物叶片，影响生长；刺激呼吸系统，引起肺气肿和支气管炎，有致癌作用；形成酸雨，生成二次污染物硫酸气溶胶危害更大。

2）氮氧化物

氮和氧的化合物形态很多，如 N_2O、NO、NO_2、N_2O_3、N_2O_4 和 N_2O_5，一般用 NO_x 表示。其中造成大气污染的主要是 NO、NO_2。NO 毒性不大，而 NO_2 的毒性比 NO 大 5 倍之多。当 NO 进入大气后可被缓慢氧化成 NO_2，在 O_3 等强氧化剂存在的情况，或在催化剂作用下，其氧化速度会加快。NO_2 参与大气中的光化学反应，形成光化学烟雾后，其毒性更强。人类活动产生的氮氧化物主要来自各种炉窑、机动车和柴油机的排气，其次是化工生产中的硝酸生产、炸药生产及金属表面处理等过程。其中由燃料燃烧产生的氮氧化物约占 83%。

危害：NO 和血红蛋白结合比 CO 亲和力大数百倍；NO_2 具有腐蚀性和刺激作用，能损害农作物；引起呼吸道疾病；是形成光化学烟雾和酸雨的主要因素。

3）碳氧化合物

CO、CO_2 是各种大气污染物中发生量最大的一类污染物，主要来自燃料燃烧和机动车船排气。CO 是一种窒息性气体，排入大气后，由于大气的扩散稀释作用和氧化作用，一般不会造成危害。但在城市冬季采暖季节或在交通繁忙的十字路口，当气象条件不利于排气扩散稀释时，CO 的浓度有可能达到危害环境的水平。CO_2 是无毒气体，但当其在大气中的浓度过高时，使氧气含量相对减小，对人会产生不良影响。地球上 CO_2 浓度的增加，会产生“温室效应”，现已成为全球环境污染的热点。

4）碳氢化合物

碳氢化合物主要来自燃料燃烧和机动车排气。其中的多环芳烃类物质（PAH），如蒽、苯并[*a*]芘、苯并蒽等，大部分有致癌作用，特别是苯并[*a*]芘是致癌能力很强的物质，并作为大气受 PAH 污染的依据。由于近代有机合成工业和石油化学工业的迅速发展，使大气中的有机化合物日益增多，其中许多是复杂的高分子有机化合物。例如，含氧的有机物有酚、醛、酮等；含氮有机物有过氧乙酰基硝酸酯（PAN）、过氧硝基丙酰（PPN）、联苯胺、腈等；含氯有机物有氯化乙烯、氯醇、有机氯农药 DDT、除草剂 TCDD 等；含硫有机物有硫醇、噻吩、二硫化碳等。

危害：这些有机物进入大气中，可能对眼、鼻、呼吸道产生强烈刺激作用，对心、肺、肝、肾等内脏产生有害影响，甚至致癌、致畸，促进遗传因子变异，因而是非常令人担忧的。

5）光化学烟雾

在阳光照射下，大气中的 NO_x、碳氢化合物和氧化剂之间发生一系列光化学反应而生成的蓝色烟雾（有时带有些紫色或黄褐色），主要成分有 O_3、过氧乙酰基硝酸酯（PAN）、酮类及酸类等。

危害：对人的器官有明显刺激作用；使植物叶面出现“斑点样”，坏死病变；含 PAN、O_3 等强氧化剂，使橡胶、塑料老化，涂料、油漆退色剥落。

洛杉矶光化学烟雾事件：1936 年在洛杉矶开采出石油后，刺激了当地汽车业的发展。由于汽车汽化率低，每天有大量碳氢化合物排入大气中，受太阳光的作用，形成了浅蓝色的光化学烟雾，使这座本来风景优美、气候温和的滨海城市，成为“美国的雾城”。这种烟雾刺激人的眼、喉、鼻，引发眼病、喉头炎和头痛等症状，致使当地死亡率增高。同时，又使远在百里之外的柑橘减产，松树枯萎。

6）硫酸烟雾

大气中的 SO_2 等硫化物，在有水雾、含有重金属的飘尘或氮氧化物存在时，发生一系列化学或光化学反应而生成硫酸盐或硫酸盐气溶胶。

危害：硫酸烟雾引起的刺激作用和生理反应等危害要比 SO_2 气体强烈得多。

伦敦烟雾事件：1952 年 12 月 5～8 日，伦敦天气异常，这时的风速不超过 3 km/h。气温也在下降，形成逆温层，相对湿度达到 82%。在这种无风、逆温和浓雾的气候条件下，污染物蓄积伦敦上空，使伦敦的空气充满了难闻的煤烟味。大气中尘粒高达 4.46 mg/m^3，是平时的 10 倍；二氧化硫高达 3.8 mg/m^3，是平时的 6 倍。

7）卤化物

卤化物主要指氟化物和氯化物。氟化物主要指 HF 和 SiF_4，是大气中的主要气态污染物之一。HF 是无色、有强刺激性气味和强腐蚀性的有毒气体，极易溶于水形成腐蚀性很强的氢氟酸。SiF_4 是无色窒息性气体，极易溶于水形成氟硅酸。氟化物可由呼吸道、胃肠道或皮肤侵入人体，对人体健康造成严重危害。

氟化物污染主要来源于建材行业的水泥、砖瓦、玻璃、陶瓷，化工行业的磷肥生产，冶金行业的铝厂，玻璃纤维生产，火力发电等企业排放的含氟气体。由于 HF 和 SiF_4 都极易溶于水，故多数情况下采用水吸收法净化含氟废气。

氯化物主要是指氯化氢（HCl）和氯气（Cl_2），也是大气中的主要污染物。氯气通常情况下为刺激性气味的气体。易溶于有机溶剂，难溶于饱和食盐水。氯化氢是没有颜色而有刺激性气味的气体。氯化物污染主要来自盐酸工业、烧碱工业、塑料处理、金属表面清洗过程等。

氯气是一种有毒气体，它主要通过呼吸道侵入人体并溶解在黏膜所含的水分里，生成盐酸和次氯酸，对人体的呼吸系统造成严重危害。1 L 空气中最多可允许含氯气 0.01 mg，超过这个量就会引起人体中毒。当空气中氯的浓度达 0.04～0.06 mg/L 时，30～60 min 即可致严重中毒；如空气中氯的浓度在 3 mg/L 时，则可引起肺内化学性烧伤而迅速死亡。

8）汽车尾气

汽车是重要交通运输工具，随着其数量的激增，汽车尾气造成的污染也日益严重。汽车尾气中的有害成分有 CO、NO_x、SO_2、HC、颗粒物和臭氧等。

汽车尾气中所含的 HC 为燃料燃烧不完全产生的烃类衍生物，成分复杂，主要包括饱和烃、不饱和烃、芳香烃以及这些烃类的含氧衍生物（醛、酮等）。

汽车尾气中的颗粒物包括铅化合物、碳颗粒和油雾等。铅化合物是大气重金属污染物中毒性较大的一种，一种含铅的有机化合物四乙基铅（$[C_2H_5]_4Pb$），其毒性比无机铅化合物大百倍。

三、大气污染预防与控制的相关法律法规

（一）大气污染防治法

我国现行的《大气污染防治法》是 2000 年 4 月 29 日由全国人大常委会修订并颁布的，于 2000 年 9 月 1 日起施行。

《大气污染防治法》主要对大气污染防治的监督管理以及对防治燃煤污染、机动车船排放污染和废气、粉尘和恶臭污染等做出了专门的规定。由目录、总则、大气污染防治的监督管理、防治燃煤产生的大气污染、防治机动车船排放污染、防治废气、尘和恶臭污染以及法律责任和附则共七章构成。现分述如下：

（1）大气污染防治的基本制度

1）主要大气污染物排放总量控制制度

对主要大气污染物排放实行总量控制制度的主要措施包括：

第一，计划控制（削减）措施。采用国家计划控制和地方规划执行的方式，有计划地控制或者逐步削减各地方主要大气污染物的排放总量，目的在于促使地方的大气环境质量达到规定的标准。

第二，酸雨控制区或者二氧化硫污染控制区（以下简称“两控区”）措施。对已经产生、可能产生酸雨的地区或者其他二氧化硫污染严重的地区，可以由国务院环保行政主管部门会同国务院有关部门，根据气象、地形、土壤等条件，划定为酸雨控制区或者二氧化硫污染控制区并报国务院批准。对在该区域内超标排放大气污

染物的，实行限期治理。

第三，总量控制区措施。对尚未达到规定的大气环境质量标准的区域和国务院批准划定的酸雨控制区、二氧化硫污染控制区，由国务院和省级人民政府划定为主要大气污染物排放总量控制区。对该控制区内排放主要大气污染物的企业事业单位实行排放总量核定和排污许可制度。

2）大气环境标准制度

大气环境标准主要指国家环保部门和省级地方政府依法制定的大气环境质量标准和大气污染物排放标准等。

3）大气污染防治重点城市划定制度

《大气污染防治法》规定，国务院按照城市总体规划、环境保护规划目标和城市大气环境质量状况，划定大气污染防治重点城市（直辖市、省会城市、沿海开放城市和重点旅游城市也应当列入大气污染防治重点城市），对大气污染防治实行重点控制。

此外，在国务院和省级人民政府划定的风景名胜区、自然保护区、文物保护单位附近和其他需要特别保护的区域内，法律规定不得建设污染环境的工业生产设施。对于建设其他设施的，要求其污染物排放不得超过规定的排放标准。

4）大气环境质量公报制度

依照法律的规定，大、中城市人民政府环保行政主管部门应当定期发布大气环境质量公报，并逐步开展大气环境质量预报工作。

大气环境质量公报的主要内容包括城市大气环境污染特征、主要污染物的种类及污染危害程度等内容。

（2）防治燃煤污染的具体措施

第一，对燃煤煤炭推行煤炭洗选加工，以降低煤的硫分和灰分，使煤炭中的含硫分、含灰分达到规定的标准。同时规定限制对高硫分、高灰分的开采和禁止对含放射性和砷等有毒有害物质超过规定标准的煤炭的开采。

第二，在城市能源结构方面，要求国务院有关部门和地方各级人民政府采取措施，改变城市能源结构，推广清洁能源的生产和天然气、液化石油气、电或者其他清洁能源的使用。大气污染防治重点城市人民政府可以在本辖区内划定禁止销售、使用国务院环境保护行政主管部门规定的高污染燃料的区域。

第三，在燃煤锅炉的管制方面，要求在锅炉产品质量标准中规定符合锅炉大气污染物排放标准的要求，达不到规定要求的锅炉，不得制造、销售或者进口。

第四，在城市燃煤供热地区，要求实行统筹规划，统一解决热源，发展集中供热。在集中供热管网覆盖的地区，不得新建燃煤供热锅炉。

第五，大、中城市人民政府应当制定规划，对饮食服务企业限期使用天然气、液化石油气、电或者其他清洁能源。对未划定为禁止使用高污染燃料区域的大、中城市市区内的其他民用炉灶，限期改用固硫型煤或者使用其他清洁能源。

第六，在人口集中地区存放煤炭、煤矸石、煤渣、煤灰、砂石、灰土等物料，必须采取防燃、防尘措施，防止污染大气。

（3）防治机动车船排放污染

《大气污染防治法》对在用车使用和维修、燃油质量、监督检查等环节分别作出了规定。

在燃料控制方面，国家鼓励生产和消费使用清洁能源的机动车船。鼓励和支持生产、使用优质燃料油，采取措施减少燃料油中有害物质对大气环境的污染。单位和个人应当按照国务院规定的限期，停止生产、进口、销售含铅汽油。

在尾气控制方面，机动车船向大气排放污染物不得超过规定的排放标准。在用机动车不符合制造当时的在用机动车污染物排放标准的，不得上路行驶。机动车维修单位，应当按照防治大气污染的要求和国家有关技术规范进行维修，使在用机动车达到规定的污染物排放标准。

（4）防治废气、粉尘和恶臭污染

《大气污染防治法》规定，向大气排放粉尘的排污单位，必须采取除尘措施。严格限制向大气排放含有毒物质的废气和粉尘；确需排放的，必须经过净化处理，不超过规定的排放标准。

在防治废气污染方面，要求回收利用工业生产中产生的可燃性气体和减轻大气污染物的排放。对于生产过程中排放含有硫化物气体的，应当配备脱硫装置或者采取其他脱硫措施。

向大气排放恶臭气体的排污单位，必须采取措施防止周围居民区受到污染。在人口集中地区和其他依法需要特殊保护的区域内，禁止焚烧沥青、油毡、橡胶、塑料、皮革、垃圾以及其他产生有毒有害烟尘和恶臭气体的物质。禁止在人口集中地区、机场周围、交通干线附近以及当地人民政府划定的区域露天焚烧秸秆、落叶等产生烟尘污染的物质。除前两款外，城市人民政府还可以根据实际情况，采取防治烟尘污染的其他措施。

运输、装卸、贮存能够散发有毒有害气体或者粉尘物质的，必须采取密闭措施或者其他防护措施。

要求城市人民政府应当采取绿化责任制、加强建设施工管理、扩大地面铺装面积、控制渣土堆放和清洁运输等措施，提高人均占有绿地面积，减少市区裸露地面和地面尘土，防治城市扬尘污染。对于在城市市区进行建设施工或者从事其他产生扬尘污染活动的单位，必须按照当地环境保护的规定，采取防治扬尘污染的措施。

城市饮食服务业的经营者，必须采取措施，防止油烟对附近居民的居住环境造成污染。

国家鼓励、支持消耗臭氧层物质替代品的生产和使用，逐步减少消耗臭氧层物质的产量，直至停止消耗臭氧层物质的生产和使用。在国家规定的期限内，生产、进口消耗臭氧层物质的单位必须按照国务院有关行政主管部门核定的配额进行生产、进口。

（5）对违法行为的行政处罚

为保障《大气污染防治法》各项制度措施的具体实行，在法律责任一章专门对违法行为所应当承担的法律责任作出了规定。

其中未采取防燃、防尘措施，在人口集中地区存放煤炭、煤矸石、煤渣、煤灰、砂石、灰土等物料的，环境保护行政主管部门可以根据不同情节，责令停止违法行为，限期改正，给予警告或者处以五万元以下罚款。

对违反规定向大气排放污染物超过国家或地方规定排放标准的，应当限期治理，并由所在地县级以上地方政府环保部门处以罚款。

对违法制造、销售或者进口超过污染物排放标准的机动车船的，由依法行使监督管理权的部门责令停止违法行为，没收违法所得，可以并处违法所得一倍以下的罚款；对无法达到规定的污染物排放标准的机动车船，没收销毁。

此外，《大气污染防治法》对违法向大气排放其他污染物的行为也分别规定了行政处罚措施。

（二）大气环境质量控制标准

大气环境质量控制标准是为控制和改善大气环境质量，保护人体健康和生态环境，限制大气环境中的污染物含量而定，是执行环境保护法和大气污染防治法、实施环境空气质量管理及防治大气污染的依据和手段。

大气环境质量控制标准按其用途可分为环境空气质量标准、大气污染物排放标准、大气污染控制标准和大气污染警报标准等，按其使用范围可分为国家标准、地方标准和行业标准。

（1）环境空气质量标准

根据《中华人民共和国环境保护法》和《中华人民共和国大气污染防治法》的规定，为改善环境空气质量，防止生态破坏，创造清洁适宜的环境，保护人体健康，特制定《环境空气质量标准》（GB 3095—1996）。该标准从 1996 年 10 月 1 日起实施，同时代替《大气环境质量标准》（GB 3095—82）。《环境空气质量标准》（GB 3095—1996）是我国环境大气环境标准体系的核心。该标准将空气质量功能区分为三类：一类区为自然保护区、风景名胜区和其他需要特殊保护的地区；二类区为城镇规划中确定的居住区、商业交通居民混合区、文化区、一般工业区和农村地区；三类区为特定工业区。

环境空气质量标准分为三级：一类区执行一级标准；二类区执行二级标准；三

类区执行三级标准。

各级标准对污染物的浓度限值见表 1-2。

表 1-2 各项污染物的浓度限值

污染物名称	取值时间	浓度限值			浓度单位
		一级标准	二级标准	三级标准	
二氧化硫 SO_2	年平均	0.02	0.06	0.10	mg/m^3
	日平均	0.05	0.15	0.25	
	1 h 平均	0.15	0.50	0.70	
总悬浮颗粒物 TSP	年平均	0.08	0.20	0.30	mg/m^3
	日平均	0.12	0.30	0.30	
可吸入颗粒物 PM_{10}	年平均	0.04	0.10	0.15	mg/m^3
	日平均	0.05	0.15	0.25	
氮氧化物 NO_x	年平均	0.05	0.05	0.10	mg/m^3
	日平均	0.10	0.10	0.15	
	1 h 平均	0.15	0.15	0.30	
二氧化氮 NO_2	年平均	0.04	0.04	0.08	mg/m^3
	日平均	0.08	0.08	0.12	
	1 h 平均	0.12	0.12	0.24	
一氧化碳 CO	日平均	4.00	4.00	6.00	mg/m^3
	1 h 平均	10.00	10.00	20.00	
臭氧 O_3	1 h 平均	0.12	0.16	0.20	mg/m^3
铅 Pb	季平均		1.50		$\mu g/m^3$
			1.00		
苯并[a]芘 B[a]P	日平均		0.01		$\mu g/m^3$
氟化物 F	日平均		7①		
	1 h 平均		20①		
	月平均	1.8②	3.0③		μg/（dm^2 • d）
	植物生长季平均	1.2②	2.0③		

注：①适用于城市地区；②适用于牧业区和以牧业为主的半农半牧区、蚕桑区；③适用于农业区和林业区。

（2）室内空气质量标准

我国第一部《室内空气质量标准》（GB/T 18883—2002）是为保护人体健康，预防和控制室内空气污染而制定的。该标准规定了室内空气质量参数及检验方法。该标准适用于住宅和办公建筑物，其他室内环境可参照标准执行。该标准于 2003 年 3 月 1 日正式实施。见表 1-3。

表 1-3　室内空气质量标准

序号	参数类别	参数	单位	标准值	备注
1	物理性	温度	℃	22～28	夏季空调
				16～24	冬季采暖
2		相对湿度	%	40～80	夏季空调
				30～60	冬季采暖
3		空气流速	m/s	0.3	夏季空调
				0.2	冬季采暖
4		新风量	m^3/（h·人）	30	
5	化学性	二氧化硫 SO_2	mg/m^3	0.50	1 h 均值
6		二氧化氮 NO_2	mg/m^3	0.24	1 h 均值
7		一氧化碳 CO	mg/m^3	10	1 h 均值
8		二氧化碳 CO_2	%	0.10	日均值
9		氨 NH_3	mg/m^3	0.20	1 h 均值
10		臭氧 O_3	mg/m^3	0.16	1 h 均值
11		甲醛 HCHO	mg/m^3	0.10	1 h 均值
12		苯 C_6H_6	mg/m^3	0.11	1 h 均值
13		甲苯 C_7H_8	mg/m^3	0.20	1 h 均值
14		二甲苯 C_8H_{10}	mg/m^3	0.20	1 h 均值
15		苯并[*a*]芘 B[*a*]P	mg/m^3	0.20	日均值
16		可吸入颗粒物 PM_{10}	mg/m^3	1.0	日均值
17		总挥发性有机物 TVOC	mg/m^3	0.60	8 h 均值
18	生物性	细菌总数	cfu/m^3	2 500	依据仪器定
19	放射性	氡 Rn	Bq/m^3	400	年平均值

《室内空气质量标准》的特点表现在：一是国际性，标准中引入了室内空气质量标准这个概念，是在借鉴国外相关标准的基础上建立的；二是综合性，室内环境

污染的控制指标更宽了，标准中规定的控制项目不仅有化学性污染，还有物理性、生物性和放射性污染；三是针对性，标准紧密结合我国的实际情况，既考虑到发达地区和城市建筑中的新风量、温湿度以及甲醛、苯等污染物质，也制定出了一些不发达地区的使用原煤取暖和烹饪造成的室内一氧化碳、二氧化碳和二氧化氮的污染；四是前瞻性，标准中加入了“室内空气应无毒、无害、无异味”的要求，使标准的适用性更强；五是权威性，标准的发布和实施，为广大消费者解决自己的污染难题提供了有力的武器；六是完整性，该标准与国家标准委以前发布的《民用建筑室内环境污染控制规范》、《十种室内装饰装修材料有害物质限量》共同构成我国一个比较完整的室内环境污染控制和评价体系，对于保护消费者的健康，发展我国室内环境事业具有重要意义。

（3）污染物排放标准

1）《大气污染物排放标准》（GB 16297—1996）

大气污染物排放标准是以环境大气质量标准为目标，对污染源排入大气的污染物规定允许排放量或排放浓度，以便直接治理污染源，防止污染。它是控制污染物的排放量和进行净化设计的依据，是控制大气污染的关键，同时也是环境管理部门的执法依据。

《大气污染物排放标准》（GB 16297—1996）规定了 33 种大气污染物的排放限值，同时规定了标准执行中的各种要求。1997 年 1 月 1 日前设立的污染源执行表 1-4 所列标准值。1997 年 1 月 1 日起设立（包括新建、扩建、改建）的污染源（以下简称新污染源）执行表 1-5 所列标准。

本标准设置下列三项指标：一是通过排气筒排放的污染物最高允许排放浓度。二是通过排气筒必须遵守上述两项指标，超过其中任何一项均为超标排放。三是以无组织方式排放的污染物，规定无组织排放的监控点及相应的监控浓度限值。

本标准规定的最高允许排放速率，现有污染源分为一、二、三级，新污染源分为二、三级。按污染源所在的环境空气质量功能区类别，执行相应级别的排放速率标准，即：位于一类区的污染源执行一级标准，一级区禁止新建、扩建污染源，一类区现有污染源改建时执行现有污染源的一级标准；位于二类区的污染源执行二级标准；位于三类区的污染源执行三级标准。

本标准适用于现有污染源大气污染物排放管理，以及建设项目的环境影响评价、设计、环境保护设备竣工验收及其投产后的大气污染物排放管理。

表 1-4 现有大气污染源大气污染物排放限制

序号	污染物	最高允许排放浓度/（mg/m³）	最高允许排放速率/（kg/h）				无组织排放浓度限制	
			排气筒高度/m	一级	二级	三级	监控点	浓度/（mg/m³）
1	二氧化硫	1 200（硫、二氧化硫、硫酸和其他含硫化物生产）	15	1.6	3.0	4.1	无组织排放源上风向设置参考点，下风向设监控点①	0.50（监控点与参照点浓度差值）
			20	2.6	5.1	7.7		
			30	8.8	17	26		
			40	15	30	45		
		700（硫、二氧化硫、硫酸和其他含硫化物使用）	50	23	45	69		
			60	33	64	98		
			70	47	91	140		
			80	63	120	190		
			90	82	160	240		
			100	100	200	310		
2	氮氧化物	1 700（硝酸、氮肥、火药生产）	15	0.47	0.91	1.4	无组织排放源上风向设置参考点，下风向设监控点	0.15（监控点与参照点浓度差值）
			20	0.77	1.5	2.3		
			30	2.6	5.1	7.7		
		420（硝酸使用及其他）	40	4.6	8.9	14		
			50	7.0	14	21		
			60	9.9	19	29		
			70	14	27	41		
			80	19	37	56		
			90	24	47	72		
			100	31	61	92		
3	颗粒物	22（炭黑层、染料层）	15	禁排	0.60	0.87	周界外浓度最高点②	肉眼不可见
			20		1.0	1.5		
			30		4.0	5.9		
			40		6.8	10		
		80③（玻璃棉尘、石英粉尘、矿渣棉尘）	15		2.2	3.1	无组织排放源上风向设置参考点，下风向设监控点	2.0（监控点与参照点浓度差值）
			20		3.7	5.3		
			30		14	21		
			40		25	37		
		150（其他）	15	2.1	4.1	5.9	无组织排放源上风向设置参考点，下风向设监控点	5.0（监控点与参照点浓度差值）
			20	3.5	6.9	10		
			30	14	27	40		
			40	24	46	69		
			50	36	70	110		
			60	51	100	150		

序号	污染物	最高允许排放浓度/（mg/m³）	最高允许排放速率/（kg/h）				无组织排放浓度限制	
			排气筒高度/m	一级	二级	三级	监控点	浓度/（mg/m³）
4	氯化物	150	15		0.30	0.46	周界外浓度最高点	0.25
			20		0.51	0.77		
			30		1.7	2.6		
			40		3.0	4.5		
			50		4.5	6.9		
			60		6.4	9.8		
			70		9.1	14		
			80		12	19		
5	铬酸雾	0.080	15	禁排	0.009	0.014	周界外浓度最高点	0.007 5
			20		0.015	0.023		
			30		0.051	0.078		
			40		0.089	0.13		
			50		0.14	0.21		
			60		0.19	0.29		
6	硫酸雾	1 000（火药厂）	15	禁排	1.8	2.8	周界外浓度最高点	1.5
		70（其他）	20		3.1	4.6		
			30		10	16		
			40		18	27		
			50		27	41		
			60		39	59		
			70		55	83		
			80		74	110		
7	氟化物	100（普钙工业）	15	禁排	0.12	0.18	无组织排放源上风向设置参考点，下风向设监控点	20 μg/m³（监控点与参照点浓度值）
		11（其他）	20		0.20	0.31		
			30		0.69	1.0		
			40		1.2	1.8		
			50		1.8	2.7		
			60		2.6	3.9		
			70		3.6	5.5		
			80		4.9	7.5		
8	氯气[④]	85	25	禁排	0.60	0.90	周界外浓度最高点	0.50
			30		1.0	1.5		
			40		3.4	5.2		
			50		5.9	9.0		
			60		9.1	14		
			70		13	20		
			80		18	28		

序号	污染物	最高允许排放浓度/（mg/m³）	最高允许排放速率/（kg/h）				无组织排放浓度限制	
			排气筒高度/m	一级	二级	三级	监控点	浓度/（mg/m³）
9	铅及其化合物	0.015	15	禁排	0.005	0.007	周界外浓度最高点	0.007 5
			20		0.007	0.011		
			30		0.031	0.048		
			40		0.055	0.083		
			50		0.085	0.13		
			60		0.12	0.18		
			70		0.17	0.26		
			80		0.23	0.35		
			90		0.31	0.47		
			100		0.39	0.60		
10	汞及其化合物	0.90	15	禁排	0.001 8	0.002 8	周界外浓度最高点	0.001 5
			20		0.003 1	0.004 6		
			30		0.001	0.016		
			40		0.018	0.027		
			50		0.027	0.041		
			60		0.039			
11	镉及其化合物	1.0	15	禁排	0.060	0.90	周界外浓度最高点	0.050
			20		0.10	0.15		
			30		0.34	0.52		
			40		0.59	0.90		
			50		0.91	1.4		
			60		1.3	2.0		
			70		1.8	2.8		
			80		2.5	3.7		
12	铍及其化合物	0.015	15	禁排	0.001 3	0.002	周界外浓度最高点	0.001 0
			20		0.002 2	0.003 3		
			30		0.007 3	0.011		
			40		0.013	0.019		
			50		0.019	0.029		
			60		0.027	0.041		
			70		0.039	0.058		
			80		0.052	0.079		

序号	污染物	最高允许排放浓度/（mg/m³）	最高允许排放速率/（kg/h）				无组织排放浓度限制	
			排气筒高度/m	一级	二级	三级	监控点	浓度/（mg/m³）
13	镍及其化合物	5.0	15	禁排	0.18	0.28	周界外浓度最高点	0.050
			20		0.31	0.46		
			30		1.0	1.6		
			40		1.8	2.7		
			50		2.7	4.1		
			60		3.9	5.9		
			70		5.5	8.2		
			80		7.4	11		
14	锡及其化合物	10	15	禁排	0.36	0.55	周界外浓度最高点	0.30
			20		0.61	0.93		
			30		2.1	3.1		
			40		3.5	5.4		
			50		5.4	8.2		
			60		7.7	12		
			70		11	17		
			80		15	22		
15	苯	17	15	禁排	0.60	0.90	周界外浓度最高点	0.50
			20		1.0	1.5		
			30		3.3	5.2		
			40		6.0	9.0		
16	甲苯	60	15	禁排	1.2	5.5	周界外浓度最高点	3.0
			20		2.0	9.3		
			30		6.9	31		
			40		12	54		
17	二甲苯	90	15	禁排	1.2	1.8	周界外浓度最高点	1.5
			20		2.0	3.1		
			30		6.9	10		
			40		12	18		
18	酚苯	115	15	禁排	0.12	0.18	周界外浓度最高点	0.10
			20		0.20	0.31		
			30		0.68	1.0		
			40		1.2	1.8		
			50		1.8	2.7		
			60		2.6	3.9		

序号	污染物	最高允许排放浓度/（mg/m³）	最高允许排放速率/（kg/h）				无组织排放浓度限制	
			排气筒高度/m	一级	二级	三级	监控点	浓度/（mg/m³）
19	甲醛	30	15	禁排	0.30	0.46	周界外浓度最高点	0.25
			20		0.51	0.77		
			30		1.7	2.6		
			40		3.0	4.5		
			50		4.5	6.9		
			60		6.4	9.8		
20	乙醛	150	15	禁排	0.060	0.090	周界外浓度最高点	0.050
			20		0.10	0.15		
			30		0.34	0.52		
			40		0.59	0.90		
			50		0.91	1.4		
			60		1.3	2.0		
21	丙烯腈	26	15	禁排	0.91	0.92	周界外浓度最高点	0.75
			20		1.5	1.5		
			30		5.1	5.2		
			40		8.9	9.0		
			50		14	14		
			60		19	20		
22	丙烯醛	20	15	禁排	0.61	0.92	周界外浓度最高点	0.50
			20		1.0	1.5		
			30		3.4	5.2		
			40		5.9	9.0		
			50		9.1	14		
			60		13	20		
23	氰化氢⑤	2.3	25	禁排	0.18	0.28	周界外浓度最高点	0.030
			30		0.31	0.46		
			40		1.0	1.6		
			50		1.8	2.7		
			60		2.7	4.1		
			70		3.9	5.9		
			80		5.5	8.3		
24	甲醛	220	15	禁排	6.1	9.2	周界外浓度最高点	15
			20		10	15		
			30		34	52		
			40		59	90		
			50		91	140		
			60		130	200		

序号	污染物	最高允许排放浓度/（mg/m³）	最高允许排放速率/（kg/h）				无组织排放浓度限制	
			排气筒高度/m	一级	二级	三级	监控点	浓度/（mg/m³）
25	苯胺	25	15	禁排	0.61	0.92	周界外浓度最高点	0.50
			20		1.0	1.5		
			30		3.4	5.2		
			40		5.9	9.0		
			50		9.1	14		
			60		13	20		
26	氯苯类	85	15	禁排	0.67	0.92	周界外浓度最高点	0.50
			20		1.0	1.5		
			30		2.9	4.4		
			40		5.0	7.6		
			50		7.7	12		
			60		11	17		
			70		15	23		
			80		21	32		
			90		27	41		
			100		34	52		
27	硝基苯类	20	15	禁排	0.060	0.090	周界外浓度最高点	0.050
			20		0.10	0.15		
			30		0.34	0.52		
			40		0.59	0.90		
			50		0.91	1.4		
			60		1.3	2.0		
28	氯乙烯	65	15	禁排	0.91	1.4	周界外浓度最高点	0.75
			20		1.5	2.3		
			30		5.0	7.8		
			40		8.9	13		
			50		14	21		
			60		19	29		
29	苯并[*a*]芘	0.000 5（沥青、碳素制品生产和加工）	15	禁排	0.000 06	0.000 09	周界外浓度最高点	0.01 μg/m³
			20		0.000 1	0.000 15		
			30		0.000 34	0.000 51		
			40		0.000 59	0.000 89		
			50		0.000 9	0.001 4		
			60		0.001 3	0.002		

序号	污染物	最高允许排放浓度/（mg/m³）	最高允许排放速率/（kg/h）				无组织排放浓度限制	
			排气筒高度/m	一级	二级	三级	监控点	浓度/（mg/m³）
30	光气⑥	5.0	25	禁排	0.12	0.18	周界外浓度最高点	0.10
			30		0.20	0.31		
			40		0.69	1.0		
			50		1.2	1.8		
31	沥青烟	280（吹制沥青）	15	0.11	0.22	0.34	生产设备不利有明显无组织排放存在	
			20	0.19	0.36	0.55		
		80（熔炼、浸涂）	30	0.82	1.6	2.4		
			40	1.4	2.8	4.2		
		150（建筑搅拌）	50	2.2	4.3	6.6		
			60	3.0	5.9	9.0		
			70	4.5	8.7	13		
			80	6.2	12	18		
32	石棉尘	2 根（纤维）/cm³ 或 20 mg/m³	15	禁排	0.65	0.98	生产设备不利有明显无组织排放存在	
			20		1.1	1.7		
			30		4.2	6.4		
			40		7.2	11		
			50		11	17		
33	非甲烷总烃	150（使用溶剂汽油或其他混合烃类物质）	15	6.3	12	18	周界外浓度最高点	5.0
			20	10	20	30		
			30	35	63	100		
			40	61	120	170		

注：① 一般就设于无组织排放源上风向 2～5 m 范围内设参点，排放源下风向 20～50 m 范围内设监控点，详见标准附录 c。下同。

② 周界外浓度最高点一般就设于排放源下风向的单位周界外 10 m 范围内，如预计无组织排放的最大落地浓度点越出 10 m 范围，可将监控点移至该预计浓度最高点，详见附录 c。下同。

③ 均指含游离二氧化硅 10%以上各种尘。

④ 排放氯气的排气筒不得低于 25 m。

⑤ 排放氰化氢的排气筒不得低于 25 m。

⑥ 排放光气的排气筒不得低于 25 m。

表 1-5 新污染大气污染物排放限制

序号	污染物	最高允许排放浓度/（mg/m³）	最高允许排放速率/（kg/h）			无组织排放浓度限制	
			排气筒高度/m	二级	三级	监控点	浓度/（mg/m³）
1	二氧化硫	960（硫、二氧化硫、硫酸和其他含硫化物生产）	15	2.6	3.5	周界外浓度最高点①	0.40
			20	4.3	6.6		
			30	15	22		
		550（硫、二氧化硫、硫酸和其他含硫化物使用）	40	25	38		
			50	39	58		
			60	55	83		
			70	77	120		
			80	110	160		
			90	130	200		
			100	170	270		
2	氮氧化物	1 400（硝酸、氮肥火药生产）	15	0.77	1.2	周界外浓度最高点	0.12
			20	1.3	2.0		
		420（硝酸使用及其他）	30	4.4	6.6		
			40	7.5	11		
			50	12	18		
			60	16	25		
			70	23	35		
			80	31	47		
			90	40	61		
			100	52	78		
3	颗粒物	18（炭黑层、染料层）	15	0.51	0.74	周界外浓度最高点	肉眼不可见
			20	0.85	1.3		
			30	3.4	5.0		
			40	5.8	8.5		
		60②（玻璃棉尘、石英粉尘、矿渣棉尘）	15	1.9	2.6	周界外浓度最高点	1.0
			20	3.1	4.5		
			30	12	18		
			40	21	31		
		120（其他）	15	3.5	5.0	周界外浓度最高点	1.0
			20	5.9	8.5		
			30	23	34		
			40	39	59		
			50	60	94		
			60	85	130		

序号	污染物	最高允许排放浓度/（mg/m^3）	最高允许排放速率/（kg/h）			无组织排放浓度限制	
			排气筒高度/m	二级	三级	监控点	浓度/（mg/m^3）
4	氯化物	100	15	0.26	0.39	周界外浓度最高点	0.20
			20	0.43	0.65		
			30	1.4	2.2		
			40	2.6	3.8		
			50	3.8	5.9		
			60	5.4	8.3		
			70	7.7	12		
			80	10	16		
5	铬酸雾	0.070	15	0.008	0.012	周界外浓度最高点	0.006 0
			20	0.013	0.020		
			30	0.043	0.066		
			40	0.076	0.12		
			50	0.12	0.18		
			60	0.16	0.25		
6	硫酸雾	430（火药厂）	15	1.5	2.4	周界外浓度最高点	1.2
			20	2.6	3.9		
		45（其他）	30	8.8	13		
			40	15	23		
			50	23	35		
			60	33	50		
			70	46	70		
			80	63	95		
7	氟化物	90（普钙工业）	15	0.10	0.15	周界外浓度最高点	20 μg/m^3
			20	0.17	0.26		
		9.0（其他）	30	0.59	0.88		
			40	1.0	1.5		
			50	1.5	2.3		
			60	2.2	3.3		
			70	3.1	4.7		
			80	4.2	6.3		
8	氯气③	65	25	0.60	0.90	周界外浓度最高点	0.40
			30	1.0	1.5		
			40	3.4	5.2		
			50	5.9	9.0		
			60	9.1	14		
			70	13	20		
			80	18	28		

序号	污染物	最高允许排放浓度/（mg/m³）	最高允许排放速率/（kg/h）			无组织排放浓度限制	
			排气筒高度/m	二级	三级	监控点	浓度/（mg/m³）
9	铅及其化合物	0.70	15	0.004	0.006	周界外浓度最高点	0.006 0
			20	0.006	0.009		
			30	0.027	0.041		
			40	0.047	0.071		
			50	0.072	0.11		
			60	0.10	0.15		
			70	0.15	0.22		
			80	0.20	0.30		
			90	0.26	0.40		
			100	0.33	0.51		
10	汞及其化合物	0.012	15	0.001 5	0.002 4	周界外浓度最高点	0.001 2
			20	0.002 6	0.003 9		
			30	0.007 8	0.013		
			40	0.015	0.023		
			50	0.023	0.033		
			60	0.033	0.05		
11	镉及其化合物	0.85	15	0.050	0.080	周界外浓度最高点	0.040
			20	0.090	0.13		
			30	0.29	0.44		
			40	0.50	0.77		
			50	0.77	1.2		
			60	1.1	1.7		
			70	1.5	2.3		
			80	2.1	3.2		
12	铍及其化合物	0.012	15	0.001 1	0.001 7	周界外浓度最高点	0.000 8
			20	0.001 8	0.002 8		
			30	0.006 2	0.009 4		
			40	0.011	0.016		
			50	0.016	0.025		
			60	0.023	0.035		
			70	0.033	0.05		
			80	0.044	0.067		

序号	污染物	最高允许排放浓度/（mg/m^3）	最高允许排放速率/（kg/h）			无组织排放浓度限制	
			排气筒高度/m	二级	三级	监控点	浓度/（mg/m^3）
13	镍及其化合物	4.3	15	0.15	0.24	周界外浓度最高点	0.040
			20	0.26	0.34		
			30	0.88	1.3		
			40	1.5	2.3		
			50	2.3	3.5		
			60	3.3	5.0		
			70	4.6	7.0		
			80	6.3	10		
14	锡及其化合物	8.5	15	0.31	0.47	周界外浓度最高点	0.24
			20	0.52	0.79		
			30	1.8	2.7		
			40	3.0	4.6		
			50	4.6	7.0		
			60	6.6	10		
			70	9.3	14		
			80	13	19		
15	苯	12	15	0.50	0.80	周界外浓度最高点	0.40
			20	0.90	1.3		
			30	2.9	4.4		
			40	5.6	7.6		
16	甲苯	40	15	3.1	4.7	周界外浓度最高点	2.4
			20	5.2	7.9		
			30	18	27		
			40	30	46		
17	二甲苯	70	15	1.0	1.5	周界外浓度最高点	1.2
			20	1.7	2.6		
			30	5.9	8.8		
			40	10	15		
18	酚苯	100	15	0.10	0.15	周界外浓度最高点	0.080
			20	0.17	0.26		
			30	0.58	0.88		
			40	1.0	1.5		
			50	1.5	2.3		
			60	2.2	3.3		

序号	污染物	最高允许排放浓度/（mg/m³）	最高允许排放速率/（kg/h）			无组织排放浓度限制	
			排气筒高度/m	二级	三级	监控点	浓度/（mg/m³）
19	甲醛	25	15	0.26	0.39	周界外浓度最高点	0.20
			20	0.43	0.65		
			30	1.4	2.2		
			40	2.6	3.8		
			50	3.8	5.9		
			60	5.4	8.3		
20	乙醛	125	15	0.50	0.080	周界外浓度最高点	0.040
			20	0.090	0.13		
			30	0.29	0.44		
			40	0.50	0.77		
			50	0.77	1.2		
			60	1.1	1.6		
21	丙烯腈	22	15	0.77	1.2	周界外浓度最高点	0.60
			20	1.3	2.0		
			30	4.4	6.6		
			40	7.5	11		
			50	12	18		
			60	16	25		
22	丙烯醛	16	15	0.52	0.78	周界外浓度最高点	0.40
			20	0.87	1.3		
			30	2.9	4.4		
			40	5.0	7.6		
			50	7.7	12		
			60	11	17		
23	氰化氢④	1.9	25	0.15	0.24	周界外浓度最高点	0.024
			30	0.26	0.39		
			40	0.88	1.3		
			50	1.5	2.3		
			60	2.3	3.5		
			70	3.3	5.0		
			80	4.6	7.0		
24	甲醛	190	15	5.1	9.2	周界外浓度最高点	12
			20	8.6	15		
			30	29	52		
			40	50	90		
			50	77	140		
			60	100	200		

序号	污染物	最高允许排放浓度/（mg/m^3）	最高允许排放速率/（kg/h）			无组织排放浓度限制	
			排气筒高度/m	二级	三级	监控点	浓度/（mg/m^3）
25	苯胺	20	15	0.52	0.78	周界外浓度最高点	0.40
			20	0.87	1.3		
			30	2.9	4.4		
			40	5.0	7.6		
			50	7.7	12		
			60	11	17		
26	氯苯类	60	15	0.52	0.78	周界外浓度最高点	0.40
			20	0.87	1.3		
			30	2.5	3.8		
			40	4.3	6.5		
			50	6.6	9.9		
			60	9.3	14		
			70	13	20		
			80	18	27		
			90	23	35		
			100	29	44		
27	硝基苯类	16	15	0.050	0.080	周界外浓度最高点	0.040
			20	0.090	0.13		
			30	0.29	0.44		
			40	0.50	0.77		
			50	0.77	1.2		
			60	1.1	1.7		
28	氯乙烯	65	15	0.77	1.2	周界外浓度最高点	0.60
			20	1.3	2.0		
			30	4.4	6.6		
			40	7.5	11		
			50	12	18		
			60	16	25		
29	苯并[*a*]芘	0.000 3（沥青、碳素制品生产和加工）	15	0.000 05	0.000 08	周界外浓度最高点	0.008 μg/m^3
			20	0.000 085	0.000 13		
			30	0.000 29	0.000 43		
			40	0.000 5	0.000 76		
			50	0.000 77	0.001 2		
			60	0.001 1	0.001 7		
30	光气⑤	3.0	25	0.10	0.15	周界外浓度最高点	0.080
			30	0.17	0.26		
			40	0.59	0.88		
			50	1.0	1.5		

<table>
<tr><th rowspan="2">序号</th><th rowspan="2">污染物</th><th rowspan="2">最高允许排放浓度/（mg/m³）</th><th colspan="3">最高允许排放速率/（kg/h）</th><th colspan="2">无组织排放浓度限制</th></tr>
<tr><th>排气筒高度/m</th><th>二级</th><th>三级</th><th>监控点</th><th>浓度/（mg/m³）</th></tr>
<tr><td rowspan="8">31</td><td rowspan="8">沥青烟</td><td rowspan="2">140
（吹制沥青）</td><td>15</td><td>0.18</td><td>0.27</td><td colspan="2" rowspan="8">生产设备不利有明显无组织排放存在</td></tr>
<tr><td>20</td><td>0.30</td><td>0.45</td></tr>
<tr><td rowspan="2">40
（熔炼、浸涂）</td><td>30</td><td>1.3</td><td>2.0</td></tr>
<tr><td>40</td><td>2.3</td><td>3.5</td></tr>
<tr><td rowspan="4">75
（建筑搅拌）</td><td>50</td><td>3.6</td><td>5.4</td></tr>
<tr><td>60</td><td>5.6</td><td>7.5</td></tr>
<tr><td>70</td><td>7.4</td><td>11</td></tr>
<tr><td>80</td><td>10</td><td>15</td></tr>
<tr><td rowspan="5">32</td><td rowspan="5">石棉尘</td><td rowspan="5">1 根（纤维）/cm³
或 10 mg/m³</td><td>15</td><td>0.55</td><td>0.83</td><td colspan="2" rowspan="5">生产设备不利有明显无组织排放存在</td></tr>
<tr><td>20</td><td>0.93</td><td>1.4</td></tr>
<tr><td>30</td><td>3.6</td><td>5.4</td></tr>
<tr><td>40</td><td>6.2</td><td>9.3</td></tr>
<tr><td>50</td><td>9.4</td><td>14</td></tr>
<tr><td rowspan="4">33</td><td rowspan="4">非甲烷总烃</td><td rowspan="4">120
（使用溶剂汽油或其他混合烃类物质）</td><td>15</td><td>10</td><td>16</td><td rowspan="4">周界外浓度最高点</td><td rowspan="4">4.0</td></tr>
<tr><td>20</td><td>17</td><td>27</td></tr>
<tr><td>30</td><td>53</td><td>83</td></tr>
<tr><td>40</td><td>100</td><td>150</td></tr>
</table>

注：① 周界外浓度最高点一般就设于排放源下风向的单位周界外 10 m 范围内，如预计无组织排放的最大落地浓度点越出 10 m 范围，可将监控点移至该预计浓度最高点，详见附录 c。下同。

② 均指含游离二氧化硅 10%以上各种尘。

③ 排放氯气的排气筒不得低于 25 m。

④ 排放氰化氢的排气筒不得低于 25 m。

⑤ 排放光气的排气筒不得低于 25 m。

2）锅炉大气污染物排放标准（GB 13271—2001）

本标准中的一类区和二、三类区是指《环境空气质量标准》（GB 3095—1996）中规定的环境空气质量功能区的分类区域。

本标准中的“两控区”是指《国务院关于酸雨控制区和二氧化硫污染控制区有关问题的批复》中划定的酸雨控制区和二氧化硫污染控制区的范围。

本标准按锅炉建成使用年限分为两个阶段，执行不同的大气污染物排放标准。

I 时段：2000 年 12 月 31 日前建成使用的锅炉；

II 时段：2001 年 1 月 1 日起建成使用的锅炉（含在 I 时段立项未建成或未运行使用的锅炉和建成使用锅炉中需要扩建、改造的锅炉）。

① 锅炉烟尘最高允许排放浓度和烟气黑度限值，按表 1-6 的时段规定执行。

表 1-6 锅炉烟尘最高允许排放浓度和烟气黑度限值

锅炉类别		烟尘排放浓度/（mg/m³）			烟气黑度（林格曼黑度，级）
		适用区域	I 时段	II 时段	
燃煤锅炉	自然通风锅炉（<0.7 MW 或<1 t/h）	一类区	100	80	1
		二、三类区	150	120	
	其他锅炉	一类区	100	80	1
		二类区	250	200	
		三类区	350	250	
燃油锅炉	轻柴油、煤油	一类区	80	80	1
		二、三类区	100	100	
	其他燃料油	一类区	100	80*	1
		二、三类区	200	150	
燃气锅炉		全部区域	50	50	1

注：*一类区禁止新建以重油、渣油为燃料的锅炉。

② 锅炉二氧化硫和氮氧化物最高允许排放浓度，按表 1-7 的时段规定执行。

表 1-7 锅炉二氧化硫和氮氧化物最高允许排放浓度

锅炉类别	适用区域	SO_2 排放浓度/（mg/m³）		NO_x 排放浓度/（mg/m³）	
		I 时段	II 时段	I 时段	II 时段
燃煤锅炉	全部区域	1 200	900	—	—
燃轻柴油、煤油锅炉	全部区域	700	500	—	400
其他燃料油锅炉	全部区域	1 200	900*	—	400*
燃气锅炉	全部区域	100	100	400	

注：*一类区禁止新建以重油、渣油为燃料的锅炉。

③ 燃煤锅炉烟尘初始排放浓度和烟气黑度限值，根据锅炉销售出厂时间，按表 1-8 的时段规定执行。

表 1-8 燃煤锅炉烟尘初始排放浓度和烟气黑度限值

锅炉类别		燃煤灰分/%	烟尘排放浓度/（mg/m³）		烟气黑度（林格曼黑度，级）
			I 时段	II 时段	
燃煤锅炉	自然通风锅炉（<0.7 MW 或<1 t/h）	—	150	120	1
	其他锅炉（≤2.8 MW 或<4 t/h）	Aar≤25% Aar>25%	1 800 2 000	1 600 1 800	1
	其他锅炉（>2.8 MW 或>4 t/h）	Aar≤25% Aar>25%	2 000 2 200	1 800 2 000	1
沸腾锅炉	循环流化床锅炉	—	15 000	15 000	1
	其他沸腾锅炉	—	20 000	18 000	
抛煤机锅炉		—	5 000	5 000	1

④ 每个新建锅炉房只能设一根烟囱，烟囱高度应根据锅炉房装机总容量，按表 1-9 的规定执行。

表 1-9 燃煤、燃油（燃轻柴油、煤油除外）锅炉房烟囱最低允许高度

锅炉房装机总容量	t/h	<1	1～<2	2～<4	4～<10	10～<20	20～<40
	MW	<0.7	0.7～<1.4	1.4～<2.8	2.8～<7	7～<14	14～<28
烟囱允许最低高度	m	20	25	30	35	40	45

锅炉房装机总容量大于 28 MW（40 t/h）时，其烟囱高度应按批准的环境影响报告书（表）要求确定，但不得低于 45 m。新建锅炉房烟囱周围半径 200 m 距离内有建筑物时，其烟囱应高出最高建筑物 3 m 以上。

监测锅炉烟尘、二氧化硫、氮氧化物排放浓度的采样方法应按 GB 5468 和 GB/T 16157 规定执行。二氧化硫、氮氧化物的分析方法按国家环境保护总局规定执行（在国家颁布相应标准前，暂时采用《空气与废气监测分析方法》，中国环境科学出版社出版）。

实测的锅炉烟尘、二氧化硫、氮氧化物排放浓度，应按表 1-10 中规定的过量空气系数 n 进行折算。

表 1-10 各种锅炉过量空气系数折算值

锅炉类型	折算项目	过量空气系数
燃煤锅炉	烟尘初始排放浓度	α=1.7
	烟尘、二氧化硫排放浓度	α=1.8
燃油、燃气锅炉	烟尘、二氧化硫、氮氧化物排放浓度	α=1.2

3）火电厂大气污染物排放标准（GB 13223—2003）

本标准分三个时段，对不同时期的火电厂建设项目分别规定了排放控制要求：1996 年 12 月 31 日前建成投产或通过建设项目环境影响报告书审批的新建、扩建、改建火电厂建设项目，执行第 1 时段排放控制要求。

1997 年 1 月 1 日起至本标准实施前通过建设项目环境影响报告书审批的新建、扩建、改建火电厂建设项目，执行第 2 时段排放控制要求。

自 2004 年 1 月 1 日起，通过建设项目环境影响报告书审批的新建、扩建、改建火电厂建设项目包括在第 2 时段中通过环境影响报告书审批的新建、扩建、改建火电厂建设项目，自批准之日起满 5 年，在本标准实施前尚未开工建设的火电厂建设项目，执行第 3 时段排放控制要求。

① 各时段火力发电锅炉烟尘最高允许排放浓度和烟气黑度执行表 1-11 规定的限值。

表 1-11　火力发电锅炉烟尘最高允许排放浓度和烟气黑度限值

时段	烟尘最高允许排放浓度/（mg/m^3）					烟气黑度/（林格曼黑度，级）
	第 1 时段		第 2 时段		第 3 时段	
实施时间	2005 年 1 月 1 日	2010 年 1 月 1 日	2005 年 1 月 1 日	2010 年 1 月 1 日	2004 年 1 月 1 日	2004 年 1 月 1 日
燃煤锅炉	300① 600②	200	200 500②	50 100③ 200④	50 100③ 200④	1.0
燃油锅炉	200	100	100	50	50	

注：①县级及县级以上城市建成区及规划区内的火力发电锅炉执行该限值。② 县级及县级以上城市建成区及规划区以外的火力发电锅炉执行该限值。③ 在本标准实施前，环境影响报告书已批复的脱硫机组，以及位于西部“非两控区”的燃用特低硫煤（入炉燃煤硫分小于 0.5%）的坑口电厂锅炉执行该限值。④ 以煤矸石等为主要燃料（入炉燃料低位发热量小于等于 12 550 kJ/kg）的资源综合利用火力发电锅炉执行该限值。

② 二氧化硫最高允许排放浓度限值

各时段火力发电锅炉二氧化硫最高允许排放浓度执行表 1-12 规定的限值。第 3 时段位于西部非两控区的燃用特低硫煤（入炉燃煤硫分小于 0.5%）的坑口电厂锅炉须预留脱硫装置空间。

在本标准实施前，环境影响报告书已批复的第 2 时段脱硫机组，自 2015 年 1 月 1 日起，执行 400 mg/m^3 的限值，其中以煤矸石等为主要燃料（入炉燃料低位发热量小于等于 12 550 kJ/kg）的资源综合利用火力发电锅炉执行 800 mg/m^3 的限值。

表 1-12 火力发电锅炉二氧化硫最高允许排放浓度 单位：mg/m^3

时段	第 1 时段		第 2 时段		第 3 时段
实施时间	2005 年 1 月 1 日	2010 年 1 月 1 日	2005 年 1 月 1 日	2010 年 1 月 1 日	2004 年 1 月 1 日
燃煤锅炉及燃油锅炉	2 100①	1 200②	2 100 1 200③	400 1 200④	400 800③ 1 200④

注：① 县级及县级以上城市建成区，及规划区内的火力发电锅炉执行该限制。

② 县级及县级以上城市建成区，及规划区外的火力发电锅炉执行该限制。

③ 在本标准实施前，环境影响报告书已批复的脱硫技术，以及位于西部非两控区的燃用特低硫煤的坑口电场锅炉执行该限制。

④ 以煤矸石等为主要燃料的资料综合利用火力发电锅炉执行该限制。

③ 氮氧化物最高允许排放浓度限值

火力发电锅炉及燃气轮机组氮氧化物最高允许排放浓度执行表 1-13 规定的限值。第 3 时段火力发电锅炉须预留烟气脱除氮氧化物装置空间。液态排渣煤粉炉执行 V_{daf}<10%的氮氧化物排放浓度限值。

表 1-13 火力发电锅炉及燃气轮机组氮氧化物最高允许排放浓 单位：mg/m^3

		第 1 时段	第 2 时段	第 3 时段
实施时间		2005 年 1 月 1 日	2005 年 1 月 1 日	2004 年 1 月 1 日
燃煤锅炉	V_{daf}<10%	1 500	1 300	1 100
	10%≤V_{daf} ≤20%	1 100	650	650
	V_{daf} >20%			450
燃油锅炉		650	400	200
燃汽轮机组	燃油			150
	燃气			80

④ 全厂二氧化硫最高允许排放速率

a. 全厂二氧化硫最高允许排放速率的计算

新建、改建和扩建属于第 3 时段的火电厂建设项目，除满足最高允许排放浓度限值要求，还须同时满足火电厂全厂二氧化硫最高允许排放速率限值要求。火电厂全厂二氧化硫最高允许排放速率按公式（1-1）～（1-3）计算。

$$Q = P \times \overline{U} \times H_g^2 \times 10^{-3} \tag{1-1}$$

$$H_g = \sqrt{\frac{1}{N}\sum_{i=1}^{N} H_i^2} \tag{1-2}$$

$$\overline{U} = \frac{1}{N}\sum_{i=1}^{N} U_i \tag{1-3}$$

式中：Q——全厂二氧化硫允许排放速率，kg/h；

P——排放控制系数；

$\overline{U}$——各烟囱出口处环境风速的平均值，m/s；

H_g——全厂烟囱等效单源高度，m；

H_i——第 i 个烟囱有效高度，m；

U_i——第 i 个烟囱出口处的环境风速，m/s。

烟囱的有效高度计算方法如下：

$$H = H_s + \Delta H \tag{1-4}$$

式中：H——烟囱有效高度，m；

H_s——烟囱几何高度，m；当烟囱几何高度超过 240 m 时，仍按 240 m 计算。

H 的相关计算方法将在（二）中详细介绍。

b. P 值的确定

各地区最高允许排放控制系数 P 执行表 1-14 中给出的限值。

表 1-14　各地区最高允许排放控制系数 P 限值

区域	北京、天津、河北、辽宁、上海、江苏、浙江、福建、山东、广东、海南	山西、吉林、黑龙江、安徽、江西、河南、湖北、湖南	重庆、四川、贵州、云南、西藏、陕西、甘肃、青海、宁夏、新疆、内蒙古、广西
重点城市建成区及规划区①	≤2.6	≤3.8	≤5.1
一般城市建成区及规划区②	≤6.7	≤8.2	≤9.7
城市建成区和规划区外	≤11.5	≤13.3	≤15.4

注：①重点城市是指国务院批复的大气污染防治重点城市；②一般城市是指县级及县级以上城市。

表 1-15　火电厂大气污染物分析方法

序号	分析项目	大气污染物分析方法
1	烟尘	GB/T 16157 重量法
2	烟气黑度	《空气和废气监测分析方法》林格曼黑度法 《空气和废气监测分析方法》测烟望远镜法 《空气和废气监测分析方法》光电测烟仪法
3	二氧化硫	HJ/T 56 碘量法 HJ/T 57 定电位电解法 《空气和废气监测分析方法》自动滴定碘量法 《空气和废气监测分析方法》非分散红外吸收法 《空气和废气监测分析方法》电导率法
4	氮氧化物	HJ/T 42 紫外分光光度法 HJ/T 43 盐酸萘乙二胺分光光度法 《空气和废气监测分析方法》定电位电解法 《空气和废气监测分析方法》非分散红外法

4）工业炉窑烟尘排放标准（GB 9078—2003）

各类区域燃烧煤炉烟尘排放标准值及实用地区见表 1-16。

表 1-16　工业炉窑烟尘排放标准

区域类别	适用地区	允许烟尘浓度/（mg/m^3）		允许林格曼黑度级
		现有	新扩建	
1	风景名胜区、自然保护区和其他需要特殊保护区域	200	—	1
2	规划居民区	300	—	1
3	工业区、郊区及县域	300	200	1
4	其他地区	600	400	2

5）水泥工业大气污染物排放标准 （GB 4915—2004）

在 2006 年 7 月 1 日前，现有水泥厂（含粉磨站）各生产设备（设施）排气筒中的大气污染物排放仍执行 GB 4915—1996；现有水泥矿山和水泥制品厂仍执行 GB 16297—1996；自 2006 年 7 月 1 日起至 2009 年 12 月 31 日止，现有生产线各生产设备（设施）排气筒中的颗粒物和气态污染物最高允许排放浓度及单位产品排放量不得超过表 1-17 规定的限值。

自 2010 年 1 月 1 日起，现有生产线各生产设备（设施）排气筒中的颗粒物和气态污染物最高允许排放浓度及单位产品排放量不得超过表 1-18 规定的限值。

水泥窑焚烧危险废物时，排气中颗粒物、二氧化硫、氮氧化物、氟化物依照水泥窑建设时间，分别执行表 1-17 或表 1-18 规定的排放限值；其他污染物执行《危险废物焚烧污染控制标准》（GB 18484）规定的排放限值，但二噁英允许排放浓度最高为 0.1 ng TEQ/m^3。

表 1-17　水泥工业大气污染物排放标准（2006 年 7 月 1 日至 2009 年 12 月 31 日建设项目）

生产过程	生产设备	颗粒物		二氧化硫		氮氧化物（以 NO_2 计）		氟化物（以总氟计）	
		排放浓度/（mg/m^3）	单位产品排放量/（kg/t）	排放浓度/（mg/m^3）	单位产品排放量/（kg/t）	排放浓度/（mg/m^3）	单位产品排放量/（kg/t）	排放浓度/（mg/m^3）	单位产品排放量/（kg/t）
矿山开采	破碎机及其他通风生产设备	50	—	—	—	—	—	—	—
水泥制造	水泥窑及窑磨一体机*	100	0.30	400	1.20	800	2.40	10	0.03
	烘干机、烘干磨、煤磨及冷却机	100	0.30	—	—	—	—	—	—
	破碎机、磨机、包装机及其他通风生产设备	50	0.04	—	—	—	—	—	—
水泥制品生产	水泥仓及其他通风生产设备	50	—	—	—	—	—	—	—

注：*指烟气中氧气含量 10%状态下排放浓度。

表 1-18　水泥工业大气污染物排放标准（2010 年 1 月 1 日以后的建设项目）

生产过程	生产设备	颗粒物		二氧化硫		氮氧化物（以 NO_2 计）		氟化物（以总氟计）	
		排放浓度/（mg/m^3）	单位产品排放量/（kg/t）	排放浓度/（mg/m^3）	单位产品排放量/（kg/t）	排放浓度/（mg/m^3）	单位产品排放量/（kg/t）	排放浓度/（mg/m^3）	单位产品排放量/（kg/t）
矿山开采	破碎机及其他通风部分设备	50	—	—	—	—	—	—	—
水泥制造	水泥窑及窑磨一体机*	100	0.30	400	1.20	800	2.40	10	0.03
	烘干机、烘干磨、煤磨及冷却机	100	0.30	—	—	—	—	—	—
	破碎机、磨机、包装机及其他通风生产设备	50	0.04	—	—	—	—	—	—
水泥制品生产	水泥仓及其他通风生产设备	50	—	—	—	—	—	—	—

注：*指烟气中氧气含量 10%状态下排放浓度。

现有水泥厂（含粉磨站）颗粒物无组织排放，在 2006 年 7 月 1 日前仍执行 GB 4915—1996，现有水泥制品厂仍执行 GB 16297—1996；自 2006 年 7 月 1 日起现有生产线，自 2005 年 1 月 1 日起新建生产线，作业场所颗粒物无组织排放监控点浓度不得超过表 1-19 规定的限值。

表 1-19 水泥工业大气污染物排放标准

作业场所	颗粒物无组织排放监控点	浓度限值①/（mg/m^3）
水泥厂（含粉磨站）、水泥制品厂	厂界外 20 m 处	1.0（扣除参考值）

注：① 指监控点处的总悬浮颗粒物（TSP）1 h 浓度值。

表 1-20 水泥工业大气污染物排放标准

<table>
<tr><td>生产设备名称</td><td colspan="4">水泥窑及窑磨一体机</td><td colspan="3">烘干机、烘干磨、煤磨及冷却机</td><td>破碎机、磨机、包装机及其他通风生产设备</td></tr>
<tr><td>单线（机）生产能力/（t/d）</td><td>≤240</td><td>＞240～700</td><td>＞700～1 200</td><td>＞1 200</td><td>≤500</td><td>＞500～1 000</td><td>＞1 000</td><td rowspan="2">高于本体建筑物 3 m 以上</td></tr>
<tr><td>最低允许高度/m</td><td>30</td><td>45</td><td>60</td><td>80</td><td>20</td><td>25</td><td>30</td></tr>
</table>

表 1-21 水泥工业大气污染物排放标准

<table>
<tr><td>序号</td><td>分析项目</td><td>手动分析测定法</td><td>自动分析测定法</td></tr>
<tr><td>1</td><td>颗粒物</td><td>GB/T 16157 重量法</td><td rowspan="5">HJ/T 76 固定污染源排放烟气连续监测系统技术要求及检测方法</td></tr>
<tr><td>2</td><td>二氧化硫</td><td>HJ/V 756 碘量法
HJ/T 57 定电位电解法</td></tr>
<tr><td>3</td><td>氮氧化物</td><td>HJ/T 42 紫外分光光度法
HJ/T 43 盐酸萘乙二胺分光光度法</td></tr>
<tr><td>4</td><td>氟化物</td><td>HJ/T 67 离子选择电极法</td></tr>
<tr><td>5</td><td>二噁英</td><td>HJ/T 77 色谱—质谱联用法</td></tr>
</table>

6）炼焦炉大气污染物排放标准（GB 16171—2003）

本标准分为一、二、三级标准，分别与 GB 3095 的环境空气质量功能区相对应：一类区执行一级标准；二类区执行二级标准；三类区执行三级标准。

自本标准实施之日起，禁止在 GB 3095 中一类区新建、扩建机械化炼焦炉和非机械化炼焦炉；改建项目不得增加排污量。

2004 年 1 月 1 日之前通过的环境影响报告书（表）审批的机械化焦炉，无组织排放源的大气污染物，最高允许排放浓度按表 1-22 执行。

表 1-22 现有机械化焦炉大气污染物排放标准（2004 年 1 月 1 日之前环评通过项目）

单位：mg/m³

标准级别	一级			二级			三级		
污染物	颗粒物	苯可溶物（BSO）	苯并[a]芘（B[a]P）	颗粒物	苯可溶物（BSO）	苯并[a]芘（B[a]P）	颗粒物	苯可溶物（BSO）	苯并[a]芘（B[a]P）
排放标准值	1.0	0.25	0.001 0	3.5	0.80	0.004 0	5.0	1.20	0.005 5

2004 年 1 月 1 日起通过的环境影响报告书（表）审批的机械化焦炉，无组织排放源的大气污染物，最高允许排放浓度按表 1-23 执行。

表 1-23 新建机械化炼焦炉大气污染物排放标准（2004 年 1 月 1 日以后环评通过项目）

单位：mg/m³

标准级别	二级			三级		
污染物	颗粒物	苯可溶物（BSO）	苯并[a]芘（B[a]P）	颗粒物	苯可溶物（BSO）	苯并[a]芘（B[a]P）
排放标准值	2.5	0.60	0.002 5	3.5	0.80	0.004 0

2004 年 1 月 1 日之前通过的环境影响报告书（表）审批的非机械化焦炉，大气污染物最高允许排放浓度、吨产品污染物排放量和林格曼黑度按表 1-24 执行。

表 1-24 现有非机械化炼焦炉大气污染物排放标准（2004 年 1 月 1 日之前环评通过项目）

污染物	单位	排放标准值		
		一级	二级	三级
颗粒物	mg/m³	100	300	350
	kg/t 焦	1.2	3.5	4.0
二氧化硫（SO_2）	mg/m³	240	500	600
	kg/t 焦	3.0	5.5	6.5
苯并[a]芘（B[a]P）	mg/m³	1.00	2.0	3.00
	kg/t 焦	0.010	0.020	0.025
林格曼黑度	级	≤1	≤1	≤1

2004 年 1 月 1 日起通过的环境影响报告书（表）审批的非机械化焦炉，大气污染物最高允许排放浓度、吨产品污染物排放量和林格曼黑度按表 1-25 执行。

表 1-25　新建非机械化焦炉大气污染物排放标准（2004 年 1 月 1 日以后环评通过项目）

污染物	单位	排放标准值	
		二级	三级
颗粒物	mg/m^3	250	300
	kg/t 焦	3.0	3.5
二氧化硫（SO_2）	mg/m^3	400	450
	kg/t 焦	4.5	5.0
苯并[*a*]芘（B[*a*]P）	mg/m^3	1.50	2.00
	kg/t 焦	0.015	0.020
林格曼黑度	级	≤1	≤1

7）恶臭污染物排放标准（GB 14554—2003）

恶臭污染物厂界标准值是对无组织排放源的限值，见表 1-26。

2004 年 6 月 1 日起立项的新、扩、改建设项目及其建成后投产的企业执行二级、三级标准中相应的标准值。

表 1-26　恶臭污染物厂界标准值

序号	控制项目	单位	一级	二级		三级	
				新扩改建	现有	新改扩建	现有
1	氨	mg/m^3	1.0	1.5	2.0	4.0	5.0
2	三甲胺	mg/m^3	0.05	0.08	0.15	0.45	0.80
3	硫化氢	mg/m^3	0.03	0.06	0.10	0.32	0.60
4	甲硫醇	mg/m^3	0.004	0.007	0.010	0.020	0.035
5	甲硫醚	mg/m^3	0.03	0.07	0.15	0.55	1.10
6	二甲二硫醚	mg/m^3	0.03	0.06	0.13	0.42	0.71
7	二硫化碳	mg/m^3	2.0	3.0	5.0	8.0	10
8	苯乙烯	mg/m^3	3.0	5.0	7.0	14	19
9	臭气浓度	无量纲	10	20	30	60	70

恶臭污染物排放标准值，见表 1-27。

表 1-27　恶臭污染物排放标准值

序号	控制项目	排气筒高度/m	排放量/（kg/h）
1	硫化氢	15	0.33
		20	0.58
		25	0.90
		30	1.3
		35	1.8
		40	2.3
		60	5.2
		80	9.3
		100	14
		120	21
2	甲硫醇	15	0.04
		20	0.08
		25	0.12
		30	0.17
		35	0.24
		40	0.31
		60	0.69
3	甲硫醚	15	0.33
		20	0.58
		25	0.90
		30	1.3
		35	1.8
		40	2.3
		60	5.2
4	二甲二硫醚	15	0.43
		20	0.77
		25	1.2
		30	1.7
		35	2.4
		40	3.1
		60	7.0
5	二硫化碳	15	1.5
		20	2.7
		25	4.2
		30	6.1
		35	8.3
		40	11
		60	24
		80	43
		100	68
		120	97

序号	控制项目	排气筒高度/m	排放量/（kg/h）
6	氨	15	4.9
		20	8.7
		25	14
		30	20
		35	27
		40	35
		60	75
7	三甲胺	15	0.54
		20	0.97
		25	1.5
		30	2.2
		35	3.0
		40	3.9
		60	8.7
		80	15
		100	24
		120	35
8	苯乙烯	15	6.5
		20	12
		25	18
		30	26
		35	35
		40	46
		60	104
9	臭气浓度	排气筒高度/m	标准值（量纲为 1）
		15 20 25 30 35 40 ≥60	2 000 6 000 15 000 20 000 40 000 60 000

表 1-27 中各单项恶臭污染物与臭气浓度的测定方法，见表 1-28。

表 1-28 恶臭污染物与臭气浓度测定方法

序号	控制项目	测定方法	序号	控制项目	测定方法
1	氨	GB/T 14679	6	二甲二硫醚	GB/T 14678
2	三甲胺	GB/T 14676	7	二硫化碳	GB/T 14680
3	硫化氢	GB/T 14678	8	苯乙烯	GB/T 14677
4	甲硫醇	GB/T 14678	9	臭气浓度	GB/T 14675
5	甲硫醚	GB/T 14678			

（4）空气污染指数

所谓空气污染指数（Air Pollution Index，API）是指一项可以定量和客观地评价空气环境质量的指标，是将若干项主要大气污染物的监测数据参照一定的分级标准，经过综合换算后得到的量纲为一的相对数。它具有综合概括、简单直观的优点，有利于公众了解空气环境质量的优劣。我国空气污染指数的范围从 0～500，分 5 个等级，见表 1-29。空气污染指数范围及相应的空气质量类别见表 1-30。

表 1-29 空气污染指数对应的污染物浓度限值

污染指数	污染物浓度/（mg/m^3）				
API	SO_2（日均值）	NO_2（日均值）	PM_{10}（日均值）	CO（小时均值）	O_3（小时均值）
50	0.050	0.080	0.050	5	0.120
100	0.150	0.120	0.150	10	0.200
200	0.800	0.280	0.350	60	0.400
300	1.600	0.565	0.420	90	0.800
400	2.100	0.750	0.500	120	1.000
500	2.620	0.940	0.600	150	1.200

API＜50 为一级，空气质量为优，相当于国家空气质量一级标准；

50＜API＜100 为二级，空气质量为良，相当于国家空气质量二级标准；

100＜API＜200 为三级，空气质量为轻度污染，相当于国家空气质量三级标准；

200＜API＜300 为四级，空气质量为中度污染；

API≥300 为五级，空气质量为重度污染。

表 1-30　空气污染指数范围及相应的空气质量类别

空气污染指数 API	空气质量状况	对健康的影响	建议采取的措施
0～50	优	可正常活动	
51～100	良		
101～150	轻微污染	易感人群症状有轻度加剧，健康人群出现刺激症状	心脏病和呼吸系统疾病患者应减少体力消耗和户外活动
151～200	轻度污染		
201～250	中度污染	心脏病和肺病患者症状显著加剧，运动耐受力降低，健康人群中普遍出现症状	老年人和心脏病、肺病患者应停留在室内，并减少体力活动
251～300	中度重污染		
＞300	重污染	健康人运动耐受力降低，有明显强烈症状，提前出现某些疾病	老年人和病人应当留在室内，避免体力消耗，一般人群应避免户外活动

（三）大气污染防治方面的其他法律、法规及部门规章

（1）《中华人民共和国环境保护法》由中华人民共和国第七届全国人民代表大会常务委员会第十一次会议于 1989 年 12 月 26 日通过，自 1989 年 12 月 26 日公布之日起施行。

（2）《中华人民共和国大气污染防治法》由中华人民共和国第九届全国人民代表大会常务委员会第十五次会议于 2000 年 4 月 29 日修订通过，修订后的《中华人民共和国大气污染防治法》自 2000 年 9 月 1 日起施行。

（3）《国务院关于同意征收煤炭城市建设附加费的批复》（1992 年 5 月 29 日，国务院批复）。

（4）《关于开展征收工业燃煤二氧化硫排污费试点工作的通知》（1992 年 9 月 14 日，国务院批准，国家环境保护总局等发布）。

（5）《国务院关于酸雨控制区和二氧化硫污染控制区有关问题的批复》（1998 年 1 月 12 日，国务院批复）。

（6）《国务院办公厅关于限期停止生产销售使用车用含铅汽油的通知》（1998 年 9 月 2 日，国务院办公厅发布）。

（7）《国家经贸委关于关停小火电机组有关问题意见的通知》（1999 年 5 月 15 日，国务院办公厅转发）。

（8）《国务院关于两控区酸雨和二氧化硫污染防治“十五”计划的批复》（2002 年 9 月 19 日，国务院办公厅发布）。

（9）《中国应对气候变化的政策与行动》（2008 年 10 月 30 日，国务院发布）。

（10）《汽车排气污染监督管理办法》（1990 年 8 月 15 日，国家环境保护总局、

公安部等部门发布）。

（11）《关于实施国家大气环境标准的通知》（1996 年 5 月 20 日，国家环境保护总局发布）。

（12）《关于在酸雨控制区和二氧化硫控制区开展征收二氧化硫排污费扩大试点的通知》（1998 年 4 月 16 日，国家环境保护总局等发布）。

（13）《秸秆禁烧和综合利用管理办法》（1999 年 4 月 14 日，国家环境保护总局、农业部、财政部、铁道部、交通部、中国民用航空总局发布）。

（14）《机动车排放污染防治技术政策》（1999 年 5 月 28 日，国家环境保护总局发布）。

（15）《消耗臭氧层物质进出口管理办法》（1999 年 12 月 3 日，国家环境保护总局发布）。

（16）《燃煤二氧化硫排放污染防治技术政策》（2002 年 1 月 30 日，国家环境保护总局发布）。

（17）《柴油车排放污染防治技术政策》（2003 年 1 月 13 日，国家环境保护总局发布）。

（18）《关于禁止生产、销售、进出口以氯氟烃物质为制冷剂、发泡剂的家用电器产品的公告》（2007 年 5 月 28 日，国家环境保护总局、国家发展和改革委员会、商务部、海关总署、国家质量技术监督检验检疫总局联合发文）。

除以上法律法规外，《环境保护法》和《大气污染防治法》有关大气污染控制技术和设施方面的规定有：

《环境保护法》第 25 条：新建成工业企业和现有工业企业的技术改造应当采用资源利用率高、污染物排放量少的设备和工艺，采用经济合理的废弃物综合利用技术和污染物处理技术。

第 26 条：建设项目中防治污染的设施，必须与主体工程同时设计、同时施工、同时投产使用。防治污染的设施必须经原审批环境影响报告书的环境行政主管部门验收合格后，该建设项目方可投入生产或使用。

防治污染的设施不得擅自拆除或者闲置，确有必要拆除或闲置的，必须征得所在地的环境保护行政主管部门同意。

第 36 条：建设项目的防治污染设施没有建成或者没有达到国家规定的要求，投入生产或者使用的，由批准该建设项目环境影响报告书的环境保护行政主管部门责令停止生产或者使用，可以并处罚款。

《大气污染防治法》第 11 条第 3 款：建设项目投入生产或者使用之前，大气污染防治设施必须经过环境保护行政主管部门验收，达不到国家有关建设项目环境保护管理规定的要求的建设项目，不得投入生产或者使用。

第 12 条第 2 款：前款规定的排污单位排放污染物的种类、数量、浓度有重大改变的，应当及时申报；其大气污染物处理设施必须保持正常使用，拆除或者闲置大气污染物处理设施的，必须事先报经所在地的县级以上地方人民政府环境保护行政主管部门批准。

第 19 条：企业应当采用原材料利用效率高、污染物排放量少的清洁生产工艺，并加强管理，减少大气污染物的产生。

国家对严重污染大气环境的落后生产工艺和严重污染大气环境的落后设备实行淘汰制度。国务院经济综合主管部门会同国务院有关部门公布限期禁止采用的严重污染大气环境的工艺名录和限期禁止生产、禁止销售、禁止进口、禁止使用的严重污染大气环境的设备名录。

生产者、销售者、进口者或者使用者必须在国务院经济综合主管部门会同国务院有关部门规定的限期内分别停止生产、销售、进口或者使用列入前款规定的名录中的设备。生产工艺的采用者必须在国务院经济综合主管部门会同国务院有关部门规定的限期内停止采用列入前款规定的名录中的工艺。

第 36 条：向大气排放粉尘的排污单位，必须采用除尘措施。严格限制向大气排放含有毒物质的废气和粉尘；确需排放的，必须经过净化处理，不超过规定的排放标准。

（四）与大气污染预防与控制有关的国际条约

由于越境酸雨危害问题最早出现在欧洲，因此，1968 年欧洲议会部长理事会通过了《控制大气污染原则宣言》。宣言要求各成员国采取必要的立法和行政措施，以预防和消除各种大气污染。1979 年联合国欧洲经济委员会制定了《远程越境大气污染公约》，1983 年生效。该条约将欧洲上空的大气作为一个整体施行控制，缔约国主要是欧洲国家、美国和加拿大。该公约是世界上第一个关于大气污染的区域性公约，在控制酸雨污染等方面具有积极意义。《远程越境大气污染公约》签署后，欧共体各国又分别在条约下签署了《关于负担观测体制资金的议定书》（1984 年）、《关于削减硫氧化物排放 30%的议定书》（1985 年）、《关于削减氮氧化物排放的议定书》（1988 年）以及《关于削减挥发性有机化合物排放的议定书》（1991 年）。到 1994 年还签署了《关于进一步削减硫化物的议定书》，为了不使大气污染对易受影响生态系统造成危害，该议定书首次使用了“临界负荷”（Critical Loads）的概念。

进入 20 世纪 80 年代以后，随着北美地区酸雨的不断增加，1980 年美国与加拿大之间还交换了《关于酸雨问题的备忘录》。之后，两国还缔结了设定数值基准控制酸性物质的《大气质量协定》（1991 年）。此外，在美国与墨西哥之间还缔结了《确定二氧化硫控制标准的协定》（1987 年）。联合国环境规划署经过五年的谈判于 1985 年 3 月 22 日在维也纳召开的外交大会上达成了《维也纳臭氧层保护公约》。在 20 世纪 80 年代中期，国际社会在着手解决臭氧层耗损问题的同时，开始注意到全球气候变化的问题，1992 年 5 月 9 日，《联合国气候变化框架公约》的草案达成，同年 6 月各国在里约热内卢召开的环境与发展大会上签字。该公约的宗旨是将大气温室气体的浓度稳定在不产生对气候系统危险干扰的水平上；确保粮食生产不受到威胁；使经济以可持续的方式运行。随后，联合国环境与发展大会在巴西里约热内卢通过了《里约环境与发展宣言》《21 世纪议程》等多项重要文件。这些宣言和公约最鲜明的一个特点在于把环境保护和经济发展联系起来，强调发展对于国际环境保护的重要意义，使得国际环境污染防治法的发展进入了一个新的阶段。1998 年 3 月 16 日在日本京都签署的《京都议定书》明确列出了温室气体名录、产生温室气体的能源部门和类别；列出了承诺排放量限制或削减的 39 个工业化缔约方的名录。

我国在努力解决国内环境问题的同时，积极采取各种形式开展国际环境合作，努力与周边国家合作共同解决区域环境问题，通过多边、双边渠道开展交流与合作，与国际社会一道，为促进区域及全球环境问题的解决做出了不懈努力和应有的贡献。在环境保护国际合作上主要体现在以下三个方面：我国参加了几乎所有的与环境保护有关的多边进程、国际公约、条约和议定书；中国积极参加，并且主动发起了一些区域合作的机制，增加信任、相互交流，促进了环境保护领域的合作；我国积极开展了双边的国际合作，目前在全球几大洲都有双边合作，截至 2006 年，已和 42 个国家签署了双边合作协议或者备忘录，与 11 个国家签署了与核安全有关的双边协议。

项目二　大气污染扩散基础知识

一、主要气象要素及大气的基本物理性质

（一）主要气象要素

表示大气状况的物理量和物理现象，气象学汇总统称为气象要素。气象要素主要有：气温、气压、温度、风向、风速、云量、能见度及降水量等。这些气象要素都是从观测直接获得的。下面对几个主要气象要素作一简介。

（1）气温

气象上讲的地面气温一般是指距地面 1.5 m 高处在百叶窗中观测到的空气温度。表示气温高低常用的温度有两种：摄氏温度 t（℃）和热力学温度 T（K）。两种温度存在下面关系：

$$T\text{（K）}=t\text{（℃）}+273.15 \tag{1-5}$$

（2）气压

气压是指大气的压强。静止大气中某观测高度上的气压值等于其单位面积上所承受的垂直空气柱的质量。气压的单位为帕（Pa），与其他单位的关系是：

$$1\ \text{atm}=101\ 326\ \text{Pa}=760\ \text{mmHg}$$

（3）湿度

空气湿度表示大气中水汽含量的多少和空气潮湿程度。常用绝对湿度表示，即空气中水蒸气分压力与同温度下饱和水气压的比值，以百分数表示。

（4）风向、风速

气象上把水平方向的空气运动称为风。风是一个矢量。风向是指风的来向，可用 8 个方位或 16 个方位表示，也可用角度表示，如图 1-1 所示。

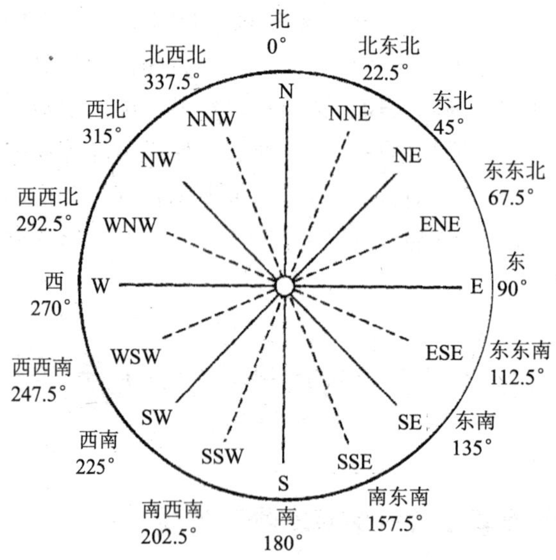

图 1-1　风向的 16 个方位

风速是指单位时间内空气在水平方向运动的距离，单位用 m/s 或 km/s 表示。通常气象台站测定的风向、风速，都是指一定时间（如 2 min 或 5 min）的平均值。有时也需要测定瞬时风向、风速。

若粗略估计风速，可依自然现象——风力大小来表示。蒲福根据自然现象将风力分为 13 个等级（0～12 级），若用 F 表示风力等级，则风速 u（单位：km/h）为：

$$u \approx 3.02\sqrt{F^3} \tag{1-6}$$

（5）云

云是大气中的水汽凝结现象，它是飘浮在空中的大量小水滴、小冰晶或两者的混合物构成的。从污染物扩散考虑，主要是关心云量及云高。

云量是云遮蔽天空的层数。我国将天空分为 10 等份，云遮蔽了几份，云量就是几。

云高是指云底距地面的高度。

（6）能见度

能见度是在当时的天气条件下，视力正常的人能够从天空背景中看到或辨认出目标物的最大水平距离，单位用 m 或 km 表示。能见度的大小反映了大气透明或浑浊的程度。

（7）天气状况

大气中冷热、阴晴、风雷、雷电等天气现象的短时间综合表现，即构成不同的天气状况。它也是气象要素之一。天气状况按国际分类有 100 多种，较重要的有：毛毛雨、雨、雷雨、阵雨、雪、雹、雾、霜、露等。

很多大气污染事件的发生，都与当时的天气状况有关。

（二）大气的基本物理性质

大气属于流体，所以其具有一般流体的四个基本特性：连续性、流动性、可压缩性和大气分子之间的摩擦作用（即黏性）。但大气又区别于一般流体，因为大气密度的空间分布不仅与压强有关，而且还依赖于温度。所以大气运动与热量传递过程有着密切的关系。此外，大气运动可看做是由有规则的水平运动和垂直运动，以及无规则的湍流运动叠加形成的。因此大气污染物的扩散及浓度变化必然受到上述气象要素的影响。

（1）干空气的状态方程

通常情况下，地球大气和理想气体近似。因此，可利用理想气体的状态方程求干空气的状态参数。对于单位质量的干空气，即有：

$$P_{\rm d}V = \frac{R}{M}T = R_{\rm d}T \qquad (1\text{-}7)$$

式中：V—— 单位质量干空气所占的体积，也称比容；

M—— 干空气的摩尔质量，即 28.97；

$R_{\rm d}$—— 单位质量干空气的摩尔气体常数，称为干空气摩尔气体常数，$R_{\rm d}$=287J/（kg·K）；

$P_{\rm d}$—— 干空气压强。

由于 $V=1/\rho_{\rm d}$（其中$\rho_{\rm d}$为干空气密度），所以，干空气状态方程可写成如下形式：

$$\rho_d = \frac{P_d}{R_d T} \tag{1-8}$$

上式表明，空气密度与气压和温度有关。

（2）湿空气的状态方程

根据道尔顿分压定律，混合气体的总气压等于各气体成分的分压之和，所以湿空气的总气压应为干空气和水汽的分压之和，即

$$P=P_d+P_w$$

式中：P —— 湿空气的总气压；

P_d，P_w —— 分别为干空气和水汽的分压。

如以ρ表示湿空气密度，则$\rho=\rho_d+\rho_w$，其中ρ_w 为水汽密度，而且大气中的水汽在没有相变的情况下，也可利用理想气体状态方程，即

$$\rho_w = \frac{P_w}{R_w T} \tag{1-9}$$

式中：R_w —— 水汽的比气体常数，R_w=461J/（kg・K）；

T —— 热力学温度。

这样就有湿空气的状态方程：

$$\rho = \frac{P}{R_d T}(1-0.378\frac{P_w}{P}) \tag{1-10}$$

因为 P_w/P 值很小，故

$$1-0.378\frac{P_w}{P} = \frac{1}{1+0.378P_w/P} \tag{1-11}$$

所以，湿空气的状态方程也可简化为

$$\rho = \frac{P}{R_d T(1+0.378P_w/P)} \tag{1-12}$$

理论计算中，凡遇到空气密度问题，一般都用状态方程进行计算和分析。

二、影响大气污染物扩散的因素

（一）气象条件对大气污染物扩散的影响

大气污染主要发生在大气边界层内，实践证明，边界层的风、湍流、大气稳定度、大气温度层结等，是影响空气污染的重要气象因素。

（1）风对大气污染物扩散和输送的影响

风对大气污染的影响包括风向和风的速率两个方面。一般情况下，风向影响污

染物的水平迁移扩散方向，总是不断将污染物向下风方向输送，污染区总是分布在下风方向上，高污染浓度常出现在大污染源的下风向。

风速的大小决定了大气扩散稀释作用的强弱和对污染物输送距离的远近。风速越大，单位时间内混入烟气中的清洁空气越多，大气扩散稀释作用越强；风速很大时，污染物输送的距离可能很长，但浓度将变得很小。通常，污染物在大气中的浓度与平均风速成反比，风速增大 1 倍，下风向污染物浓度将减小一半。

风对大气污染物的影响发生在从地面起到污染物扩散所及的各高度。特别是高架源排放的污染物的扩散高度很高，所以各高度上的风都很重要。为利用地面风速资料推断各高度风的分布，需要了解边界中风的垂直分布特征。

风速随高度变化的曲线称为风速廓线。表征风速廓线的数学表达式——风速廓线模式有对数律风速廓线模式和指数律风速廓线模式，如式（1-13）和式（1-14）。

对数律风速廓线模式表达式为：

$$u=\frac{u^{*}}{k}\ln\frac{Z}{Z_0} \tag{1-13}$$

式中：u —— 高度 Z 处的平均风速，m/s；

u^{*} —— 速度因子常数，称摩擦速度，m/s；

k —— 卡门常数，k=0.4；

Z_0 —— 地面粗糙度常数，cm。

指数律风速廓线模式表达式为：

$$\overline{u}=\overline{u}_1\left(\frac{Z}{Z_1}\right)^{m} \tag{1-14}$$

式中：u —— 欲求高度 Z 上的风速，m/s；

$\overline{u}_1$ —— 已知高度 Z_1 上的风速，m/s；

m —— 风速指数。

（2）湍流对大气污染物的影响

在实际生活中可以感到风速有大有小，有阵性，而且沿主导风向常出现左右和上下的无规则摆动。大气的这种无规则的阵性和摆动，叫做大气湍流。如果大气中只有风而无湍流运动，则污染物在烟囱口被直接冲淡稀释，污染物的扩散速率很慢。湍流是边界层中大气运动的基础，湍流对于大气中物质和能量的输送有十分重要的作用，大气污染物的稀释主要靠湍流扩散来进行。污染物排入大气后，形成浓度梯度，它们除随风作整体飘移外，湍流混合作用会不断将周围的清新空气卷入已污染的烟气，塔式将烟气带到周围空气中，使污染物质从高浓度区向低浓度区分散、稀释。这种过程就是湍流扩散过程。湍流输送速率极大，它比分子输送速率要大 105～106 倍。所以，分子扩散效应在大气扩散中可忽略不计。

大气烟云在向下风向飘移时，受到大气湍流的作用，使烟团向周界逐渐扩张，见图 1-2。

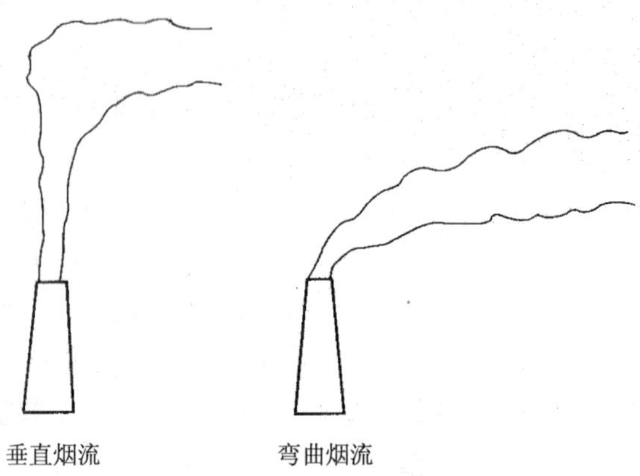

图 1-2 风的大小对烟流扩散的影响

（3）大气稳定度与逆温对大气污染的影响

大气稳定度表示空气块在竖直方向稳定程度，即气块是否安于原来所在的层次，是否易于发生对流，气象学家把近地层大气划分为稳定、中性和不稳定三种状态。假如有一空气块（团）受到对流冲击力的作用，产生了向上或向下运动，那么就可能出现三种情况：如果空气团受力移动后，逐渐减速，并有返回原来高度的趋势，这时的气层，对于该气团而言是稳定的；如果空气团一离开原位就逐渐加速运动，应有远离原来高度的趋势，这时的气层，对于该气团而言是不稳定的；如果空气团被推到某一高度后，既不加速也不减速，保持不动，这时的气层，对于该气团而言是中性气层。图 1-3 表示一个球的重力模型，不稳定的情形就像一位于山顶的球；中性情形就像平地上的球；稳定情形则像是处在山谷里的球。

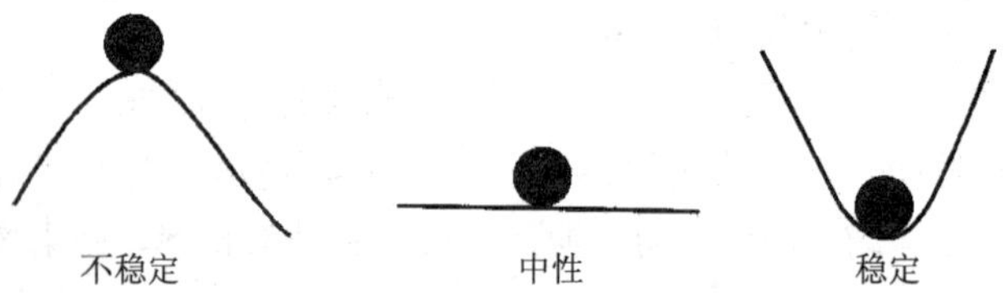

图 1-3 用一个球的重力模型说明大气稳定度的示意

大气稳定度对烟流扩散有很大的影响，不同的烟流扩散形状如图 1-4 所示，其特点见表 1-31。

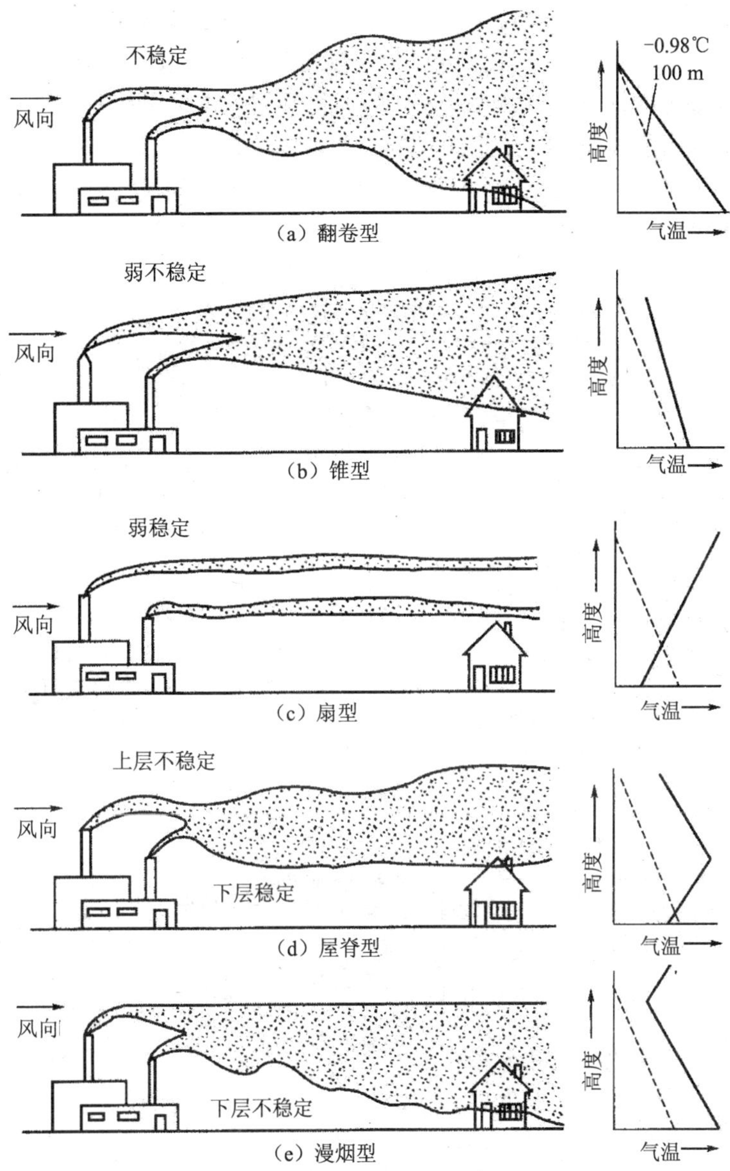

图 1-4　大气稳定度对烟流扩散的影响

地球表面上方大气圈各气层的温度随着高度的不同而发生变化。不同气层的气温随高度的变化常用气温垂直递减率γ表示。气温垂直递减率γ是指在垂直于地球表面方向上每升高 100 m 气温的变化值。对于标准大气来讲，在对流层上层的γ值为 0.3～0.4℃/100 m；下层为 0.65～0.75℃/100 m。整个对流层的垂直递减率平均值为 0.65℃/100 m。但实际对流层，特别是近地层气温垂直变化比标准大气状况复杂。

由于气象条件的不同，气温垂直递减率可大于零、等于零或小于零。大于零表示气温随高度增加而降低；等于零表示气温不随高度变化（或叫等温层）；小于零表示气温随高度增加而增加。递减率$\gamma<0$ 的大气层与正常情况相反的现象称为逆温，这样的气层称为逆温层。由于逆温层的存在，大大抑制了对流，使大气处于稳定状态，像一个盖子一样阻碍着大气的垂直运动。因此严重的大气污染往往发生在逆温及无风的天气。

表 1-31　不同扩散形状烟流的特点及发生情况

烟型	特点	大气状况	发生条件	与风湍流的关系	地面污染状况
翻卷型（波浪型）	烟云由连续及孤立的烟团所组成	大气处于不稳定状态，对流强烈	多出现于太阳光较强的晴朗中午	伴随较强的热散微风	由于扩散速度快，靠近污染源地区污染物落地浓度高，对附近居民有害，一般不会造成烟雾事件
锥型	烟云离开排放口一定距离后，云轴仍基本保持水平，外形似一个椭圆锥。烟气比翻卷型规则，扩散能力比翻卷型弱	大气处于中性或弱稳定状态	多出现于多云或阴天的白天，强风的夜晚或冬季夜间	高空风较大。扩散主要靠热和动力因子的作用	扩散速度比翻卷型低，落地浓度也比翻卷型低，污染物输送得较远
扇型（长带型）	烟云在垂直方向上扩散速度很小，烟云的厚度在风向方向上变化不大，在水平方向上有缓慢扩散	出现逆温层，大气处于稳定状态	多出现于弱晴朗的夜晚和早晨	微风，几乎无湍流发生	污染物可传送到较远的地方，遇山或高大建筑物阻挡时，污染物不易扩散稀释，在逆温层下的污染物浓度较大
屋脊型（上扬型）	烟云的下侧边缘清晰，呈平直状，而其上部出现湍流扩散	排出口上方，大气处于不稳定状态；出口下方大气处于稳定状态	多出现于日落后，因地面有辐射逆温大气稳定。高空受冷空气影响大气不稳定	排出口上方有微风，有湍流；排出口下方，几乎无风，无湍流	如烟囱高度处于不稳定层时，烟气中污染物不向下扩散，只向上方扩散，这种烟型对地面污染较轻
漫烟型（熏烟型）	与屋脊型相反，烟云上侧边缘清晰，呈平直状、烟云的下部有较强的湍流扩散，烟云上升到一定程度就受到逆温层的控制	排出口上方，大气处于稳定状态；出口下方大气处于不稳定状态	日出后，地面低层空气被日照加热使逆温自下而上逐渐破坏，但上部仍保持逆温	烟云的下部有明显的热扩散，烟云的上部热扩散很弱，风在烟云之间流动	当烟囱高度不能超过上部稳定气层时，烟云就好像被盖子盖住，只能向下部扩散，像烟熏一样直扑地面。在污染源附近污染物的浓度很高，地面污染严重，这是最不利于扩散和稀释的气象条件

（4）天气形势对大气污染的影响

天气形势是指大气范围的气压分布和大气运动状况。因为一定的天气现象和气象条件都与相应的天气形势联系在一起，所以与大气污染有关的气象因子也与天气形势有关。低压控制区，空气有上升运动，云天较多，通常风速较大，天气多为中性或不稳定状态，有利于稀释扩散。相反，在强高压控制区，天气晴朗，风速较小，由于大范围内空气的下沉运动，在几百米至一两千米上空形成沉降性逆温，逆温像盖子一样阻挡着污染物向上湍流扩散，若高压大气系统是静止或移动极慢的微风天气，而又连续几天出现逆温时，大气污染物的扩散稀释能力会大大降低，将会呈现所谓“空气停滞”现象，这时在正常情况下不足以造成大气污染的地方，也可能出现大范围的污染危害，如再处于不利的地形条件，就会造成严重的空气污染。

（二）下垫面对大气污染物扩散的影响

在城市、山区，由于下垫面热力和动力效力不同，所表现出来的局地气象特征与平原地区不同，这些局地气象特征对污染物的扩散影响很大。

（1）城市下垫面对大气污染物扩散的影响

城市下垫面的特点：城市人口密集，工业集中，能耗水平高；城市的覆盖物（如建筑、水泥路面等）热容大，白天吸收太阳辐射热，夜间放热慢；城市上空笼罩着一层烟雾和二氧化碳，使地面有效辐射冷却效应减弱。

由于上述原因，使城市净热量收入比周围农村多，故平均气温比周围乡村高，于是形成所谓城市热岛。据统计，城乡年平均温差一般在0.4～1.5℃，有时可达6～8℃。其差值与城市的大小、性质、当地气象条件及纬度有关。

由于城市温度比乡村高，气压比乡村低，所以可以形成一股从周围农村吹向城市的特殊气流，称为“热岛环流或城市风”，如图 1-5 所示。由于夜间城乡温差最大，城市风最容易出现，这种风在市区汇合就会产生上升气流，周围郊区二次空气吹向城市中心进行补充。因此，若城市周围有污染物的工厂，就会使污染物在夜间向市中心输送，使市中心的污染物浓度反而高于郊区工业区，造成严重污染，特别是城市上空逆温存在时，会使污染加重，见图 1-6。

建筑物对烟气扩散的影响多是局部的，建筑物能改变气流的流线，在上风向前缘，建筑物产生气流分离；在建筑物的下风向，则产生涡流。一般来说，如果烟流高于建筑物 2.5 m，烟流被卷入建筑物涡流区的可能性很小，但若烟流较低时，排放的烟气就会进入建筑群或工业区，在下风向会造成地面污染，见图 1-6。

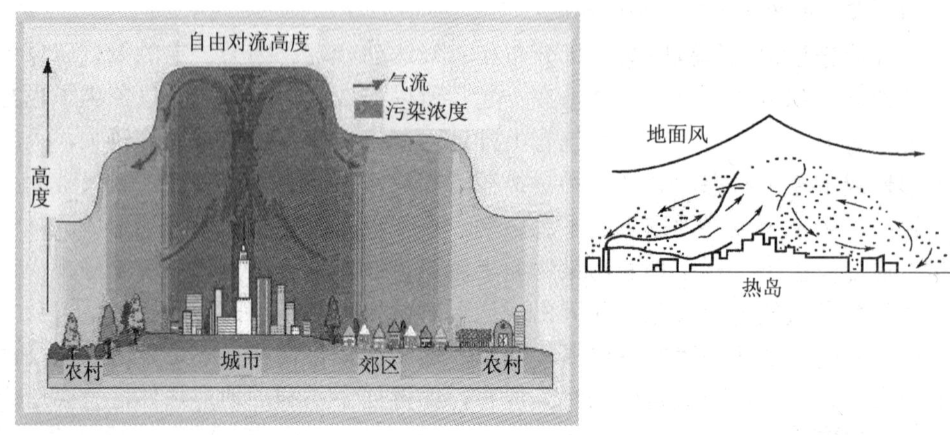

图 1-5　城市“热岛效应”

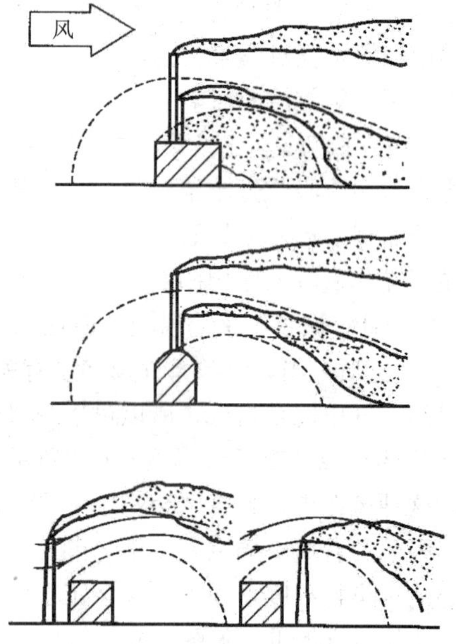

图 1-6　建筑物对烟气扩散的影响

（2）地形对大气污染扩散的影响

山区地形复杂，阳坡和阴坡面受热很不均匀，加上日照时间的变化，水平气温不均匀，就造成了局地热力环流，形成谷风和山风。白天，山坡吸收太阳辐射增温比山谷快，山坡气温比谷地上同高度的大气温度高，气流沿坡上升，形成谷地吹向山坡的风，称为谷风；夜晚，山坡和山顶比谷地冷却得快，使山坡和山顶的冷空气顺山坡下滑到谷底，形成山风，见图 1-7。日出日落前后是山谷风的转换期，这时风向不稳定，风速很小。此时，山沟中污染源排出的污染物由于风向来回摆动，产生循环积累，造成高浓度污染。此外，山谷凹地由于地形阻塞，气流不畅，容易出现长时间的小风，甚至出现静风，夜间沿坡下滑的冷空气因无法扩散而聚积在谷底，形成厚而强的逆温层。在易于由现小风并伴随逆温的凹地区，从污染源排放的污染物，往往会造成严重的大气污染。

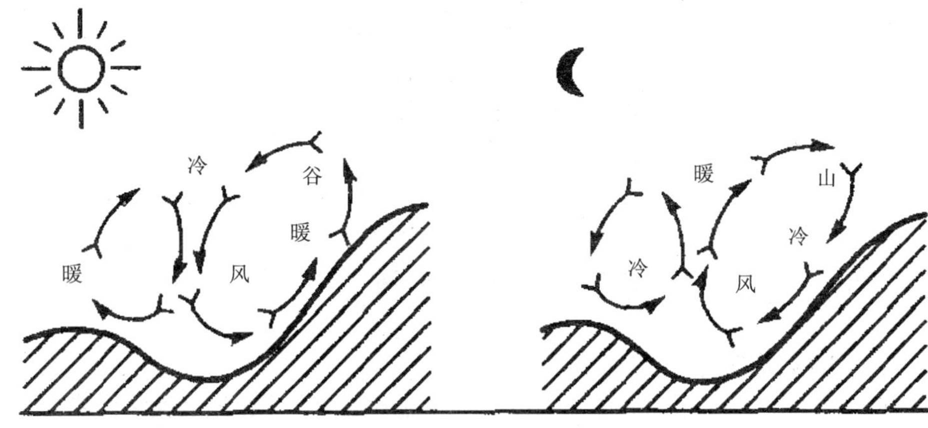

图 1-7　山谷风形成示意

地形地物对污染物扩散的影响主要是通过气流运动和气温的影响以改变烟气的运动和扩散。当烟气运行时，碰到高的丘陵和山地，在其附近会引起高浓度污染。烟气越过不太高的丘陵，在背风面下滑，产生涡流，出现严重污染，如图 1-8 所示，低位置污染源 A 排放的烟气向山坡扩散，造成山坡和山顶的污染；位置高的排放源 B 排放的烟气，会随着山后的下降气流，进入背风涡流区，造成背风污染；排放源 C 的位置处于涡流区，会造成极为严重的背风区污染，如图 1-9 所示。

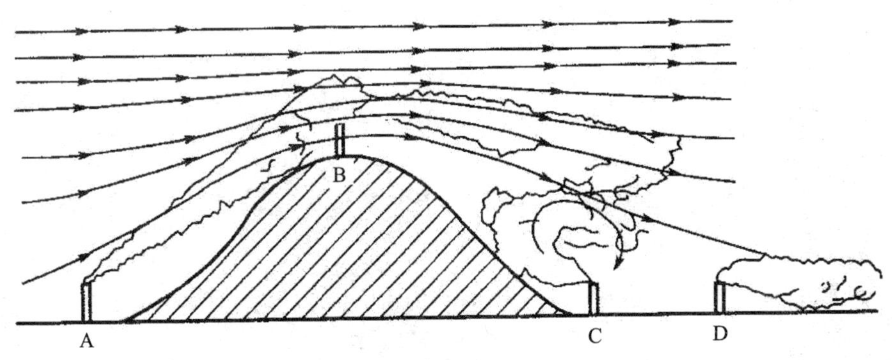

图 1-8　山丘对大气污染物扩散影响的示意

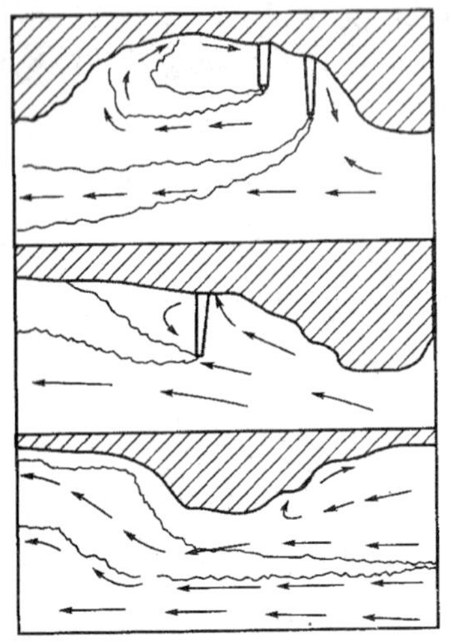

图 1-9 几种典型的背景区污染

（3）水陆交界对大气污染物扩散的影响

水陆交界区，由于水面和陆面的热导率和热容不同，水面温度变化比陆面小。白天，海域吸收太阳辐射增温比陆地慢，水陆的温差引起空气密度差，即白天水域上的空气密度比邻近陆面上的空气密度大，陆面上热而轻的空气上升，水域上的空气流向陆地补充，形成海风；夜晚，陆地降温比海域快，水面上的空气密度比陆面上的小，空气上升，陆面上的空气流向水面，形成陆风。

海陆风是一种局地热力环流。白天陆地上的污染物随气流上升后，在上层流向海洋，下沉后有可能部分地被海风带回陆地。此外，夜间被陆风吹向海洋的污染物，白天也有可能部分地返回陆地，形成重复污染。见图 1-10。

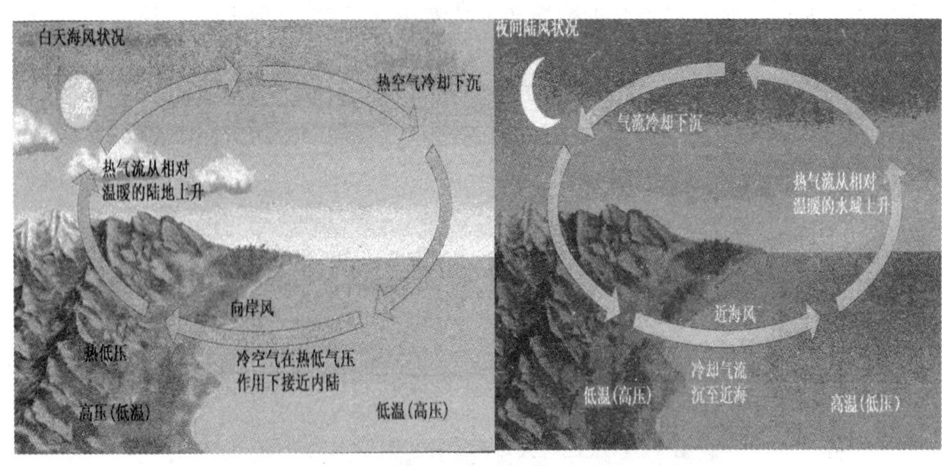

图 1-10 海陆风对大气污染物扩散影响的示意

在大湖泊、江河的水陆交界地带也会产生水陆风局地环流，称为水陆风。但水陆风的活动范围和强度比海陆风小。

由上可知，海边工厂的排污，必须考虑海陆风的影响，因为有可能出现在夜间随陆风吹到海面上的污染物，在白天又随海风吹回来，或者进入海陆风局地环流中，使污染物不能充分扩散稀释而造成严重的污染。

三、烟气在大气中扩散的计算

研究烟气扩散的基本问题，就是研究湍流与烟气扩散和物质浓度衰减的关系问题。目前处理这类问题有三种广泛的理论：梯度输送理论、湍流统计理论和相似理论。泰勒运用统计学的方法于 1921 年提出了著名的泰勒公式。图 1-11 是从污染源排放的污染物在风向沿 x 轴的大气中扩散的情况。假定大气湍流场是均匀、稳定的，若用 y 表示一个粒子离开原点的位置，则 y 随时间变化而变化。实际上从污染源排出的污染物粒子很多，在 x 轴上粒子的浓度最高，浓度分布与 x 轴对称，并符合正态分布。

萨顿首先应用泰勒公示，提出了解决污染物在大气中扩散的实用模式。高斯在大量实测分析的基础上，应用湍流统计理论得到了正态分布假设下的扩散模式，即通常所说的高斯扩散模式，它是目前应用最广的模式。

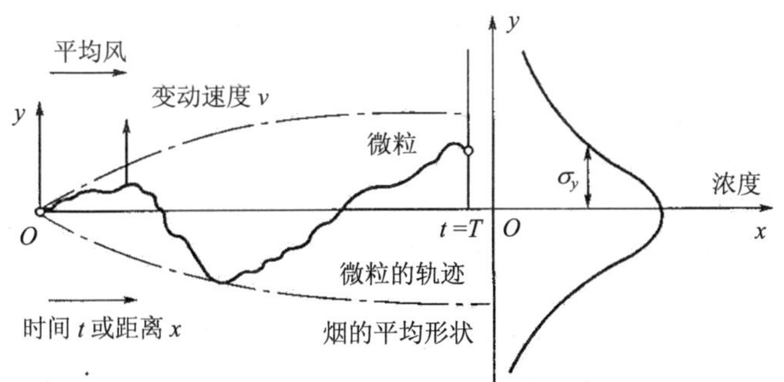

图 1-11　由湍流引起的扩散

（一）实用的高斯扩散模式

（1）高斯分布的假设条件

高斯模式的坐标系见图 1-12，其原点为排放点或高架源排放点在地面的投影点，x 轴正向为平均风向，y 轴在水平方向上垂直于 x 轴，以垂直于地面的方向（即烟囱高度方向）为竖向（z 轴）。

大量的实践和研究表明，特别是对于连续源的平均烟流，其浓度分布是属于正太分布的，因此，在处理大气污染扩散时，进行如下设定：污染物的平均浓度在 y、 z 轴上的分布符合高斯分布；在扩散的整个空间中风速是均匀的，稳定的；污染源的源强 Q 为连续的，均匀的；扩散过程中，污染物的质量是守恒的（即污染物不会发生化学反应，地面对其起全反射作用，不发生吸收和吸附作用）。

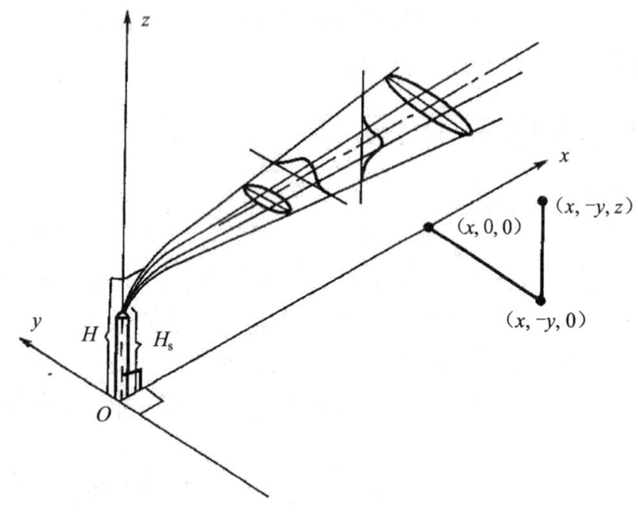

图 1-12　高斯模式的坐标系

（2）高架连续点源的高斯扩散模式

高架连续点源（距地面一定高度的排放源）在下风向任意空间点（x，y，z）处造成的污染物浓度用式（1-15）计算。

$$C(x, y, z, H)=\frac{Q}{2\pi u\sigma_y\sigma_z}\exp\left(-\frac{y^2}{2\sigma_y^2}\right)\left\{\exp\left[-\frac{(z-H)^2}{2\sigma_z^2}\right]+\exp\left[-\frac{(z+H)^2}{2\sigma_z^2}\right]\right\} \quad (1\text{-}15)$$

式中：C（x，y，z，H）—— 任一点污染物的浓度，mg/m^3；

Q —— 源强，单位时间污染源排放的污染物，mg/s；

σ_y —— 水平（y）方向上任一点烟气分布曲线的标准偏差，即水平扩散系数，m；

σ_z —— 垂直（z）方向上任一点烟气分布曲线的标准偏差，即垂直扩散系数，m；

u —— 平均风速，m/s；

H —— 有效源高，m。

由式（1-15）可求出下风向任意一点污染物的浓度。

当 $y=0$ 时，C（x，0，z，H）即为烟流中心线上污染物的浓度；

当 $z=0$ 时，C（x，y，0，H）即为污染物的地面浓度；

当 $y=0$，$z=0$ 时，C（x，0，0，H）即为烟流地面中心线上污染物的浓度；

当 $z=0$，$H=0$ 时，C（x，y，0，0）即为地面连续点源的污染物地面浓度；

当 $z=0$，$y=0$，$H=0$ 时，C（x，0，0，0）即为地面连续点源地面中心线上污染物的浓度。

（3）地面最大浓度（即烟流中心线上污染物的最大浓度）

当 $y=0$，$z=0$ 时，由式（1-15）可以得到烟流地面中心线上污染物浓度的模式如下。

$$C(x,0,0,H)=\frac{Q}{\pi\bar{u}\sigma_y\sigma_z}\exp\left(-\frac{H^2}{2\sigma_z^2}\right) \tag{1-16}$$

由于σ_y、σ_z是距离 x 的函数，而且随着 x 的增大而增大，则式（1-16）中的第一项随着 x 的增大而减小，第二项则随着 x 的增大而增大，两项共同作用的结果，必然在某一距离 x 处出现浓度的最大值。

在最简单的情况下，假设σ_y/σ_z的比值不随距离 x 发生变化，将式（1-16）对σ_z进行求导，并令其等于 0，即可得到地面最大浓度和最大浓度点的σ_z值的计算公式。

$$C_{\max}(x_{\max},0,0,H)=\frac{2Q}{\pi e\bar{u}H^2}\times\frac{\sigma_z}{\sigma_y} \tag{1-17}$$

$$\sigma_z\Big|_{x=x_{\max}}=\frac{H}{\sqrt{2}} \tag{1-18}$$

除极稳定和极不稳定的大气条件，通常可以假设$\sigma_y=2\sigma_z$，则式（1-17）可以简化为：

$$C_{\max}=\frac{Q}{\pi eH^2u} \tag{1-19}$$

式（1-19）常列入烟囱设计手册，以供估计地面最大浓度之用。

（二）烟气抬升现象和烟气抬升高度的计算方法

由式（1-19）可知，在估算污染浓度时，必须确定源强 Q、平均风速μ、有效源高 H和扩散参数σ_y、σ_z 的值，可以通过计算或实测得到，u 值可以由风速观测资料或实测得到，关键是要确定有效源高 H和扩散参数σ_y、σ_z的值。

有效源高是指从烟囱排放的烟云距地面的实际高度，它等于烟囱（或排放筒）本身的高度（H_s）与烟气抬升高度ΔH之和，即

$$H=H_s+\Delta H \tag{1-20}$$

对于具体烟囱，H_s是已知的，因此求取有效高度就是计算烟气的抬升高度。

（1）烟气抬升过程和抬升阶段分类

根据大量的观测事实和定性分析，烟气抬升大体上分为四个阶段。

①喷出阶段　烟气自烟囱口垂直向上喷出，因自身的初始动量继续上升。随着烟流与空气湍流混合，烟气体积逐渐增大并获得水平动量，烟气逐渐向水平方向弯曲。

②浮生阶段　烟气离开烟囱后，初始动量的主导作用渐渐消失，浮力作用渐渐成为主导地位，烟气体积不断增大，烟流继续上升。对于烟气来说，这是烟气抬升的主要阶段。

③瓦解阶段　在浮生阶段的后期，烟流的浮生速度已经很慢，环境湍流使烟气体积进一部增大，烟流自生的结构也在短时间内瓦解，烟气原先的热力和动力性质丧失怡尽，抬升结束。

④变平阶段　环境湍流继续使烟气扩散膨胀，烟流逐渐变平。

为分析和理解烟气抬升现象，按烟气初始排放的参数不同，可将抬升烟气分为动力抬升烟气和浮力抬升烟气。浮力抬升烟气是由于烟气温度高于大气温度而产生浮力的作用。对于温度较低的烟气，由烟气与大气的温差产生的浮力很小或根本没有浮力的作用，烟气的抬升主要是由烟气的初始动量的作用。一般来说，浮力对烟气抬升的贡献远远大于动量对烟气的抬升。

（2）烟气抬升高度的计算

给出烟气抬升高度的精确定义是很困难的，通常所说的烟气抬升高度是指下风向某一距离处，烟气的轴线与烟囱口所在平面的最大垂直距离。

由于影响烟气抬升的因素很多，因此，至今还没有一个计算式能够准确表达烟气抬升的规律，现在使用的计算式都是在一定的试验条件下，因数据处理而建立的经验式或半经验式，它们都有一定的适应条件和局限性，这里介绍两种常用的计算方法。

①霍兰德（Holland）公式　霍兰德于 1953 年对大量烟气抬升试验数据进行整理，提出如下抬升高度公式。

$$\Delta H=\frac{d_s u_s}{u}\left[1.5+2.7\times\frac{(T_s-T_a)d_s}{T_s}\right]=-\frac{1}{\mu}(1.5u_s d_s+9.8\times10^{-9}Q_H) \tag{1-21}$$

式中：ΔH—— 烟云抬升高度，m；

u_s —— 烟囱排出口处的排烟速度，m/s；

d_s —— 烟囱排出口的内径，m；

T_s —— 烟气排出口的温度，K；

T_a —— 大气温度，K；

u —— 烟囱口高度上的平均风速，m/s；

Q_H —— 烟气热释放率，kJ/s。

Q_H可按下式计算：

$$Q_H=\frac{\pi}{4}d_s u_s \rho_s C_P(T_s-T_a) \tag{1-22}$$

式中：ρ_s —— 烟囱排出口处，T_s温度下烟气的密度，kg/m^3；

C_P —— 恒压下烟气的比热容，kJ/（kg·K），可以计算或查气体平均比热容。

式（1-21）适宜于中性条件，若用于计算不稳定条件下的烟气抬升高度时，烟气实际抬升高度应比计算值增加 10%～20%；用于计算稳定条件下的烟气抬升高度时，烟气实际抬升应比计算值减小 10%～20%。该式不适宜计算温度较高的热烟气或高于 100 m 的烟囱的抬升高度。

②国家标准中规定的计算公式　我国《制定地方大气污染物排放标准的技术原则与方法》（GB/T 3840—91）规定的烟气抬升高度计算方法如下。

当 $Q_H \geqslant 2\ 100$ kJ/s，且（T_s-T_a）$\geqslant 35$K 时，烟气抬升高度可用下式计算。

$$\Delta H=\frac{n_0 Q_H^{n_1} H_s^{n_2}}{u} \tag{1-23}$$

式中：ΔH —— 烟云抬升高度，m；

Q_H —— 烟气的释放率，kJ/s。

建议用下式计算：

$$Q_H=\frac{\pi 353.8 Q_v}{T_s}(T_s-T_a) \tag{1-24}$$

式中：T_s、T_a、u 的意义同前；

Q_v —— 实际状态下的烟气排放量，m^3/s；

H_s —— 烟囱几何高度，m；

n_0，n_1，n_2 —— 系数及指数，可查阅表 1-32。

当 $Q_H<2\ 100$ kJ/s，且（T_s-T_a）<35K 时，烟气抬升高度可用下式计算。

$$\Delta H=\frac{2(1.5u_s d_s+0.04Q_H)}{u} \tag{1-25}$$

式中：d_s —— 烟囱排出口的内径，m；其他符号的意义同前。

表 1-32　n_0、n_1、n_2 值的确定

Q_H（kJ/s）	地表状况	n_0	n_1	n_2
$Q_H \geqslant 21\ 000$ kJ/s	农村或城市远郊区城区	1.43 1.30	1/3 1/3	2/3 2/3
21 000 kJ/s$>Q_H\geqslant 2\ 100$ kJ/s，且 $\Delta T \geqslant 35$ K	农村或城市远郊区城区	0.33 0.29	3/5 3/5	2/5 2/5

【例 1-1】某城市火电厂的烟囱高 100 m，出口内径 5 m，出口烟气流速 12.7 m/s，温度 100℃，流量 250 m^3/s，烟囱出口处的风速 4 m/s，大气温度 20℃，试确定烟气抬升高度及有效源高度。

解：已知 H_s=100 m，Q_v=250 m^3/s，d_S=5 m，u_s=12.7 m/s，T_s=373 K，T_a=293 K，μ=4 m/s

先计算烟气的热释放率 Q_H

$$Q_H = \frac{\pi 353.8 Q_v}{T_s}(T_s - T_a) = \frac{353.8 \times 250 \times (373-273)}{373} = 18\,970.6\ \text{(kJ/s)}$$

用式（1-23）计算烟气抬升高度，由表 1-32 查得 n_0、n_1、n_2 的值分别为 0.29、3/5、3/5，于是

$$\Delta H = \frac{n_0 Q_H^{n_1} H_s^{n_2}}{u} = \frac{0.29 \times 18\,970.6^{3/5} \times 100^{3/5}}{4} = 207.3\ \text{(m)}$$

$$H = H_s + \Delta H = 100 + 207.3 = 307.3\ \text{(m)}$$

所以，烟气抬升高度为 207.3 m，有效源高度为 307.3 m。

（三）扩散参数的确定

扩散参数 σ_y、σ_z 的确定比较困难，往往需要进行特殊的气象观测和大量的计算工作。帕斯奎尔（Pasquill）于 1961 年提出一种方法，仅需常规气象观测资料就可以估算出 σ_y 和 σ_z 的值。吉福德（Gifford）进一步将它做成图表，于是将这种方法称为 G-P 曲线法。

（1）帕斯奎尔稳定度级别和 G-P 曲线

帕斯奎尔根据观测到的风速、云量、云状和日照等气象资料，将大气的扩散稀释能力分为 A、B、C、D、E、F 六个稳定度级别（表 1-33）。吉福德在帕斯奎尔大气稳定度分级的基础上又建立了扩散参数 σ_y、σ_z 与下风向即距离 x 的函数关系，并将 $\sigma_y = f(x)$ 和 $\sigma_z = f(x)$ 函数关系绘制成图 1-13 即可以查出相应的 σ_y 和 σ_z 的值。

表 1-33　帕斯奎尔稳定度级别

地面上 10 m 处风速/（m/s）	白天			阴云密布的白天或晚上	夜晚	
	日照				薄云遮天或低云≥4/8	云量≤3/8
	强	中等	弱			
＜2	A	A～B	B	D		
2～3	A～B	B	C	D	E	F
3～5	B	B～C	C	D	D	E
5～6	C	C～D	D	D	D	D
＞6	C	D	D	D	D	D

注：① A—极不稳定；B—不稳定；C—弱不稳定；D—中性；E—弱稳定；F—稳定；② A～B 按 A、B 数据内插；③ 日落前 1 h 到日落后 1 h 为夜晚；④ 不论何种天气状况，夜晚前后各 1 h 看为中性；⑤ 仲夏晴天中午为强日照，寒冬晴天为弱日照（中纬度）。

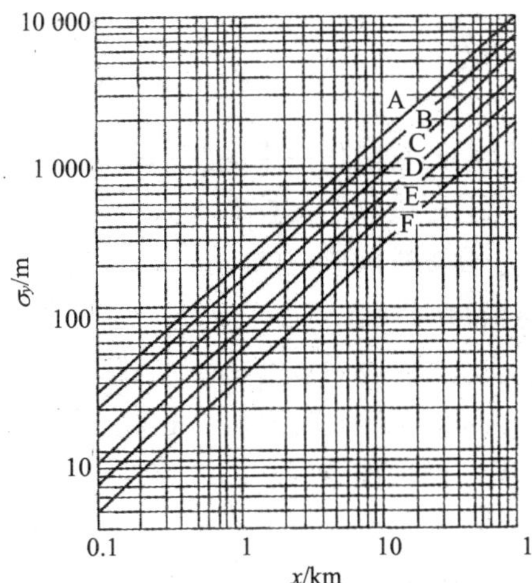

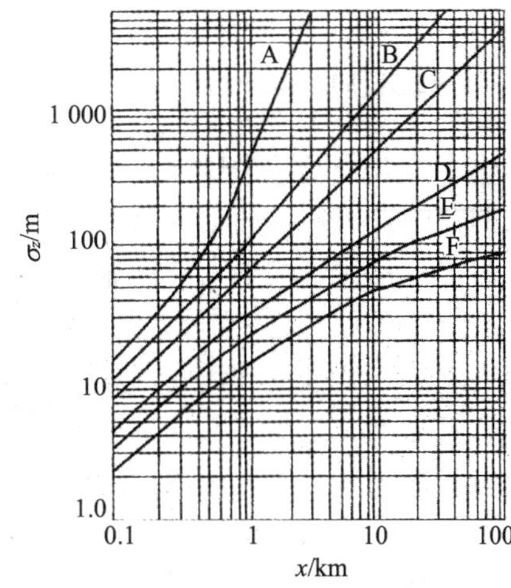

图 1-13 σ_y、σ_z 与 x 的 P-G 扩散曲线图（取样时间 10 min）

（2）利用 G-P 曲线确定 σ_y 和 σ_z 的步骤

首先，根据地面上方 10 m 处的风速、日照等级、阴云分布状况及云量等气象资料，按照表 1-33 确定出某时某地的大气稳定度级别。然后利用 G-P 扩散曲线图查出对应于当时当地的大气稳定度及下风向距离为 x 的 σ_y、σ_z 值。

【例 1-2】某石油精炼厂自平均高度 80 m 处排放 SO_2 量为 80 g/s，有效高度的平均风速为 4.6 m/s，试估算冬季阴天下风向距烟囱 500 m 处 SO_2 的地面浓度（σ_y =35.3 m，σ_z =18.1 m）。

解： 已知 H_s=80 m，μ=4.6 m/s，Q=80 g/s，x=500 m

由表 1-33 可知，在冬季阴天的大气条件下，稳定度为 D 级。

$$C（500，0，0，80）= \frac{Q}{2\pi u\sigma_y\sigma_z}\exp\left(-\frac{y^2}{2\sigma_y^2}\right)$$

$$=\frac{8\times10^4}{3.14\times4.6\times35.5\times18.1}\exp\left(\left(-\frac{1}{2}\right)\left(\frac{80}{18.1}\right)^2\right)=4.94\times10^{-4}\ （mg/m^3）$$

答：该处 SO_2 浓度为 4.94×10^{-4} mg/m^3。

四、烟囱高度与厂址选择

（一）烟囱高度的计算

烟囱本身并不能减少排入大气的污染物数量，但它能使污染物从局部地区转移到很大的范围内扩散，利用大气的自净能力使地面污染物浓度控制在人们可以接受的范围内。在工业密度不大的国家和地区，它是直接排放废气的常用方法。在某些情况下，烟囱还可能是控制大气污染最适用和经济的方法。

烟囱越高，烟气上升越强，燃料燃烧也较好，污染物可以在离地面较高的大气中扩散，再加上高空风速大，稀释能力强，可使大气污染程度减轻。但超过一定高度以后再增加高度，对地面浓度的降低收效很小，而烟囱造价却随高度增加而急剧增大，故烟囱并非越高越好。

国外已使用 300 m 以上的超高烟囱。在超高烟囱排气的情况下，烟气将上升到较为稳定的高空，几乎不受逆温层影响，对烟气扩散、降低落地浓度十分有利。所以，当前高烟囱排放仍是减轻地面污染的一项重要措施，如何选择适当的烟囱高度是工业建设中必须考虑的问题。

确定烟囱高度的依据是要保证该排放源造成的地面污染浓度不得超过《环境空气质量标准》（GB 3095—1996）规定的浓度限值。所以，应该首先知道各种气象条件下烟源高度和地面浓度的关系，再根据允许的地面浓度计算烟囱高度。

烟囱高度和污染物地面浓度的关系见图 1-14。从图可知，随源高的增加，污染物的地面浓度下降。所以从环保角度看，烟囱越高越好。但是，烟囱的造价与高度的平方成正比，建造烟囱涉及环保和经济两方面综合效益。下面介绍几种主要的计算烟囱高度的方法。

（1）根据地面污染物最大浓度计算法设计

该法以地面最大浓度不超过《环境空气质量标准》规定的浓度限值为依据，直接由地面最大浓度公式求出烟囱高度。

$$H_s = \sqrt{\frac{2Q\sigma_z}{\pi e u (C_0 - C_b)\sigma_y}} - \Delta H \tag{1-26}$$

式中：C_0 ——《环境空气质量标准》规定的某污染物的浓度限值；

C_b —— 环境本底浓度。

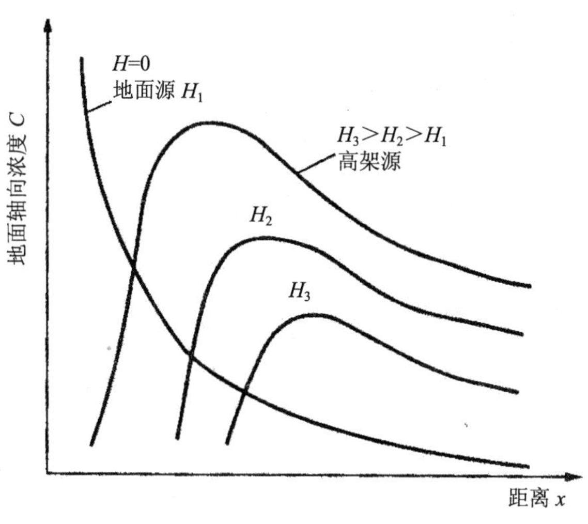

图 1-14　源高对地面浓度分布的影响

（2）根据地面污染物绝对最大浓度公式设计

前面介绍过的地面污染物最大浓度高斯模式（式 1-17）是在风速不变的情况下导出的。实际上风速是变化的，风速 u 对地面最大浓度 C_{max} 有双重影响。从式（1-17）可见，u 增大时，C_{max} 减小；从各种烟云抬升公式看，u 增大时，抬升高度 ΔH 减小，C_{max} 反而增大。这两种相反作用的结果，一定会在某一风速下出现地面最大浓度的极大值，称为地面绝大最大浓度，以 C_{absm} 表示：

$$C_{absm}=\frac{Q}{2\pi e H_s^{\ 2} u_c}\bullet\frac{\sigma_z}{\sigma_y} \tag{1-27}$$

此时的风速即危险风速：

$$u_c=\frac{B}{H_s} \tag{1-28}$$

假设地面绝对最大浓度值不得超过《环境空气质量标准》规定的浓度限值 C_0，可推导出另一烟囱高度计算公式：

$$H_s=\frac{Q}{2\pi eB(C_0-C_b)}\bullet\frac{\sigma_z}{\sigma_y}=\sqrt{\frac{Q\sigma_z}{2\pi e u_c(C_0-C_b)\sigma_y}} \tag{1-29}$$

（3）根据一定保证率计算烟囱高度

从上面两种计算方法可见，按保证 C_{max} 设计的烟囱高度较矮，当风速小于平均风速时，地面浓度即超标。若按 C_{absm} 设计的烟囱则较高，不论风速大小，地面浓度皆不会超标，但烟囱造价高。因此提出对上述公式中的 u 和稳定度取一定保证率下的值，计算结果即为某一保证率的气象条件下的烟囱高度。这种方法比前两种方法更合理些。

（4）根据点源烟囱允许排放率设计

根据《制定大气污染物排放标准的技术方法》（GB/T 13201—91）中规定的点源烟尘允许排放率计算式：$Q_e=P_e\times H^2\times 10^{-6}$（式中 Q_e 为烟尘允许排放速率，t/h；P_e 为烟尘排放控制系数，t/（h·m²），按所在行政区及功能区查表 1-34；H 为有效源高），并将其进行变化后即可求得烟囱高度：

$$H_s=\sqrt{\frac{Q_e\times 10^6}{P_e}}-\Delta H \tag{1-30}$$

表 1-34　点源烟囱 P_e 值

地区序号	一类功能区	二类功能区	三类功能区
1	5	15～20	25～50
2	6	18～25	30～50
3	6	15～25	30～50
4	5	15～20	25～50
5	2.5	7.5～15	12.5～38
6	2.5	7.5～10	12.5～25
7	2	6～9	10～23

注：摘自 GB/T 13201—91。地区序号见表 1-35。

表 1-35　我国各地区总量控制系数 A、低源分担率 α、点源控制系数 P 值

地区序号	省市名	A	α	P	
				总量控制区	非总量控制区
1	新疆、西藏、青海	7.0～8.4	0.15	100～150	100～200
2	黑龙江、吉林、辽宁、内蒙古	5.6～7.0	0.25	120～180	120～240
3	北京、天津、河北、河南、山东	4.2～5.6	0.15	100～180	120～240
4	内蒙古（阴山以南）、山西、陕西（秦岭以北）、宁夏、甘肃	3.5～4.9	0.20	100～150	100～200
5	上海、广东、广西、湖南、湖北、江苏、浙江、安徽、海南、台湾、福建、江西	3.5～4.9	0.25	50～100	50～150
6	云南、贵州、四川、甘肃（渭河以南）、陕西（秦岭以南）	2.8～4.2	0.15	50～75	50～100
7	静风区（年平均风速小于 1 m/s）	1.4～2.8	0.25	40～80	40～90

（5）国家大气污染物排放标准对排气筒几何高度的确定

1）综合性排放标准《大气污染物综合排放标准》对排气筒高度的限定

① 大气污染物综合排放标准中排气筒高度除须遵守表列排放速率标准值外（见本书附录相关内容），还应高出周围 200 m 半径范围内的建筑 5 m 以上，不能达到该要求的排气筒，应按其高度对应的表列排放速率标准值严格 50%执行。

② 新污染源的排气筒一般不应低于 15 m。

③ 两个排放相同污染物（不论其是否由同一生产工艺过程产生）的排气筒，若其距离小于其几何高度之和，应合并视为一个等效排气筒。若有三个以上的近距排气筒，且排放同一种污染物时，应以前两个等效排气筒，依次与第三、第四个排气筒取等效值。

④ 等效排气筒有关参数计算如下：

a．等效排气筒污染物排放速率按下式计算

$$Q = Q_1 + Q_2 \tag{1-31}$$

式中：Q —— 等效排气筒的某污染物排放速率；

Q_1，Q_2 —— 排气筒 1 和排气筒 2 的某污染物排放速率。

b．等效排气筒高度按下式计算

$$h = \sqrt{\frac{1}{2}(h_1^2 + h_2^2)} \tag{1-32}$$

式中：h —— 等效排气筒高度；

h_1，h_2 —— 排气筒 1 和排气筒 2 的高度。

c．等效排气筒的位置

等效排气筒的位置，应于排气筒 1 和排气筒 2 的连线上，若以排气筒 1 为原点，则等效排气筒的位置应距原点为：

$$x = \frac{a(Q - Q_1)}{Q} = \frac{aQ_2}{Q} \tag{1-33}$$

式中：x —— 等效排气筒距排气筒 1 的距离；

a —— 排气筒 1 至排气筒 2 的距离。

2）行业性国家大气污染物排放标准对排气筒高度的限定

①《锅炉大气污染物排放标准》（GB 13271—2001）对排气筒高度的限定

a．燃煤、燃油（燃轻柴油、煤油除外）锅炉房烟囱高度规定每个新建锅炉房只能设一根烟囱，烟囱高度应根据锅炉房装机总容量，按表 1-36 规定执行。

表 1-36　燃煤、燃油（燃轻柴油、煤油除外）锅炉房烟囱最低允许高度

锅炉房装机总容量	MW	<0.7	0.7～<1.4	1.4～<2.8	2.8～<7	7～<14	14～<28
	t/h	1	1～<2	2～<4	4～<10	10～<20	20～≤40
烟囱最低允许高度		20	25	30	35	40	45

锅炉房装机总容量大于 28 MW（40 t/h）时，其烟囱高度应按批准的环境影响报告书（表）要求确定，但不得低于 45 m。新建锅炉房烟囱四周半径 200 m 距离内有建筑物时，其烟囱应高出最高建筑物 3 m 以上。

b．燃气、燃轻柴油、煤油锅炉烟囱高度应按批准的环境影响报告书（表）要求确定，但不得低于 8 m。

②《水泥工业大气污染物排放标准》（GB 4915—2004）对排气筒高度的限定

a．除提升输送、储库下小仓的除尘设施外，生产设备排气筒（含车间排气筒）一律不得低于 15 m。

b．以下生产设备排气筒高度还应符合表 1-37 中的规定。

表 1-37　水泥工艺生产设备排气筒最低限值

生产设备名称	水泥窑及窑磨一体机				烘干机、烘干磨、煤磨及冷却机			破碎机、磨机、包装及其他通风生产设备
单线（机）生产能力/（t/d）	≤240	>240～700	>700～1 200	>1 200	≤500	>500～1 000	>1 000	高于本体建筑物 3 m 以上
最低允许高度/m	30	45*	60	80	20	25	30	

注：*现有立窑排气筒仍按 35 m 要求。

3）《工业炉窑大气污染物排放标准》（GB 9078—2003）烟囱高度对排气筒高度的限定

① 各种工业炉窑烟囱（或排气筒）最低允许高度为 15 m。

② 新建、改建、扩建的排放烟（粉）尘和有害污染物的工业炉窑，其烟囱（或排气筒）最低允许高度同时还应按批准的环境影响报告书要求确定。

③ 当烟囱（或排气筒）周围半径 200 m 距离内有建筑物时，烟囱（或排气筒）还应高出最高建筑物 3 m 以上。

4）《炼焦炉大气污染物排放标准》（GB 16171—2003）限定了非机械化炼焦炉烔囱高度不低于 25 m。

5）《恶臭污染物排放标准》（GB 14554—2003）标准限定了排放恶臭气体的排气筒的最低高度不得低于 15 m。

（二）烟囱设计中的几个问题

（1）关于设计中气象参数的取值有两种方法，一种是取多年的平均值，另一种是取某一保证频率的值，而后一种更为经济合理。

σ_z/σ_y之值一般在 0.5～1.0 变化。H_s＞100 m 时，σ_z/σ_y取 0.5；H_s＜100 m 时，σ_z/σ_y取 0.6～1.0。

（2）有上部逆温时，设计的高烟囱 H_s＜200 m，必须考虑上部逆温层的影响。观测证明，当有效源高 H 等于混合层高度 D 时，即 $H=D$，最不利。此时地面浓度为一般情况下的 2～2.5 倍，若按此条件设计，烟囱高度将大大增加。因此，应对混合层高度出现频率作调查，避开烟囱有效高度 H 与出现频率最高或较多的混合层高度 D 相等的情况。

逆温层较低时，烟囱有效高度 $H>D$ 为好。

（3）烟云抬升公式的选择是烟囱设计的重要一环，必须注意烟云抬升公式适用的条件，进行慎重选择。

（4）烟囱高度不得低于周围建筑物高度的 2 倍，这样可以避免烟流受建筑物背风面涡流区影响，对于排放生产性粉尘的烟囱，其高度从地面算起不得小于 15 m，排放口高度应比主厂房最高点高出 3 m 以上，烟气出口流速 v_s，应为 20～30 m/s，排烟温度也不宜过低。

（5）增加排气量。由烟云抬升公式可知，即使是同样的喷出速度 v_s 和烟气温度，如果增大排气量，对动量抬升和浮力抬升均有利。因此分散的烟囱不利于产生较高的抬升高度，若需要在周围设置几个烟囱时，应尽量采用多管集合烟囱，但在集合温度相差较大的烟囱排烟时，要认真考虑。

总之，烟囱设计是一个综合性较强的课题，要考虑多种影响因素，权衡利弊，才能得到较合理的设计方案。

（三）厂址选择

厂址选择是一个复杂的综合性课题。它涉及政治、经济、技术等多方面的问题。以下不是对厂址选择的综述，而是仅从充分利用大气对空气污染物的扩散稀释能力、防治空气污染的角度，来介绍厂址选择中的几个问题。

（1）厂址选择中所需的气候资料

这里指气候资料的常年统计形式。

1）风向和风速的气候资料

为能一目了然，风的资料通常都画成风玫瑰图，即在 8 个或 16 个方位上给出风向或风速的相对频率或绝对值，用线的长短表示，然后连接各端点即成。图 1-15 是风向频率、风速复合玫瑰图，图中矢线的长度代表风向频率的大小，矢线末端的风速羽代表平均风速，每一羽可以表示 0.5 m/s 或 1.0 m/s，根据具体情况而定。

风玫瑰图可以按多年（5～10 年或更长）的年平均值做，也可按某月或某季的多年平均值来做。山区地形复杂，风向和风速随地点和高度有很大变化，则可以做出不同高度的玫瑰图。

在大气污染分析中，常常把静风（风速小于 1 m/s）和微风（风速在 1～2 m/s）的情况进行单独分析。因为这时的大气通风条件很差，容易引起高的污染浓度。此时，不但应统计出现静风的频率，有条件时还要统计静风的持续时间，并绘出静风持续时间的频率图。

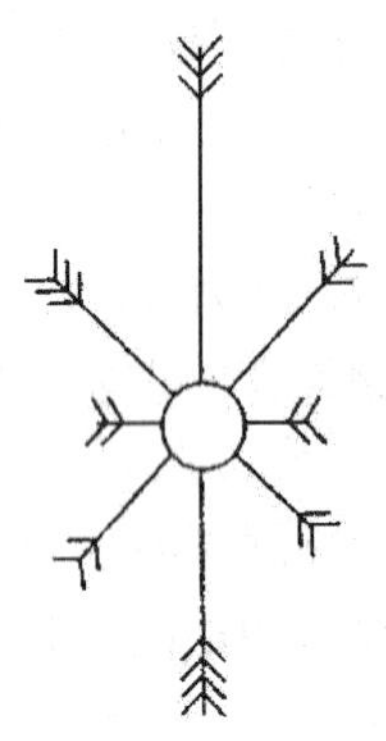

图 1-15　风向频率、风速复合玫瑰图

2）大气稳定度的气候资料

一般气象台站没有近地层大气温度层结的详细资料，但可以根据帕斯奎尔或帕斯奎尔-特纳尔方法，对某地的大气稳定度进行分类，统计出每个稳定度级别所占的相对频率，并画出相应的图表。还应特别注意要统计逆温资料，如发生时间、持续时间、发生的高度、平均厚度及强度等。

3）混合层厚度的确定

混合层厚度是影响污染物铅直扩散的重要气象参数。由于温度层结的昼夜变化，混合层厚度也随时间改变。受太阳辐射的影响，下午混合层厚度最大，表征了一天最大的铅直扩散能力。

在求算混合层高度对城市热岛效应进行订正时，要根据城市的规模（面积、人口）、下垫面性质等特点进行。国家气象局某研究所利用气候统计方法，曾求出北京城市与郊区的温差，见表 1-38。从一年四季的温差可以看出，北京城区、郊区气温是有差异的。日平均气温四季差异相近，最高和最低气温差异大一些。

表 1-38 北京城区和郊区气温差 单位：℃

	春季	夏季	秋季	冬季
日平均气温差	1.4	1.3	1.6	1.2
最高温度差	1.2	1.1	0.5	0.4
最低温度差	2.2	0.6	1.7	2.7

在分析工作中，还可以把有关的气候资料汇集成能说明大气污染问题的其他形式。例如，大范围内污染物浓度与混合层厚度 D 和混合层内的平均风速 u 的乘积成反比，因此可以把 D 和 u 联合起来考虑，寻求乘积 Du 的时空分布规律。通常定义 Du 为通风系数，它表示单位时间通过与平均风向垂直的单位宽度混合层截面的空气量。又如，还可以统计稳定度、风向和风速的联合频率分布，以便计算每个污染源所造成的长期平均浓度分布等。

若在预建厂附近没有气象台站，收集不到上述气候资料，或在建厂附件有医院、疗养院等重点环保单位时，都要进行现场观测，以便获得有关气象资料。

（2）厂址选择

从防止大气污染的角度考虑，理想的建厂位置是污染物背景浓度小、大气扩散稀释能力强、排放的污染物被输送到城市或居民区的可能性最小的地方。这里仅从有利于烟云扩散的角度介绍厂址选择中的有关问题，大体应考虑以下几个方面。

1）背景浓度

背景浓度是指该地区已有的污染物浓度水平。它是由当地其他污染源和远距离输送来的污染物造成的。厂址选择要首先搜集到或实测到此项资料。显然，在背景浓度已超过环境空气质量标准的地区不宜建厂。有时背景浓度没有超过环境空气质量标准，但再加上拟建厂造成的污染物浓度以后，若超过环境空气质量标准，短期内又无法克服的，也不宜建厂。总之，应选择背景浓度小的地区建厂。

2）对风的考虑

选择厂址时要考虑工厂与环境（包括居住区、作物区和其他企业单位）的相对位置及关系，所以要考虑风向。一般是按风向频率玫瑰图考虑，其规则是：

① 污染源相对居住区来说，应设在最小频率风向的上侧，使居住区受害时间最少；

② 应尽量减少各工厂的重复污染，不宜把各污染源配置在与最大频率风向一致的直线上；

③ 烟囱及无组织排放量大或废气毒性大的工厂，应使其与居住的距离更远些；

④ 污染源应位于农作物和经济作物抗害能力最弱的生长季节的主导风向的下侧。各种作物对不同有害气体的抗性不同，可合理调整工厂附近作物区的布局，以减少损失。

仅仅考虑风向频率是不够的，它只能说明污染的时间而不能说明污染的严重程度。设想某一风向出现的频率虽然很少，但吹这种风时常常伴随不利的扩散稀释条件，也会造成污染浓度很高。因此，只按风向频率决定污染源的位置不一定是最佳方案。风速也是一个重要影响因素，应把风向、风速综合起来考虑。为此定义一个污染系数：

$$污染系数=风向频率/平均风速$$

也可做出污染系数玫瑰图。某一风向污染系数小，表示从该方向吹来的风造成的污染小，所以污染源应设在污染系数最小方向的上侧。表 1-39 是一个计算实例，图 1-16 是根据表中数据绘出的污染系数玫瑰图。从该例可以看出，若仅考虑风向频率，工厂应设在东面；但从污染系数玫瑰图看，则应设在西北方。

这种方法未考虑风速对热烟云抬升的影响，对抬升高度很大的发电厂和冶炼厂不一定适用，要依具体情况具体分析。对中、矮烟囱，用污染系数的方法是可行的。

厂址选择中应考虑的另一项风指标是静风出现频率及其持续时间。全年静风频率很高（例如超过 40%）或静风持续时间很长的地区，可能引起严重污染，不宜建厂。对强的热源及山区要作具体分析。

表 1-39 风向频率及污染系数

方位	N	NE	E	SE	S	SW	W	NW	合计
风向频率/%	14	8	7	12	14	17	15	13	100
平均风速/（m/s）	3	3	3	4	5	6	6	6	
污染系数	4.7	2.7	2.3	3.0	2.8	2.8	2.5	2.1	
相对污染系数/%	21	12	10	13	12	12	11	9	100

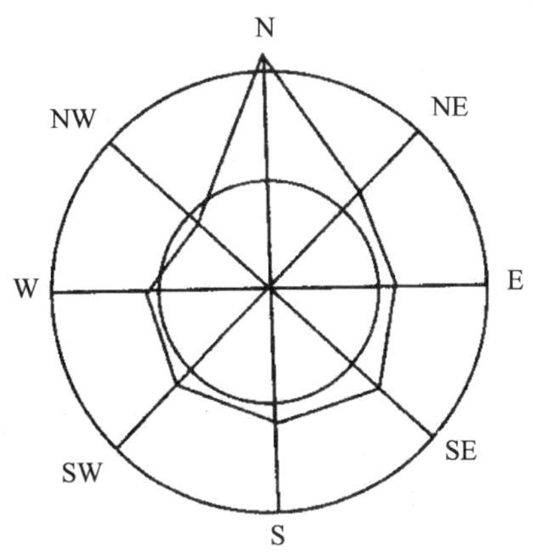

图 1-16　污染系数玫瑰图

（3）对温度层结的考虑

离地面几百米以内的温度层结对污染物的扩散速率影响很大，在选择厂址时必须搜集当地的温度层结资料。最不利于扩散的是近地层逆温（主要是辐射逆温）和上部逆温。因此，应搜集逆温的强度、厚度、出现频率及持续时间，以及上部逆温底的高度等资料。特别应注意逆温伴随有静风或微风的情况时，注意它出现的频率和持续时间。

逆温对高架源和近地面源所产生的影响是不同的。逆温对高架源污染影响比较复杂，可以粗略分为两种情况，一种是高架源出口位于逆温层之中，由于逆温层铅直湍流微弱，铅直扩散慢，所以源附近的地面浓度反而低，但远距离的地面浓度比没有逆温影响时要高，高浓度的范围也大。在近地层逆温破坏时产生漫烟型扩散，造成高浓度，但时间很短，30～60 min。高浓度的大小和出现距离随源高而变化。当高架源高到一定程度时，由于烟云在漫长的路径中可能发生水平弯曲和偏转，从而增加了水平扩散，不一定产生高浓度。另一种情况是高架源排烟口高于逆温层顶，此时产生屋脊型扩散，这种情况最为有利。

逆温对近地面源影响很大，往往在近距离内造成很高的污染物浓度。工厂常用跑、冒、滴、漏等无组织排放，逆温时地面风速很小，扩散稀释速率很慢，结果在厂区内及附近造成高浓度污染。

中小型工厂的低矮污染源污染范围在几千米以内，高度在数百米以上的上部逆温的高度常常是造成污染的主要因素。在有上部逆温时，企图用增加烟囱高度来减少地面污染物浓度的做法往往收效甚微。

（4）对大气降水作用的考虑

大气降水是从云中降落到地面的水气凝结体，如雨、雪、雹等。由于降水的产生必须要有充分的水气和空气的水气以及空气的上升运动等条件。所以，在成云致雨过程中的各种化学物理作用都使大气中的污染物受到迁移和转化，如气态污染物可能溶于水中，雨滴在降落过程中对污染物（SO_2 和粉尘）的淋洗净化作用等，都能使污染物浓度降低，减轻了大气的污染程度。降水多的南方空气往往比较清洁，降水少的北方空气比较混浊。

（5）对地形的考虑

① 山谷较深，走向与主导风向交角为 45°～135°，谷内风速通常很小，不利于扩散稀释。若烟囱有效高度不可能超过经常出现静风及微风的高度时，则不宜建厂。

② 烟囱的有效高度不可能超过下坡风厚度及背风坡湍流区的地方，不适合建厂。

③ 谷底四周山坡上有居民区和农田，烟囱有效高度不能超过山的高度时，不宜建厂。

④ 四周很高的深谷地不宜建厂。

⑤ 烟云虽然能过山，仍应考虑是否会造成背风面的污染。不应把居住区设在背风面的污染区。

⑥ 在水陆风（或海陆风）较稳定的大型水域与山地交接的靠山地段，不宜建厂。必须建厂时，应使厂区和居民区的连线与岸平行，以减少水陆风（或海陆风）造成的污染。

地形对大气污染的影响十分复杂。上述几点只是最基本的考虑，对具体情况必须作具体分析。在地形复杂的地方建厂，一般应进行专门的气象观测和现场示踪剂试验，进而可进行风洞模拟试验，以便对当地的扩散稀释条件做出确切的评价，确定必要的对策或防护距离。对工厂合理布局，厂址的选择是一个非常重要的保证措施。

课程作业

1. 分组回答学习型工作任务所提出的问题，归纳出本章小结，在班级讨论。

2. 课程练习

（1）判断

1）大气是人类生存的最基本的环境要素。（ ）

2）人类的生产和生活活动是造成大气污染的最主要原因。（ ）

3）大气与空气是同一概念。（ ）

4）臭氧层分布在对流层。（ ）

5）酸雨是 pH 大于 5.6 的所有大气降水形式。（ ）

6）造成臭氧层破坏的主要原因是空气中二氧化碳的过量排放。（ ）

7）气象学上把水平方向的空气称为风，风向是指风的去向。（ ）

8）云量是云遮蔽天空的层数，我国将天空分为 10 等份，云遮蔽了几份，云量就是几。（ ）

9）大气稳定度表示空气块在铅直方向的稳定程度，即气块是否安于原来的层次，是否易于发生湍流。（ ）

10）二氧化碳是造成温室效应的唯一原因。（ ）

（2）填空

1）大气污染物的种类非常多，根据其存在状态，可将其概括为两大类：____________和____________。

2）全球性大气污染包括：____________、____________和____________。

3）大气中的温度层结有四种类型，其中气温随高度增加而____________，即称为气温逆转，简称逆温。

4）表示单位高度气温的变化值的物理量称为________，用____表示。

5）根据逆温的形成过程分为五大类：____________、____________、____________、峰面逆温和湍流逆温。

6）颗粒状污染物（气溶胶）是指空气中的固体粒子和液体粒子，或固体和液体粒子在气体介质中的悬浮体。按照气溶胶的来源和物理性质，可将其分为：______、______、______、______、______。

7）可吸入颗粒物是指________________________。总悬浮颗粒物 TSP 是指____________________________。

8）气态污染物分为一次污染物和二次污染物。一次污染物是指________________；二次污染物是指____________________________。

9）二次污染物主要包括六大类：________、________、________、________、________、________。

10）环境质量功能区分为______类。一类区执行____级标准，二类区执行____级标准，三类区执行____级标准。

11）烟囱的有效高度等于_____和____之和。

（3）选择

1）下列哪种情况属于广域性的大气污染（ ）。

A. 一个工厂的污染　B. 一个城市的污染　C. 跨行政区划的污染　D. 全球性的污染

2）环境空气是（ ）。

A. 环绕地球的全部空气的总和　B. 对流层的全部空气的总和

C. 工厂、车间范围的空气　D. 供人类、动物、植物和建筑物暴露于

其中的室外空气

3）哪一种气团属于不稳定气团（　）。

A. $r-r_d=0$　B. $r-r_d>0$　C. $r-r_d<0$　D. $r-r_d\leq 0$

4）在日出后的早晨，烟流的扩散形状是（　）。

A. 翻卷型　B. 锥型　C. 扇型　D. 屋脊型

5）容易造成极其严重地面污染的烟流的扩散形状是（　）。

A. 翻卷型　B. 锥型　C. 扇型　D. 屋脊型

6）下列关于气象条件对烟气扩散影响的描述，正确的是（　）。

A. 风速越大，地面污染物浓度也就越小　B. 风速越大，地面污染物浓度也就越大

C. 无风时容易发生严重的地面污染　D. 空气受污染的程度与风没有任何关系

7）下列说法正确的是（　）。

A. 存在逆温层时容易发生严重的大气污染　B. 在强高压控制区容易造成严重的大气污染

C. 在低压控制区不易造成严重的大气污染　D. 存在逆温层时不容易发生严重的大气污染

8）下列说法不正确的是（　）。

A. 城市的空气污染有时夜间比白天更加严重

B. 山区中低位置的污染源会造成山坡和山顶的污染

C. 增加烟囱的高度会造成山区被污染

D. 只要增加烟囱的高度就不会造成山区的污染

9）根据我国《大气污染防治法》，我国大气污染防治的基本制度有哪些？（　）

A. 主要大气污染物排放总量控制制度　B. 大气环境标准制度

C. 大气污染防治重点城市划定制度　D. 大气环境质量公报制度

10）根据大气污染物排放标准，对于有组织排放的污染物必须遵守以下哪几种指标，才能实现达标排放？（　）

A. 不超过污染最高允许排放浓度

B. 不超过按排气筒高度规定的最高允许排放速率　C. 同时实现 A 和 B

（4）简答

1）试分析我国大气污染特征、主要原因。

2）简述我国现行大气污染的法律法规、标准。

3）解释温室效应、酸雨和臭氧层破坏的含义。

4）解释硫酸烟雾和光化学烟雾。

5）分时段描述五种烟流的变化。

6）解释海陆风、山谷风、城市热岛环流的概念及形成过程。

7）引起温室效应的气体有哪些？它们的贡献率各是多少？

8）环境质量标准和大气污染物排放标准之间的关系是什么？

9）我国《大气污染防治法》的主要内容有哪些？

10）针对全球气温变暖的问题，我国在二氧化碳减排方面作出了什么承诺？

（5）计算

1）计算清洁干燥空气中 O_2、N_2 和 CO_2 气体的体积分数和质量分数。

2）某污染源排出 SO_2 量为 8 000 mg/s，有效源高度为 100 m，烟囱出口处平均风速为 5 m/s。在当时的气象条件下，正下风向 500 m 处的 σ_y=35.3 m，σ_z=18.1 m，试求正下风方向 500 m 处 SO_2 的地面浓度是多少？

3）已知有一污染源的源高为 120 m，污染物 SO_2 的源强为 60 g/s，已知 u=60 m/s，σ_y=35 m，σ_z=18 m。

① 求在 x=500 m，y=0，z=0 处的污染物的浓度。

② 求污染物最大地面浓度。

③ 某污染源 SO_2 排放量为 80 g/s，烟气流量为 265 m^3/s，烟气温度为 418K，大气温度为 293K。该地区的 SO_2 背景浓度为 0.05 mg/m^3，设 u_0=3 m/s，σ_z/σ_y=0.5，d_s=1.4 m。试按照大气环境质量标准的二级标准来设计烟囱的高度。

④ 设位于平原城市远郊区的某一烟囱的有效高度是 50 m，若选择排放指标 P=27 g/（m^2·h），确定 SO_2 的允许排放量。若排放量为 0.08 t/h，试计算烟囱的有效高度的最小值。

⑤ 某石油精炼厂自平均高度 80 m 处排放 SO_2 量为 80 g/s，有效源高度的平均风速为 4.6 m/s，试估算冬季阴天下风向距离烟囱 500 m 处 SO_2 的地面浓度（σ_y=35.3 m，σ_z=18.1 m）。

⑥ 某污染源有效源高是 60 m，排出 SO_2 量为 50 g/s，烟囱出口处平均风速为 6 m/s，在当时的气象条件下，估算正下风方向距离烟囱 500 m 处 SO_2 的地面浓度。

⑦ 计算上题阴天下风向 x=500 m，y=50 m 处 SO_2 的地面浓度。

⑧ 某城市火电厂的烟囱高 100 m，出口内径 5 m，出口烟气流速为 12.7 m/s，温度为 100℃，流量为 250 m^3/s，烟囱出口处的风速为 4 m/s，大气温度为 20℃。试确定烟气抬升高度及有效源高。

附表　系数 n_0、n_1 和 n_2 的值

Q_H/kW 地表状况（平原）	n_0	n_1	n_2
农村或城市远郊	1.427	1/3	2/3
Q_H≥21 000 城区及近郊区	1.303	1/3	2/3
农村或城市远郊	0.332	3/5	2/5
2 100≤Q_H<21 000 且 ΔT≥35 K 城区及近郊区	0.292	3/5	2/5

技能训练　烟囱设计

1. 烟囱高度的设计计算

确定烟囱高度的依据是要保证该排放源造成的地面污染浓度不得超过《环境空气质量标准》规定的浓度限值。如果按常年平均风速来设计烟囱（式 1-26），其高度则较矮，可以节省投资，但它只能保证有 50%的概率使地面污染物浓度不超过允许值，当风速小于平均风速时，就可能超标。如果烟囱高度选用危险风速来设计（式 1-29），将保证地面污染物浓度在任何情况下都不会超过允许标准，但由此设计出的烟囱也是最高的，会造成投资增大。实际上，各地的气象资料表明，危险风速出现频率很小，为满足这种很少出现的情况而花太多的资金是不合算的。因此，从环境保护和经济两方面来看，选择一个具有可接受的保证率的风速来设计烟囱高度是比较合理的。对于污染较大而出现频率较低的气象条件，可以通过污染预报，用调节生产的办法来解决。

2. 烟囱出口直径的设计计算

烟囱出口直径的设计计算主要是选择一个合适的烟囱出口速度，选择烟气出口速度的一个重要原则是避免下洗现象或下沉现象的发生，通常要 $\frac{u_s}{u}>1.5$ 较合理。烟气出口速度的大小对烟气抬升高度影响很大，烟囱出口的烟气流速不宜过低，一般取 u_s 为 20～30 m/s。

学习任务二 除尘技术基础

● 任务描述

该学习任务介绍粉尘颗粒的粒径、物理性质、除尘器性能等除尘基础知识。

通过该任务的学习，让学生掌握选择、设计、使用除尘装置的重要基础条件，并能正确评价除尘装置的性能。

● 学习目标

知识目标	技能目标
1. 掌握除尘装置的设计和选择基础 2. 掌握除尘器的性能指标，熟悉性能指标的计算公式	1. 能阐述影响除尘器选择的粉尘性质有哪些 2. 知道评价除尘器性能的指标有哪些 3. 能熟练计算除尘装置的处理能力、净化效率、漏风率、阻力损失

● 学习型工作任务

以某一典型除尘器设计、运行为例，完成两项学习型工作任务：

1. 粉尘的粒径分布、物理性质对除尘器选择有何影响？
2. 除尘器投入运行后，有哪些指标来评价其性能优劣？

项目一　粉尘的粒径和性质

粉尘颗粒大小对除尘装置的性能影响很大，无论是设计还是运行，它都是要考虑的主要特性之一。

一、粉尘的粒径

表示颗粒大小的代表性尺寸称为粒径。一般将粒径分为单个粒子大小的单一粒径和代表由各种不同大小的粒子组成的粒子群的平均粒径。粒径的单位一般以微米（μm）表示。而粒子的几何形状一般是不规则的。粒径的测定和定义方法不同，所得粒径值也不尽相同。常见的定义方法有显微镜法、筛分法、光散射法、沉降法和分割粒径。

（1）显微镜法

用显微镜直接观测粒子时，可以采用以下几种粒径的定义方法。

①定向直径 d_F，也称费曼特（Feret）直径，为各粒子在平面投影图上在同一方向上的最大投影长度[图 2-1（a）]。

②定向面积等分直径 d_M，也称为马丁（Martin）直径，为各粒子在平面投影图上按同一方向将粒子投影面积二等分的线段的长度[图 2-1（b）]。

③投影圆等值直径 d_H，也称为黑乌德（Heywood）直径，为与粒子投影面积相等的圆的直径[图 2-1（c）]。若粒子的投影面积为 A，则 $d_H=(4A/\pi)^{1/2}$。

根据黑乌德测定分析表明，同一粒子的 $d_F>d_H>d_M$，并随其长短轴之比 l/b 增大，偏差增大。

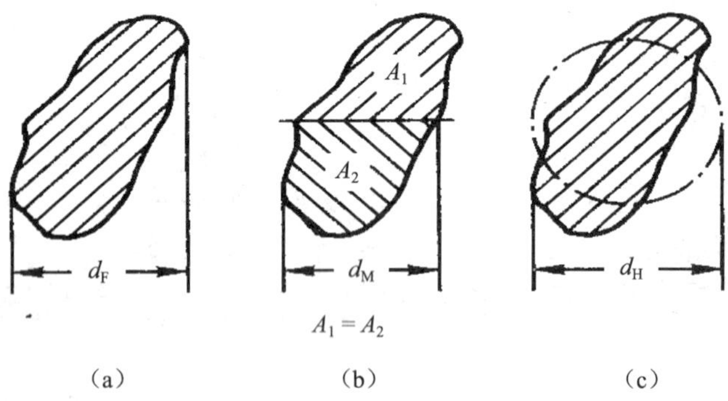

图 2-1　用显微镜直接观测颗粒直径的三种方法

（a）定向直径；（b）定向面积等分直径；（c）投影圆等值直径

（2）筛分法

此法较为常用。用此方法测定时可得到筛分直径，是指粒子能够通过的最小方孔的宽度。工业生产广泛应用筛分法测定较大粒子（一般大于 60 μm）的粒径。

（3）光散射法

用此法测定时可得到等体积直径 d_e，为与被测粒子体积相等的球的直径，其定义式为 $d_e=(6V/\pi)^{1/2}$，式中 V 是粒子的体积。等体积直径可用于研究大气的能见度等。

（4）沉降法

用此法测定粒径时，一般采用以下两种定义方法。

①沉降直径（斯托克斯直径）d_s，为在同一流体中与被测粒子的密度相同、沉降速度相同的球的直径。

②空气动力学当量直径 d_a，为与被测粒子在空气中的沉降速度相同、密度为

1 g/cm³ 的球的直径。

（5）分割粒径

分割粒径（或称临界粒径）d_c，是指某除尘器的分级除尘效率为 50%的颗粒粒径。它是表示除尘器性能的很有代表性的粒径。

粒径的测定和定义方法不同，所得粒径数值不同，应用场合也不同。所以在选取粒径测定方法时，除需考虑方法本身的精度、操作难易及费用等因素外，还应特别注意测定的目的和应用场合。

二、粒径分布

粒径分布是指某种粉尘中，不同粒径大小的颗粒所占的百分比例，也称粉尘分散度。粒径分布可用表格、图形和函数表示。下面以粒径测定数据的整理过程说明分布的表示方法及相应定义。

取质量 m_0=10 g 的粉尘试样，经测定得到各粒径范围 Δd_p 内粉尘质量为 Δm。将测定数据及下述定义计算的结果列入表 2-1，并标绘在图 2-2（a），图 2.2（b），图 2.2（c）中。

表 2-1　粒径分布测定和计算结果

序号	粒径间隔/μm	间隔中值/μm	尘样质量 Δm/g	频率分布 g/%	间隔宽度 Δd_p/μm	频度分布 f/（%/μm）	间隔上限/μm	筛下累积分布 G/%
1	0～5	2.5	1.95	19.5	5	3.90	5	19.5
2	5～10	7.5	2.05	20.5	5	4.10	10	40.0
3	10～15	12.5	1.50	15.0	5	3.00	15	55.0
4	15～20	17.5	1.00	10.0	5	2.00	20	65.0
5	20～30	25	1.20	12.0	10	1.20	30	77.0
6	30～40	35	0.75	7.5	10	0.75	40	84.5
7	40～50	45	0.45	4.5	10	0.45	50	89.0
8	50～60	55	0.25	2.5	10	0.25	60	91.5
9	＞60	—	0.85	8.5	—	—	∞	100

注：$\sum \Delta m = 10\text{ g}, \sum g = 100\%$。

（1）相对频率分布 g（%），也称频率分布，指粒径由 d_p 至 $d_p+\Delta d_p$ 之间的尘样质量（或个数）占尘样总质量（或总个数）的百分数，即：

$$g_i = \frac{\Delta m}{m_0} \times 100\% \tag{2-1}$$

并有　$\sum g = 100\%$

式中：Δm —— 粒径为 d_p 至 $d_p+\Delta d_p$ 间隔内尘样质量，kg；

m_0 —— 尘样的总质量，kg。

由表 2-1 中的 g 值可绘出频率分布直方图[图 2-1（a）]。可见，频率分布 g 值与选取的粒径间隔的大小有关。

（2）频率分布密度 f（%/μm），简称频度分布，是指单位粒径间隔宽度时的频率分布，即粒径间隔宽度 Δd_p=1 μm 时尘样质量占尘样总质量的百分数，即：

$$f=\frac{g}{\Delta d_p} \tag{2-2}$$

由计算结果可绘出频率分布 f 的直方图，用粒径间隔中值可绘出频率分布曲线[图 2-1（b）]。

（3）筛下累积频率分布 G（%），简称筛下累积分布，是指小于某一粒径 d_p 的尘样质量占尘样总质量的百分数，即：

$$G=\sum_0^{d_p} g=\sum_0^{d_p} f\cdot\Delta d_p \tag{2-3}$$

反之，将大于某一粒径 d_p 的尘样质量占尘样总质量的百分数称为筛上累积分布 R（%），即：

$$R=\sum_{d_p}^{\infty} g=\sum_{d_p}^{\infty} f\cdot\Delta d_p \tag{2-4}$$

由计算出的各 G 值，可以绘出筛下累积分布曲线[图 2-2（c）]。

如果粒径间隔宽度 Δd_p → 0，即取极限形式，则式（2-3）和式（2-4）可改写为微积分形式：

$$G=\int_0^{d_p} f\cdot d_{d_p} \tag{2-5}$$

$$R=\int_{d_{dp}}^{\infty} f\cdot d_{d_p} \tag{2-6}$$

$$f=\frac{\mathrm{d}G}{d_{d_p}}=-\frac{\mathrm{d}R}{d_{d_p}} \tag{2-7}$$

由累积分布定义可知：

$$G+R=\int_0^{\infty} f\cdot d_{d_p}=100 \tag{2-8}$$

即粒径频率分布曲线下面积等于 100%。

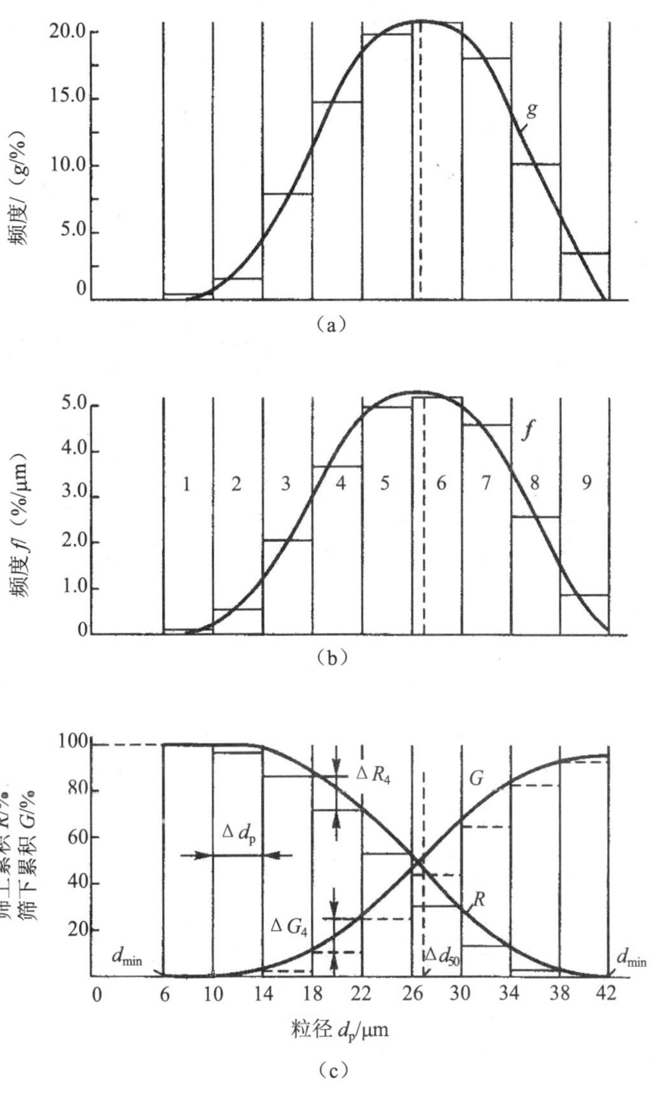

图 2-2 粒径的频率、频度和累积分布图

由图 2-2（c）求得筛下累积分布和筛上累积分布相等（R=G=50%）时的粒径称为中位径，记为 d_{50}。而频度分布 f 达到最大值时相对应的粒径称为众径，记为 d_d。

在除尘技术中，斯托克直径 d_s、众径 d_d 和中位径 d_{50} 就有重要的意义，经常用到。当粉尘粒径分布函数符合正态分布时，众径等于中位径，否则二者不等，通常算数平均直径＞质量中位径＞众径。

三、粉尘的物理性质

（1）粉尘的密度

单位体积中粉尘的质量称为粉尘的密度，单位为 kg/m^3 或 g/cm^3。

由于粉尘产生的情况不同，测试条件不同，获得的密度值也不同。所以一般将粉尘的密度分为真密度和堆积密度等不同的概念。

若单位体积不包括粉尘尘粒间的空隙和尘粒内部的空隙体积，即以粉尘的真实体积所求得的密度称为真密度，用符号 ρ_p 表示。呈堆积状态的粉尘有一定的堆积体积，其中除了粉尘的真实体积外，还包括尘粒内部和尘粒之间的空隙体积，以堆积体积求得的密度称为粉尘的堆积密度，用符号 ρ_b 表示。

对于一定种类的粉尘，其真密度为一定值，而其堆积密度则随空隙率（是指粉尘粒子间的空隙体积与堆积粉尘的总体积之比值，常用符号 ε 表示）而变化。粉尘的空隙率与堆积粉尘的种类、粒径及粉尘的充填方式等多种因素有关。粉尘越细，吸附的空气越多，ε 值越大；充填过程加压或进行振动，则 ε 值减小。粉尘的真密度与堆积密度之间的关系为：

$$\rho_b = (1-\varepsilon)\ \rho_p$$

粉尘的真密度应用于研究尘粒在气体中的运动等方面，而堆积密度则应用于存仓或灰斗的容积的计算等方面。

（2）粉尘的比表面积

粉状物料的许多物理、化学性质实质上与其表面积有很大关系，细粒子往往表现出显著的物理、化学活性。

粉尘的比表面积定义为单位体积（或质量）粉尘所具有的表面积。粉尘的比表面积增大，其物理和化学活性增强，在除尘技术中，对同一粉尘来说，比表面积越大越难捕集。

（3）粉尘的润湿性

粉尘粒子与液体附着的难易程度称为粉尘的润湿性。当尘粒与液体接触时，接触面能扩大而相互附着，粉尘能润湿；如果尘粒与液体接触后，接触面趋于缩小而不能附着，则不能润湿。一般根据粉尘能被液体润湿的程度将粉尘大致分为容易被润湿的亲水性粉尘和难以被润湿的疏水型粉尘。

粉尘的润湿性除与粉尘的粒径、生成条件、组成、温度、含水率、表面粗糙度及荷电性等性质有关外，还与液体的表面张力、黏附力等有关。粉尘的润湿性是选择除尘器的重要依据之一，亲水性粉尘可选用湿式除尘器，疏水性粉尘则不宜采用湿式除尘。

某些粉尘如水泥、熟石灰和白占石粉尘等，虽然是亲水性的，但一旦吸水后就形成了不溶于水的硬垢。一般将这一类粉尘称为水硬性粉尘。由于水硬性粉尘容易在管道、设备内结垢，造成堵塞，所以也不宜采用湿式除尘装置。

（4）粉尘的电学性质

1）粉尘的荷电性

粉尘在产生及运动过程中，由于相互碰撞、摩擦、放射线照射、电晕放电及接触带电体等原因，几乎总是带有一定量的电荷。粉尘荷电后将改变其某些物理性质。粉尘荷电量的大小及极性，除取决于粉尘的化学组成、表面积和含水率外，还取决于粉尘外部的荷电条件。

2）粉尘的比电阻

粉尘导电性与金属导线类似，也用电阻率表示，单位Ω·cm。但粉尘层的导电不仅靠粉尘颗粒内的电子或离子发生所谓容积导电，还靠颗粒表面吸附的水分和化学膜发生所谓表面导电。对于电阻率高的粉尘，温度较低时（低于 100℃）主要靠表面导电；温度较高时（高于 200℃）主要靠容积导电。因此，粉尘的电阻率与测定时的条件有关，如气体的温度、湿度和成分，粉尘的粒径、成分和堆积的松散程度等。所以粉尘的电阻率仅是一种可以相互比较的表观电阻率，通常简称比电阻。它对电除尘器的除尘性能有重要影响，适宜电除尘器处理的粉尘比电阻范围是 10^4～2×10^{10} Ω·cm。

（5）粉尘的黏附性

粉尘颗粒附着在固体表面上或颗粒相互附着的现象称为黏附性，后者也称为自黏。克服附着现象所需要的力（垂直左右在粒子重心上）的力称为黏附力。在气体介质中产生的黏附力主要有范德华力、静电引力和毛细管力等。

影响粉尘黏附力的因素很多，现象也很复杂，有很多问题尚待研究。一般情况下，粉尘粒径小、形状不规则、表面粗糙、含水率高、润湿性好及荷电量大时，易于产生黏附现象。黏附现象还与周围介质的性质和气体的运动状态有关。

粉尘的黏附是一种常见的现象，既有有利的一面，也有有害的一面。就气体除尘而言，许多除尘装置依赖于粉尘的黏附性。但在含尘气流管道和某些设备中，又要防止粉尘在壁面上的黏附，以免造成管道和设备的堵塞。

（6）粉尘的安息角

粉尘通过小孔连续下落到水平面上时，堆积成的锥体母线与水平面的夹角称为安息角，也称静止角或堆积角。安息角是粉状物料特有的性质，与物料种类、粒径、形状和含水率等因素有关。对同一种粉尘，粒径大、接近球形、表面光滑、含水率低时，安息角变小。许多粉尘的安息角平均值为 35°～40°。

安息角是设计料仓的锥角和含尘管道倾角的主要依据。

（7）粉尘的爆炸性

可燃性悬浮粉尘在可能引起爆炸的浓度范围内与空气混合，并受有外界施与明火焰、炽热的物体以及由机械或电能产生的电火花等微量能量的左右，即可发生爆炸。

可燃物爆炸必须具备两个条件：一是由可燃物与空气或氧构成的可燃混合物达到一定的浓度；二是存在能量足够的火源。能够引起爆炸的浓度范围叫做爆炸极限，能够引起爆炸的最高浓度叫做爆炸上限，最低的浓度叫做爆炸下限。低于爆炸浓度下限或高于爆炸上限均无爆炸危险。由于多数粉尘的爆炸上限浓度很高，在多数情况下达不到这个浓度，因而粉尘的爆炸上限浓度无实际意义。

此外，有些粉尘与水接触后会引起自燃或爆炸，如镁粉、碳化钙粉等；有些粉尘相互接触或混合后也会引起爆炸，如溴与磷、锌粉与镁粉等。

项目二　除尘器的性能

除尘装置的性能用技术指标和经济指标来评价。技术指标主要有处理能力、净化效率和压力损失等；经济指标主要有设备费、运行费和占地面积等。

一、处理能力

除尘装置的处理能力指除尘装置在单位时间内所能处理的含尘气体的流量，一般用体积流量 Q（m^3/s）表示。实际运行的除尘装置由于漏气等原因，进出口的气体流量往往并不相同，用两者的平均值表示其处理能力。

$$Q_N = \frac{1}{2}(Q_{1N} + Q_{2N}) \tag{2-9}$$

式中：Q_{1N}—— 装置进口气体流量，m^3/s；

Q_{2N}—— 装置出口气体流量，m^3/s。

净化装置漏风率δ可按下式表示：

$$\delta = \frac{Q_{1N} - Q_{2N}}{Q_{1N}} \times 100\% \tag{2-10}$$

二、净化效率

净化效率是表示除尘装置捕集粉尘效果的重要技术指标，可定义为被捕集的粉尘量与进入装置的粉尘量之比。

（1）总效率η

总效率是指在同一时间内净化装置去除的污染物数量与进入装置的污染物数量之比。

设装置进口的气体流量为 Q_{1N}（m^3/s）、污染物流量为 S_1（g/s）、污染物浓度为

C_{1N}（g/m³）；装置出口的气体流量为 Q_{2N}（m³/s）、污染物流量为 S_2（g/s）、污染物浓度为 C_{2N}（g/m³）；装置捕集污染物流量为 S_3（g/s），则有：

$$\eta = \frac{S_3}{S_1} = 1 - \frac{S_2}{S_1} \tag{2-11}$$

$$\eta = 1 - \frac{C_{2N}Q_{2N}}{C_{1N}Q_{1N}} \tag{2-12}$$

如装置不漏气，则 $Q_{1N}=Q_{2N}$，则式（2-12）可简化为：

$$\eta = 1 - \frac{C_{2N}}{C_{1N}} \tag{2-13}$$

（2）通过率

当净化效率很高时，或为了说明污染物的排放率，有时采用通过率来表示除尘装置的性能。所谓通过率是指未被捕集的粉尘量占进入除尘装置的粉尘总量的百分数，通常用 P 表示。

$$P = \frac{S_2}{S_1} = \frac{C_{2N}Q_{2N}}{C_{1N}Q_{1N}} = 1 - \eta \tag{2-14}$$

（3）分级除尘效率

除尘装置的总除尘效率的高低，往往与粉尘粒径大小有很大关系。为了表示除尘效率与粉尘粒径的关系，提出分级除尘效率的概念。分级除尘效率是评定除尘装置性能的重要指标，是指除尘装置对某一粒径 d_{pi} 或某一粒径间隔 d_{pi} 至 $d_{pi}+\wedge d_{pi}$ 内粉尘的除尘效率，简称分级效率。分级效率也可以用表格、曲线图或显函数 $\eta_i=f(d_{pi})$ 的形式表示。这里的 d_{pi} 代表某一粒径或粒径间隔。

若设除尘器进口、出口和捕集的 d_{pi} 颗粒的质量流量分布为 S_{1i}、S_{2i}、S_{3i}，则该除尘器对 d_{pi} 颗粒的分级效率为：

$$\eta_i = \frac{S_{3i}}{S_{1i}} = 1 - \frac{S_{2i}}{S_{1i}} \tag{2-15}$$

对于分级效率，一个非常重要的值是 η_i =50%，与此值相对应的粒径称为除尘器的分割粒径，一般用 d_c 表示。分割粒径 d_c 在讨论除尘器性能时经常用到。

（4）分级效率与总除尘效率的计算

①由总效率求分级效率

由于 S_{1i}、S_{2i}、S_{3i} 不易测定，应用式（2-15）计算正在运行的除尘器的分级效率较为困难。为此，可以测出除尘器进口、出口和捕集的粉尘的粒径频率分布 g_{1i}、g_{2i}、g_{3i} 中任意两组数据，由粒径频率分布定义式（2-1）和分级效率定义式（2-15）有 $S_{1i}=S_{1g1i}$，$S_{2i}=S_{2g2i}S_{3i}=S_{3g3i}$。

$$\eta_i = \frac{S_3 g_{3i}}{S_1 g_{1i}} = \eta \frac{g_{3i}}{g_{1i}} \tag{2-16}$$

或

$$\eta_i = 1 - \frac{S_2 g_{2i}}{S_1 g_{1i}} = 1 - P \frac{g_{2i}}{g_{1i}} \tag{2-17}$$

或

$$\eta_i = \frac{\eta}{\eta + (P g_{2i} / g_{3i})} \tag{2-18}$$

表 2-2 所示为根据测定的某种旋风除尘器的总除尘效率和粒径频率分布数据计算分级效率的计算实例。

表 2-2 旋风除尘器分级效率计算实例（η =90.8%）

粒径间隔/μm	粒径频率分布/%			分级效率 η_i/%			
	入口 g_{1i}	出口 g_{2i}	捕集 g_{3i}	按式（2-16）	按式（2-17）	按式（2-18）	三式平均
0～5	10.4	81.6	3.2	28.0	27.5	27.9	27.8
5～10	14.0	15.0	12.8	83.1	90.0	89.8	87.6
10～20	19.6	2.4	20.0	92.8	98.7	98.9	96.8
20～40	22.4	1.0	23.2	94.2	99.5	99.6	97.8
40～60	14.0	0	14.8	96.0	100	100	98.7
＞60	19.6	0	26.0	100	100	100	100

②由分级效率求总除尘效率

这类计算属于设计计算，即根据某种除尘器净化某类粉尘的分级效率数据和某粉尘的粒径分布数据，计算该种除尘器净化粉尘时能达到的总除尘效率。由分级效率计算式（2-16）有$\eta g_{3i}=\eta g_{1i}$，等式两端对各种粒径间隔求和，并考虑到$\sum_i g_{3i}=1$，便得到计算总效率的公式

$$\eta = \sum_i \eta_i g_{3i} \tag{2-19}$$

表 2-3 为由粒径频率分布和分级效率计算总效率的实例。

（5）多级串联运行时的总净化效率

若已知各级除尘器的除尘效率分别为 η_1、η_2…η_n，则 n 级除尘器串联后的总除尘效率为：

$$\eta=1-(1-\eta_1)(1-\eta_2)\cdots(1-\eta_n) \tag{2-20}$$

表 2-3　由粉尘粒径频率分布和分级效率计算总效率的实例

粒径间隔/μm		0～5.8	5.8～8.2	8.2～11.7	11.7～16.5	16.5～22.6	22.6～33	33～47	＞47
入口频率分布/%		31	4	7	8	13	19	10	8
分级效率 η_i		61	85	93	96	98	99	100	100
总效率 η	ηg_{1i}	18.9	3.4	6.5	7.7	12.7	18.8	10.0	8.0
	$\eta=\sum_i \eta_i g_{1i}$	86.0							

三、压力损失

压力损失是代表装置能耗大小的技术经济指标，是指装置的进口和出口气体的全风压之差。净化装置压力损失的大小，不仅取决于装置的种类和结构型式，还与处理气体流量大小有关。通常压力损失与装置进口气流的动压成正比，即：

$$\Delta P=\zeta\frac{\rho v_1^{\ 2}}{2} \tag{2-21}$$

式中：ΔP —— 含尘气流通过除尘装置的压力损失，Pa；

ξ —— 净化装置的压损系数；

v_1 —— 装置进口气流速度，m/s；

ρ —— 气体的密度，kg/m^3。

【例 2-1】 2000 年建成的自然通风燃煤锅炉（＜0.7MW）有两级除尘系统，除尘效率分别为 60%和 85%，用于处理含尘浓度为 3 g/m^3 的锅炉烟尘，计算该系统的总除尘效率和排放浓度。净化后的粉尘浓度是否达到国家规定的三类区排放标准？

解：该系统的总效率为：

$$\eta_{1\sim2}=1-(1-\eta_1)(1-\eta_2)=1-(1-0.6)(1-0.85)=0.94$$

经两级除尘后，从第二级除尘器排放大气的气体含尘浓度为：

$$C_2=C_1(1-\eta_{1\sim2})=3\,000\times(1-0.94)=180\ (\text{mg/m}^3)$$

查《锅炉大气污染物排放标准》（GB 13217—2001），三类区 I 时段的烟尘排放浓度为 150 mg/m^3，可见净化后的粉尘浓度达不到国家规定的三类区排放标准。

【例 2-2】 在现场对某除尘器进行测定，测得除尘器进口和出口气体中含尘浓度分别为 3.2×10^{-3} mg/m^3 和 4.8×10^{-3} mg/m^3，除尘器进口和出口粉尘的粒径分别如下：

<table>
<tr><td colspan="2">粉尘的粒径 d/μm</td><td>0～5</td><td>5～10</td><td>10～20</td><td>20～40</td><td>>40</td></tr>
<tr><td rowspan="2">质量分数/%</td><td>除尘器进口</td><td>20</td><td>10</td><td>15</td><td>20</td><td>35</td></tr>
<tr><td>除尘器出口</td><td>78</td><td>14</td><td>7.4</td><td>0.6</td><td>0</td></tr>
</table>

计算该除尘器的分级效率和除尘效率。

解：（1）计算除尘器的分级效率，根据式（2-17）得：

$$\eta_i = 1 - \frac{S_2 g_{2i}}{S_1 g_{1i}}$$

d_p为 0～5 μm 粉尘 $\eta_{0\sim5} = \frac{78\times480}{20\times3\,200} = 41.5\%$

d_p为 5～10 μm 粉尘 $\eta_{5\sim10} = \frac{14\times480}{10\times3\,200} = 90.0\%$

d_p为 10～20 μm 粉尘 $\eta_{10\sim20} = \frac{7.4\times480}{15\times3\,200} = 92.6\%$

d_p为 20～40 μm 粉尘 $\eta_{20\sim40} = \frac{7.4\times480}{15\times3\,200} = 92.6\%$

d_p>40 μm 粉尘 $\eta_{>40} = \frac{7.4\times480}{15\times3\,200} = 92.6\%$

（2）计算除尘器的除尘效率，根据式（2-19），得：

$$\eta = \sum_{i=1}^{n} g_{di}\eta_{di} = (20\times0.415 + 10\times0.79 + 15\times0.925 + 20\times0.995\,5 + 35\times1)/100 = 85\%$$

【例 2-3】 根据对某旋风除尘器的现场测试得到：除尘器进口的标态气体流量为 10 000 m^3/h，含尘浓度为 4.2 g/m^3。除尘器出口的标态气体流量为 12 000 m^3/h，含尘浓度为 340 mg/m^3。试计算该除尘器的处理气体流量、漏风率和除尘效率（分别按考虑漏风和不考虑漏风两种情况计算）。

解：

气体流量 $Q_N = \frac{1}{2}(Q_{1N} + Q_{2N}) = 11\,000\ \text{m}^3/\text{s}$

漏风率 $\delta = \frac{|Q_{1N} - Q_{2N}|}{Q_{1N}} \times 100\% = \frac{2\,000}{10\,000} \times 100\% = 20\%$

除尘效率：

考虑漏风，$\eta=1-\dfrac{\rho_{2N}Q_{2N}}{\rho_{1N}Q_{1N}}=1-\dfrac{0.340\times12\,000}{4.2\times10\,000}=90.3\%$

不考虑漏风，$\eta=1-\dfrac{\rho_{2N}}{\rho_{1N}}=1-\dfrac{0.340}{4.2}=91.9\%$

【例 2-4】 对于【例 2-3】中给出的条件，已知旋风除尘器进口面积为 0.24 m^2，除尘器阻力系数为 9.8，进口气流温度为 423 K，气体静压为－490 Pa，试确定该处尘器运行时的压力损失（假定气体成分接近空气）。

解：

由气体方程 $PV=\dfrac{m}{M}RT$ 得 $\rho=\dfrac{m}{V}=\dfrac{PM}{RT}=\dfrac{(1.01\times10^5-490)\times29}{8.31\times423}=0.832$（g/L）

$$v=\frac{Q}{A}=\frac{10\,000\times\dfrac{423}{273}}{0.24\times3\,600}=17.9\quad(\text{m/s})$$

$$\Delta P=9.8\times\frac{0.832}{2}\times17.9^2=1311\quad(\text{Pa})$$

【例 2-5】 有一两级除尘系统，已知系统的流量为 2.22 m^3/s，工艺设备产生粉尘量为 22.2 g/s，各级除尘效率分别为 80%和 95%。试计算该处尘系统的总除尘效率、粉尘排放浓度和排放量。

解：

$$\eta=1-(1-\eta_1)(1-\eta_2)=1-(1-95\%)(1-80\%)=99\%$$

粉尘浓度为：$\dfrac{22.2}{2.22}=10$（g/m^3），排放浓度为：10（1－99%）=0.1（g/m^3）；

排放量为：2.22×0.1=0.222（g/s）。

课程作业

1. 分组回答学习型工作任务所提出的所有问题，归纳出本章小结，在班级讨论。

2. 课程练习

(1) 选择题

1）在选用静电除尘器来净化含尘废气时，必须考虑粉尘的（ ）。

A. 粉尘的粒径　B. 粉尘的密度　C. 粉尘的黏附性　D. 粉尘的荷电性

2）用公式$\eta=(1-\frac{C_2}{C_1})\times100\%$来计算除尘效率的条件是（　）。

A. 适用于机械式除尘器　B. 适用于洗涤式除尘器和过滤式除尘器　C. 适用于静电除尘器　D. 仅适用于漏风率$\delta=0$的除尘装置

3）水泥、熟石灰等粉尘不宜采用湿式除尘器，主要是因为（　）。

A. 水泥、熟石灰属于憎水性粉尘　B. 润湿性较差　C. 吸水后易结垢　D. 没有润湿性

4）有三台除尘器串联使用时，η_1、η_2、η_3分别是第一级、二级、三级的除尘效率，则除尘系统的总效率为（　）。

A. $\eta_{总}=\eta_1+\eta_2+\eta_3$　B. $\eta_{总}=\eta_1\times\eta_2\times\eta_3$　C. $\eta_{总}=1-\eta_1\times\eta_2\times\eta_3$　D. $\eta_{总}=1-(1-\eta_1)(1-\eta_2)(1-\eta_3)$

5）粉尘的比电阻对电除尘器的工作有很大影响，最适宜的比电阻范围是（　）。

A. $<1\times10^4\Omega\cdot cm$　B. $>5\times10^{10}\Omega\cdot cm$　C. $1\times10^4\sim5\times10^{10}\Omega\cdot cm$　D. $5\times10^8\Omega\cdot cm$

6）粉尘的安息角是评价粉尘流动性的重要指标，它与粉尘的粉粒、含水率、形状、表面光滑程度、黏附性等因素有关，安息角是确定（　）的主要依据。

A. 除尘器灰斗锥度　B. 含尘通风管道倾斜角　C. 除尘器灰斗体积　D. 除尘器类型选择

7）评价除尘装置的性能指标有（　）。

A. 含尘气体处理量　B. 除尘装置的系统阻力　C. 除尘效率　D. 运行费用

8）除尘器的分类有（　）。

A. 机械式除尘器　B. 过滤式除尘器　C. 电除尘器　D. 湿式除尘器

9）对于实际的除尘装置，由于本体漏气等原因，其进口和出口的气体流量不同，用以下哪个流量来表该除尘器的处理能力？

A. 进口流量　B. 出口流量　C. 二者的平均值　D. 以上都不是

（2）填空题

1）粉尘的物理性质包括：______、______、______、______、______、______、______。

2）粉尘的安息角是评价粉尘的______的重要指标。

3）亲水性粉尘是指的粉尘______。

4）评价除尘装置性能的技术指标主要有______、______和______等。

5）粉尘的导电方式有______导电和______导电。

6）适宜电除尘器处理的粉尘比电阻的范围是______$\Omega\cdot cm$。

7）粉尘的润湿性是选择除尘器的重要依据之一，亲水性粉尘可选用______除尘器。

8）除尘器的净化效率是指在同一时间内除尘器去除的污染物数量与______

之比。

9）除尘装置性能用________和________来评价。

10）有一烟气除尘系统由三个除尘器串联组成，它们的除尘效率分别为η_1、η_2、η_3，则该除尘系统的总除尘效率为____________。

(3) 判断题

1）在自然堆积状态下，单位体积粉尘的质量称为粉尘的堆积密度。（ ）

2）密实状态下，单位体积粉尘的质量称为粉尘的真密度。（ ）

3）粉尘能否与液体相互附着或附着难易的性质称为粉尘的润湿性。对于润湿好的亲水性粉尘，不宜选用湿式除尘器。（ ）

4）粉尘的导电性主要取决于粉尘和气体的温度、成分，在高温（200℃）情况下，属于容积导电；在较低温度（100℃以下）则属于表面导电。（ ）

5）粉尘粒径的表示方法有相对频数分布 g（%）、频率密度分布 f（%）、筛下累积频率分布 G（%）、筛上累积频率分布 R（%）。（ ）

6）除尘装置的处理量用装置进口和出口气体流量的平均值表示。（ ）

7）总除尘效率是指同一时间内净化装置去除的污染物量与从装置出来的污染物数量之比。（ ）

8）通常除尘装置的阻力损失与装置进口气流速度成反比。（ ）

9）除尘装置的经济指标主要指一次性投资和运行费用。（ ）

10）可燃悬浮气体的爆炸极限分为爆炸上限和爆炸下限，低于爆炸浓度下限或高于爆炸浓度上限均无爆炸危险。（ ）

(4) 简答题

1）相对频数分布

2）频率密度分布

3）筛下累积分布

4）粉尘的堆积密度、真密度

5）粉尘的安息角

6）粉尘的比表面积

7）粉尘的润湿性

8）粉尘的比电阻

9）粉尘的黏附性

10）粉尘的爆炸性

11）除尘器的净化效率

12）评价除尘器性能的技术指标和经济指标各有哪些？

(5) 计算题

1）某种粉尘的粒径分布和分级除尘效率数据如下，试确定总除尘效率。

平均粒径/μm	0.25	1.0	2.0	3.0	4.0	5.0	6.0	7.0	8.0	10.0	14.0	20.0	>23.5
质量频率/%	0.1	0.4	9.5	20.0	20.0	15.0	11.0	8.5	5.5	5.5	4.0	0.8	0.2
分级效率/%	8	30	47.5	60	68.5	75	81	86	89.5	95	98	99	100

2）有一两级除尘系统，第一级为旋风除尘器，第二级为电除尘器，用于处理起始含尘浓度为 12 g/m^3 含硅粉尘。已知旋风除尘器的除尘效率为 80%，若达到国家排放标准，选项用的电除尘器的效率至少是多少？

3）有一两级除尘系统，用来处理含石棉粉尘的气体。已知含尘气体流量为 2.5 m^3/s，工艺设备的产尘量为 22.5 g/s，各级除尘效率分别为 83%和 96%。

① 计算该除尘系统总除尘效率和粉尘量，粉尘排放浓度是否达标？

② 若仅使用第一级除尘，粉尘排放浓度是否达标？

4）有一两级除尘系统，已知系统的含尘气体流量为 2.22 m^3/s，工艺设备的产尘量为 22.2 g/s，各级除尘效率分别为 80%和 90%。试计算该除尘系统总除尘效率、粉尘排放浓度和排放量。

5）用旋风除尘器处理含尘烟气，根据现场实测得到如下数据：除尘器进口烟气温度 388K，体积流量为 9 500 m^3/h，含尘浓度 7.4 g/m^3，静压强为 350 Pa（真空度）；除尘器出口气体流量为 9 850 m^3/h，含尘浓度为 420 mg/m^3。已知该除尘器的入口面积为 0.18 m^2，阻力系数为 8.0。

① 该除尘器的漏风率是多少？

② 计算该除尘器的除尘效率。

③ 计算运行时的压力损失。

6）有一两级除尘系统，除尘效率分别是 60%和 85%，用于处理含尘浓度为 7.4 g/m^3 的锅炉烟尘，计算该系统的总除尘效率和排放浓度。净化后的粉尘浓度是否达到国家规定的排放标准 200 mg/m^3？

技能训练 1　粉尘真密度的测定

根据本教材附录所列技能训练指导书进行。

技能训练 2　粉尘堆密度的测定

根据本教材附录所列技能训练指导书进行。

学习任务三 烟气除尘

● **任务描述**

介绍主要除尘技术，包括机械除尘、静电除尘、布袋除尘和湿法除尘技术原理及其工程应用，并对电袋一体新技术进行了介绍。

通过对该学习任务的学习，使学生掌握典型除尘器的原理、结构形式，熟悉主要工艺计算和设备选型，掌握除尘器运行、维护、操作、管理的主要措施。

● **学习目标**

知识目标	技能目标
1. 掌握常用除尘器的结构、原理 2. 掌握除尘器的选型方法 3. 掌握典型除尘设备的安装、调试要点，掌握其日常运行、维护管理及常见故障处理方法	1. 能阐述各种除尘器的结构原理及应用范围 2. 能够根据烟气性质选择合适的除尘器 3. 具有安装、调试、操作、维护、管理各类除尘器的能力

● **学习型工作任务**

以某典型冶炼厂烟气净化或某水泥厂烟气除尘工程为例，完成以下学习型工作任务：

（1）项目概况。

（2）烟气特点。

（3）处理要求。

（4）主要工艺流程及技术参数。

（5）主要设备选型及日常运行、维护、管理方法。

第一节 烟气除尘示例

除尘器在粉尘污染严重的行业应用广泛，以下通过介绍冶金行业和水泥行业的几个实际烟气净化流程，让学生初步了解电除尘器在工程中的应用情况。

（1）云南某公司铜冶炼厂烟气净化流程（图 3-1）。

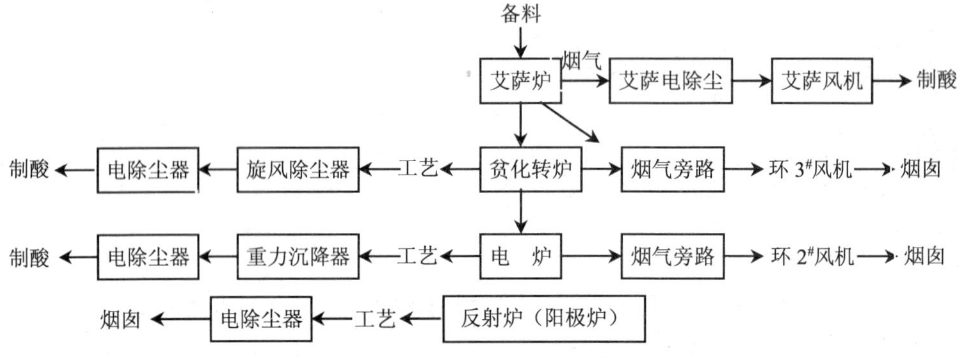

图 3-1　云南某公司铜冶炼厂烟气净化流程

（2）云南某钢铁公司烧结烟气净化流程（图 3-2）。

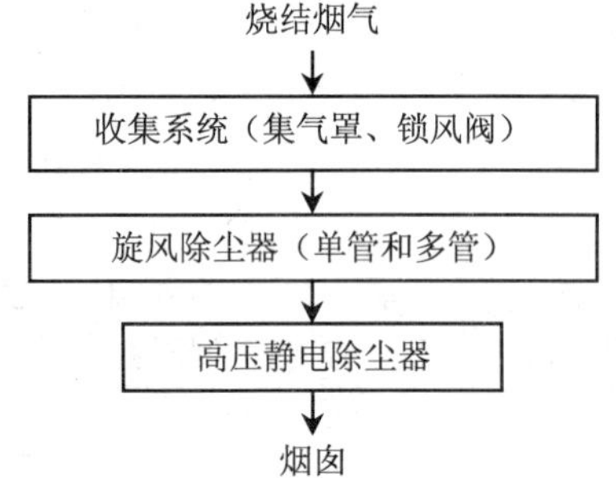

图 3-2　云南某钢铁公司烧结烟气净化流程

（3）云南某公司锡冶炼烟气净化系统（图 3-3）。

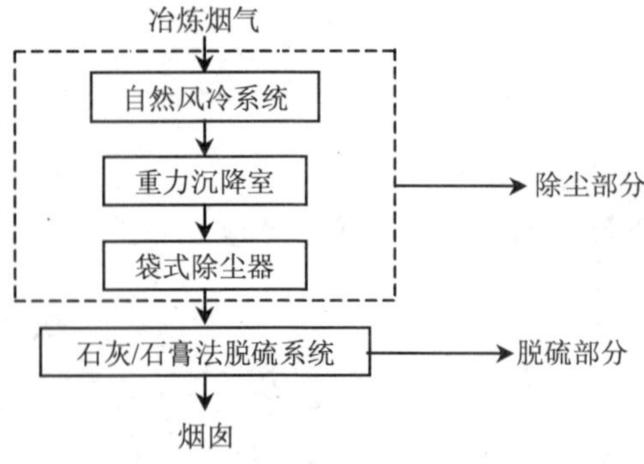

图 3-3　云南某公司锡冶炼烟气净化系统

（4）云南某水泥厂全厂烟气净化工艺流程（图 3-4）。

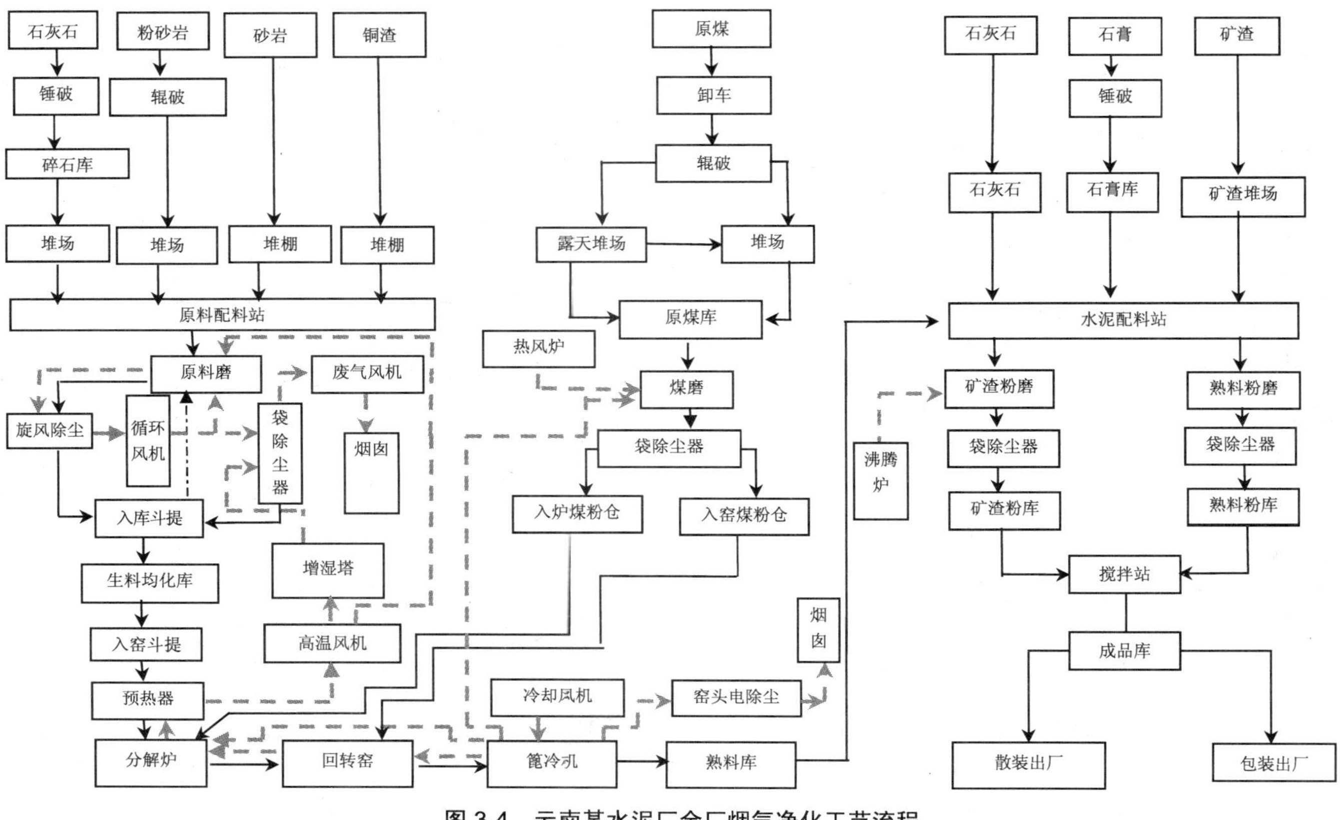

图 3-4　云南某水泥厂全厂烟气净化工艺流程

第二节　常用的烟气除尘方法

项目一　机械式除尘

机械式除尘器是利用机械力（重力和离心力等）以及惯性的作用使粉尘从气体中分离并沉降的装置。它包括重力沉降室、旋风除尘器和惯性除尘器三种类型。

机械式除尘器构造简单、投资少、动力消耗低，除尘效率一般为 40%～90%，是国内常用的除尘设备。在排气量比较大或除尘要求比较高的情况下，这类设备可作为预处理用，以减轻第二级除尘设备的负荷。

（一）重力沉降

（1）重力沉降室的原理

重力沉降室是利用重力作用使粉尘自然沉降的一种最古老、最简单的除尘设备。其基本工作原理是：含尘气体进入沉降室后，气体流速大大降低，尘粒依靠自身重力作用而自然沉降，并与气流分离。沉降室在实际运行时，通常在室内部加设各种挡尘板，以提高除尘效率。

重力沉降室按气流运动方向可分为水平气流沉降室和垂直气流沉降室两种。

重力沉降室的基本结构如图 3-5 所示。含尘气流进入重力沉降室后，由于突然扩大了过流面积，流速迅速下降，此时气流处于层流状态，其中较大的尘粒在重力的作用下沉降于灰斗中，气体沿水平方向继续前进，从而达到除尘目的。一般当气体流速为 1.5～2.0 m/s 时，可除去 43 μm 以上的尘粒。

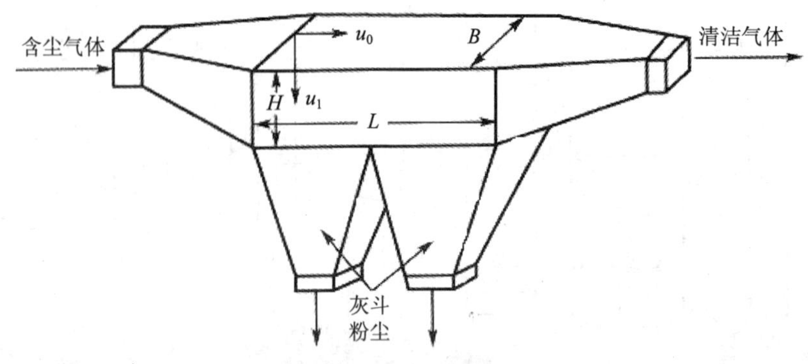

图 3-5　水平气流沉降室

图 3-6 为含尘气体在水平流动理想情况下的尘粒重力沉降。如果要使尘粒在沉降室内从气流中分离出来，必须使尘粒从进入沉降除尘器时的位置开始，在通过沉降除尘器的时间内，降落到沉降除尘器的底部。

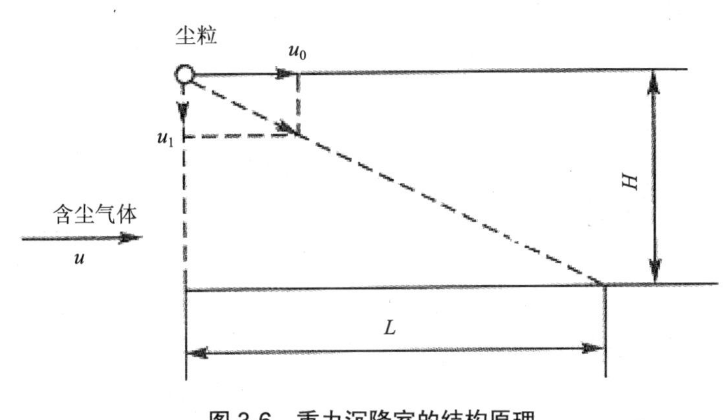

图 3-6 重力沉降室的结构原理

在沉降室内，尘粒一方面以沉降速度 u_t 下降，另一方面则以气体流速在沉降室内向前运动，由于气流通过沉降室的时间 t 为

$$t=\frac{L}{u} \tag{3-1}$$

式中：L —— 沉降室长度，m；

u —— 沉降室内气体流速，m/s。

而尘粒从沉降室顶部降落到底部所需要的时间为

$$t_s=\frac{H}{u_t} \tag{3-2}$$

式中：H —— 沉降室高度，m；

u_t —— 尘粒的沉降速度，m/s。

要使尘粒不被气流带走，则必须使 $t \geqslant t_s$，即

$$L \geqslant \frac{uH}{u_t} \tag{3-3}$$

$$u_t=\frac{d^2 g(\rho_p-\rho_g)}{18\mu} \tag{3-4}$$

式中：d —— 尘粒的直径，m；

ρ_p —— 尘粒的密度，kg/m^3；

ρ_g —— 气体的密度，kg/m^3；

μ —— 气体的黏度，Pa • s；

g —— 重力加速度，9.18 m/s^2。

当介质为空气，$\rho_p \geqslant \rho_g$ 时，则有

$$u_t = \frac{d^2 \rho_p g}{18\mu} \tag{3-5}$$

提高重力沉降室的捕集效率可以采取以下措施：

1）降低沉降室内气流速度 u；

2）降低沉降室的高度 H；

3）增大沉降室的长度 L。

但 u 过小或 L 过长，都会使沉降室体积庞大，造成经济上的不合理。因此在实际工作中用降低 H 的办法较为合适，因此采用多层沉降室是较好的选择。

（2）重力沉降室的结构形式及尺寸

1）重力沉降室的结构形式。

常见的重力沉降室有单层和多层两种类型。为提高除尘效率，一般在重力沉降室的室内加设各种挡尘装置，单层重力沉降室如图 3-7 所示，多层重力沉降室如图 3-8 所示。

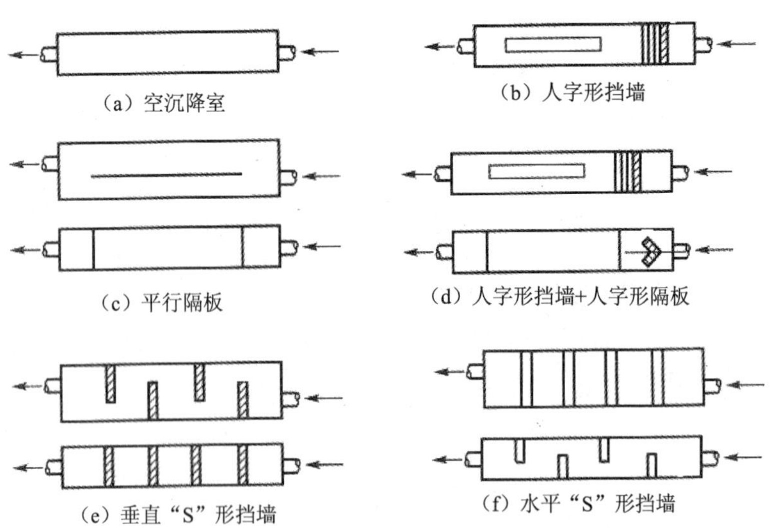

图 3-7　重力沉降室的结构形式

多层重力沉降室（图 3-8）可有效提高捕集效率和容积利用率，分层越多效果越好。

重力沉降室具有构造简单、造价低、耗能小、便于维护管理的特点，而且可以处理高温气体，处理最高烟气温度一般为 350～550℃，其阻力一般为 50～130 Pa。但重力沉降室体积较大，除尘效率较低，一般仅为 40%～70%，且只能去除大于 50 μm 的大颗粒，故一般作为预除尘器或一级除尘器使用。

2）重力沉降室的尺寸。

重力沉降室的外形尺寸可由下式近似确定：

$$L=\frac{Hu}{u_t} \tag{3-6}$$

$$H=0.5\sqrt{F}\sim\sqrt{F} \tag{3-7}$$

$$F=\frac{Q}{u}=BL \tag{3-8}$$

式中：L —— 长度，m；

B —— 宽度，m；

H —— 高度，m；

F —— 有效截面积，m^2；

u —— 沉降室内气流速度，m/s；

u_t —— 尘粒的沉降速度，m/s；

Q —— 气体流量，m^3/s。

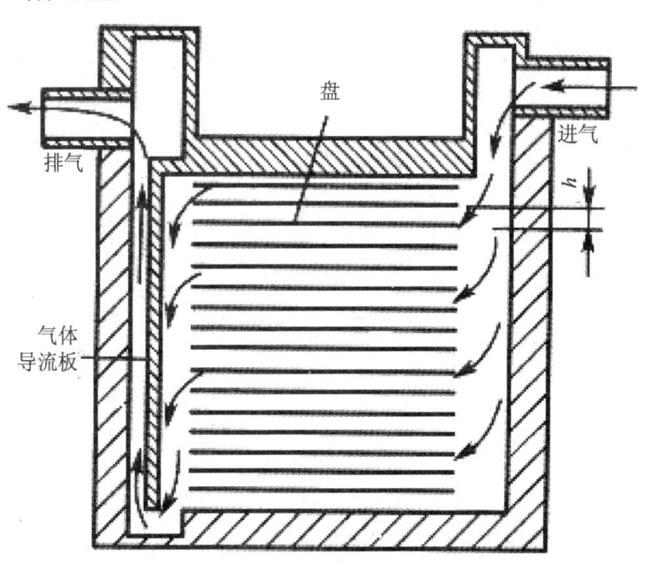

图 3-8　多层重力沉降室

（3）重力沉降室的设计步骤

首先根据需要确定该沉降室应能 100%捕集的最小尘粒的粒径，并根据粉尘的密度计算出该尘粒的沉降速度 u_t，再选取沉降室内气流速度 u，根据现场情况确定沉降室高度 H（或宽度 B），然后按公式计算沉降室长度 L 和宽度 B（或高度 H）。

1）沉降室长度

$$L \geqslant \frac{uH}{u_t} \tag{3-9}$$

2）沉降室宽度

$$B = \frac{Q}{uH} \tag{3-10}$$

3）有效分离直径　一定结构的沉降室，能沉降在室内的最小粒径 d_{min} 可按下式求得：

$$d_{min} = \frac{18\mu uH}{\rho_p gL} \tag{3-11}$$

4）除尘器对各种尘粒的分级效率

$$\eta = \frac{u_t L}{uH} \times 100\% \tag{3-12}$$

（4）重力沉降室设计时的注意事项

1）沉降室内烟气流速宜取 0.4～1.0 m/s。

2）沉降室的长宽高尺寸要适宜，若沉降室过高，则其上部的尘粒沉降到底部时间较长，烟尘往往未降到底部就被烟气带走。流通截面确定后，宽度增加，高度就可以降低，加长沉降室，从而可以使尘粒充分沉降。

3）沉降室内可合理设置挡板或隔板（采用水平隔板降低沉降室高度形成多层沉降室），这有利于提高除尘效率，为了防止沉积在沉降室底部的尘粒再次被气流带走，沉降室也可加设底部水封池或采取喷雾等措施，以提高除尘效果。但此时由于烟气中的二氧化硫溶于水，使水封池的水呈酸性，烟气带水进入金属烟道和引风机时易引起腐蚀，设计时应采取相应的预防措施。废水经适当处理才能排放。

4）沉降室一般只能捕集大于 50 μm 的尘粒，而且除尘效率较低。故沉降室一般仅在除尘要求不高或多级除尘中的预处理等场合应用。

（二）旋风除尘

旋风除尘器是利用气流在旋转运动中产生的离心力来清除气流中尘粒的设备。由于旋风除尘器具有结构简单、体积小、维修管理简单、可耐高温、制造容易、造价和运行费用较低，对大于 10 μm 的粉尘有较高的净化效率等优点，所以在工业生产中得到广泛应用。

（1）旋风除尘器的工作原理

如图 3-9 所示，旋风除尘器由进气管、筒体、锥体、灰斗和排气管组成。进气管与筒体相切，筒体顶部中央安装排气筒，筒体下部是锥体，锥体下部是集尘室。含尘气体由除尘器入口沿切线方向进入后，沿外壁由上向下作旋转运动，称为外旋流。旋转下降的外旋流因受锥体收缩的影响渐渐向中心汇集，到达锥体底部后，转而向上旋转，形成一股自下而上的旋转气流，这股旋转向上的气流称为内旋流。向下的外旋流和向上的内旋流的旋转方向是相同的。外旋流转变为内旋流的区域称为回流区，部分气流进入除尘器后直接进内旋流，未经除尘直接随内旋流排出除尘器，这部分气流称为上旋流。气流做旋转运动时，尘粒在离心力的作用下向外壁移动，到达外壁的粉尘在下旋气流和重力的共同作用下沿壁面落入灰斗而被去除。

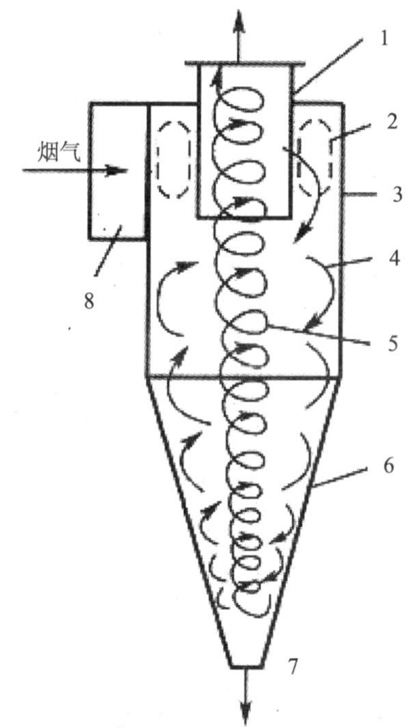

1—排气筒；2—上旋流：3—筒体；4—外旋流；5—内旋流；6—锥体；7—灰斗；8—进气管

图 3-9　旋风除尘器除尘原理示意

（2）旋风除尘器的性能及影响因素

外旋流中的尘粒同时受离心力和向心力作用，粒径越大，粉尘受到的离心力越大。因此，在其他条件一定的情况下，必定有一个临界粒径。对粒径等于临界粒径的尘粒，由于所受的离心力和所受的向心力相等，它将在内、外旋涡的交界面上旋转。由于各种随机因素的影响，处于这种状态的尘粒被分离或进入内旋涡而被带出的可能性各有 50%，我们把能够被旋风除尘器除掉 50%的尘粒粒径称为分割粒径，用 d_c 表示。显然，d_c 越小，除尘器的除尘效率越高。

分割粒径 d_c 是反映旋风除尘器性能的重要指标。尘粒的密度越大，气体进口的切向速度越大，排出管直径越小，除尘器的分割粒径越小，除尘效率也就越高。

影响旋风除尘器性能的主要因素有：

1）筒体直径

由离心力计算可知，在相同的转速下，筒体的直径越小，尘粒受到的离心力越大，除尘效率就越高。如果筒体直径过小，处理的风量会显著降低，同时，流体阻力也增大，易造成返混，使效率下降。因此筒体的直径一般不小于 150 mm。同时，为了保证除尘效率，筒体的直径也不宜大于 1 100 mm。在需要处理大风量气体时，往往采用除尘器的并联组合或采用多管型旋风除尘器。

2）入口形式

旋风除尘器的入口形式大致可分为切向进入式（图 3-10）和轴向进入式（图 3-11）。

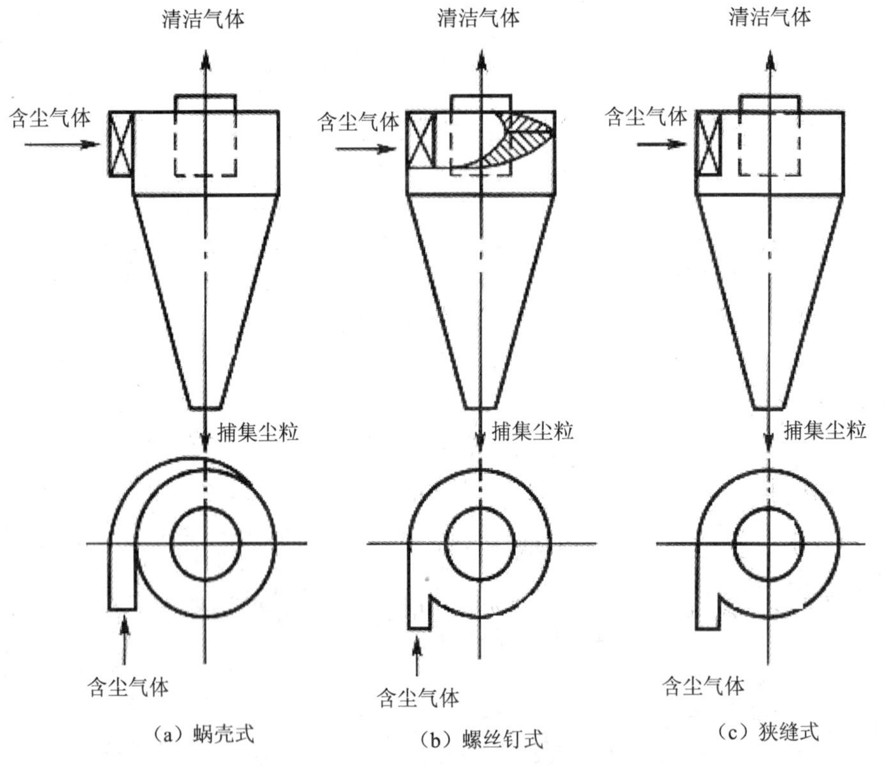

图 3-10　切向进入式

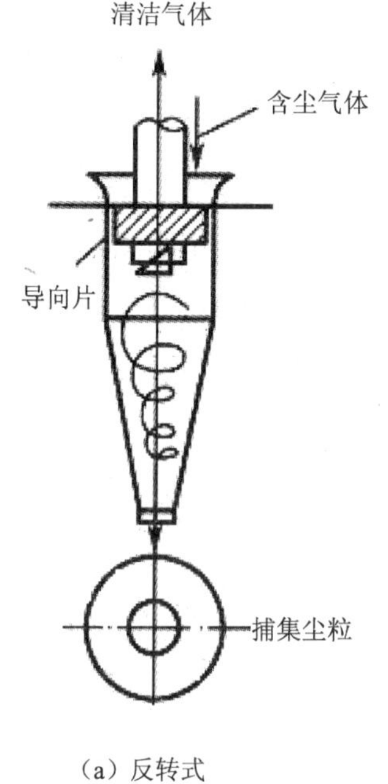

（a）反转式

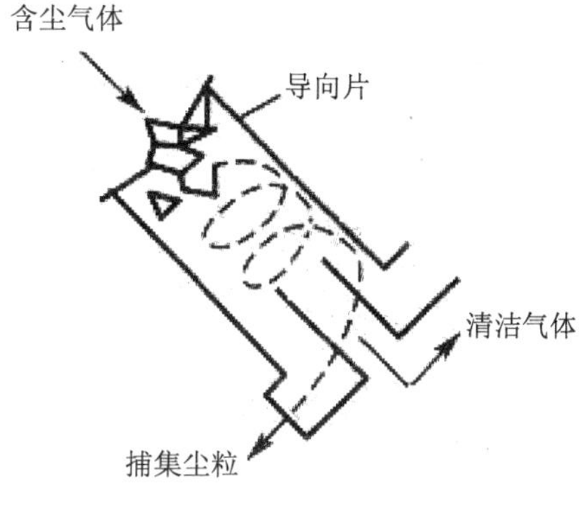

（b）直进式

图 3-11 轴向进入式

小型旋风除尘器或多管除尘器多采用轴向进入式。单筒旋风除尘器多采用切向进入式。

轴向进入式分为直进式和反转式。直进式的除尘效率与切向进入式比较无显著差别；反转式除尘效率较低。

3）筒体及锥体长度

增加旋风除尘器的筒体高度和锥体长度，可以增加气体在除尘器内的旋转圈数，有利于尘粒的分离。但筒体与锥体的高度过大，会使阻力增加，从而造成结构尺寸不合理，实际上筒体和锥体的适宜总高度一般不大于 5 倍筒体直径。

4）排气口尺寸

旋风除尘器的排气管口均为直筒形。排气管的插入深度与除尘效率有直接关系。插入过深，效率提高，但阻力增大；插入过浅，效率降低，阻力减小。这是由于过浅可能会造成排气管短路现象，造成尘粒来不及分离就从排气管排出的现象。

减小排气管直径可以利用减小内旋涡直径的办法，这样有利于提高除尘效率，但减小排气管直径会加大出口阻力。一般排气管直径为筒体直径的 0.4～0.65。

5）入口速度

提高旋风除尘器的入口风速，会使粉尘受到的离心力增大，分割粒径变小，除尘效率提高。但入口风速过大时，旋风除尘器内的气流运动过于强烈，会把有些已分离的粉尘重新带走，除尘效率反而下降。同时，旋风除尘器的阻力也会急剧上升。因此进口速度应控制在 12～25 m/s 为宜。

6）除尘器底部的严密性

无论旋风除尘器在正压还是负压下操作，由于气流旋转的作用，其底部总是处于负压状态。如果除尘器的底部不严密，则从外部漏入的空气就会把落入灰斗的一部分粉尘重新卷入内旋涡并带出除尘器，从而使除尘效率显著下降。因此保证不漏风是进行正常排尘、维护旋风除尘器高效正常运行的重要条件。收尘量不大的除尘器，可在排尘口下设置固定灰斗，保证一定的灰封，定期排灰。

7）粉尘的性质

当粉尘的密度和粒径增大时，除尘器效率明显提高。而当气体温度和黏度增大时，除尘器效率则下降。

8）旋风除尘器尺寸比例变化的影响

旋风除尘器的尺寸比例变化对除尘器性能的影响见表 3-1。

表 3-1 旋风除尘器的尺寸比例变化对除尘器性能的影响

比例变化	性能趋向		投资趋向
	压力损失	效率	
增大旋风除尘器直径	降低	降低	提高
加长筒体	稍有降低	提高	提高
增大入口面积（流量不变）	降低	降低	—
增大入口面积（速度不变）	提高	降低	降低
加长锥体	稍有降低	提高	提高
扩大锥体的排出孔	稍有降低	提高或降低	—
缩小锥体的排出孔	稍有降低	提高或降低	—
加长排出管伸入器内的长度	提高	提高或降低	提高
增大排气管直径	降低	降低	提高

（3）旋风除尘器的结构形式

旋风除尘器的结构形式有很多，主要有：

1）回流式旋风除尘器

在回流式旋风除尘器内，含尘气流由一端进入旋转运动把尘粒分离，净化后的气流又旋转返回至和进气口相同端排出。它有筒式、旁路式和扩散式等几种形式。

① 筒式旋风除尘器。这种除尘器制造方便，阻力较小，但除尘效率低，对于 10 μm 左右粒子的分离效率一般低于 60%，故虽曾广泛应用，但目前已逐渐被其他高效旋风除尘器所代替。

② 旁路式旋风除尘器。旁路式旋风除尘器如图 3-12 所示。入口距顶盖有一段距离，排出管的插入深度可以较浅，筒体上具有螺旋线形的灰尘隔离室。含尘气流进入除尘器后形成以排出管下缘为界面的上、下两股旋转气流，并在进口管和顶盖之间形成一个迅速旋转的灰环。上部灰环中的尘粒（包括部分较细的粒子）能够通过设在顶盖处的入口进入旁路隔离室，然后直接进入下涡旋而得到清除。这不仅提高了除尘总效率，同时也提高了除尘器对不同尘粒浓度的适应性。但是，由于灰尘隔离室容易堵塞，因此要求被处理烟气中的尘粒有较好的流动性。旁路式旋风除尘器在通用图中有两种形式：XLP/A 型，呈半螺旋形；XLP/B 型，呈全螺旋形。

③ 扩散式旋风除尘器。扩散式旋风除尘器如图 3-13 所示。其主要结构特点是将原来的圆锥体改为倒圆锥体，并在倒圆锥体下部设置一表面光滑的圆锥状反射屏。在一般的旋风除尘器中有一部分气流随尘粒一起进入灰斗，当气流自下向上流向排出管时产生内涡旋，由于内涡旋的吸引力作用，使已分离的尘粒被上旋气流重新卷起，并被出口气流夹带而走。在扩散式分离器内，含尘气流经蜗壳进入除尘器后，由上而下的气流旋转到达反射屏。此时，已净化的气流大部分形成上旋气流从排出管排出，小部分气流与已被分离出来的尘粒一起，沿着倒圆锥体壁螺旋向下，经反射屏周边与器壁的环形隙进入灰斗，再由反射屏中心外孔向上与上旋气流汇合而排出。由于反射屏的作用，防止了返回气流重新卷起粉尘，提高了除尘效率。当取消反射屏后除尘效率有明显下降，例如，在进口气速为 21 m/s、进口气体含尘浓度为 50 g/m^3 时，无反射屏的除尘效率仅为 81%～86%；而采用 60° 反射屏时，除尘效率为 93%～95%。反射屏的锥角一般采用 60°，试验证明，它比 45° 锥角的反射屏除尘效率高、压力损失小。

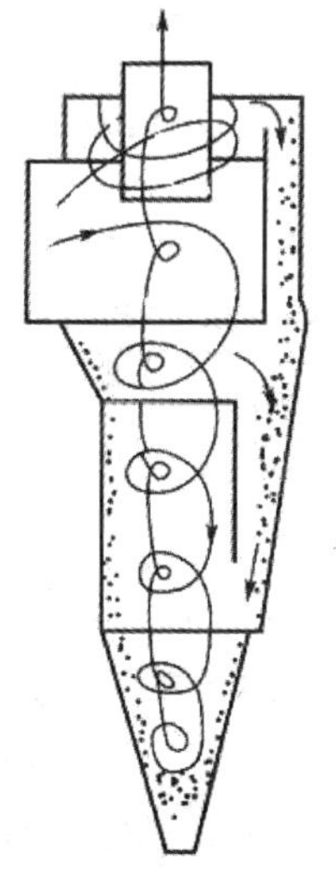

图 3-12　旁路式旋风除尘器

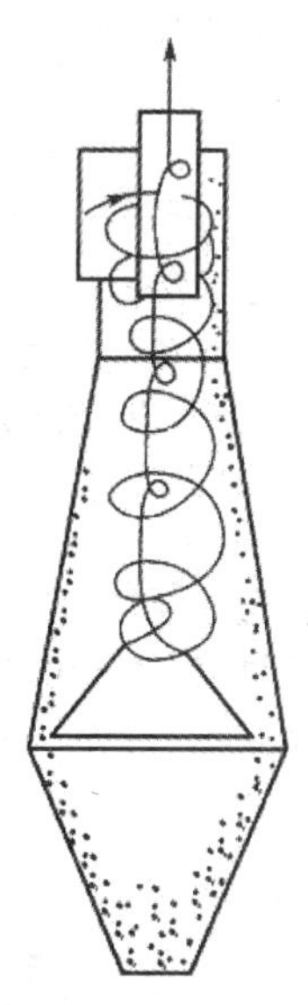

图 3-13　扩散式旋风除尘器

2）直流式旋风除尘器

直流式旋风除尘器的基本特点是：含尘气流由除尘器一端进入做旋转运动，把尘粒从气流中分离出来。净化后的气体则继续旋转，并由除尘器的另一端排出。这类除尘器内没有上升的内旋气流，减少了返混合二次飞扬，除尘阻力损失较小，但效率有所下降。在设计时常采用合适的稳流体填充旋转气流的中心负压区，防止中心涡流和短路，以提高除尘效率。如图 3-14 所示。

3）多管旋风除尘器

多管旋风除尘器是由若干个结构和尺寸相同的小型旋风除尘器（又叫旋风子）组合在一个壳体内并联使用的除尘设备。由于多管旋风除尘器是由多个旋风子组成，因此，处理风量大。而且由于旋风子的直径较小，所以除尘效率较高，能够有效捕集 5～10 μm 的粉尘，如图 3-15 所示。

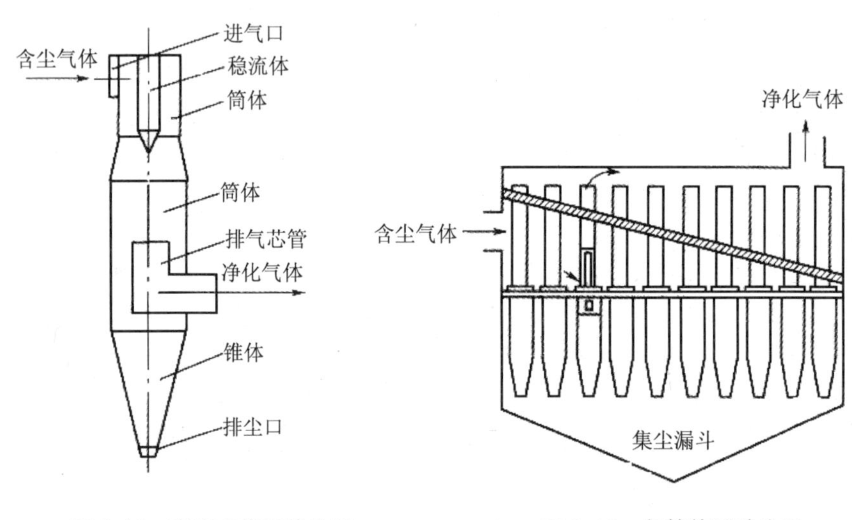

图 3-14　直流式旋风除尘器　　图 3-15　多管旋风除尘器

（4）旋风除尘器的选择

旋风除尘器的结构形式很多，在选用旋风除尘器时，常根据工艺提供或收集到的设计资料来确定其型号和规格，一般常用计算方法和经验法。由于除尘器结构形式繁多，影响因素复杂，难以求得准确的通用计算公式。所以，在实际工作中通常采用经验法来选择除尘器的型号和规格。

1）旋风除尘器选择的基本步骤

① 根据含尘浓度、粒度分布、密度等烟气特征，除尘要求，允许的阻力和制造条件等因素全面分析，合理地选择旋风除尘器的型号。特别应当指出，锅炉排烟的特点是烟气流量大，而且烟气流量变化也很大。在选用旋风除尘器时，应使烟气流量的变化与旋风除尘器适宜的烟气流速相适应，以期在锅炉工况变动时能取得良

好的除尘效果。

② 根据使用时允许的压力降确定进口气速，如果制造厂已提供各种操作温度下进口气速与压力降的关系，则根据工艺条件允许的压力降就可选定烟气流速 u。若没有进口气速与压降的数据，则根据允许的压降公式（3-13）计算进口气速。若没有提供允许的压力损失数据，则一般取进口气速为 12～25 m/s。

$$u_i = (\frac{2\Delta p}{\rho \xi})^{1/2} \tag{3-13}$$

③ 确定旋风除尘器的进口截面积 A，进口宽度 B 和进口高度 H。进口截面积 A 可由下式计算

$$A = BH = \frac{Q}{u_i} \tag{3-14}$$

式中：A —— 进口截面积，m^2；

B —— 进口宽度，m；

H —— 进口高度，m；

Q —— 旋风除尘器处理的烟气量，m^3/s。

④ 确定型号。由进口截面积 A、进口宽度 B 和高度 H 确定出筒体直径，由筒体直径 D 确定规格型号。几种旋风除尘器的主要尺寸比例参见表 3-2。

表 3-2 几种旋风除尘器的主要尺寸比例

项目		XLP/A	XLP/B	XLT/A	XLT
入口宽度 B		$(A/3)^{1/2}$	$(A/2)^{1/2}$	$(A/2.5)^{1/2}$	$(A/1.75)^{1/2}$
入口高度 H		$(3A)^{1/2}$	$(2A)^{1/2}$	$(2.5A)^{1/2}$	$(1.75A)^{1/2}$
筒体直径 D		上 3.85B 下 0.7D	3.33B —	3.85B —	4.9B —
排出管直径 d_p		0.6D	0.6D	0.6D	0.58D
筒体长度 L		上 1.35D 下 1.0D	0.7D	2.26D	1.6D
锥体长度 $H_{锥}$		上 0.55D 下 1.0D	2.3D	2.0D	1.3D
排尘口直径 d_1		0.296D	0.43D	0.3D	0.145D
压力损失/Pa	12 m/s①	700（600）②	500（420）	860（770）	440（490）
	15 m/s	1 100（940）	890（700）③	13 500（600）	670（770）
	18 m/s	1 400（1 260）	1 450（1 150）④	1 950（1 150）	990（1 110）

注：①进口风速；

②“( )”内的数值是出口无蜗壳式的压力损失；

③进口风速为 16 m/s 时的压力损失；

④进口风速为 20 m/s 时的压力损失。

2）旋风除尘器选择的要求

① 旋风除尘器适用于净化密度和粒径大于 5 μm 的尘粒。对细微尘粒，其除尘效率较低，但高效旋风除尘器对细微尘粒也有一定的净化效果。

② 一般用于净化非纤维性粉尘及温度在 400℃以下的非腐蚀性的气体。

③ 旋风除尘器对入口粉尘浓度变化的适应性强，可处理高含尘浓度的气体。

④ 旋风除尘器不适宜去除黏结性强的粉尘，当处理相对湿度较高的含尘气体时注意避免因结露而造成的黏结。

⑤ 设计或运用时必须采用气密性好的卸灰装置或其他防止旋风除尘器底部漏风的措施，以防底部漏风，效率下降。

⑥ 由于风量波动对旋风除尘器的除尘效率和压力损失影响较大，故旋风除尘器不宜用于气量波动大的情况。

⑦ 当旋风除尘器内的旋转气速较高时，应注意加耐磨衬，防止磨损。

⑧ 性能相同的旋风除尘器一般不宜两级串联使用。

⑨ 在并联使用旋风除尘器时，要尽可能使每台除尘器的处理气量相等。

3）国内主要旋风除尘器的类型代号

国内旋风除尘器的类型代号一律采用汉语拼音字母，以表示除尘器的工作原理和构造形式特点。对需要在类型代号后列入系列规格的，一律用阿拉伯数字表示，如除尘器额定风量（以 m^3 为单位）、除尘器系列规格的袋数、配用锅炉的蒸发量和外筒直径（以 dm 为单位）等。

① 编制规定

第一位字母表示除尘器按工作原理分类，暂分为以下四大类：

X——旋风式，S——湿式，L——过滤式，D——静电式。

第二、三位字母以表示除尘器的构造、形式特点为主。为避免同其他除尘器的类型代号重复，必要时也可包括或表示工作原理方面的特点。类型代号一般不多于三个字母。

② 代号字母举例

a. 构造类型方面：L——立式，W——卧式，S——双级，T——筒式，C——长锥体，Z——直锥体，P——旁路，N——扭底板，X——下排烟。

b. 工作原理方面：P——平旋，M——水膜，G——多管，K——扩散，Z——直流。

在除尘系统安装位置方面，根据除尘器在除尘系统安装位置上的不同分为：吸入式（除尘器安装在通风机之前），用 X 汉语拼音字母表示；压入式（除尘器安装在通风机之后），用 Y 字母表示。为了安装方便，又在 X 型和 Y 型中各设有 S 型和 N 型两种，S 型进气按顺时针方向旋转，N 型进气按逆时针方向旋转。

c. 国内外常用的旋风除尘器的类型代号。

XCX/G 型除尘器：X——旋风式、C——长锥体、X——斜底板、G——用于锅炉除尘；

XLT 型除尘器：X——旋风式、L——立式、T——筒式；
XLK 型除尘器：X——旋风式、L——立式、K——扩散；
XZD/G 型除尘器：X——旋风式、ZD——锥形底板、G——用于锅炉除尘；
XND/G 型除尘器：X——旋风式、ND——扭底板、G——用于锅炉除尘；
XWD 型除尘器：X——旋风式、W——卧式、D——多管；
XZY 型除尘器：X——旋风式、Z——直流、Y——带引射器；
XPX 型除尘器：X——旋风式、P——平旋、X——下排烟；
XLP 型除尘器：X——旋风式、L——立式、P——旁路；
SG 型除尘器：S——三角形进口、G——用于锅炉除尘；
XS 型除尘器：X——旋风式、S——大小双旋风；
双级涡旋除尘器暂无代号。

（三）惯性除尘

惯性除尘器是利用惯性，使含尘气体与挡板撞击或者急剧改变气流方向，借助尘粒本身的惯性使其与气流分离的装置。

（1）惯性除尘器的原理

惯性除尘器的工作原理如图 3-16 所示。当含尘气流进入装置后，遇到挡板 B_1 时，气流改变方向，但较大的粒子由于惯性会保持原有的运动方向，最终撞在挡板上沉入灰斗。随气流一起运动的粒径比较小的粒子，遇到挡板 B_2 后会发生旋转，靠离心力作用，更细小的粒子被去除，净化后气流从顶部排出。因此，惯性除尘器的除尘是惯性、离心力和重力共同作用的结果。

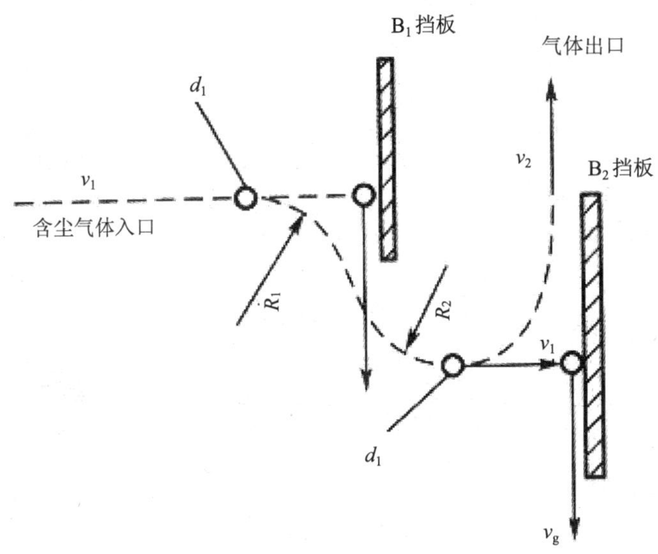

图 3-16　惯性除尘器的工作原理

（2）惯性除尘器的形式、特点和适应范围

惯性除尘器分为碰撞式和回转式两种。碰撞式惯性除尘器（图 3-17）是在气流流动的方向上增设挡板，当含尘气流流经挡板转变方向时，尘粒借助惯性力撞击在挡板上，靠重力的作用沿挡板下落进入灰斗。挡板可以是单级，也可以是多级。多级挡板交错布置，可设置 3～6 排。在实际工作中多采用多级式，从而增加撞击的机会，以提高除尘效率。

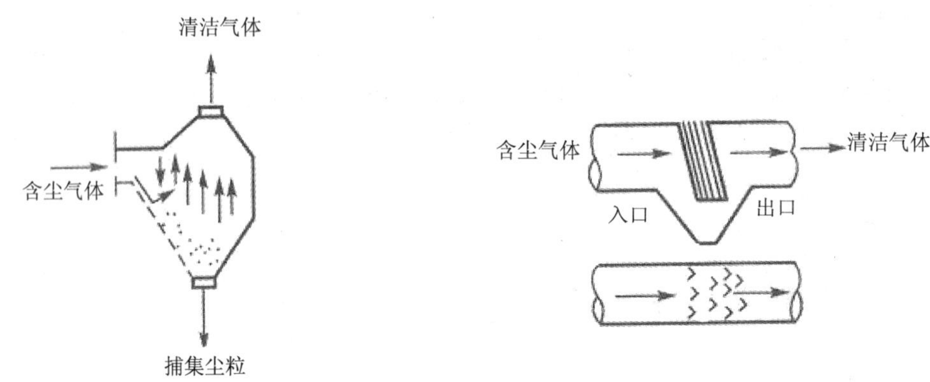

图 3-17　碰撞式惯性除尘器

回转式惯性除尘器又分为弯管型、百叶窗型和多层隔板塔型三种（图 3-18）。它主要是让含尘气体多次改变运动方向，从而利用惯性而把粉分离出来。

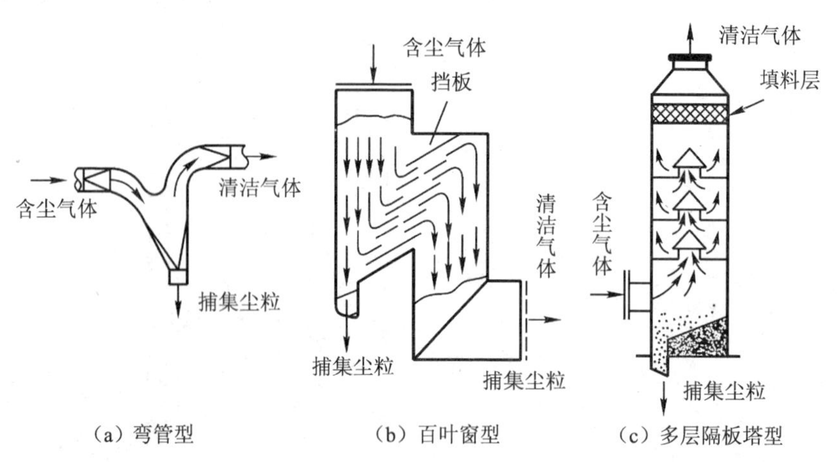

图 3-18　回转式惯性除尘器

惯性除尘器结构相对比较简单，其除尘效率虽然比重力除尘器要高，但由于气流方向转变的原因，净化效率不会很高，因此也多用于一级除尘或高效除尘器的预除尘，用来捕集 20 μm 以上的粗尘粒，压力损失为 100～1 000 Pa。

惯性除尘器适用于去除净化密度和粒径较大的金属或矿物粉尘，对于黏结性和纤维性粉尘，易产生堵塞，不宜采用。

（四）机械式除尘器安装与调试

安装除尘器前应检查是否有环保产品合格证，除尘器本体和配件是否齐全，型号、规格、参数是否符合选用要求。

检查设备是否变形、损坏，如有损坏应及时修复后安装，损坏严重时要及时更换。

检查安装现场作业条件是否满足安装要求，配齐必要的施工工具，并合理制订施工计划。

除尘器应严格按照设计要求进行安装。对于大型的旋风除尘器应使用吊车进行安装。

在安装连接各部分法兰时，密封垫料应加在螺栓内侧以保证密封。为减少烟道的阻力，应尽可能缩短管路的长度和减少弯头等管件，切忌在除尘器进口处设置弯头，以保证除尘器进口气流平直均匀。

检查除尘器涂层时，应仔细检查涂料的光滑性、均匀性和完整性；对内壁涂有耐磨涂料的除尘器，切忌敲打除尘器，以免涂层脱落。

（五）机械式除尘器的运行维护管理

运转中的机械式除尘器经常因为磨损、腐蚀、漏气或堵塞，致使除尘效率急剧下降，甚至造成事故。为了使除尘器长期保持良好状态，必须定期或不定期地对除尘器及附属设备进行检查和维护，以延长设备的使用寿命，并保证其运行的稳定性和可靠性。

（1）稳定运行参数

对机械式除尘器而言，如果运行参数偏离设计参数太远则难以达到预期的除尘效果。

除尘器入口气体流速是个关键参数。对于尺寸一定的旋风除尘器，入口气体流速增大，不仅处理气体量可提高，还可有效地提高分离效率，但阻力也随之增大。一般常用的入口气体流速在 10～15 m/s，气体含尘浓度高和颗粒粗的粉尘入口速度应选小些，反之可选大些。在实际生产中，由于处理气体量总会有变动，所以还希望除尘器有较好的操作弹性，弹性范围是处理气量在 60%～120%内变动，此时除尘器的效率波动不致过大。对沉降室而言，除尘器入口速度降低可以提高除尘效率，但处理气体流量也相应减少。

（2）防止漏风

除尘器一旦漏风将严重影响除尘效率。据估算，旋风除尘器灰斗或卸灰阀漏风1%，除尘效率将下降5%；惯性除尘器灰斗或卸灰阀漏风1%，除尘效率将下降10%。重力沉降室入口或出口的漏风对除尘效率的影响并不大，但如果重力沉降室本体漏风则对除尘效率就会有较大影响。机械式除尘器漏风有三种部位：除尘器进、出口连接法兰处；除尘器本体；除尘器卸灰装置。

引起漏风的原因如下：

① 除尘器进、出口法兰处的连接件使用不当引起的漏风。例如螺栓没有拧紧，垫片不够均匀，法兰面不平整等。

② 除尘器的本体磨损严重引起的漏风。对旋风除尘器和惯性除尘器而言，本体磨损是经常发生的，特别是灰斗。因为含尘气流的旋转或冲击使得除尘器本体磨损特别严重。

③ 机械式除尘器卸灰装置引起的漏风。卸灰阀多采用机械自动式，如重锤式等。这些卸灰阀严密性较差，稍有不当，即产生漏风。这是除尘器运行维护的重要环节。

防止关键部位磨损的技术措施如下：

① 防止排灰口堵塞。防止排灰口堵塞的方法主要是选择优质的卸灰阀，使用中加强对卸灰阀的调整和检修。

② 防止过多的气体倒流入排灰口。使用的卸灰阀要严密，以减轻磨损。

③ 应经常检查除尘器有无因磨损而漏气的现象，以便及时采取措施。

④ 尽量避免焊缝和接头。必须要有的焊缝应磨平，法兰连接应仔细装配好。

⑤ 在粉尘冲击部位使用可以更换的抗磨板，或增加耐磨层，如铸石板、陶瓷板等。也可以用耐磨材料制造除尘器。例如，以陶瓷制造多管除尘器的旋风子，用比较厚或优质的钢板制造除尘器的圆锥部分。

⑥ 前面曾经提到粉尘负荷和磨损速度有关。对旋风除尘器而言，除尘器壁面的切向速度和入口气流速度应当保持在临界范围以下，这样可以减少磨损。

（3）避免除尘器堵塞和积灰

机械式除尘器的堵塞和积灰主要发生在排灰口附近，其次发生在进气、排气的管道内。引起排灰口堵塞通常有两个原因：一是大块物料或杂物滞留在排灰口形成障碍物，之后其他粉尘在周围堆积，形成堵塞；二是灰斗内粉尘结露、结块、堆积过大，不能及时顺畅排出。不论哪一种情况，排灰口堵塞严重都会增加磨损、降低除尘效率和加大设备的压力损失。

预防排灰口堵塞的措施：

1）排气口增加栅网，栅网既不增加压力损失，又能防止杂物吸入。

2）排灰口上部增加手掏孔，手掏孔的位置应在易堵部位。手掏孔的大小，以 150 mm×150 mm 的方孔为宜。手掏孔盖的法兰处应注意加垫片并涂密封膏，以避免任何漏风的可能。

平时检查维护时可用小锤敲打易堵处的壁板并听其声音，以检查是否有堵塞现象。

3）排气口堵塞及预防。排气口堵塞现象多是设计不理想造成的。避免和预防堵塞的第一个环节是从设计环节考虑，设计时要根据粉尘性质和气体特点使除尘器进、出口光滑，避免容易形成堵塞的直角、斜角。加工制造设备时要打光突出的焊瘤、结疤等。运行维护机械式除尘器要时常观察压力、流量的异常变化，并根据这些变化找出原因，及时消除。

（六）工程应用案例——109 m^2 鲁奇式流态化焙烧炉除尘系统

（1）项目概况

本项目为一座年产 10 万 t 的湿法炼锌厂，其配置 1 台 109 m^2 鲁奇式流态化焙烧炉，其流程为：

流态化焙烧炉烟气→余热锅炉→除尘→烟气制酸。

（2）基础参数

流态化焙烧炉床面积	109 m^2
年处理精矿量	20 万 t/a（干基）
工作制度	每年 330 d 连续工作
流态化焙烧炉床能率	5.8 t/（m^2·d）
焙烧温度	920±20℃
当地最热大气压	77 kPa
当地最热平均气温	25℃
相对湿度	65%
出炉烟气量	55 000 m^3/h
出炉烟气温度	920±30℃

出炉烟气成分（体积分数），见表 3-3。

表 3-3 出炉烟气成分

组成	SO_2	SO_3	CO_2	N_2	O_2	H_2O
体积分数/%	9.53	0.30	0.49	77.13	4.73	7.82

出炉烟气含尘量　　11 000 kg/h

出炉烟气含尘质量浓度　　200 g/m^3

项目在流态化焙烧炉后设置 1 台蒸发量为 30 t/h、工作压力 4.2 MPa 的余热锅炉，经余热锅炉降温后，进入除尘系统。

进入除尘系统的烟气温度　　350±20℃

余热锅炉除尘效率　　30%

余热锅炉阻力　　400 Pa

余热锅炉漏风　　12%

（3）除尘流程简述

锌焙烧产出的烟气温度高，烟气含尘质量浓度高，烟尘粒度细、黏性大，比电阻较高，是一种较难回收的粉尘。烟气 SO_2 浓度高，有较强的腐蚀性。工程采用多级收尘。烟气经余热锅炉回收其多余的热量后进入除尘系统，先经两级旋风除尘器回收其较大颗粒的粉尘，再用电除尘器回收其细微粒粉尘，净化后的烟气经高温风机送制酸车间处理。除下的烟尘用刮板输送机返回工艺使用。

除尘流程如下：

焙烧炉 → 余热锅炉 → 一级旋风除尘器 → 二级旋风除尘器 → 电除尘器 → 风机 → 制酸

为防止设备和管路腐蚀，所有设备和管路都实施外保温。为保证 SO_2 的高浓度，所有排灰口均采用密封良好的溢流螺旋排灰。

为确定收尘系统工作温度，需预知烟气露点，下面用计算方法求出烟气露点。

$$t_p=186+20\lg H_2O+26\lg SO_3$$

式中：t_p —— 烟气露点，℃；

H_2O —— 烟气含水体积分数，7.82；

SO_3 —— 烟气含 SO_3 体积分数，0.30。

经计算，$t_p=186+20\lg 7.82+26\lg 0.30=190$℃

所以除尘系统工作温度应控制在 190+50=240℃以上。

（4）一、二级旋风除尘器的选型计算

1）一级旋风除尘器。设计参数见表 3-4。

表 3-4　一级旋风除尘器的性能参数

名称	计算及数值
处理标况烟气量	55 000×1.12=61 600 m^3/h
进口烟气温度	350℃
进口烟气含尘量	11 000×（1－30%）=7 700 kg/h
进口烟气含尘质量浓度	7 700×1 000/61 600=125.0 g/m^3
处理工况烟气量	61 600×（273+350）/273×101.3/77=184 937 m^3/h
旋风除尘器漏风率	3%
旋风除尘器阻力	1 000 Pa
旋风除尘器除尘效率	80%
旋风除尘器除尘量	7 700×80%=6 160 kg/h
选用旋风除尘器	4-ϕ2 200 的高效旋风除尘器 1 台
旋风除尘器断面流速	（184 937/3 600）/4/（3.14/4×2.2×2.2）=3.38 m/s

2）二级旋风除尘器。设计参数见表 3-5。

表 3-5　二级旋风除尘器的性能参数

名称	计算及数值
处理标况烟气量	55 000×（1.12+0.03）=63 250 m^3/h
进口烟气温度	320℃
进口烟气含尘量	7 700－6 160=1 540 kg/h
进口烟气含尘质量浓度	1 540×1 000/63 250=24.3 g/m^3
处理工况烟气量	63 250×（273+320）/273×101.3/77=180 747 m^3/h
旋风除尘器漏风率	3%
旋风除尘器阻力	1 000 Pa
旋风除尘器除尘效率	60%
旋风除尘器除尘量	1 540×60%=924 kg/h
选用旋风除尘器	4-ϕ2 200 的高效旋风除尘器 1 台
旋风除尘器断面流速	（180 747/3 600）/4/（3.14/4×2.2×2.2）=3.30 m/s

项目二　袋式除尘

（一）袋式除尘器的原理

袋式除尘器是利用纤维编织物的过滤作用将含尘气体中的尘粒阻留在滤袋上，从而对含尘气体进行过滤的除尘装置。除尘机理包括筛滤效应、惯性碰撞效应、钩住效应、扩散效应和静电效应。图 3-19 是袋式除尘器的除尘原理示意图，当含尘气体通过洁净的滤袋时，由于滤材本身的网孔较大（一般为 20～50 μm)，因而除尘效率不高，大部分微细粉尘会随着气流从滤袋的网孔中通过，只有粗大的尘粒能被阻留下来。靠惯性碰撞和拦截，细小的颗粒则靠扩散、静电等作用被纤维捕获，并在网孔中产生“架桥”现象。随着含尘气体不断通过滤袋的纤维间隙，纤维间粉尘“架桥”现象不断加强，一段时间后，滤袋表面积聚成一层粉尘，称为粉尘初层。形成初层后，气体流通的孔道变细，即使很细的粉尘，也能被截留下来。在以后的除尘过程中，粉尘初层便成了滤袋的主要过滤层，它允许气体通过而截留粉尘颗粒，而滤布只不过起着支撑骨架的作用；随着粉尘在滤布上的不断积累，除尘效率和阻力都相应增加。当阻力达到一定程度时，滤袋两侧的压力差变得很大，不仅会导致将已附在滤料层上的细粉尘挤过去，使除尘效率明显下降，而且会使除尘器阻力过大，系统的风量显著下降，以致影响生产系统的排风。因此，除尘器阻力达到一定值后，要及时进行清灰，但清灰时必须注意不能破坏粉尘初层，以免降低除尘效率。

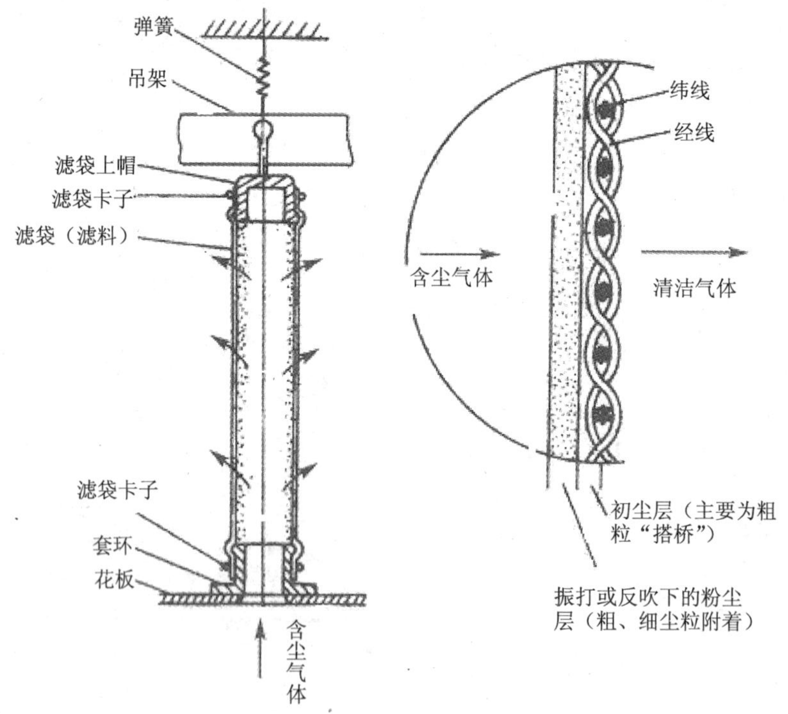

图 3-19　袋式除尘器的除尘原理

（二）袋式除尘器的结构形式和分类

（1）袋式除尘器的结构形式

由结构特点将袋式除尘器划分为四种形式，即上进风式和下进风式、圆袋式和扁袋式、吸入式和压入式、内滤式和外滤式。

1）上进风式和下进风式。上进风式是指含尘气流入口位于袋室上部，气流与粉尘沉降方向一致。下进风式是指含尘气流入口位于袋室下部，气流与粉尘沉降方向相反。为了安装、操作方便，减少积灰对正常运行的影响，多采用下进气式。

2）圆袋式和扁袋式。圆袋式是指滤袋为圆筒形，而扁袋式是指滤袋为平板形、梯形、楔形以及非圆筒形的其他形状。

3）吸入式和压入式。吸入式是指风机位于除尘器之后，除尘器为负压工作。压入式是指风机位于除尘器之前，除尘器为正压工作。

4）内滤式和外滤式。内滤式是指含尘气流由袋内流向袋外，利用滤袋内侧捕集粉尘，粉尘滞留袋内，这种方式可以采用敞开式外壳。外滤式是指含尘气流由袋外流向袋内，利用滤袋外侧捕集粉尘，除尘器外壳必须密闭。

（2）袋式除尘器的分类

根据清灰方法的不同，一般将袋式除尘器分为五类：机械振动类、反吹风类、喷嘴反吹类、脉冲喷吹类和联合清灰类等。

1）机械振动类。见图 3-20，是利用机械装置使滤袋产生振动而清灰的袋式除尘器。常用凸轮机构传动进行振打式清灰，振打频率不超过 60 次/min；目前用电动摇动器传动的微振幅清灰方法也有采用，其频率均高于 700 次/min。

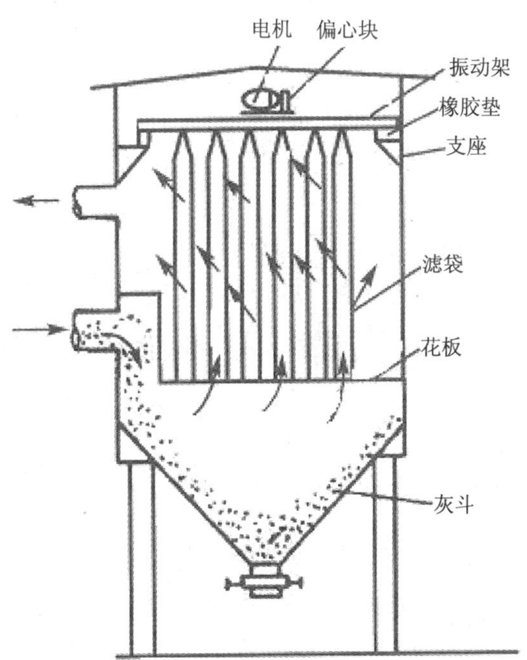

图 3-20 振动式清灰袋式除尘器

2）反吹风类。见图 3-21，是利用阀门迫使或逐排切换气流，在反向气流作用下，迫使滤袋缩瘪或鼓胀而清灰的袋式除尘器。反吹气流一般由高压风机或压气机提供，根据工作过程中的工作状态又分为二态反吹、三态反吹。

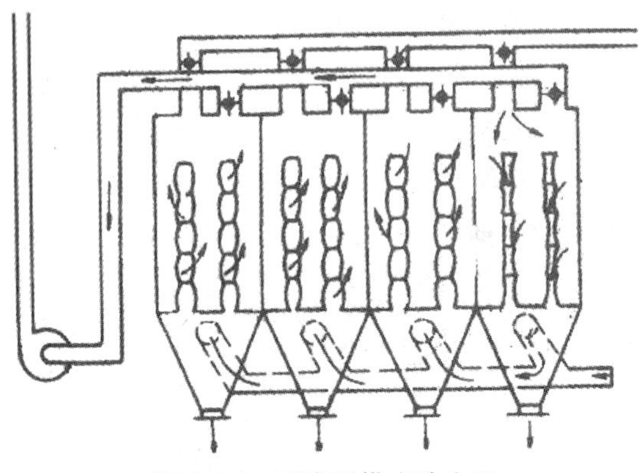

图 3-21　反吹风袋式除尘器

三态反吹袋式除尘器（图 3-22），是指清灰过程只有“过滤”、“反吹”两种工作状态。三态反吹袋式除尘器，是指清灰过程具有“过滤”、“反吹”、“沉降”三种工作状态。

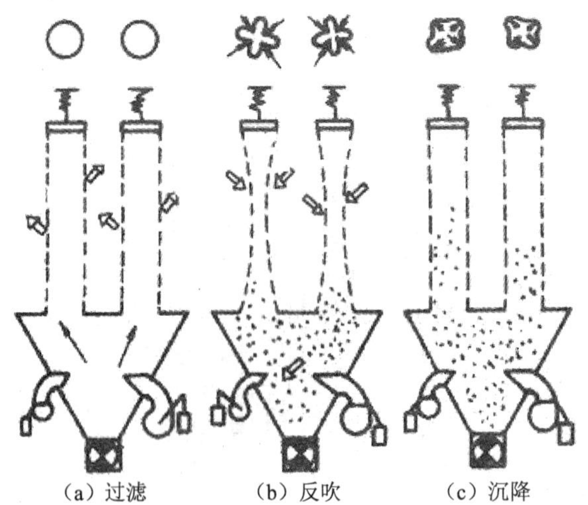

（a）过滤　　（b）反吹　　（c）沉降

图 3-22　三态反吹袋式除尘器

3）回转反吹类。这种除尘器的外壳为圆筒形，如图 3-23 所示，是指喷嘴为条口形或圆形，经回转运动，依次与各个滤袋净气出口相对，进行反吹清灰。气环反吹袋式除尘器，是指喷嘴为环缝形，套在滤袋外面，经上下移动进行反吹清灰。

4）脉动喷吹类。这种除尘器有多种形式，如中心喷吹、环隙喷吹等。脉动喷吹袋式除尘器如图 3-24 所示，以压缩空气为清灰动力，利用脉冲喷吹机构在瞬间内放出压缩空气，诱导数倍的二次空气高速射入滤袋，使滤袋急剧鼓胀，是依靠冲击振动和反向气流而清灰的袋式除尘器。

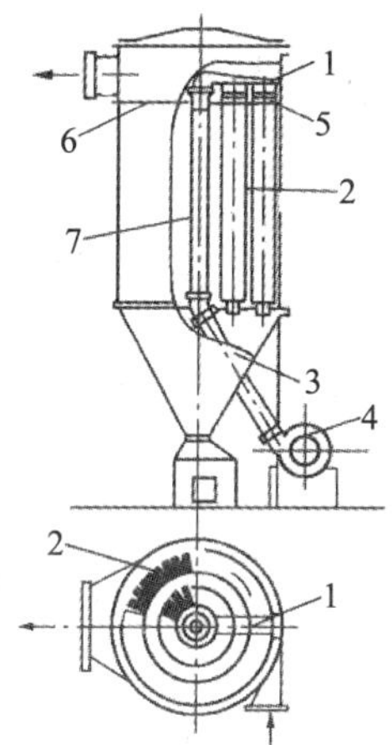

1—悬臂风管；2—滤袋；3—灰抖；4—反吹风机；5—反吹风口；6—花板；7—反吹风管

图 3-23 回转反吹袋式除尘器

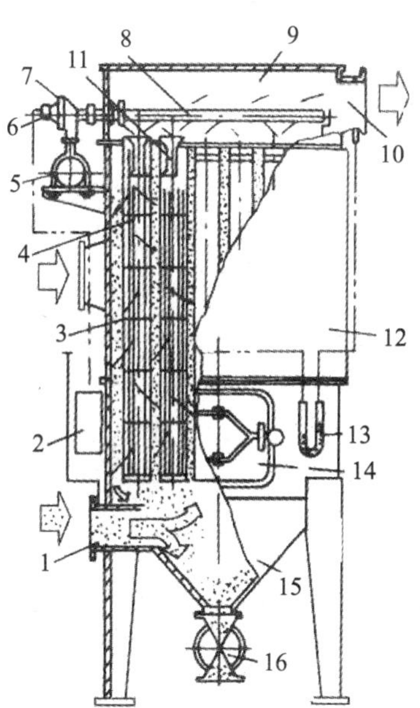

1—进风口；2—控制仪；3—滤袋；4—滤袋框架；5—气包；

6—排气阀；7—脉冲阀；8—喷吹管；9—净气箱；10—净气出口；

11—文氏管；12—除尘箱；13—U 形压力计；14—检修门；15—灰抖；16—卸灰阀

图 3-24 脉动喷吹袋式除尘器

5）联合清灰类。指机械振动和反吹两种清灰方法并用进行清灰。另外，还有其他清灰方式的联合使用。

（三）袋式除尘器的性能及影响因素

袋式除尘器属于高效除尘器，具有净化效率高、处理气量大等优点，但也存在过滤速度低、设备体积庞大、滤袋损耗大、压力损失大和运行费用较高等缺点。通常用于多种干燥、要求较高的场合。

影响袋式除尘器效率的因素有过滤风速、压力损失、滤料的性质、清灰方式、运行工况参数和粉尘的性质等。

（1）过滤风速

袋式除尘器的过滤风速是指气体通过滤布时的平均速度。在工程上是指单位时间内通过单位面积滤布的含尘气体的流量。它代表了袋式除尘器处理气体的能力，是一个重要的技术经济指标。其计算公式为

$$u_{\mathrm{f}}=\frac{Q}{60A} \tag{3-15}$$

式中：u_{f} —— 过滤风速，m/min；

Q —— 气体的体积流量，m^3/h；

A —— 过滤面积，m^2。

过滤风度是反映过滤除尘器处理能力的主要技术经济指标。在实际运行中它是由滤料种类、粉尘粒径及清灰方式确定的，一般选用范围为 0.6～1.0 m/min。提高过滤风速可以减少过滤面积，提高滤料的处理能力。但风速过高会把滤袋上的粉尘压实，使阻力加大；同时由于挤压作用，还会使细微粉尘透过滤料，而使除尘效率下降。过滤风速过高还会引起频繁清灰。风速低，阻力也低，除尘效率高，但处理量下降。因此，过滤风速的选择要综合考虑各种影响因素。

（2）压力损失

袋式除尘器的压力损失是重要的技术经济指标之一，它不仅决定除尘器的能量消耗，同时也决定装置的除尘效率和清灰的时间间隔。袋式除尘器的阻力与它的结构形式、滤料特性、粉尘性质和浓度、气体的温度和黏度因素有关。

袋式除尘器的压力损失 Δp 是由清洁滤料的压力损失 Δp_{f} 和过滤层的压力损失 Δp_{d} 组成的，即

$$\Delta p=\Delta p_{\mathrm{f}}+\Delta p_{\mathrm{d}} \tag{3-16}$$

清洁滤料的压力损失 Δp_{f}，与过滤风速 u_{f} 成正比，即

$$\Delta p_{\mathrm{f}}=\xi_{\mathrm{f}}\mu u_{\mathrm{f}} \tag{3-17}$$

式中：ξ_f —— 清洁滤料的阻力系数，m^{-1}；

μ —— 气体的黏度，Pa·s。

过滤层的压力损失可表示为

$$\Delta p_d = am\mu u_f = \xi_d \mu u_f \quad (3\text{-}18)$$

式中：a —— 粉尘层的平均比阻力，m/kg；

m —— 滤料上的粉尘负荷，kg/m^2。

于是通过积有粉尘的滤料的总阻力为

$$\Delta p = \Delta p_f + \Delta p_d = (\xi_f + \xi_d)\mu u_f \quad (3\text{-}19)$$

从式（3-18）知，袋式除尘器的压力损失与过滤速度和气体黏度成正比，而与气体密度无关。

（3）滤料结构与性质

过滤材料简称滤料，袋式除尘器的滤料是滤布，它是袋式除尘器的主要部件，其费用一般占设备费用的 10%～15%。滤料的性能直接影响着除尘器的效率、阻力等。选用滤料时必须考虑含尘气体和粉尘的特性，如气体的组成、温度、湿度，粉尘的大小、含水率、黏结性等。一般要求滤料应具有耐磨、耐腐、阻力低、成本低及使用寿命长等优点。滤料的特性除了与纤维本身的性质有关之外，还与滤料的表面结构有关系。例如，表面光滑的滤料，容尘量小，清灰容易，但除尘效率低，适用于含尘浓度低、黏性大的粉尘，采用的过滤风速也不能太高；厚滤料和表面起绒的滤料，容尘量大，粉尘能深入滤料内部，能保证高效率，可以采用较高的过滤风速，但过滤阻力较大，应注意及时清灰。

袋式除尘器采用的滤料种类较多，按滤料的材质分为天然纤维、无机纤维和合成纤维等；按滤料的结构分为滤布和毛毯两类；按编织方法分为平纹、斜纹和缎纹等。斜纹编织滤料的综合性能较好。

目前，中国生产的滤料有三大类，即玻璃纤维滤料、聚合物滤料和覆膜滤料。

玻璃纤维滤料具有耐高温（280℃）、耐腐蚀、表面光滑、不易结露、不缩水等优点，在工业生产中广泛应用。目前国内生产的玻璃纤维滤料有三种：① 普通玻璃纤维滤布，其价格较低，清灰容易，但除尘效率低，粉尘排放量略大，可在排放要求不高、粉尘价值低的场合使用；② 玻璃纤维膨体纱滤布，其捕捉粉尘能力好，除尘效率高，价格适中，适宜在反吹风清灰方式的袋式除尘设备中使用；③ 玻璃纤维针刺毯滤布，其具有透气性好、系统阻力小的特点，除尘效率更高，但价格较贵。

聚合物滤料主要包括聚酰胺纤维（尼龙）、聚酯纤维（涤纶 729，208）、聚苯硫醚（PPs）纤维、聚丙烯腈纤维（奥纶）、聚乙烯醇纤维（维尼纶）、聚酰亚胺纤维（P84）、芳香族聚酰胺纤维（诺梅克斯）、聚四氟乙烯纤维（特氟纶）等。它具有强度高、抗折性能好、透气性好、除尘效率高等优点，适宜在废气温度低于 130℃的袋式除尘设备中使用。表 3-6 列出了常用的聚合物滤料及其特性。

表 3-6　常用的聚合物滤料及其特性

滤料名称	滤料特性
聚酰胺纤维（尼龙）	优点：耐磨性、耐碱性能好，易清灰 缺点：耐酸性、耐温性能差（85℃以下）
聚酯纤维（涤纶 729，208）	优点：耐酸性能好，阻力小，过滤效率高，清灰容易，可在 130℃以下长期使用，是目前国内使用最普遍的一种滤料 缺点：耐磨性一般，耐碱性能较差
聚丙烯腈纤维（奥纶）	优点：耐酸碱性能好，过滤效率高，可在 120℃以下长期使用 缺点：耐磨性一般，抗有机溶剂性能一般
聚乙烯醇纤维（维尼纶）	优点：耐酸碱性能好，过滤效率高，可在 110℃以下长期使用 缺点：耐磨性一般，抗有机溶剂性能差
芳香族聚酰胺纤维（诺梅克斯）	优点：耐磨性、耐碱性、耐温性能好，可在 200℃以下长期使用 缺点：耐磨性一般，价格较高
聚四氟乙烯纤维（特氟纶）	优点：耐磨性、耐酸碱性、耐腐蚀性、耐温性能好，可在 200℃以下长期使用，机械强度高，可在较高的过滤风速（2.4 m/min）下工作，除尘效率高 缺点：价格昂贵

玻璃纤维覆膜滤料是在玻璃纤维基布上覆上多微孔聚四氟乙烯薄膜制成的新型过滤材料，它集中了玻璃纤维的高强低伸、耐高温、耐腐蚀等优点和聚四氟乙烯多微孔薄膜的表面光滑、憎水透气、化学稳定性好等优良特性。它几乎能截留含尘气流中的全部粉尘，而且能在不增加运行阻力的情况下保证气流的流通量，是理想的烟气过滤材料。

（4）清灰方式

机械清灰和逆气流反吹清灰属于间歇式清灰方式，即将除尘器分为若干个过滤室，逐室切断气路，依次清灰。这种清灰方式由于没有粉尘外逸现象，因此除尘效率高。气环反吹清灰和脉冲喷吹清灰属于连续清灰方式，清灰时可以不切断气路，连续不断地对滤袋的一部分进行清灰。这种清灰方式压力损失稳定，适于处理高浓度含尘气体。

（四）与袋式除尘器相关的技术标准

与袋式除尘器相关的规范及技术标准见表 3-7。

表 3-7 袋式除尘器相关的规范及技术标准

序号	规 范 名 称	规范标准号
1	《除尘机组技术性能及测试办法》	GB 11653—89
2	《袋式除尘器安装技术要求与验收规范》	JB/T8471—96
3	《袋式除尘器性能测试方法》	GB 12138—89
4	《袋式除尘器用滤袋框架的技术条件》	JB/T 5917—91
5	《袋式除尘器用滤料及滤料技术条件》	GB 12625—90
6	《脉冲喷吹类袋式除尘器》	JB/T 8532—1997
7	《袋式除尘器分类及规格性能表示方法》	GB 6719—86
8	《分室反吹袋式除尘器通用技术条件》	ZBJ 88012—89

（五）袋式除尘器的选型

（1）选定除尘器形式、滤料及清灰方式。

首先考虑对排放标准、除尘效率和处理量的要求，同时考虑占地面积、设备投资操作与维修管理费用等；其次根据含尘气体的性质选择合适滤袋。

（2）计算过滤面积。

根据气体处理量的大小，选择适当的过滤速度，计算过滤面积。若面积太大，则设备投资大；若面积过小，则过滤阻力大，操作费用高，滤布使用寿命短。

除尘器的过滤面积按下式计算：

$$A=\frac{Q}{60u_{\mathrm{f}}} \tag{3-20}$$

式中：A —— 除尘器的过滤面积，m^2；

Q —— 除尘器的处理气体量，m^3/h；

u_{f} —— 除尘器的过滤风速，m/min。

过滤风速是指单位时间内，单位面积滤布上气体的通过量（m/min）。过滤风速是除尘器选型的主要因素，不同应用场合需要选用不同的值。其中主要的考虑因素为含尘气流的浓度、气体温度、粉尘特性、含水量、所选用的滤料等。过滤风速选用范围：涤纶滤料一般为 0.6～1.0 m/min，玻璃纤维滤料一般为 0.4～0.55 m/min。

（3）滤袋袋数的确定。

$$n=\frac{A}{\pi DL} \tag{3-21}$$

式中：A —— 除尘器的过滤面积，m^2；

D —— 单个滤袋的直径，m；

L —— 单个滤袋的长度，m。

滤袋的直径由滤布的规格确定，一般为 100～300 mm，滤袋的长度一般取 3～5 m，有时长达 10～12 m。滤袋的排列形式有三角形排列和正方形排列。

（4）压力损失的选择。

采用一级除尘时，压力损失一般为 980～1 470 Pa；采用二级除尘时，压力损失一般为 500～800 Pa。

（5）选择过滤材料。

在选择过滤材料时，要根据气体的温度、湿度等物理、化学性质，粉尘的粒度、化学组成、酸碱性、吸湿性、荷电性、爆炸性、腐蚀性等，选择适当的滤布。

1）一般在含水量较小、无酸性时可以根据含尘气体温度来选用。当温度低于 130℃时，常用 500～550 g/m 涤纶针刺毡；当温度低于 250℃时，宜选用芳纶诺梅克斯针刺毡，有时采用 800 g/m 玻璃纤维针刺毡和 800 g/m 双重玻璃纤维织物，或氟美（FMS）高温滤料（含氟气体不能用玻璃纤维材质）。

2）当含水量较大、粉尘浓度也比较大时，宜选用防水、防油滤料（或称抗结露滤料）或覆膜滤料（基布应是经过防水处理的针刺毡）。

3）当含尘气体含酸、碱性成分且气体温度低于 190℃时，常选用莱通（Ryton 聚苯亚胺）针刺毡。若气体温度低于 240℃，耐酸碱性要求不太高时，可选用聚酰亚胺针刺毡。

4）当含尘气体为易燃易爆气体时，选用防静电涤纶针刺毡；当含尘气体既有一定的水分又为易燃易爆气体时，选用防水、防油、防静电（“三防”）涤纶针刺毡。

（六）袋式除尘器的安装与调试

（1）袋式除尘器的安装

安装时应按除尘器设备图纸和国家、行业有关安装的技术规范进行。

1）在安装前应检查在设备运输过程中是否造成损坏，对于损坏的要及时修复，对排灰装置应进行专门检查；转动或滑动部分，要涂以润滑油脂；减速箱内要注入润滑油，使机件正常动作。

2）安装设备由下而上，设备基础必须与设计图纸一致，安装前检查修整，而后吊装支柱，调整水平及垂直度后安装横梁及灰斗，灰斗固定后，检查相关尺寸，修正误差后，吊装下、中箱体及上箱体、风道，再安装气包、脉冲阀、喷管以及电气系统。

3）在安装喷吹管时，应严格按图纸进行，保证其与花板间的距离，保证喷管上各喷嘴中心与板孔中心一致，其偏差小于 2 mm。

4）检查门和连接法兰均装有密封垫，密封垫搭接处不允许有缝隙，以防漏风。

5）安装压缩空气管路时，管道内要吹扫除去污物，防止堵塞。安装后的试压压力为工作压力的 1.15 倍，试压时关闭安全阀，试压后，将减压阀调至规定压力。

6）除尘器整机安装完毕后，应清除除尘器箱体及灰斗等部件中的杂物。检查滤袋是否完好，滤袋张紧是否合适；检查控制仪表及其执行物件的接线；检查除尘器的严密性，主要对箱体、各法兰接口、检查门、风道、灰斗内外的焊缝做详细检查，如有漏风，应加强密封，更换密封垫；如有漏焊、气孔、咬口等缺陷应进行补焊。必要时，进行煤油检漏或对除尘器整体用压缩空气进行加压检漏。

7）在有加压要求时，按要求对除尘器整体进行加压检验。试验压力按要求，一般净气室所受负压乘以 1.15 的系数，最小压力采用除尘器后系统风机的风压值，保压 1 h，泄漏率小于 2%。

8）安装滤袋和涂刷面漆。先拆除喷吹管再安装滤袋。搬运和停放滤袋时，要注意防止袋与周围硬物、尖角物件接触、碰撞。禁止脚踩、重压，以防破损。滤袋口应紧密与花板口嵌牢，不得歪斜，不留缝隙。袋框（龙骨）应垂直从袋口往下安放。

（2）袋式除尘器的调试

1）单机调试：除尘器选用气动动力控制阀门时，先通压缩空气，以检查气路系统的严密性，检查气动元件是否正常工作；输灰系统通电试车时，检查是否正常工作；当使用吹风风机时，对风机通电试车，工作正常后关闭吹风风机。

2）PLC 可编程控制仪模拟空载试验：先逐个检查脉冲阀、排气阀、卸灰阀，然后检查螺旋输送机线路畅通与否、阀门的开启仪关闭是否正常，再按定时控制时间和电控程序进行各室全过程清灰。

3）联动调试：关闭所有检查门和人孔门，启动系统风机；调节各过滤单元室的负荷，使其达到基本平衡。用皮托管和 U 形管压力计测量各进风支管处的动压值，调节进风支管上的蝶阀，使各单元室过滤风量基本相等。调好后用红漆在蝶阀上做好记号，锁紧把手。

4）实载运行：工艺设备正式运行、除尘器正式进行过滤除尘、PLC 可编程控制仪正式投入运行（一般提前 5 min 运行）后，随时对各运动部件、阀门进行检查，记录好运行参数。如按定时控制，应在除尘器阻力达到规定的阻力值（如 1 500～1 800 Pa）时，手动开启 PLC 程控仪对滤袋进行清灰，各室清灰完后即停；而后统计阻力再达到规定值的时间，再手动开启 PLC 程控仪对滤袋进行清灰；如此循环多次。在取得对二次清灰周期间的平衡间隔时间后，即可以此时间数据作为程控仪“定时”控制的基数，输入程控仪。而后，程控仪即可按自动“定时控制”正式投入运行。

（七）袋式除尘器工程应用案例

工程案例一：用玻璃纤维袋式除尘器处理水泥厂预分解炉窑尾含尘废气

（1）污染源状况

某水泥厂，年产量达到 43 万 t。分解炉窑尾废气排出的高温含尘烟气经空气冷却器冷却，然后由高温风机送至玻璃纤维袋式除尘器，过滤后的洁净气体经烟囱排入大气，收集的粉尘由回灰铰刀送至生料均化库，与生料均化后，再次入窑煅烧。

（2）工艺流程

该窑产生废气温度为 350～400℃，废气量为 150 000～160 000 m^3/h，废气中污染物为生料粉，含尘量为 60～70 g/m^3，废气密度（标况）为 0.7～1.4 kg/m^3。

（3）设备

1）主体设备：CXS—Z—16 玻璃纤维袋式除尘器。总过滤面积 5 520 m^2；处理风量 160 000 m^3/h；滤袋规格为 250 mm×10 000 mm；滤袋数量为 704 条；经除尘后，粉尘排放质量浓度＜150 mg/m^3；除尘效率＞99%。

2）气体降温设备：多管强制风冷却器。HL72—1400；散热面积为 1 400 m^2；降温 150～170℃。

（4）运行效果及效益分析

投入运行一年内，设备运行可靠，除尘效率高，废气排放质量浓度低于 150 mg/m^3，维修工作量小。年回收生料 15 660 t，回收价值 46.98 万元。

工程案例二：25.5 MVA 工业硅电炉烟气除尘

本项目为 25.5 MVA 工业硅矮烟罩半封闭电炉的除尘系统（2 座），为 330 d/a 连续工作。其流程如图 3-25 所示。

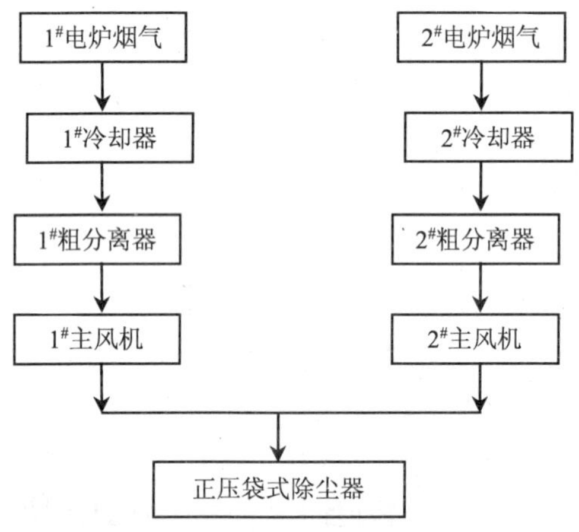

图 3-25　25.5MVA 工业硅电炉烟气除尘流程

（1）设计参数

单台 25.5 MVA 电炉烟气量为 140 000 m^3/h，烟气含尘质量浓度 2～5 g/m^3，烟气温度 400～550℃，烟尘真密度 2.1 g/cm^3、堆密度 0.15～0.25 g/cm^3。

烟气成分见表 3-8、烟尘成分见表 3-9、烟尘分散度见表 3-10。

表 3-8 烟气成分

成分	SO_2	CO_2	O_2	N_2	H_2O	合计
所占比例/%	0.003	2.176	19.500	76.199	2.122	100.000

表 3-9 烟尘成分

成分	SiO_2	Fe_2O_3	Al_2O_3	CaO	C	其他	合计
所占比例/%	88.150	0.034	0.200	0.081	9.363	2.173	100.000

表 3-10 烟尘分散度

粒径 *u*	＜0.1	0.1～0.4	＞0.4
分散度/%	60	30	10

（2）流程介绍

熔炼工业硅产生的烟气，在炉口矮烟罩内与冷空气汇合并燃烧，出矮烟罩烟气温度一般在 400～600℃。烟尘（微硅粉）中主要为 SiO_2，有很广泛的用途。烟尘堆密度为 150～200 kg/m^3，粒度在 5 μm 以下的占 90%以上，该粉尘在空气中停留时间长，不易沉降，比电阻大，气体的黏度随温度的增高而增大。烟尘中夹带一些影响微硅粉质量的颗粒灰尘，为保证烟尘（微硅粉）质量，必须对烟尘进行一系列处理（包括降温、预除尘等）。根据以上特点，除尘流程采用烟气冷却器降温冷却、正压袋式除尘流程，并用双旋风除尘器作为预处理器，除去含碳量高的颗粒灰尘，以提高微硅粉质量。

正压袋式除尘器比负压袋式除尘器具有明显的优势，主要优点有：

1）可不考虑袋式除尘器的漏风，风机风量可减少，电机功率可降低。

2）袋式除尘器结构简单，耗钢量少，造价低。

3）系统布置灵活，2 台电炉除尘共用 1 台袋式除尘器。

4）管理维护简单，管理维护人员可随时进入袋式除尘器内部检查或更换滤袋。

5）烟气可在除尘器顶部排放，也可在除尘器顶部设烟囱排放。

6）由于除尘风机安装在除尘器之前，所以除尘器起到了消声器的作用，使环境噪声比负压系统明显降低。

7）充分利用了微硅粉在高温下流动性好、粒度细而质软的特点，使系统风机能耗降低。

（3）主要技术指标

1）除尘率：η＞99%

2）净化烟气含尘量：＜50 mg/m^3

3）净化烟气排放总量：161 000 m³/h

4）排放烟尘总量：＜4.28 kg/h

5）旋风除尘器除下的粗烟尘成分见表 3-11。

表 3-11 旋风除尘器除下的粗烟尘成分及含量

名 称	SiO_2	Al_2O_3	Fe_2O_3	CaO	C	其他	合计
含量/%	43.480	0.492	0.083	0.200	45.027	10.717	100.000

6）袋式除尘器除下的微硅粉成分见表 3-12。

表 3-12 袋式除尘器除下的微硅粉成分及含量

名 称	SiO_2	Al_2O_3	Fe_2O_3	CaO	C	其他	合计
含量/%	92.092	0.174	0.029	0.071	6.215	1.419	100.000

（3）主要设备选择

1）旋风预分离器。

旋风预分离器采用双旋风式除尘器，是由一个蜗壳形惯性分离器和一个“C”形除尘器组合而成的，其工作原理为含尘烟气以较高的流速由切线方向进入惯性分离器，在旋转气流的离心力的作用下，粉尘逐渐向壳体外缘分离，在壳体外缘形成一个尘粒浓缩层；烟气带着被浓缩的尘粒由分流进入“C”形除尘器，经第一级浓缩后的高浓度含尘烟气由切向进入第二级除尘器，尘粒在离心力作用下沿筒壁向下落到灰斗，净化烟气在中心做螺旋上升运动，流至排烟管与一级除尘器的净化烟气混合后排出。

每台电炉配套 1 台旋风预分离器，共设置 2 台旋风预分离器。

旋风预分离器进气前系统总漏风率 10%，每台旋风预分离器处理烟气量 154 000 m³/h，进口烟气温度 180℃，进口工况烟气量 305 765 m³/h，选择筒体直径 5 600 mm，其筒体断面假想流速 3.45 m/s。

2）除尘引风机。

每台电炉配套 1 台风机，共设置 2 台风机。

风机进气前系统总漏风率 15%，每台风机处理烟气量 161 000 m³/h，进口烟气温度 150℃，进口工况烟气量 298 493 m³/h，选用 Y9-35-03No22F 风机，风机风量 387 000 m³/h，风机全压 4 600 Pa，转速 960 r/min，配套电机 Y630-8，N=1 000 kW，电压 10 kV。

3）袋式除尘器。

袋式除尘器为正压内滤式，采用双列分室组合的形式，中间进风；主风机把烟气鼓入袋式除尘器，经过滤后的气体由袋式除尘器顶部排气廊排出，滤袋粘满灰尘需清灰时，关闭；反吹风机从灰斗抽出气体使滤袋吸瘪从而达到清灰目的。该种类型的袋式除尘器，建造非常简单，设备投资少，运行方便、成本低，维修简单（运行中操作人员可进入滤袋室内），并且能保证粉尘排放浓度非常低，经过滤后的烟气含尘质量浓度小于 30 mg/m^3。滤袋材料为玻璃纤维覆膜滤料，除尘效率高，使用寿命长。除尘器围护结构采用彩色瓦楞形钢板，在袋室外廊两侧用透明玻璃钢采光，便于除尘器内检修换袋工作。袋室外廊底部和顶部吊挂布袋层作成格栅，不仅减轻了结构重量，而且有利于自然通风。

2 台电炉设置 1 台袋式除尘器，风机进气前系统总漏风率 15%，袋式除尘器处理烟气量 322 000 m^3/h，进口烟气温度 140℃，进口工况烟气量 582 874 m^3/h，选择过滤面积 22 000 m^2，过滤风速 0.44 m/min，滤袋规格 ϕ292×10 000 mm，共 18 室，每室 120 袋。

4）反吹风机。

袋式除尘器设置 1 台反吹风机用于清灰，选用 Y9-38No11.2D 风机，风机风量 54 285 m^3/h，风机全压 4 462 Pa，转速 1 450 r/min，配套电机 Y315M1-4，N=132 kW，电压 380 V。

5）微硅粉加密系统。

微硅粉加密系统包括气力输送、加密仓仓体、加密锅底、空气斜槽、仓顶除尘器、包装机及包装机卸料仓、罗茨风机、钢结构支架及包装机卸料仓手动切换阀等。

工程案例三：云南某冶炼厂除尘车间布袋除尘应用

（1）某冶炼厂除尘车间袋式除尘工艺流程

该冶炼厂的反射炉采用 LCM 型长袋离线脉冲除尘器（其型号为：LCM-120×5），其工艺流程如图 3-26 所示。

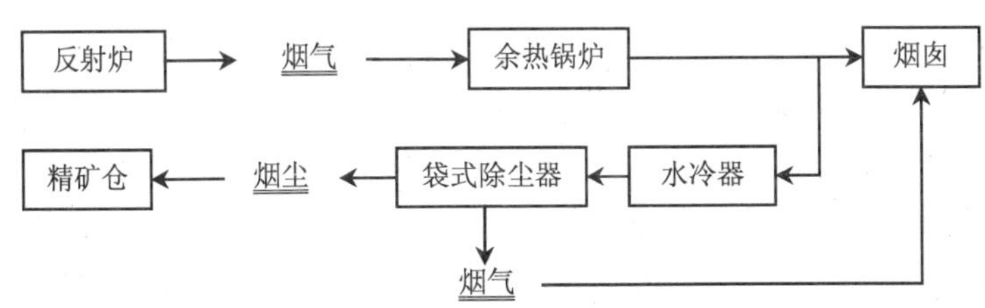

图 3-26　某冶炼厂除尘车间袋式除尘工艺流程

（2）袋式除尘器主要技术参数

LCM 型长袋离线脉冲除尘器（LCM-120×5）的主要技术参数见表 3-13。

表 3-13　袋式除尘器的主要技术参数

序号	项　目	技术参数
1	室数（室）	5/室
2	总过滤风速/（m/min）	0.94
3	净过滤风速/（m/min）	1.20
4	净过滤面积/m^2	1 176
5	总过滤面积/m^2	1 470
6	烟气温度/℃	160～250
7	除尘效率/%	＞99.5
8	排放量/（mg/m^3）	＜50
9	滤袋条数/条	600
10	滤袋尺寸/mm	ϕ130×6 000
11	滤袋材质	氟美斯耐高温针刺毡
12	脉冲阀数/个	50
13	设备阻力/Pa	1 200～1 600
14	设备漏风率/%	＜2
15	处理烟气量/（m^3/h）	85 000
16	清灰空气压力/MPa	0.3～0.7

（3）布袋除尘器的工艺控制要求

——烟气的温度范围：160～250℃。

——压缩空气压力范围：0.3～0.7 MPa。

（八）袋式除尘器的操作——实际工程案例

以案例二所介绍的袋式除尘器为例，其操作运行如下。

（1）投入运行前的准备

1）检查水冷却器系统项目如下：

——检查确认水冷却器本体无故障，3 只进出水阀门无故障，并开关灵活，请由电工来检查电动阀门；

——检查确认冷却器 3 个进风阀开关灵活，并将其置于“关”的位置；

——检查确保冷风阀开关灵活，并由维修人员检查自动控制运转正常。

2）检查布袋除尘器系统项目如下：

——检查确认布袋安装到位，无脱落，无故障；

——检查确认上箱体内部件完好，提升阀开关到位；

——检查确认各卸灰阀门完好，并关闭到位；

——检查确认布袋除尘器 5 个进风阀位置处于“关”。

3）检查压缩空气管网系统项目如下：

——打开压缩空气过滤器（2 m^3 气包）排污阀将液体排放干净，投入运行以后每班排放 1 次；

——打开顶部气包排水阀将液体排放干净，投入运行以后每班排放 1 次；确认是在反射炉非还原期，并有足够时间到顶部排放；

——检查确认离线阀压缩空气进口管上“过滤器”及“三连体”的油到位（并保持），液体排除，运行以后每班检查 1 次；确认在反射炉非还原期，并有足够时间到顶部排放；

——请维修人员检查并确认各电磁阀、气动阀开关灵活、运转正常；

——请维修人员检查并确认各电气、仪表设备能正常运行；

——检查确认各设备完好后关闭所有人孔门；

——检查确认完毕，清点所有参与人员在场。

（2）水冷却器的投入

确认打开手动出水阀，打开手动进水阀对冷却器注入水至满箱，水箱注满后，手动出水阀全开，手动进水阀开 2/3。

（3）布袋除尘器的投入运行

1）打开冷却器 3 个进风阀。

2）打开布袋除尘器 5 个进风阀。

3）确认风机进口电动蝶阀关闭到位，“扇型阀”始终处于“开”位置。

4）联系精炼分厂调度，确认各反射炉生产周期及还原期时间；在非还原期并有足够时间的情况下，请精炼分厂打开对应反射炉烟气蝶阀，然后执行下一步骤。

5）按“反射炉布袋除尘器风机操作规程”启动风机。

6）根据调度指令操作风机进口电动蝶阀，调节烟气量。

（4）启动布袋清灰控制系统

1）将“9 只电机”转换开关置于“手动”位置，检查确认两个急停开关复位（控制面板“急停”按钮顺时针复位，放灰平台自动控制急停转换开关置于“通”位置）。

2）检查确认将“关机—开机”转换开关置于“关机”位置。

3）检查确认将“1#清灰”—“5#清灰”5 只转换开关置于“离线”位置。

4）送布袋除尘器控制柜电源开关

——合上动力配电柜内“除尘器电源总空气开关”；

——合上除尘器电气柜内“PLC 空气开关”。

此时“文本显示器”有带电显示，并检查确认此时“电源指示”灯亮，“手动指示”灯亮，“1#清灰离线”—“5#清灰离线”指示灯亮。

——将“关机—开机”转换开关置于“开机”位置。

——将“1#清灰”—“5#清灰”5 只转换开关置于“在线”位置（“1#清灰”—

"5#清灰"指示灯循环亮)。

——清灰控制系统启动完毕。

——根据系统功能说明，该系统设置手动清灰操作，在布袋除尘器运行中，检查布袋和电磁阀可选用手动操作进行。操作程序如下：在程控清灰系统运行的状态下，将"1#清灰"—"5#清灰"中的 1 个转换开关置于"手动"位置，分别点动对应的"手动喷吹"按钮，点动十次完成对该室的清灰，必须逐个完成各室清灰，严禁将 1 个以上转换开关打到"手动"位置。

（5）放灰操作

1）放灰前的准备

——检查确认刮板完好；

——检查并停放好车辆，确认下灰管与车辆对位；

——将下灰管与车辆接口用布袋连接好；

——确认"9 只电机"转换开关置于"手动"位置（并检查对应指示灯亮）。

2）合上"埋刮板空气开关"。

3）合上 8 只"卸灰阀 1#—8#电源开关"。

4）合上"振动器总空气开关"。

5）联系精炼分厂调度，确认各反射炉生产周期及还原期时间，在非还原期并有足够时间的情况下，执行下一步骤。

6）按下"埋刮板启动"按钮启动埋刮板（"埋刮板指示"灯亮），确认刮板机运行正常。

7）依照逐个灰仓放灰的原则，先启动星型给料器，按下"1#冷却卸灰启动"—"3#冷却卸灰启动"按钮中的 1 个逐个放空；按下"1#卸灰启动"—"5#卸灰启动"按钮中的 1 个逐个放灰。

8）将对应手动抽板阀打开放灰，放完后关闭对应抽板阀。

9）当确认某一灰仓中灰放空时，按下"1#冷却卸灰停止"—"3#冷却卸灰停止"中的对应按钮和"1#卸灰停止"—"5#卸灰停止"按钮。

10）根据下灰状况，点动对应灰仓振动器按钮。

11）当全部灰仓灰放完后，按下"埋刮板停止"按钮，停止刮板运行。

12）分开"振动器总空气开关"。

13）分开 8 只"卸灰阀 1#—8#电源开关"。

14）分开"埋刮板空气开关"。

15）做好各项记录。

（6）布袋除尘器停止运行操作

1）根据调度停运指令。

2）关闭风机进口蝶阀。

3）关闭水冷却器手动进出水阀。

4）按“反射炉布袋除尘器风机操作规程”停止风机运行。

5）半小时后停脉冲反吹清灰系统，停止布袋清灰控制系统的操作程序如下：

——将“1#清灰”—“5#清灰”5只转换开关分别置于“离线”位置；

——将“关机—开机”转换开关置于“关机”位置；

——关闭布袋除尘器控制柜电源，并执行如下操作：

- 分开除尘器电气柜内“PLC 空气开关”；
- 分开动力配电柜“除尘器电源总空气开关”。
- 关闭布袋除尘器 5 个进风阀。
- 关闭冷却器 3 个进风阀。
- 停止操作完毕，做好记录。

（7）布袋除尘器可能出现的问题

烟气温度超出控制范围，高温导致布袋烧坏；低温导致出现露点，致使烟尘黏结。

——压缩空气净化、排液不干净导致烟尘黏结布袋，布袋再生困难。

——布袋破损难以检查、发现。

——电磁阀故障难以发现。

——阀门开关不到位。

——可燃物 CO、粉煤的爆炸，防爆孔破裂。

——水冷却器漏水。

——阀门故障难以操作，电动阀门不动作。

——停产期除尘器内的残余 CO 导致中毒。

（8）紧急停机

——紧急停机条件

- 布袋除尘器本体或水冷却器本体因爆炸导致本体破裂而大量泄漏；
- 水冷却器因高温或压力导致大量变形，或者破裂而大量泄漏；
- 压缩空气过滤器因压力导致的爆炸；
- 电气火灾。

——紧急停机操作

立即向厂调汇报，然后执行以下操作：

- 关闭风机进口蝶阀；
- 按急停按钮（或控制面板上的总停开关）；
- 关手动进口水阀；
- 停风机；
- 遇风机紧急情况按风机操作规程进行，再执行布袋除尘器停机程序。

（9）维护和检修

——运转部位定期注油。

——发现排出口含尘浓度增大，表明已有滤袋破漏，检修时，应先停风机或关闭单室的进、出风阀门，然后打开上盖，如袋口处有积灰，则说明该滤袋已破损，需更换或修补。

——除尘器阻力一般在 1 200～1 600 Pa，清灰周期可根据阻力情况用控制器的调节旋钮进行调节。

——压缩空气系统的过滤器要定时排污，气包的最低点的排水阀要定期放水。

——控制阀要由专业人员检修，定期对离线阀和电磁脉冲阀进行检查，确保能正常动作。

——对温度、压力检测元件及仪表进行维护，以保障数据的准确。

（九）袋式除尘器的日常检修——实际工程案例

以案例二所介绍的袋式除尘为例，其操作运行如下：

（1）水冷器检修

1）检查水冷器烟气入口阀、出口阀，保证开关有效，有损坏应进行焊补。

2）水冷器上下孔板完好，无腐蚀漏水现象。

3）对损坏的冷却管进行更换。

4）检查进出口手动循环水阀。

5）对排污阀进行检修。

6）对液位管进行清洗或更换。

（2）布袋除尘器检修

1）清扫、清理除尘器各室、管道、进出口阀内的积灰。

2）检查袋区内部情况，更换损坏的布袋，检查、调整、紧固各喷吹连接管及装置。

3）对清灰离线阀、喷吹阀进行清洗检查。

4）对引风机的检修按车间风机维护、检修规程进行。

（3）检修质量标准及要求

1）各设备检修完毕后，必须通过试车确保运行正常，以达到检修质量、技术要求。

2）检修部门相关人员应做好相关检修记录，要求齐全、准确。

3）使用部门应进行验收认可。

4）在安全上必须符合相关安全要求，无安全隐患。

（十）袋式除尘器的日常维护——实际工程案例

以案例三所介绍的布袋除尘为例，其操作运行如下：

（1）水冷器检查维护

1）水冷器烟气进出口阀门完好。

2）每班人员应检查整个水冷器是否泄漏。

3）当班人员根据烟气温度情况调节水位，手动出水阀保持常开状态。

4）水冷器排污阀保证开关灵活。

5）水冷器液位管能正常显示，无泄漏。

（2）袋式除尘器检查维护

1）设备在正常运行中，操作人员每 2 h 对除尘设备进行一次检查。

2）检查顶部“三连体”装置：脉冲压力应在 0.3～0.7 MPa，无泄漏现象，润滑油杯内油量 1/3 以上、供油正常，各过滤器排污正常有效。

3）各清灰离线阀、喷吹阀工作正常，无泄漏现象。

4）每班对气水分离器、过滤器、“三连体”进行一次排污，以保证空气质量。

5）每周对设备（本体）各人孔进行一次检查堵漏。（日常点检）

6）每周对顶部“三连体”进行检查，要求供油、排污、调压正常；（用 JIS K 轮机油或 ISO VG32 或 N32 汽轮机油）油量标准不超过油杯 80%；调节供油量时，调节旋钮以顺时针方向旋转 0 最小，9 最大，一般在 2～3 为合适。

7）每月对控制室内显示仪表进行检查，确保仪表显示正常。（专业人员实施）

8）设备由于生产原因间隙停开时，电气、仪表、机械技术人员应对相关设备进行检查，由电工进行清扫，生产工段组织人员进行各袋室内部检查、清灰，工作完毕后及时封闭各人孔，防止内部受潮，以确保开机正常。

9）运转部位定期注油。

10）除尘器阻力一般在 1 200～1 600 Pa，清灰周期可根据阻力情况用控制器的调节旋钮进行调节。

11）对温度、压力检测元件及仪表进行维护，以保障数据的准确。

12）发现排出口含尘浓度增大，表明已有滤袋破漏，检修时，应先停风机或关闭单室的进、出风阀门，然后打开上盖，如袋口处有积灰，则说明该滤袋已破损，需更换或修补。

13）除尘器阻力一般在 1 500～1 800 Pa，清灰周期可根据阻力情况用控制器的调节旋钮进行调节。

14）压缩空气系统的过滤器要定时排污，气包的最低点的排水阀要定期放水。

15）控制阀要由专业人员检修，并定期对离线阀和电磁脉冲阀进行检查。

（十一）布袋除尘器完好标准

（1）基础建筑

除尘器基础及钢结构无裂缝、腐蚀，楼梯和平台稳固、无断裂现象。

（2）水冷器

1）水冷器手动进、出气阀门能正常开启或关闭。

2）水冷器本体无漏风现象。

3）水箱无漏水现象。

4）进、出口循环水阀正常开启，且活动灵活。

5）水位显示正常。

（3）除尘器本体

1）压缩空气能净化。

2）布袋无破损。

3）电磁阀正常工作。

4）除尘器阻力在 600～1 200 Pa。

5）离线阀和电磁脉冲阀能正常工作。

6）温度、压力检测元件及仪表准确。

项目三　静电除尘

（一）静电除尘的原理

静电除尘的基本原理包括电晕放电、尘粒的荷电、荷电尘粒的迁移和捕集、粉尘的清除等基本过程。

（1）电晕放电

静电除尘器实质上是由两个极性相反的电极组成的，其中一个是表面曲率很大的线状电极，即电晕极；另一个是管状或板状电极，即集尘极。一般情况下，电晕极接高压直流电源的负极，集尘极接高压直流电源的正极，两极之间形成高压电场。电极间的空气离子在电场的作用下，向电极移动，形成电流。当电压升高到一定值时，电晕极表面出现青紫色光晕，并发出嘶嘶声，大量的电子从电晕线不断逸出，这种现象称为电晕放电。发生电晕放电时，在电极间通过的电流称为电晕电流。

在产生电晕放电的基础上，当两极间的电压继续升高到某一点时，电流迅速增大，电晕极产生一个接一个的火花，这种现象称为火花放电。在火花放电之后，如果进一步升高电压，电晕电流会急剧增加，电晕放电更加激烈。当电压升至某一值时，电场击穿，出现持续的放电，产生强烈的弧光并伴有高温，这种现象就是电弧放电。由于电弧放电会损坏设备，使电除尘器停止工作，因此在电除尘器操作中应避免这种现象。

如果在电晕极上加的是负电压，则产生的是负电晕；反之，则产生正电晕。因为产生负电晕的电压比产生正电晕的电压低，而且电晕电流大，击穿电压高，所以工业应用的电除尘器均采用负电晕放电的形式。但是，负电晕要求气体中必须有电负性气体（二氧化硫、氨气、水蒸气等）存在才能持续发生。正电晕产生的臭氧量小，常用于空气调节的小型电除尘器。

（2）尘粒的荷电

尘粒的荷电机理有两种，一种是电场荷电，另一种是扩散荷电。电场荷电是指电晕电场中的电子在电场力的作用下做定向运动，与尘粒碰撞后使尘粒荷电的方式。扩散荷电是指电子由于热运动与粉尘颗粒表面接触，使粉尘荷电的方式。

尘粒的荷电方式与粒径有关，对于粒径大于 0.5 μm 的尘粒以电场荷电为主，小于 0.2 μm 的尘粒以扩散荷电为主。由于工程中应用的电除尘器所处理粉尘的粒径一般大于 0.5 μm，而且进入电除尘器的粉尘颗粒大多凝聚成长团，所以尘粒的荷电方式主要是电场荷电。

（3）荷电尘粒的迁移和捕集

在电晕区内，荷正电的极少数尘粒子沉降在电极上。在负离子区内，大量荷负电的粉尘颗粒在电场力的驱动下向集尘极运动，到达极板失去电荷后便沉降在集尘极上。

当尘粒所受的静电力和尘粒的运动阻力相等时，尘粒向集尘极做匀速运动，此时的运动速度就称为驱进速度，用 w 表示。粒子驱进速度与粒子荷电量、气体黏度、电场强度及粒子的直径有关，表 3-14 给出了一些粉尘的有效驱进速度。

表 3-14　各种粉尘的有效驱进速度

粉尘种类	驱进速度/（m/s）	粉尘种类	驱进速度/（m/s）
锅炉飞灰	0.08～0.122	镁砂	0.047
水泥	0.094 5	氧化锌	0.04
铁矿烧结灰尘	0.06～0.20	氧化铅	0.04
氧化亚铁	0.07～0.22	石膏	0.195
焦油	0.08～0.23	氧化铝熟料	0.13
石英石	0.03～0.055	氧化铝	0.084

（4）粉尘的清除

集尘极表面的灰尘沉积到一定厚度后，为了防止粉尘重新进入气流，需要将其除去，使其落入灰斗中。比电阻大的粉尘还容易出现反电晕，影响除尘效率，因此必须及时清灰。

电晕极的清灰一般采用机械振动的方式。集尘极清灰方法在干式和湿式除尘器中是不同的。

在干式除尘器中，沉积在集尘极上的粉尘是由机械撞击或电极振动产生的振动力清除的。现代的电除尘器大多采用电磁振打或锤式振打清灰，两种常用的振打器是电磁型和挠臂型。近年来还使用了振片式声波清灰器，它是一种增强型振片式声波清灰器，通过喇叭的声阻抗匹配产生低频高能声波，辐射到电除尘器内的积灰区域，使灰尘在声波作用下产生振荡，脱离其附着的表面，处于悬浮流化状态，在重力或气流的作用下进入灰斗或被清除。

湿式电除尘器的清灰一般是用水冲洗集尘极板，使极板表面经常保持一层水膜，粉尘落在水膜上时，被捕集并顺水膜流下，从而达到清灰的目的。湿法清灰的主要优点是已除去的粉尘不会重新进入气相造成二次扬尘，同时也会净化部分有害气体，如 SO_2、HF 等；其主要缺点是极板腐蚀较为严重，含水污泥需要处理，容易产生二次污染。

（二）静电除尘效率的影响因素

影响静电除尘效率的主要因素有粉尘特性、烟气特性、结构因素和操作因素等。

（1）粉尘特性

粉尘特性主要包括粉尘的粒径分布、真密度、堆积密度、黏附性和比电阻等，其中最主要的是粉尘的比电阻。从图 3-27 可以看出，粉尘的比电阻小于 $1\times10^4\Omega\cdot cm$，导电性能好，且随着比电阻的减小，除尘效率下降，而电流消耗大大的增加。比电阻在 $1\times10^4\sim2\times10^{10}\ \Omega\cdot cm$ 时，除尘效率较高，电流消耗比较稳定。在比电阻大于 $2\times10^{10}\ \Omega\cdot cm$ 时，随着比电阻的增大，发生反电晕，除尘效率急剧下降。因此，粉尘的比电阻过高或过低均不利于除尘，最适合于静电除尘器捕集的粉尘，其比电阻的范围是 $1\times10^4\sim2\times10^{10}\ \Omega\cdot cm$。

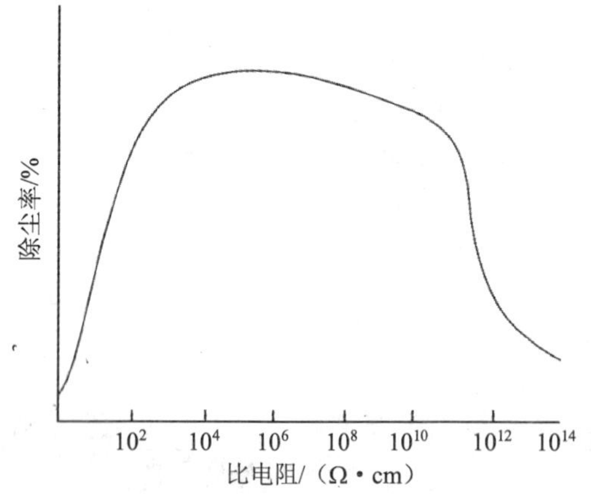

图 3-27　粉尘的比电阻与除尘率

影响粉尘比电阻的因素很多，但最主要的是气体的温度和湿度。所以，对于比电阻值相对偏高的粉尘，往往可以通过改变烟气的温度和湿度来调节，具体的方法就是向烟气中喷水，这样可以同时达到增加烟气湿度和降低烟气温度的双重目的。

为了降低烟气的比电阻，也可以向烟气中加入 SO_3、NH_3 以及 Na_2CO_3 等化合物，以使尘粒的导电性增加。

（2）烟气特性

烟气特性主要包括烟气温度、压力、成分、湿度、含尘浓度、断面气流速度和分布等。

1）烟气的温度和湿度。含尘气体的温度对除尘效率的影响主要表现为对粉尘比电阻的影响。在低温区，由于粉尘表面的吸附物和水蒸气的影响，粉尘的比电阻较小；随着温度的升高，粉尘的比电阻增加。高温区，由于粉尘内部的导电，也会使比电阻下降。当温度低于露点时，湿度会严重影响除尘器的除尘效率。原因是随着湿度增加，沉积的粉尘容易结块黏结在集尘极和电晕极上，难以振落，而使除尘效率下降。

2）含尘浓度。电晕放电在除尘电场中产生大量的电子，从而使进入其间的粉尘荷电。荷电粉尘形成的空间电荷会对电晕极产生屏蔽作用，从而抑制了电晕放电。所以随着含尘浓度的提高，电晕电流逐渐减少，出现电晕阻止效应。当含尘浓度增加到某一数值时，电晕电流基本为零，这种现象被称为电晕闭塞，此时的电除尘器失去除尘能力。

为了避免产生电晕闭塞，进入电除尘器气体的含尘浓度应小于 30 g/m^3。当气体含尘浓度过高时，除了选用曲率大的芒刺形电晕极外，还可以在电除尘器加设预处理装置，进行多级除尘。

3）除尘器断面气流速度。降低除尘器的断面气流速度，能够增加粉尘在荷电区的停留时间，使粉尘荷电的机会增多，除尘效率也会提高。随着气流速度的增大，除尘效率也就大幅度下降。

4）断面气流分布。电除尘器断面气流速度分布均匀与否，对除尘效率有很大的影响。如果断面气速分布不均匀，在流速较低的区域，就会存在局部气流停滞，造成低速区的效率增加，而不能弥补高速区造成的效率下降。因此保证气流速度均匀是保证高效率的基本条件。气流速度过大，还会造成二次扬尘。除尘器断面上的气流速度差异越大，除尘效率越低。

（3）结构因素

结构因素主要包括电晕线的几何形状、直径、数量和线间距；集尘极的形式、极板断面形状、极间距、极板面积、电场数、电场长度；供电方式、振打方式（方向、强度、周期）、气流分布装置、外壳严密程度、灰斗形式和出灰口锁风装置等。最重要的结构因素为极间距，一般要求极间距要距离合适、保持均匀。

（4）操作因素

为保证其高效率，必须使供电功率高、供电压力大、供电电流稳定。供电压力大小一般通过控制火花频率来实现，一般要求最佳火花频率在 30～150 次/min。由于随着集尘极和电晕极上堆积粉尘厚度的不断增加，运行电压会逐渐下降，使除尘效率降低，因此，必须通过清灰装置使粉尘剥落下来，以保持较高的除尘效率。

（三）静电除尘器的结构形式和主要部件

（1）静电除尘器的结构形式

静电除尘器的结构形式很多，可以根据不同的特点，分为不同的类型。根据集尘极的形式分为管式和板式两种；根据气流的流动方式，分为立式和卧式两种；根据粉尘在电除尘器内的荷电方式及分离区域布置的不同，分为单区和双区静电除尘器。

1）管式和板式静电除尘器

结构最简单的管式静电除尘器（图 3-28）为单管电除尘器。它是在圆管的中心放置电晕极，而把圆管的内壁作为集尘极，集尘极的截面形状可以是圆形或六角形。管径一般为 150～300 mm，管长 2～5 m，电晕线用重锤悬吊在集尘极圆管中心。含尘气体由除尘器下部进入，净化后的气体由顶部排出。管式静电除尘器的电场强度高且变化均匀，但清灰较困难。多用于净化含尘气量较小或含雾的气体。

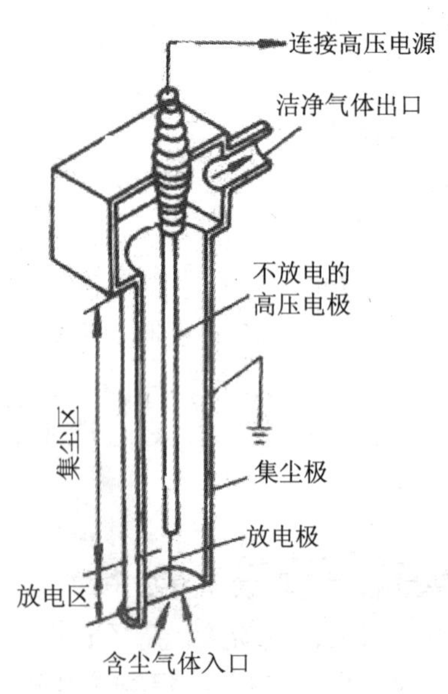

图 3-28　管式静电除尘器

板式静电除尘器（图 3-29）是由多块一定形状的钢板组合成集尘极，在一系列平行金属板间（作为集尘极）的通道中设置电晕极。极板间距一般为 200～400 mm，极板高度为 2～5 m，极板总长度可根据对除尘效率高低的要求而定。通道数视气量而定，少则几十，多则几百。板式静电除尘器由于它的几何尺寸灵活而在工业除尘中被广泛应用。

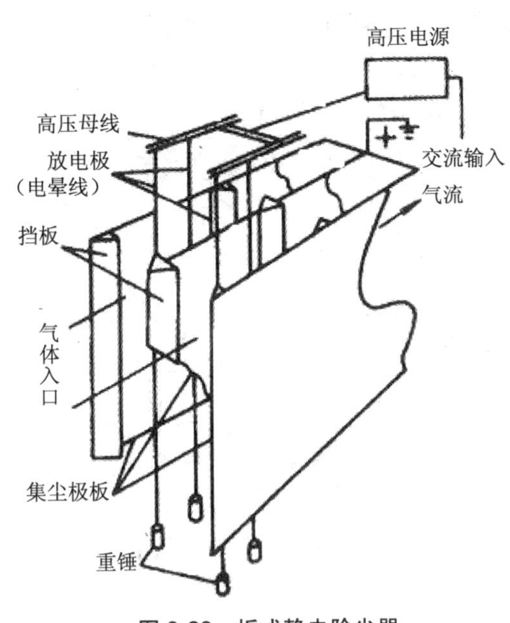

图 3-29　板式静电除尘器

2）立式和卧式静电除尘器

立式静电除尘器通常做成管式，垂直安装。立式静电除尘器能使含尘气流在自下而上流动过程中完成净化过程。立式静电除尘器的优点是占地面积小，在高度较高时，可以将净化后的烟气直接排入大气而不另设烟囱，但检修不如卧式方便。

卧式静电除尘器多为板式，在卧式静电除尘器中，气体在其中水平通过，含尘气流净化过程是在气流水平运动过程中完成的。每个通道内沿气流方向每隔 3 m 左右（有效长度）划分单独电场，常用的是 2～4 个电场。卧式静电除尘器安装灵活、维修方便，适用于处理烟气量大的场合。

3）单区和双区静电除尘器

在单区静电除尘器中，集尘极和电晕极都装在同一区域内。尘粒的荷电和捕集在同一电场中进行，即电晕极和集尘极布置在同一电场区内。单区静电除尘器应用广泛，通常用于工业除尘和烟气净化。

在双区静电除尘器内，集尘极系统和电晕极系统分别装在两个不同的区域内。尘粒的荷电和捕集分别在两个不同的区域内进行。安装电晕极的电晕区主要完成对尘粒的荷电过程，而在装有高压极板的集尘区主要是捕集荷电粉尘，双区静电除尘器可以防止反电晕的现象，一般用于空调送风的净化系统。

4）干式和湿式静电除尘器

干式静电除尘器，是通过振打的方式使电极上的积尘落入灰斗中，含尘气体的电离、粒子荷电、集尘及振打清灰等过程，均是在干燥状态下完成的。这种除尘器清灰方式简单，便于粉尘的综合利用，有利于回收有经济价值的粉尘。但易造成二次扬尘，降低除尘效率。目前，工业上应用的电除尘器多为干式静电除尘器。

湿式静电除尘器是采用溢流或均匀喷雾的方式使集尘极表面经常保持一层水膜，用于清除被捕集的粉尘。这种方式不仅除尘效率高，而且避免了二次扬尘。由于没有振打装置，其运行比较稳定。其主要缺点是对设备有腐蚀，产生二次污染，污水处理复杂。

（2）静电除尘器的主要部件

静电除尘器的结构由除尘器主体、供电装置和附属设备组成。除尘器的主体包括电晕极、集尘极、清灰装置、气流分布装置和灰斗等。

1）电晕极

电晕极包括电晕线、电晕极框架吊杆及支撑套管、电晕极振打装置。

电晕极是产生电晕放电的电极，应具有良好的放电性能（起晕电压低、击穿电压高、电晕电流大等），具有较高的机械强度和耐腐蚀性能。

对电晕线的一般要求为：起晕电压低、电晕电流大、机械强度高、能维持准确的极距以及便于清灰等。

电晕极有多种形式，如图 3-30 所示。其中最简单的是圆形导线，圆形导线的直径越小，起晕电压越低、放电强度越高，但机械强度也较低，振打时容易损坏。工业电除尘器中一般使用直径为 2～3 mm 的镍铬线作为电晕极，上部自由悬吊，下端用重锤拉紧。也可以将圆导线做成螺旋弹簧形，适当拉伸并固定在框架上，形成框架式结构。

星形电晕极是用直径为 4～6 mm 的普通钢材经冷拉而成的（有的拧成麻花状）。它利用四个尖角边放电，放电性能好，机械强度高，采用框架方式固定。适用于含尘浓度较低的场合。

芒刺形和锯齿形电晕极属于尖端放电，放电强度高。在正常情况下比星形电晕极产生的电晕电流大一倍，起晕电压比其他的形式低。此外，由于芒刺或锯齿尖端放电产生的电子流和离子流特别集中，在尖端伸出方向，增强了电风，这对减弱和防止烟气含尘浓度高时出现的电晕闭塞现象是有利的。因此芒刺形和锯齿形电晕极适合于含尘浓度高的场合，如在多电场的电除尘器中用在第一电场和第二电场中。

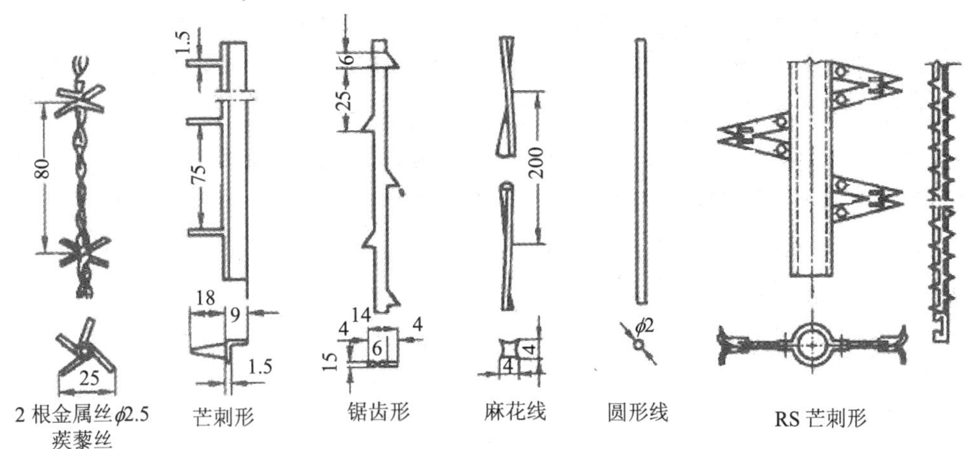

图 3-30　电晕极的形式

相邻电晕极之间的距离对放电强度影响较大。极距太大会减弱电场强度；极距过小也会因屏蔽作用降低放电强度。实验表明，最优间距为 200～300 mm。

2）集尘极

集尘极的结构形式对粉尘的二次飞扬、金属消耗量和造价有很大的影响，直接影响除尘效率。对集尘极的基本要求是：易于粉尘在板面上的沉积；振打时二次扬尘少；单位集尘面积金属用量少；极板较高时，不易产生变形；气流通过极板空间时阻力小等。

集尘极板的形式有平板形、Z 形、C 形、波浪形、瞌折形等。平板形极板防止二次扬尘和使极板保持足够刚度的性能较差。Z 形极板是将极板加工成槽沟的形状。当气流通过时，紧贴极板表面处会形成一层涡流区，该处的流速较主气流流速要小，因而当粉尘进入该区时易沉积在集尘极表面。同时由于板面不直接受主气流冲刷，粉尘重返气流的可能性以及振打清灰时产生的二次扬尘都较少，有利于提高除尘效率。

极板之间的间距对电除尘器的电场性能和除尘效率影响较大。在通常情况下，极板间距取 200～350 mm。

集尘极和电晕极的制作和安装质量对电除尘器的性能有很大影响。极板的挠曲和极距的不均匀会导致工作电压降低和除尘效率下降。安装前极板、极线必须调直，安装时要严格控制极距，安装偏差要在±5%以内。

3）清灰装置

及时清除集尘极和电晕极上的积灰，是保证电除尘器高效运行的重要环节。干式静电除尘器的清灰方式有机械振打、电磁振打及压缩空气振打等；湿式静电除尘器采用喷雾或溢流方式，在集尘极表面上形成一层水膜，使沉积在集尘板上的粉尘和水一起流到除尘器的下部而排出。

4）气流分布装置

电除尘器内气流分布的均匀性对除尘效率的影响很大，其与除尘器进口的管道形式及气流分布装置有密切关系。在气流进口处，由于气流截面的变化会造成气流分布不均匀，为此需要设置 1～3 块平行的气流分布板。在除尘器出口处常设一块分布板。气流分布板一般为多孔薄板，孔形分为圆孔或方孔，也有百叶窗式孔板。电除尘器正式运行前，必须进行测试调整。

5）除尘器外壳

除尘器外壳必须保证严密，尽量减少漏风。漏风量增加，风机负荷加大，电场内风速过高，除尘效率下降。特别是处理高温湿烟气时，冷空气漏入会使烟气温度降至露点以下，导致除尘器内构件粘灰和腐蚀。电除尘器的漏风率控制在 3%以下。

6）供电装置

电除尘器的供电装置主要包括升压变压器、整流变压器和控制装置。其工作原理是电网输入的交流电流源给电除尘器电场供电。输入到整流变压器的交流电压称为一次电压，输入到整流变压器的交流电流称为一次电流；整流变压器输出的直流电压称为二次电压，整流变压器输出的直流电流称为二次电流。

（四）静电除尘器的选型

（1）静电除尘器性能参数的确定

到目前为止，静电除尘器的选择和设计仍然主要采用经验公式类比方法，主要是根据需要处理的含尘气体流量和净化要求，确定集尘极面积、电场断面面积、电场长度、集尘极和电晕极的数量和尺寸等。静电除尘器有平板形和圆筒形，关于平板形静电除尘器的有关选择和设计计算如下：

1）集尘极面积。

$$A=\frac{Q}{w}\ln\left(\frac{1}{1-\eta}\right) \tag{3-22}$$

式中：A —— 集尘极面积，m^2；

Q —— 处理气体流量，m^3/s；

η —— 集尘效率；

w —— 微粒的有效驱进速度，m/s。

2）电场断面面积。

$$F=Q/u \tag{3-23}$$

式中：F —— 电场断面面积，m^2；

Q —— 处理气体流量，m^3/s；

u —— 除尘器断面气流速度，m/s。

对于一定结构的静电除尘器，当气体流速增加时，除尘效率降低，因此气体流速不宜过大；但如其过小，又会使除尘器体积增加，造价提高。

3）集尘室的通道个数。由于每两块集尘极之间为一通道，则集尘室的通道数 n 可由下式确定：

$$n=\frac{Q}{bhu} \tag{3-24}$$

式中：b —— 集尘极间距，m；

h —— 集尘极高度，m。

4）电场长度。

$$L=\frac{A}{2nh'} \tag{3-25}$$

式中：L —— 集尘极沿气流方向的长度，m；

h' —— 电场高度，m。

5）工作电压。根据实际需要，工作电压一般取 60～72 kV。

6）工作电流。一般在 100～300 mA。

（2）静电除尘器的选择

静电除尘器的形式和工艺配置，一般根据处理含尘气体的性质及处理要求来决定，其中最重要的因素是粉尘比电阻。

如果粉尘的比电阻适中（1×10^4～2×10^{10} Ω·cm），则采用普通干式电除尘器。对于比电阻高的粉尘，宜采用特殊型电除尘器，如宽极距型和高温电除尘器等。如仍然采用普通型电除尘器，则应在含尘气体中加入适量的调理剂（如 NH_3、H_2O 等），以降低粉尘的比电阻。对于比电阻低的粉尘，由于在电场中产生跳跃，一般的干式电除尘器难以收集，原因是：由于电场的作用，粉尘通过电除尘器后凝聚成大的颗粒团，容易产生反荷电现象，一般难以捕集，不宜采用电除尘器净化。

湿式静电除尘器既能捕集比电阻高的粉尘，也能捕集比电阻低的粉尘，而且具有较高的除尘效率。其缺点是会带来污水处理及通风管道和除尘器的腐蚀问题。处理含煤粉的气体时，采用湿式清灰方式，既可以解决高浓度粉尘可能出现的电晕闭塞、反电晕现象，还能减少使用静电除尘器带来的煤尘爆炸隐患。

（五）与静电除尘器相关的规范及技术标准

与静电除尘器相关的规范及技术标准见表 3-15。

表 3-15　与静电除尘器相关的规范及技术标准

序号	规　范　名　称	规范标准号
1	《电除尘器　阳极板》	JB/T 5906—97
2	《电除尘器振打系统通用技术条件》	JB 5907—91
3	《电除尘器主要件抽样检验及包装运输储存规范》	JB 5908—91
4	《电除尘器用瓷绝缘子》	JB/T 5909—2010
5	《电除尘器》	JB/T 5910—2005
6	《电除尘器焊接件技术要求》	JB/T 5911—2007
7	《电除尘器支承型式与基本参数》	JB/T 5912.1—91
8	《电除尘器支承技术条件》	JB/T 5912.2—91
9	《电除尘器　阴极线》	JB/T 5913—97
10	《电除尘器产品型号编制方法》	JB/T 5914—91
11	《电除尘器调试、运行、维护安全技术规范》	JB 6407—92
12	《电除尘器气流分布模拟试验方法》	JB/T 7671—2007
13	《电除尘器机械安装技术条件》	JB/T 8536—1997
14	《电除尘器产品质量分等》	JB/TQ 493.1—90
15	《除尘器术语》	GB/T 16845—2008
16	《电除尘器型式和基本参数》	ZBJ 8801.2—88
17	《电除尘器压力降测试》	ZBJ 8801.5—88
18	《电除尘器空载通电升压试验方法》	ZBJ 8801.7—88
19	《电除尘器阳极板和阴极线振打加速度测定》	ZBJ 8801.8—88
20	《电除尘器除尘效率测试》	ZBJ 8802.3—88
21	《电除尘器漏风率测试方法》	GB 10880—89
22	《电除尘器性能测试方法》	GB/T 13931—2002
23	《电除尘器机械安装技术条件》	JB/T 8536—2010
24	《粉尘比电阻实验室测试方法》	GB/T 8537
25	《高压静电除尘用整流设备专业标准》	ZBK 46008.1—88

（六）静电除尘器的安装与调试

（1）静电除尘器的安装

在安装静电除尘器时应注意以下几个问题：

安装前检查设备是否完好、齐全，如果由于运输等原因产生变形，高压硅整流器有漏油现象，则必须校正复原后，方可安装。

安装除尘器的基础必须水平，灰斗支座与基础采用弹性紧固连接。

电场筒体必须与水平垂直，且各法兰间要加密封衬垫（如石棉绳）再用螺丝拧紧，电晕线需校直后均匀悬挂于筒体的中心，电晕线中心与筒体壁间距离为（350±5）mm。电源控制箱和振打器控制箱，应放在干燥、通风、便于操作的值班室内。

除尘器应有良好的密闭性，壳体的所有焊接应采用连续焊接，并用煤油渗透法检验其气密性。

除尘器在安装、焊接过程中所产生的行刺、飞边往往会使操作电压不能升高，因此电场内的焊缝均需要用手提式砂轮打光。

电晕电极的极间距必须严格保证：40 m^2 以下静电除尘器，极间距偏差小于 5 mm；大于 40 m^2 的静电除尘器，极间距偏差应小于 10 mm。

高压硅整流器应放置在靠近电场本体进线口的位置，负高压输出端连线周围必须要有 500 mm 以上的空间，安装后需要静置 24 h 方可试车。

对于安装于室外的除尘器和高压硅整流器，必须加设防雨防潮设施，高压硅整流器四周设防护栏杆，并挂“高压危险”字样牌。

风机的电机、振打器、电动排灰阀等电器按电器有关规定接线，静电除尘器本体、高压硅整流器、控制箱等应接地线，其接地电阻要求不大于 4 Ω，绝缘电阻应不低于 0.5 Ω。

（2）静电除尘器的调试

静电除尘器在安装完毕后应进行调试，主要内容如下：

通冷风，在第一电场前端测定沿电场断面的气流分布均匀性。要求任何一点的流速不得超过该断面平均流速的 40%；任何一个测定断面，85%以上的测点流速与平均流速不得相差 25%。如不符合要求，应进行调整，对于多孔分布板应对若干个孔进行调整，对于翼形多孔板可调整翼片角度。

启动两极振打装置，使其运转 8 h，检查运转是否正常，包括检查振打轴的转向、电动机是否发热和测定集极的振打频率等。

接通保温箱内电加热器，检查温升速度及温度控制范围是否满足要求。

启动排灰装置和锁风装置，使其运转 4 h，检查运转是否正常，电动机是否发热。

每个电场至少测定三排集尘极板面上若干点的振打加速度，若点加速度过小，则应加固极板与撞击杆的连接。

关闭各检查门，对除尘器通气气体，测定其进、出口气体量，计算漏风率，要求漏风率应小于 7%，否则应检查焊缝和连接处的气密性。

全部电气连接线配接和高压电进线安装完毕、检查无误后，把高压控制箱电压调节旋钮转至 0 位，关闭电源，再把高压变压器与控制箱之间的电源线接通。

接通高压硅整流器，在除尘系统不通烟尘情况下通电试车（无负载试车），首先把输出电压、电流旋钮调至最小位置，然后开启电源，逐步升压，电场应能升至额定电压而不发生击穿，否则就应进行适当调整。

（七）静电除尘器工程应用案例

工程案例一：109 m^2 鲁奇式流态化焙烧炉除尘系统静电除尘应用

在（六）的工程案例中，109 m^2 鲁奇式流态化焙烧炉烟气经废热锅炉降温和一、二级旋风除尘器预处理后，进入静电除尘器进行处理，静电除尘器的设计计算及设备参数见表 3-16 和表 3-17，风机选型计算见表 3-18。

（1）静电除尘器设计计算

表 3-16　静电除尘器设计计算表

名　称	计算及数值
处理标况烟气量	55 000×（1.12+0.03+0.03）=64 900 m^3/h
进口烟气温度	300℃
进口烟气含尘量	1 540－924=616 kg/h
进口烟气含尘质量浓度	616×1 000/64 900=9.5 mg/m^3
处理工况烟气量	64 900×（273+300）/273×101.3/77=179 207 m^3/h
电除尘器漏风率	3%
电除尘器阻力	400 Pa
电除尘器除尘效率	98%
电除尘器除尘量	616×98%=603.68 kg/h
选用电除尘器	100 m^2 四电场的电除尘器 1 台
电除尘器断面流速	（179 207/3 600）/100=0.50 m/s
送制酸烟尘量	616－603.68=12.32 kg/h
送制酸烟气量	55 000×（1.12+0.03+0.03+0.03）=66 550 m^3/h
送制酸烟气含尘质量浓度	12.32×1 000/66 550=185 mg/m^3

（2）静电除尘器设备参数

表 3-17 静电除尘器设备参数

序号	项目			参数
1	规格型号			100 m^2 单室四电场
2	静电除尘器有效截面			100 m^2
3	静电除尘器入口烟气温度			300±50℃
4	设备耐温			450 ℃
5	正常操作压力			－3 000 Pa
6	设备耐压			－5 000 Pa
7	阻力损失			≤400 Pa
8	设备漏风率			≤3%
9	除尘效率			98.0%
10	入口粉尘质量浓度			9.5 g/m^3
11	出口粉尘质量浓度			≤200 mg/m^3
12	电场风速			0.5 m/s
13	烟气在电场中的停留时间			28 s
14	电场数/室数			4/1 个
15	电场有效长度			4×3 500 mm
16	电场有效高度			11.40 m
17	一、二、三电场极配			
	同极间距/通道数			400 mm/23
	阳极系统	类 型		480C 板
		数 量		11.40 m 长，168 块（每电场）
		材 质		SPCC
		除尘面积		1 752 m^2（每电场）
	阴极系统	类 型		N-RS 线
		材 质		304 不锈钢芒刺
		数 量		5.7 m 长，161×2 根（每电场）
18	四电场极配			
	同极间距/通道数			400 mm/23
	阳极系统	类 型		480C 板
		材 质		SPCC
		除尘面积		1 752 m^2
	阴极系统	类 型		N-RS 线＋辅助电极
		材 质		304 不锈钢芒刺
		数 量	N-RS 线	5.7 m 长，161×2 根（每电场）
			辅助电极	5.7 m 长，414×2 根

<table>
<tr><th>序号</th><th colspan="3">项 目</th><th>参数</th></tr>
<tr><td>19</td><td colspan="3">（集尘极＋辅助极）总面积</td><td>7 008 m^2+185 m^2</td></tr>
<tr><td>20</td><td colspan="3">（电晕线＋辅助极）总长度</td><td>7 008 m+1 835.4 m</td></tr>
<tr><td rowspan="3">21</td><td rowspan="3">灰斗</td><td colspan="2">形式/数量</td><td>锥形/2×4</td></tr>
<tr><td colspan="2">材 质</td><td>Q235-A/δ=6</td></tr>
<tr><td colspan="2">高 度</td><td>约 4.5 m</td></tr>
<tr><td rowspan="2">22</td><td rowspan="2">壳体</td><td colspan="2">类 型</td><td>箱形梁、宽窄立柱、板加筋</td></tr>
<tr><td colspan="2">材 质</td><td>Q235-A/δ=6</td></tr>
<tr><td rowspan="2">23</td><td rowspan="2">阳极振打</td><td colspan="2">类 型</td><td>侧部挠臂锤振打</td></tr>
<tr><td colspan="2">数 量</td><td>4</td></tr>
<tr><td rowspan="2">24</td><td rowspan="2">阴极振打</td><td colspan="2">类 型</td><td>侧部挠臂锤双层振打</td></tr>
<tr><td colspan="2">数 量</td><td>8</td></tr>
<tr><td rowspan="2">25</td><td rowspan="2">分布板振打</td><td colspan="2">类 型</td><td>侧部挠臂锤振打</td></tr>
<tr><td colspan="2">数 量</td><td>1</td></tr>
<tr><td rowspan="2">26</td><td rowspan="2">进、出风口</td><td colspan="2">形 式</td><td>水平单进单出风口</td></tr>
<tr><td colspan="2">材 质</td><td>Q235-A/δ=6</td></tr>
<tr><td rowspan="4">27</td><td rowspan="4">支座</td><td colspan="2">类型</td><td>滑动</td></tr>
<tr><td rowspan="3">数量</td><td>固定支座</td><td>1</td></tr>
<tr><td>单向活动支座</td><td>6</td></tr>
<tr><td>双向活动支座</td><td>8</td></tr>
<tr><td rowspan="3">28</td><td rowspan="3">一电场
高压电源</td><td colspan="2">规 格</td><td>GGYAJ-0.9A/72 kV-HW</td></tr>
<tr><td colspan="2">数 量</td><td>1 台</td></tr>
<tr><td colspan="2">形 式</td><td>户外型，置于顶部</td></tr>
<tr><td rowspan="3">29</td><td rowspan="3">二、三电场
高压电源</td><td colspan="2">规 格</td><td>GGAJ02-0.9A/72 kV-HW</td></tr>
<tr><td colspan="2">数 量</td><td>2 台</td></tr>
<tr><td colspan="2">形 式</td><td>户外型，置于顶部</td></tr>
<tr><td rowspan="3">30</td><td rowspan="3">四电场
高压电源</td><td colspan="2">规 格</td><td>GGAJ02-1.0A/72 kV-HW</td></tr>
<tr><td colspan="2">数 量</td><td>1 台</td></tr>
<tr><td colspan="2">形 式</td><td>户外型，置于顶部</td></tr>
<tr><td rowspan="3">31</td><td rowspan="3">保温</td><td colspan="2">保温材料</td><td>岩棉板</td></tr>
<tr><td colspan="2">保温厚度</td><td>150 mm</td></tr>
<tr><td colspan="2">保护层类型</td><td>0.4 mm 彩钢板</td></tr>
</table>

（3）高温风机

表 3-18 风机选型计算表

名称	计算及数值
处理标况烟气量	55 000×（1.12+0.03+0.03+0.03）=66 550 m^3/h
进口烟气温度	280℃
进口烟气含尘质量浓度	12.32×1 000/66 550=185 mg/m^3
处理工况烟气量	66 550×（273+280）/273×101.3/77=177 349 m^3/h
风机风量富余系数	1.3
系统压力损失	100（炉口负压）+400（余热锅炉阻力损失）+1 000（一级旋风除尘器阻力损失）+1 000（二级旋风除尘器阻力损失）+400（电除尘器阻力损失）+200（风机出口正压）+900（管道阀门阻力损失）=4 000 Pa
风机风压富余系数	1.3
选择风机	选用高温风机 2 台（1 用 1 备），Q=250 000 m^3/h，p=6 000 Pa，T=350℃，电机 710 kW，采用液力偶合器调速

（4）管道与阀门

采用 DN2000 的管道与阀门。

工程案例二：静电除尘器在水泥厂立窑废气治理中的应用

（1）废气的来源及性质

水泥厂废气包括立窑水泥熟料粉尘气体，干法窑、熟料、冷却机、生料磨、黏土烘干机、煤磨等排放的含尘烟气，其中以立窑烟气为主。

立窑烟气温度低，湿度大，并含有大量的 SO_3 等酸性氧化物。因此，产生结露后容易造成设备的严重腐蚀。覆盖的湿料层厚度不同，窑面烟气的温度、湿度不同，腐蚀的程度也就不同。目前，国内绝大多数的立窑为暗火或浅暗火操作，烟气结露比较轻微。立窑烟气含尘浓度低、颗粒粗、腐蚀性强，粉尘的粒径分布见表 3-19，粒径平均值为 3.891×10^{-5} m。

当烟气温度在 150～250℃时，湿度较小，粉尘比电阻大于临界值（1 010Ω·cm），此时火花频率增加，操作电压降低。当粉尘比电阻高于 1 010Ω·cm 时，会在集尘极粉尘层内出现电火花，即会产生明显的反电晕。反电晕会导致电流密度降低，严重干扰尘粒的荷电和捕集，致使静电除尘器的除尘效率明显降低。

表 3-19 立窑粉尘的粒径分布

粉尘粒径/10^{-6} m	＜10	＜25	＜50	＜75	＜100	＜250
体积分数/%	10.6	15.8	30.5	14.1	8.89	20.21

李广超，等. 大气污染控制技术.北京：化学工业出版社，2004。

（2）除尘系统

水泥厂立窑产生的含尘烟气，经过烟气调质后送入静电除尘器，净化后的气体经引风机输送至烟囱排入大气。

为了保证除尘系统的正常运行，应注意以下操作条件：

1）关闭 50%以上的窑门或轮流开一个窑门进行操作。

2）采用浅暗火煅烧熟料。

3）负压控制机调节喷雾增湿降温装置，二次电压及电流均设在控制室控制。使烟气温度控制在 90～120℃，喷雾适量，次电压电流稳定，除尘效率高。

（3）静电除尘器主要结构特点

外部结构特点如下：

1）在矩形箱体顶部有 4 个小房式泄压阀，一方面防止一氧化碳等可燃性气体燃爆，另一方面也为检修两极提高方便。

2）进出箱体端有进出气喇叭口，内装电动蝶阀，进气端喇叭口接管处装有伸缩节和烟气调质装置。

3）箱体两侧设置检修门。

4）箱体底部有单灰斗和安全回转下料器。

5）箱体由两侧固定支撑，顶部装有电加热器、恒温控制器、绝缘保温箱（4 个）和进线保温箱。箱体两侧装有两极辅助极、气体均风板、机械振打清灰传动装置和爬梯等。

内部结构特点如下：

1）采用 V15 型芒刺防腐电晕极，使放电清灰性能明显提高，耗电低。

2）采用 C 型或波浪形耐腐蚀集尘极板，与芒刺型电晕极组成宽间距高压直流均匀单电场。单电场不仅提高了除尘性能，而且大幅度地降低了静电除尘器的体积、质量、电耗及投资。

3）装有防腐除尘辅助极，以防止荷电粉尘被带出电场，进一步提高收尘效率。

4）在烟气入口设有导流、气流分布和挡风阻流等装置，使烟气均匀通过电场。

5）在泄压阀内设有足够的爆破面积，以保证运行的安全。

（4）运行情况

空负荷试车测定：

二次电压	60～80 kV	二次电流表	200～300 mA
输入功率放大器	13.2 kW		

带负荷试车测定：

操作电压	50～60 kV	蝶阀开度	70°～75°
二次电流	60～100 mA	烟气温度	90～120℃
立窑日产量	9～10.5 t/d		

（5）治理效果

设备投入运行后，经环保部门监测，该除尘器可使出口质量浓度降至 150 mg/m^3，达到国家规定的排放标准（水泥粉尘排放质量浓度为 150 mg/m^3），系统的除尘器效率在 98.5%以上，达到并优于国内外立窑静电除尘器的除尘效率。

（6）主要技术指标

立窑规格	φ2.9 m×10 m	设计 $f=A/Q$ 值	36.24 s/m
电除尘器形式	单室、单电场板卧式	集尘极板面积	604 m^2
电除尘器规格	30 m^2	除尘器质量	1.581 t/m^2
处理烟气量	6 000 m^3/h	极板电耗	0.00 187 kV•A/m^2
除尘效率	99%		
电场风速	0.55 m/s		
粉尘驱进速度	12～14 cm/s		

水泥厂立窑静电除尘器的应用，不但使立窑烟气的排放达到国家规定的标准，避免了大气环境的污染，而且每天回收 8.5 t 生料，还可创造一定的经济效益。

工程案例三：云南某冶炼厂除尘车间静电除尘应用

（1）工艺流程

云南某冶炼厂除尘车间共有 6 台电除尘器，分别为：备料 1#静电除尘器、备料 3#静电除尘器、电炉电除尘器、艾萨炉 1#静电除尘器、艾萨炉 2#静电除尘器、转炉电除尘器。其中备料 1#静电除尘器主要处理鼓风烧结机尾部和 1#链板散发的烟气；备料 3#静电除尘器一室用于鼓风烧结烟气处理、另一室主要用于回转式阳极炉的烟气处理；电炉电除尘器主要处理电炉产生的烟气；艾萨炉电除尘器主要处理艾萨炉所产生，经过余热锅炉冷却后的烟气；转炉电除尘器主要处理转炉所产生，经过余热锅炉冷却后的烟气。车间静电除尘器工艺流程如图 3-31 所示。

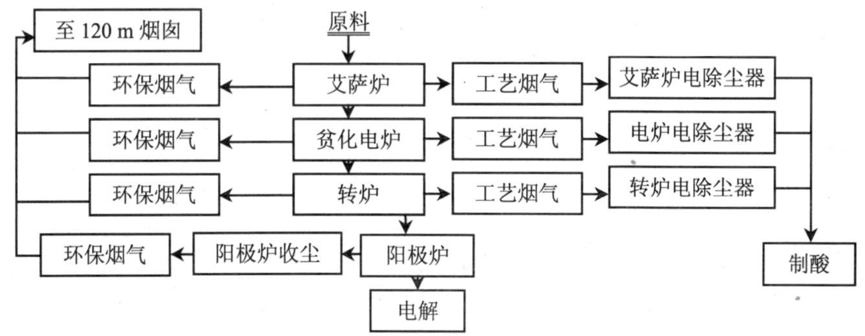

图 3-31　车间静电除尘器工艺流程

（2）电除尘器性能参数

选择备料 1#静电除尘器、电炉 1#静电除尘器和艾萨炉 1#静电除尘器进行性能参数介绍如下，详见表 3-20。

表 3-20 静电除尘器性能参数

序号	相关内容	单位	参数
备料 1#静电除尘器			
序号	相关内容	单位	参数
1	型号	—	BE40/2—3
2	室、电场级数	—	双室三电场
3	处理烟气量	m^3/h	60 000～75 000
4	烟气温度	℃	≤350
5	有效断面积	m^2	2×20
6	设计除尘效率	%	99
7	集尘极板形式及长度	mm	BE 型，5540
8	阴极线形式	—	1、2 电场针刺；3 电场麻花
9	同极距	mm	405
10	阴/阳振打形式	—	顶部电磁振打
11	高压电源	—	6 套 GGAj02H—0.3A/72 kV
电炉 1#静电除尘器			
序号	相关内容	单位	参数
1	型号	—	YWZ—RS40-2/4
2	室、电场级数	—	双室四电场
3	处理烟气量	m^3/h	115 000
4	烟气温度	℃	≤400
5	有效断面积	m^2	2×20
6	设计除尘效率	%	97
7	除尘极板形式及长度	mm	Z 型，5500
8	阴极线形式	—	RS 芒刺线
9	同极距	mm	300
10	阴/阳振打形式	—	顶部提升/侧部挠臂式振打
11	高压电源	—	8 套 GGAj02D—0.3A/66 kV
艾萨炉 1#静电除尘器			
序号	相关内容	单位	参数
1	型号	—	BE60/1—4.5
2	室、电场级数	—	单室 4.5 电场
3	处理烟气量	m^3/h	59 280
4	烟气温度	℃	≤400
5	有效断面积	m^2	60
6	设计除尘效率	%	BE 型，7370
7	集尘极板形式及长度	mm	BE 型，7370
8	阴极线形式	—	1-4 分区针刺；5-9 分区麻花
9	同极距	mm	405
10	阴/阳振打形式	—	顶部电磁振打
11	高压电源	—	8 套 GGAj02H—0.4A/72 kV

（八）电除尘器的操作运行程序

以（六）中介绍的云南某冶炼厂除尘车间电除尘器为例，电除尘器的实际操作运行程序如下：

（1）电除尘器运行前的准备工作

1）根据生产调度工作指令安排；

2）检查电场内部，确认无人员、无杂物、无短路现象，极配正常；

3）检查保温箱内部，确认无人员、无杂物、无短路现象；

4）值班长清点人员，确认所有工作人员撤出电场及保温箱；

5）检查四点式高压隔离倒换开关，确认完好无损、接触良好；

6）关闭高压隔离护栏；

7）撤出安全接地装置；

8）关闭所有人孔门、操作门，封闭电场。

（2）电除尘器的送电操作

1）保温箱电加热系统送电；

2）当保温箱温度达到设定温度以上时，送整流供电机组控制电源；

3）根据不同电除尘器的供电机组启动整流机组，启动步骤（备料 1# 电除尘器、艾萨炉 2# 电除尘器、转炉电除尘器）如下：

——将四点式高压隔离倒换开关置于“电场”位置；

——合低压开关柜整流供电机组电源；

——将柜上电源控制开关置于“通”位置；

——按“启动”按钮；

——按“复位”键；

——按“运行”键；

——调节“电流极限”电位器和“上升率”电位器，使二次电流、电压达到所需值（低频率闪络）。（如将“手动/自动”开关置于手动位置，则可调节“手动”电位器调整二次电流、电压）

挂好“运行”警示牌，摘下“禁止合闸”警示牌。

（3）电除尘器配套设备的操作程序

1）打开电除尘器进出口阀门，通烟气；

2）按“风机操作规程”启动风机；

3）电除尘器投入运行半小时后，启动振打系统投入工作；

4）操作完毕，电除尘器投入运行，做好记录，通知生产调度。

（4）电除尘器的停运操作程序

1）根据生产调度电除尘停运工作指令安排。

2）按“风机操作规范”停止风机运行。

3）关闭电除尘器进出口阀门，切断烟气。

4）根据不同电除尘器的供电机组停止整流机组供电，以备料 1#电除尘器、艾萨炉 2#电除尘器、转炉除尘器机组为例：

——调节“电流极限”电位器或“手动”电位器，使电流、电压值降至最小；

——按“复位”键；

——按“停止”按钮；

——将柜上电源控制开关置于“断”位置；

——断开整流供电机组柜内空气开关；

——将四点式高压隔离倒换开关置于“接地”位置；

——摘下“运行”警示牌，挂上“禁止合闸”警示牌。

5）断开机组供电电源。

6）断开电加热控制开关。

7）停振打控制系统。

8）做好断电记录，并通知调度。

（5）电除尘器排灰操作

1）单仓泵干法放灰，排灰前的准备工作如下：

——认真检查单仓泵各部位，确认完好无损；

——检查压缩空气压力不低于 0.35 MPa，各阀门无损坏、泄漏（若压力低于 0.3 MPa，禁止用单仓泵放灰）；

——排出压缩空气过滤器中的液体；

——检查刮板输送机及其控制装置，确认无异常情况。

2）干法放灰的操作程序如下：

——打开单仓泵排气阀门，减压至零；

——打开单仓泵的进料阀；

——启动刮板输送机（先启动集中刮板，再启动分刮板）；

——打开灰仓卸灰阀，电除尘器每列灰仓只准开一个卸灰阀门放灰；

——当放灰不畅时，启动仓壁振动器，但每次使用振动器不能超过 3 s；

——当单仓泵灰满时，关闭灰仓卸灰阀门；

——同时停刮板输送机；

——关闭单仓泵的进料阀；

——关闭排气阀；

——依次打开一次风、二次风、上压风、下压风，直至单仓泵内灰吹空；（压力表显示压力小于 0.05 MPa）

——关闭压缩空气；

——重复以上操作，直至所有灰仓灰放完。各设备复位，关闭电源、气源；
——做好放灰记录。
3）干法放灰注意事项
——当与备料 2#电除尘器共用一条输灰管道放灰时，应对调节好单仓泵出口管交叉处的两个阀门，并禁止两台单仓泵同时向外输灰。当然在调节好单仓泵出口阀门的情况下，可以一台输出、一台放进；
——应随时注意输灰管道的畅通及压缩空气的压力满足要求；
——当压缩空气压力不足，或者烟尘黏度过大、流态不好时，禁止用单仓泵输灰。
4）湿法放灰，排灰前的准备工作如下：
——检查放酸阀门、水阀门，确认无故障；
——检查刮板输送机，确认无异常；
——检查衬胶泵、搅拌机，确认无异常。
5）湿法放灰的操作程序
——先打开水阀，向调浆槽加入调浆水半槽；
——启动搅拌器，正常运行后；
——打开放酸阀门向调浆槽缓慢加酸，控制 pH 值在 1～1.5；
——启动刮板输送机；
——开启各条刮板所属灰仓的卸灰阀门进行放灰（每条刮板只能开启 1 个灰仓进行卸灰）；
——当下灰不畅时，启动仓壁振动器，每次使用振动器不得超过 3 s；
——控制好浆液浓度使之不沉积，不堵塞管道；
——当浆液达到要求时，关闭卸灰阀门，停刮板输送机；
——打开放浆阀门，启动打浆泵把浆打到浆车上或高位放浆；
——调浆槽内浆液排至搅拌器叶片处，停搅拌器；浆未放空，搅拌器不必停止运行；
——重复以上程序，将所有灰仓的灰逐个放完后；（工作完后，调浆槽内不准留有余浆）
——对各设备进行检查并将开关或按钮复位，关闭所有放灰运行设备的电源及阀门；
——做好放灰记录；
——湿法放灰注意事项：

- 严禁向调浆槽内先加酸后加水；
- 放灰时启动防尘系统，尽可能避免烟尘外扬；放灰后清理调浆防尘系统内积尘。

6）车辆排灰操作

——将运输车辆放置在电除尘器下灰口处；

——启动分刮板输送机；

——车辆装满灰时，停止刮板输送机；

——将烟尘运送至精矿仓卸尘点排卸；

——车辆的运输行走遵守厂内机动车规定和交通法规。

（九）电除尘器常见故障原因及处理方法——实际工程案例

工程案例同前。

电除尘器常见故障原因及处理方法见表 3-21。

表 3-21 电除尘器常见故障原因及处理方法

序号	故障现象	产生原因	处理方法
1	二次工作电流大，二次电压升不高，甚至接近于零	（1）集尘极板和电晕极之间短路 （2）石英套管内壁冷凝结露，造成高压对地短路 （3）电晕极振打装置的绝缘瓷瓶破损，对地短路 （4）高压电缆或电缆终端接头击穿短路 （5）灰斗内积灰过多，粉尘堆积至电晕极框架 （6）电晕极断线，线头靠近集尘极	（1）清除短路杂物或剪去折断的电晕线 （2）擦抹石英套管，或提高保温箱温度 （3）修复损坏的绝缘瓷瓶 （4）更换损坏的电缆或电缆接头
2	二次工作电流正常或偏大，二次电压升至较低电压便发生闪络	（1）两极间的距离局部变小 （2）有杂物挂在集尘极板或电晕极上 （3）保温箱或绝缘室温度不够，绝缘套管内壁受潮漏电 （4）电晕极振打装置绝缘套管受潮积灰，造成漏电 （5）保温箱内出现正压，含湿量较大的烟气从电晕极支撑套管向外排出 （6）电缆击穿或漏电	（1）调整极间距 （2）清除杂物 （3）擦抹石英套管，或提高保温箱温度 （4）提高绝缘套管箱内温度 （5）采取措施，防止出现正压或增加一个热风装置，鼓入热风 （6）更换电缆
3	二次电压正常，二次电流显著降低	（1）集尘极板积尘过多 （2）集尘极或电晕极的振打装置未开或失灵 （3）电晕线肥大，放电不良 （4）烟气中粉尘浓度过大，出现电晕闭塞	（1）清除积灰 （2）检查并修复振打装置 （3）分析肥大原因，采取必要措施 （4）改进工艺流程，降低烟气的粉尘含量
4	二次电压和一次电流正常，二次电流无读数	（1）整流输出端的避雷器或放电间隙击穿损坏 （2）毫安表并联的电容器损坏，造成短路 （3）变压器至毫安表连接导线在某处接地 （4）毫安表本身指针卡住	查找原因，消除故障

序号	故障现象	产生原因	处理方法
5	一、二次电压、电流均正常，但除尘效率显著降低	（1）气流分布板孔眼被堵 （2）灰斗的阻流板脱落，气流发生短路 （3）靠出口处的排灰装置严重漏风	（1）检查气流分布板的振打装置是否失灵 （2）检查阻流板，并做适当处理 （3）加强排灰装置的密闭性
6	二次电流不稳定，毫安表指针急剧摆动	（1）电晕线折断，其残留段受风吹摆动 （2）烟气湿度过小，造成粉尘比电阻值上升 （3）电晕极支撑绝缘套管对地产生沿面放电	（1）剪去残留段 （2）通知相关人员，进行适当处理 （3）处理放电的部位

（十）电除尘器检修——实际工程案例

工程案例同前。

（1）电除尘器保温箱检修

1）绝缘轴的更换

——拆下电磁振打器、钢带夹组、压板及密封套；

——从下连接套与振打组件之间取出锥形绝缘轴；

——换上新的锥形绝缘轴（注意：应检查锥形绝缘轴的铅垂度，铅垂度要求：3‰）；

——重装振打组件；

——重新装上密封套、压板及电磁锤振打器；

——开启电磁锤振打器进行连续振打，24 h 后锁紧钢带夹组件，重新调整电磁锤振打器的振打棒的露出长度（普通型：38±2、加强型：60±2）及振打器的铅垂度（铅垂度要求：1‰）；

——拧紧电磁锤振打器固定双头螺杆上的螺母（双螺母应相互鏊紧）。

2）承压绝缘子更换

——松开并取下承压绝缘子旁边的临时支撑管上的管帽；

——用临时挂钩钩住阴极吊梁；

——拧紧临时挂钩上的螺母，直到阴极吊梁的高度略微提升（注意：勿提升过高，否则可能使其他承压绝缘子破裂）；

——拆下电磁锤振打器、钢带夹组、压板及密封套；

——将下连接套连同锥形绝缘轴、振打组件与下振打杆分离；

——取下封头及紧固螺母；

——松开支撑梁两端的螺栓，取下支撑梁；

——取下支撑法兰上的石棉垫圈；

——拆除高压进线导线，取出支撑法兰；

——取出破裂的承压绝缘子及其上下垫圈、石棉绳填料；

——换上新的下垫圈及新的承压绝缘子，调整下垫圈、承压绝缘子使之与悬吊杆同轴；

——换上新的上垫圈，并调整使之与承压轴同心；

——装上支撑法兰及大封头、高压进线导线，并调整使之与承压绝缘子同心；

——装上承压绝缘子下端的石棉绳填料（注意：应塞紧）；

——装上支撑梁并拧紧两端螺栓（注意：拧紧螺栓时应同时检查支撑梁的水平度，使支撑梁水平）；

——安装紧固螺母下的垫圈；

——装上紧固螺母并拧紧，同时检查阴极吊梁的水平度，通过调整紧固螺母使阴极吊梁处于水平；

——重新检查异极距，并根据需要进行调整，以达到规定的公差；在完成调整后，取出临时挂钩和临时支撑板，然后在临时支撑板上重新盖上管帽；

——重新装上悬吊杆端头的封头；

——将下连接套连同锥形绝缘轴、振打组件装到位；

——应检查锥形绝缘轴的铅垂度，铅垂度为3‰；

——开启电磁锤振打器进行连续振打，24 h 紧锁钢带夹组件，重新调整电磁锤振打器的振打棒的露出长度（普通型：38±2、加强型：60±2）及振打器的铅垂度（铅垂度要求：1‰）；

——拧紧电磁锤振打器固定双头螺杆上的螺母（双螺母应相互蹩紧）。

（2）电场本部清扫

——电场整体自然冷却一定时间后，才可打开电场各人孔门加速冷却。当内部温度降低到 50℃以下时才可进入电场内部工作。应严防突然进入冷空气，造成温度骤变使外壳、极线、极板等金属构件产生变形。进入电场内部工作人员不少于两人，且至少有一个人在外监护。

1）清灰前检查

——初步观察阳极板、阴极线的积灰情况，分析积灰原因，做好技术记录；

——初步观察气流分布板、槽行板的积灰情况，分析积灰原因，做好技术记录。

进行极板弯曲偏移、阴极框架变形，极线脱落或松动等情况及极件间距宏观检查。

2）清灰

——清除电场内部包括阴极、阳极、槽形板、灰斗、进出口及导流板、气流分布板、壳体内壁上的积灰。

——清灰时要自上而下。由入口到出口顺序进行，清灰人员和工具等不要掉入灰斗内。

（3）阳极系统检修

1）阳极板检修（阳极板完好性检查）

——用目测或拉线法检查阳极板变形情况；

——检查极板锈蚀及电蚀情况，找出原因并予清除；对穿孔的极板和因损伤深度与面积过大造成极板变曲、极距无法保证的极板应予更换；

——检查阳极板排连接板焊接是否脱掉，并予处理；补焊时宜采用直流焊机以减少对板排平面度的影响；

——检查极板定位板、导向槽钢是否脱焊与变形，必要时进行补焊与校正；

——检查阳极板排下部导向杆与导向板，要求上、下有足够的热轧裕度，左、右无卡塞、搁住现象；

——检查极板排下沉及沿烟气方向的位移情况，若有下沉应检查顶梁吊耳、悬挂销板的焊接情况，必要时处理；

——整个极板排组合情况良好，各极板经目测无明显凸凹现象；

——阳极板同极距检测。

每个电场以中间部分较为平直的阳极板为基准测量极距，间距测量可选在每排极板的出入口位置，沿极板高度分上、中、下三点进行，极板明显有变形部位，可适当增加测点。每次测量及调整后的数据记入设备档案。

2）极板的整体调整

——同极距的调整：当弯曲变形较大可通过木锤或橡皮锤敲击弯曲最大处，然后均匀减少力度向两端延伸敲击予以校正。敲击点应在极板两侧边，严禁敲击极板的工作面；当变形过大、校正困难无法保证同极距在允许范围内时应予更换；

——当极板有严重错位或下沉情况，同极距超过规定而现场无法消除及需要更换极板时，在大修前要做好揭顶准备，编制较为详细的检修方案；

——新换的每块阳极板都应按制造厂规定进行测试，极板排组合后平面及对角线误差符合制造厂要求，吊装时应注意符合的原来排列方式。

3）阳极振打装置检修

——结合阳极板积灰检查，找出振打不力的电场与阳极板排，做重点检查处理；

——检查工作状态下的振打杆与振打棒的中心偏差及接触面的磨损情况，检查振动器的三根固定螺母是否松动、脱落，并调整螺母来校正振打棒与振打中心度是否对应，及振打棒露出长度；检查振打实际高度与显示高度是否对应，测量方法可用一条 45 cm 长的铜芯单股线，插入测孔内，做好记号，用手轻捏住，振打棒提升多少高度，铜芯也随之提升，只要铜线不自由下落，这时的提长高度即为实际值；

——振打棒可适当涂些防锈油，以防卡住振打棒的活动间隙，检查振打棒有否变形弯曲；

——检查振打线圈是否存在漏油及其输出的两条引线接头是否存在裸露破皮现象；

——防雨海波皮轮是否损坏，填料是否老化引起漏风、漏水，填料函的锁紧螺母是否锈死。

（4）阴极系统检修

1）阴极悬挂装置检查检修

——用清洁干燥软布擦拭承压绝缘子、瓷轴，检查绝缘表面是否有机械损伤、绝缘破坏及放电痕迹，更换破裂的承压绝缘子或瓷轴。更换绝缘部件时，必须有相应的固定措施，将支撑点稳妥转移到临时支撑点，要保证四个支撑点受力均匀，以免损伤另外三个支撑点的部件；

——更换绝缘子后应注意将绝缘子底部周围石棉绳塞严，以防漏风；

——绝缘部件更换前应先进行耐压试验；

——检查框架吊杆顶部螺母有无松动、移位，绝缘子两头定位元件是否脱落。

2）阴极框架的检修

——检测阴极框架整体平面度公差是否符合要求，并进行校正；

——检查框架局部变形、脱焊、开裂等情况并进行调整与加强处理。

3）阴极线检修

——全面检查阴极线的固定状况，阴极线是否脱落、松动、断线，找出故障原因并予以处理。当掉线在人手无法触及的部位时、在不影响框架结构（如强度下降、产生变形）且保证异极距情况下可用电焊焊上，焊点毛刺要打光，无法焊接时应将该极线取下，打出断线的原因（如机械损伤或电蚀或锈蚀）并采取相应措施。对松动极线检查，可通过摇动每只框架听其撞击声音，看其摆动程度来初步发现。

——检查各种不同类型的阴极线的性能状态并做好记录，作为对设备的运行状况、性能进行全面分析的资料。除极线松动、脱落、断线及灰尘情况外，重点检查：针刺线—放电极尖端钝化，结球及针刺线脱落等。

4）异极距检测与调整

——异极距检测应在框架检修完毕，阳极板排的同极距调整至正常范围之后进行；对那些经过调整后达到的异极距，做调整标记并将调整前、后的数据记入设备档案；

——测点布置：一般在每个电场的进出口侧的第一根线极上布置测点；

——按照测点布置情况自制测量表格，记录中应包括以下内容：电场名称、通道数、测点号、阴极线号、测量人员、测量时间及测量数据；每次大修时测量的位置尽量保持不变，注意跟安装时及上次大修时测点布置对应，以便于分析对照；

——按照标准要求进行同极距、框架及极线检修校正的电场，理论上已能保证异极距在标准范围之内，但实际中有时可能因工作量大、工期紧、检测手段与检修方法不足及设备已老化等因素，没有将同极距、框架及极线都完全保证在正常范围，此时必须进行局部调整，以保证所有异极距的测点都在标准之内；阴阳极之间其他部位须通过有经验人员的目测，对个别针刺线的偏向及两尖之间的距离来调整。

（5）灰斗及卸灰装置检修

1）灰斗内壁腐蚀情况检查：对法兰结合面的泄漏、焊缝的裂纹和气孔结合设备运行时的漏灰及腐蚀气孔加强检查，视情况进行补焊堵漏，补焊后的疤痕必须用砂轮机磨掉以防灰滞留堆积。检查灰斗角上弧形板是否完好，与侧壁是否脱焊，补焊后必须光滑平整无疤痕以免积灰。

2）检查灰斗内阻流板发现有脱落位移时应及时进行复位及加固补焊处理。

3）灰斗插板阀检修：更换插板阀与灰斗法兰处密封填料，消除接触面的漏灰点。检查插板操作机构，看转动手否轻便，操作是否灵活，有无卡塞现象并进行调整及除锈来加以保养。

4）落灰管检修：检查处理落灰管堵塞及积灰情况，对落灰管法兰结合面、捅灰孔等处的漏点进行处理。

（十一）电除尘器维护——实际工程案例

工程案例同前。

（1）电除尘器本体维护

1）对电除尘器保温箱内进行不定期清扫维护。在清扫过程中需同时检查电晕极支撑绝缘管是否有破损、爬电等现象，如有应及时更换。检查保温箱密封情况，防止烟气进入保温箱。

2）保温箱内的管状加热器是用来维持箱内温度高于露点温度 20～30℃的，因此保温箱的维护还应对管状加热器进行仔细检查，以保证其正常工作，如发现箱内有锈蚀现象，则说明加热器工作不能满足要求。应提高保温箱控制温度，或者增加加热器功率。

3）若电除尘器工作 3 个月以上，则应利用工艺生产停车机会对除尘器内部构件检查维护。

维护内容如下：

——检查各层气体分布板的孔是否被粉尘堵住；如果部分孔被粉尘堵住，则应仔细检查其振打装置的工作状况；检查每块分布板的连接是否适当，有无错开产生气流短路现象；

——检查两极间距：仔细检查每个电场通道的偏差是否在 10 mm 以内；每根

电晕线与极板距离的偏差是否在 5 mm 以内；电晕线是否有松动现象；极板是否因受热而变形弯曲，如有上述缺陷应及时处理；

——检查极板板面和极线的积尘情况：如发现个别极板或极线积尘过厚，则应分析振打情况，进行适当处理并调整振打；

——防止因局部的漏风导致露点腐蚀，检查极板的锈蚀情况，如发现有露点腐蚀要及时处理；

——检查两极的振打装置：对侧部绕臂式振打，检查看振打锤、毡子的固定是否有松动、脱落现象，毡和锤是否对位，转动部件是否正常工作；对顶部提升脱钩式振打，检查脱钩是否正常，各点的提升是否平衡，转动部件是否正常；对电磁振打来说，检查振打器是否正常工作，振打瓷柱是否损坏，振打高度是否与显示相符；如有问题及时处理；

——每两个月对高压电缆头、低压控制柜、支撑瓷瓶进行一次清扫；

——每年检查一次除尘器壳体、检查门等处与地线的连接情况，应保证其电阻值小于 4Ω；

——若阴阳极振打是顶部提升和绕臂式振打装置，则每周应检查转动装置及提升机构，如发现问题及时处理。

（2）高压硅整流器的维护

1）当控制柜和整流器有明显积尘时应进行一次清扫和擦拭，保持控制柜内部和整流器的清洁，干燥剂由浅蓝色变淡红色时应进行更换处理。

2）每 12 个月进行一次变压器油的试验，击穿电压平均值应大于 35 kV/2.5 mm，100 kV 变压器油应大于 40 kV/2.5 mm。

3）每年测量一次接地电阻，其值应不大于 4Ω。

4）高压整流器一般可不必吊芯检查，但需进行测试检查，用 2 500V 的摇表测量高压端对地电阻，其正向应接近于零，反向应在 10 kΩ以上，测量变压器一次侧接线端对地电阻，其值应大于 300 MΩ。

（十二）电除尘器日常监测——实际工程案例

工程案例同前。

（1）电除尘器的运行状态监测

监测内容包括：电除尘器的供电机组输出的二次电压、二次电流、烟气温度、保温箱温度；对运行数据每小时进行 1 次记录，并填写好整流岗位记录。

（2）电除尘器组成构件的完好运行状态监测巡视

监测内容包括：根据电压、电流值状况判断供电装置是否存在故障，本体的阴阳极是否存在故障，保温箱内的绝缘件是否存在故障；除尘器外壳是否存在明显的漏风点。若发现故障问题应及时汇报或直接处理或工票申请处理，并填写在岗位记录记事栏内。

(3) 电除尘器排灰设施及烟尘的监测

包括：放灰人员应对单仓泵、刮板、卸灰阀门、调浆槽及搅拌系统，压缩空气装置、输水系统、加酸装置、灰斗等进行检查；发现问题及时处理，并对烟尘的状况及放灰量进行记录。

(4) 电除尘器构件中的转动及润滑部件的巡视

生产工段维护人员应对运行电除尘器的阴阳极振打的转动部件、减速装置、润滑部位每周进行1 次巡检，发现问题及时处理。

(十三) 电除尘器完好标准

(1) 基础建筑

电除尘器基础及钢结构无裂缝、腐蚀，楼梯和平台稳固、无断裂现象。

(2) 电除尘器本体

1) 保温箱无漏风；

2) 高压穿墙桶关闭完好，无放电现象；

3) 高压电缆头无漏油，放电；

4) 电磁振打器能正常工作。

(3) 除尘器中部

1) 壳体无泄漏、腐蚀；

2) 侧部振打系统能正常工作；

3) 电场内部极线极板无脱落，阴极无接地现象。

(4) 除尘器下部

1) 灰斗无泄漏，保温良好；

2) 出灰系统能正常运行；

3) 调浆系统正常，无堵塞。

项目四　新型电袋复合式除尘

由于电除尘器和袋式除尘器各自存在一定的缺点，前者表现为：电除尘器的除尘效率与集尘面积呈指数关系，要达到较高的排放效率，就必须大大增加集尘面积，造成投资增加；除尘性能受粉尘物理和化学特性影响很大，对于高比电阻粉尘、细微粉尘及高黏性粉尘等应用效果不理想。而后者的缺点则表现在：阻力损失大、运行维护费用高，滤袋寿命有限，更换滤袋费用高，化学纤维滤袋不能承受高温烟气通过，对烟气中的水分含量和油性含量也有较严格的要求。对如何将电除尘器与布袋除尘器二者有效地结合起来，近年国内进行了大量研究，其中FE 电袋复合式除尘器整体技术水平已达国际水平，并已在燃煤电厂、冶炼厂、钢铁厂烟气除尘中得到成功应用。

（一）电袋复合式除尘器机理

在电袋复合式除尘器中，烟气先通过前级电除尘区，烟气中的大部分粉尘通过电除尘方式被收集下来，未被捕集的已荷电粉尘，再均匀进入后级袋式除尘区，如图 3-32 所示。

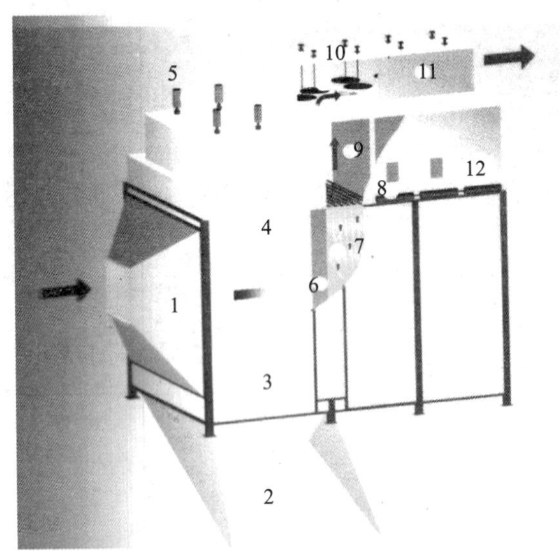

1—进气烟箱；2—灰斗；3—壳体；4—集尘极；5—放电极；6—导流装置；7—滤袋；8—清灰系统；9—净气室；10—提升装置；11—出气烟箱；12—人孔门

图 3-32　电袋复合式除尘器结构

（1）电除尘区预除尘作用

电袋复合式除尘器充分发挥电除尘器第一电场除尘效率高的特点，利用电除尘区，先除去了烟气中约 80%的粉尘量，同时，降低了进入袋式除尘区的粉尘浓度及粗颗粒粉尘含量；后级袋式除尘区仅收集剩下的 20%左右的粉尘，如图 3-33 所示。另外，电场的荷电作用，使得进入后级袋式区的粉尘的特性发生改变，成为荷电粉尘，为布袋除尘建立了一种新的工作条件。

（2）荷电粉尘使布袋的过滤性能发生变化，产生新生的过滤机理

理论和实践证明，荷电粉尘从电场区进入滤袋区后，大部分带负电荷的粉尘在趋近和到达滤袋表面时，由于荷电粉尘带相同电荷，同性电荷的粉尘相互排斥，从而在滤袋表面形成规则有序、结构疏松的粉尘层。此外，有一部分异性电荷粉尘会发生电凝并作用，在吸附到滤袋表面形成粉尘层前，已由小颗粒凝并成较大颗粒，

从而更容易被滤袋所阻留。

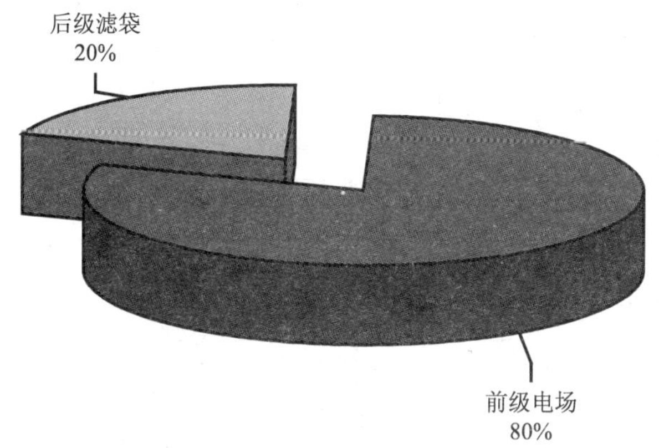

图 3-33　电袋复合式除尘器粉尘量分布

（二）电袋复合式除尘器性能特点

（1）除尘性能高效稳定

电袋复合式除尘器对细微颗粒和超细颗粒的捕集效果大大优于其他除尘装置，排放浓度应长期稳定在 50 mg/m^3 以下，具有长期的高效性和稳定性。目前，电袋除尘器在工业应用上最长超过了三年，但除尘效率仍然保持高效稳定。

（2）运行阻力低

滤袋阻力约占电袋复合式除尘器整体阻力的 70%，而滤袋的阻力主要由滤袋表面沉积的粉尘层产生。从电场区进入滤袋区的粉尘绝大部分为带负电的粉尘，由于滤袋区含尘浓度降低，以及荷电效应的作用，粉尘在滤袋表面形成的粉尘层颗粒排列有序，缝隙率高，对气流的阻力小，结构不紧密易于清灰；在运行过程中电袋复合式除尘器可以保持较低运行阻力。表 3-22 为南京梅山能源有限公司 1#炉电袋复合式除尘器的滤袋各室压差。

（3）滤袋使用寿命长

在相同使用条件下，电袋复合式除尘器与一般袋式除尘器相比寿命较长，下列因素延长了电袋复合式除尘器的滤袋使用寿命：

1）清灰频率低，延缓滤袋清灰疲劳破损；

2）清灰压力低，减缓滤袋清灰强度破损；

3）滤袋的压差小，减缓强度疲劳破损。

表 3-22　电袋复合式除尘器运行阻力（以南京梅山能源有限公司 1#炉电袋复合式除尘器为例）

单位：Pa

序号	时间	清灰周期/s	滤袋压差 Δp								烟气进口压力	烟气出口压力（1）	烟气出口压力（2）	系统平均阻力
			1	2	3	4	5	6	7	8				
1	12:00	5 200	516	531	560	544	560	560	530	537	-1 991	-2 734	-2 778	767
2	19:00	5 200	542	537	529	560	515	528	540	542	-2 010	-2 782	-2 782	777

（三）电袋复合式除尘器使用范围

电袋复合式除尘器适用于电力、建材、冶金、钢铁、化工等行业的工业烟气的粉尘治理，尤其适合于排放要求高的城市周边的工业除尘、高比电阻粉尘的除尘、循环流化床锅炉烟气除尘以及干法和半干法脱硫后高浓度烟气粉尘净化，同时由于其结构紧凑，也很适合于旧电除尘器的提效改造工程。

（四）电袋复合式除尘器工程应用案例

以某冶炼厂除尘车间电除尘为例介绍电袋复合式除尘器的日常运行、维护与故障处理。

（1）某冶炼厂除尘车间电袋除尘工艺流程

本电袋除尘器主要是针对 75 t/h 循环流化床锅炉所产烟气的净化处理，实现达标排放，其原理是在一台除尘器内，前端设置一个电场，后端安装两个滤袋场，含尘烟气由水平方向进入除尘器，首先经过电场区，尘粒在电场区荷电后将大部粉尘捕集下来（发挥电除尘器的优点，降低袋场负荷）。经过电场粗除尘后的含尘烟气进入袋场区下方，自下而上流入袋场区，含尘烟气经滤袋外表过滤后进入滤袋内腔，粉尘被阻留在滤袋外表面，除尘后的干净烟气从滤袋内腔流入上部的净气室，然后经提升阀进入排气烟道排往 60 m 烟囱，粘在布袋上的尘粒在压缩空气自动脉冲喷吹的作用下得到清理，使布袋再生，烟尘落入灰斗被收集。工艺流程如图 3-34 所示。

（2）电袋除尘器工艺参数

该电袋除尘器名称为：75 t/h 流化床锅炉电袋除尘器，其型号为：FE45-1 L2×1102-G，主要技术参数见表 3-23。

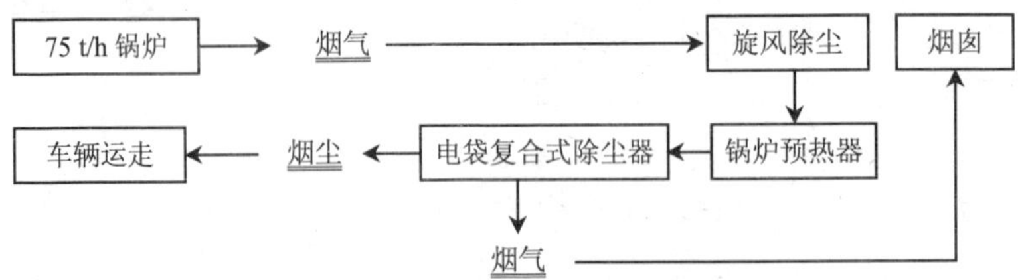

图 3-34　电袋复合式除尘器工艺流程

表 3-23 主要技术参数

序号	项目	技术参数
1	室数（室）	3/室
2	烟气处理量	145 000～160 000 m^3/h
3	烟气温度	≤160℃（最大）
4	入口含尘浓度	35 g/m^3（最大）
5	出口含尘浓度	≤50 mg/m^3
6	阻力	≤1 100 Pa（PPS 滤袋）
7	滤袋设计寿命	＞30 000 h
8	设计负压	－7 800 Pa
9	本体漏风率	≤3%
10	保护装置	预涂灰和旁路烟道
11	滤袋	600 条 168 mm×6 550 mm
12	袋区结构	长袋低压脉冲
13	袋区分室数	2
14	烟气含氧量	≤8%
15	设计过滤风速	1.21 m/min
16	总过滤面积	2 203 m^2
17	清灰控制方式	PLC：定时，定时+差压
18	脉冲阀规格	3 英寸①淹没式进口电磁脉冲阀
19	脉冲压力	0.2～0.25 MPa（可调）
20	脉冲宽度	0.15s（可调但不随意调整）
21	脉冲周期	45 min（可调）
22	最大压缩空气量	1.2 m^3/min
23	除尘器内承受最大负压	－7 800 Pa
24	电场结构	阳极侧部振打，阴极顶部振打
25	有效截面积	45 m^2
26	振打形式	阳极侧部振打，阴极顶部振打
27	电场数/室	1/室
28	单电场有效宽度	6 m
29	单电场有效长度	3.5 m
30	单电场有效高度	8 m
31	电集尘极板总有效面积	784 m^2
32	阳极板形式	ZT24 板
33	阴极线形式	针刺线
34	电场风速	0.99 m/s
35	电除尘器效率	80%
36	供电控制器型号	GGAj02K-0.4A/66 kV

① 1 英寸=2.54 cm。

（3）电袋复合式除尘器的工艺控制要求

1）烟气的温度范围：≤160℃。

2）压缩空气喷吹压力范围：0.2～0.25 MPa。

3）提升阀、旁路阀压力范围：0.4～0.5 MPa。

4）电袋复合式除尘器烟气出口含尘排放浓度：≤50 mg/m^3。

（五）电袋复合式除尘器的日常运行

以某冶炼厂除尘车间电袋除尘为例。

（1）运行前的准备及检查

1）除尘器场地清理干净，道路畅通，各操作巡查平台、走道扶手完整、照明充足，各转动机构外面有护罩或挡板，所有进入高压电场的检修人孔门等均应有明显的安全标志，电气安全连锁要完好、可靠。

2）对电场区域的检查。

——检查电场内部，确认无人员、无杂物、无短路现象，极配正常；

——检查保温箱内部，确认无人员、干净、无杂物、无短路现象，绝缘件表面清洁、无结露或损坏，确保完好；

——值班长清点人员，确认所有工作人员撤出电场及保温箱；

——检查高压隔离倒换开关，确认完好无损、接触良好；

——关闭高压隔离护栏；

——撤出安全接地装置；

——关闭所有人孔门、操作门，封闭电场。

3）检查确认旁路烟道的旁路阀密封良好，并处于关闭状态。

4）检查确认提升阀提升正常，开关到位。

5）检查提升阀、旁路阀的提升杆上下螺母，确认连接紧固。

6）检查确认净气室内部清洁干净，各喷吹管紧固，与气包连接密封。

7）检查除尘器布袋区域内部，布袋除尘器滤袋之间不得有任何杂物粘挂，确认布袋完好。

8）检查确认各分室滤袋与壳体钢结构之间无搭碰，吊挂滤袋骨架不歪斜，确认正常。

9）检查确认接地装置及其他安全设施安全可靠；检查电场阳极振打器各转点（或击打点）、电机减速机是否转动灵活和润滑情况，阴极振打电磁锤上下动作是否灵活。

10）检查卸灰机构和输灰机构（输灰系统），确认能正常运行。

11）检查完除尘器本体，确认完好后关闭所有的人孔门，并清点参加检查人员到齐。

12）检查脉冲阀动作情况，采取“手动”操作，确认每个脉冲阀能正常灵活动作。

13）在系统投入运行前 4～8 h，先投入保温箱电加热器和灰斗加热器工作。

14）检查压缩空气管网系统。

——检查压缩空气过滤器排液阀将液体排放干净，以后每班排放 1 次。

——检查放灰平台处的“过滤器”并进行排液，以后每班检查排放 1 次。

——检查脉冲阀气包、顶部压缩空气进口管上“三连体”，确认完好，进行排液，并检查确认油到位，压力显示正常，每班检查排放 1 次。

——检查确认压缩空气管网系统密封无泄漏，顶部三连体、气包压缩空气喷吹的压力范围是 0.2～0.25 MPa，提升阀、旁路阀的压缩空气压力范围是 0.4～0.5 MPa。

——检查工作完成后，清点所有参与人员到齐，撤离检查现场。

15）锅炉点火前布袋涂灰操作和要求。

在 75 t/h 锅炉每次点火投运前，检查确认电袋复合式除尘器完好后，为防止锅炉燃烧油进入滤袋区导致布袋黏结，滤袋必须进行预涂灰处理或使烟气走旁路。预涂灰操作顺序如下：

——灰罐车驶入车位，软管接入预涂灰管接口→开启引风机（挡板开度调至 40%以上）→打开涂灰管道蝶阀→引风机负压吸入车（罐）内灰→灰尘附着滤袋→滤袋差压到 200～300 Pa→停止涂灰，关闭涂灰管道蝶阀；

——长时间燃油过程中预涂灰操作顺序：系统长时间燃油，需要间断式涂灰－清灰－涂灰。若烟气经过滤袋区，涂灰的频率就要高些，滤袋差压上升到 800 Pa 后就要清灰－涂灰；若烟气走旁路烟道，清灰－涂灰次数可以少些，如：自动清灰一个周期→打开涂灰管道蝶阀→灰车送灰→关闭蝶阀；

——在雨季或空气湿度大时，当滤袋预涂灰后锅炉若出现 3 天内无法点火时，必须开启清灰系统，把滤袋灰层清除，在下次确认锅炉点火前再预涂灰，以防止滤袋表面灰层潮解发生永久性粘黏；

——在循环流化床锅炉运行过程中，需要燃油助燃时间较长（超过 2 h 以上），为防止滤袋受油烟的影响，须做好预涂灰准备。

16）75 t/h 锅炉系统点火阶段电袋启动操作步骤：

——接到调度通知，按《风机操作规程》“启动”引风机；

——打开旁路阀，关闭滤袋区提升阀，使烟气从旁路进入烟囱，不经过滤袋区；（滤袋必须经过预涂灰）

——合上低压控制柜内电源总“空开”，分别合上 “阳极振打空开”、“输灰装置电源”、“阴阳极振打电源”、“PLC 控制电源”；

——启动电场区低压系统控制系统，在 1#控制柜上，将保温箱加热开关置于“自动”，将灰斗加热、阳极振打开关置于“自动”位置，将故障指示置于“开”位置；

——在 2#控制柜上，将脉冲阀控制开关置于“自动”位置，旁路阀操作开关置于“允许”位置，提升阀操作开关置于“PLC”位置，综合故障开关在停机时和运行初期均置于“关”位置，除尘器系统全部投入正常运行后将综合故障开关置于“开”位置。

（2）运行操作步骤

1）（接到调度通知）当锅炉停止喷油、助燃升温后，进入正常燃煤投料，除尘器入口温度在≤160℃时；

2）开启滤袋区清灰系统进入工作状态，在 1#、2#控制柜上的各控制开关全部置于“自动”，控制状态。

3）根据操作屏界面的提示进行操作，打开滤袋区 4 只提升阀。

4）关闭旁路阀，并确认旁路阀操作控制开关置于“允许”位置，根据操作屏界面的提示进行操作。（烟气进入滤袋区）

5）启动高压供电机组向电场供电，机组的送电操作步骤如下：

——将变压器倒换开关置于连通“电场”位置；

——合上机组空气开关，使主电路接通；

——将主令开关 AS1 置于“通”位置；

——控制柜“电源”灯亮，控制器液晶显示屏应显示：ORIGINAL PARAMETR OK。然后进入逐屏显示。

——按（复位）键，然后按下（启动）按钮，运行：灯应亮；

——待第一阶段屏显结束后，电流、电压缓慢上升，使用功能键选择最佳工作方式及相应工作特性，其要求：根据工艺状况设定二次电压、电流，使工作电压、电流在接近火花放电电压状态下工作；

——将控制方式转换为“自动”控制。

6）机组的停机步骤。

——按“复位”按钮，输出电流、电压降为零；

——按“停止”按钮，断开控制柜回路；

——置开关 SA1 于“断”位置，将断路器 QF1 置于“断”位置；

——机组在正常运行中，出现自动停机报警，应先确认控制器显示故障类型；由专业人员作相应处理后，按（复位）键解除报警，按操作步骤重新启动或进行检修；

——机组停机后，将变压器倒换开关置于“接地”，同时将机组连锁位置于“断开”位置。

7）设备在运行中必须严格控制温度，当烟温≤160℃为正常状态，此时旁路阀处于关闭状态。

8）当烟温＞170℃时，出现报警状态，应及时通知调度与主控室，联系采取相应措施控制烟气温度；当烟气温度＞175℃时，烟温将对滤袋造成危害，应打开旁路阀，关闭滤袋区提升阀，使烟气由旁路阀排至除尘器出口。

9）当烟气温度恢复到≤160℃时，控制系统打开滤袋区提升阀，关闭旁路阀，此时烟气进入除尘器为正常状态。

10）设备在运行中，滤袋区压差控制范围为 400～600 Pa，除尘器进、出口压差控制范围为 600～1 200 Pa，超出范围说明设备阻力上升，应检查滤袋清灰情况或由专业技术人员调整清灰周期。

11）严格按以下标准优先选择清灰方式

——在线清灰：为优选方式；

——离线清灰：不推荐使用，只有在烟气粉尘出现异常细黏，且滤袋阻力超出正常范围时选用；

——定时清灰：为优选方式。

（3）电袋设备的停运操作

1）根据调度指令对设备进行系统停机。

2）按“风机操作规程”停止风机运行。

3）关闭除尘器进口阀门，关闭除尘设备顶部 5 只提升阀、风机进口扇形阀、风机出口蝶阀，切断烟气。

4）按以上机组停机步骤进行机组停运操作。

5）断开加热系统各控制开关。

6）停机后清灰系统继续运行 2 h 后停运。

7）做好记录，通知当班调度。

8）电袋复合式除尘器的放灰操作。

9）放灰前的检查准备。

——操作人员在上岗前按规定穿戴好规定的防护用品；

——检查放灰控制箱上的“急停开关”并确认处于“复位”状态，将转换开关置于“手动”或者“自动”位置；

——检查抽风机并进行盘车，确认完好；

——检查散装机钢绳、滑轮、传动链，确认完好，并有足够的润滑脂；

——检查各气动抽板阀、压缩风接口、限位装置并确认完好。

（4）放灰操作

1）“手动”操作顺序：

——将车辆停放到所需放灰灰仓下的灰口位置；

——合上平台上电源箱内的空开电源—与驾驶员配合将“下降”灰管降至与车辆料口对好—打开手动插板阀—选择开关置于“手动”—“启动风机”—

“启动”给料机—打开汽动抽板阀—开始下料。(当料满后如料将下降管中心的增氧机汽管堵塞，风机、卸料机、抽板阀即自动停机，属正常现象)

2)“自动”操作顺序：

——将车辆停放到所需放灰灰仓下的灰口位置；

——合上平台上电源箱内的“空开”电源—与驾驶员配合将“下降”灰管降至与车辆料口对好。

——打开手动插板阀—选择开关置于“自动”位置 —“启动”风机—开始下料。(当料满后如料将下降管中心的增氧机汽管堵塞，风机、卸料机、抽板阀即自动停机，属正常现象)

3)重复以上程序，将所有灰仓的灰逐个放完后，对各设备进行检查并将开关、按钮复位，阀门、电源关闭。

4)各灰仓放灰完毕后必须保留一定的灰封，关闭好阀门，避免漏风现象发生。

5)做好放灰记录。

(5)安全注意事项和要求

1)在锅炉点火喷油助燃期间到锅炉正常炉温燃煤之前，禁止投入滤袋区清灰系统，以防止涂灰层脱落，使滤袋失去保护作用。

2)当锅炉喷油时间超过 2 h，则根据压差情况进行操作，若压差低于 200 Pa 应进行连续小量预涂灰。

3)在对设备进行检查或处理故障时，必须将所带的工具用工具包装好，防止工具从高空掉落伤人。

4)在本体的作业人员严禁翻越安全围栏，如需高空作业必须按规定系好安全带，方可进行作业。

5)在搬、吊运所需的备品、备件到高处的过程中，地面必须设专人负责安全监护，备件至顶部后必须固定好以防止掉落。

6)在投产前进入电场和滤袋内部密闭空间检查的过程中，应设有专人在人孔门处守候，确认人员和带入的物品全部带出后，才能关闭人孔门。

7)放灰时防尘风机必须运行正常以避免烟尘外逸，每周定期对防尘管进行积尘清理维护，确保系统正常。

8)车辆装满后，必须在将下料管“上升”后，且车辆上方无人时方可驶离；车辆顶部有人时，严禁车辆启动。

9)灰仓仓壁振动器正下方有人时，禁止操作人员开启仓壁振动器进行振动。

10)在放灰过程中只能逐个仓进行放灰，严禁两个仓以上同时进行放灰。

11)运输烟尘的车辆必须遵守厂内机动车规定和交通法规。

12)操作人员在运行风机检查时，要求长发必须扎好，避免外露至旋转部位。

13)进入本岗位区域进行检查、保养、维修等的管理、作业或其他人员必须经过本岗位值班人员确认方能进行。

（6）紧急故障处理

遇有下列情况之一，应立即停机：

1）电气设备

——整流变压器严重发热，温升超过 40℃，设备内部有明显的闪络、拉弧、严重漏油等现象。

——供电装置失控，出现大的电流冲击。

——高压绝缘部件闪络严重，电缆头放电。

——电气设备发生火灾。

——出现触电等严重威胁人身安全的情况。

——出现电气设备放炮这样的严重设备安全事故时。

2）本体及工艺设备

——电场内部拉弧严重，绝缘件放电严重。

——锅炉出现暴管，烟气温度降至露点以下及滤袋出现糊袋现象。

——灰仓出现严重堵塞，料面继续上升并超过料位器。

3）引风机

——风机发生剧烈振动或碰撞，轴承突然出现异常摩擦响声。

——风机轴承温度超过 70℃，采取相应措施无效时；温升大于 40℃而温度仍继续上升。

——电机温升突然及冒烟。

——风机冷却水突然断水，短期无法恢复供水。

4）以下情况短期处理不能解决时停机。

——阻尼电阻冒火，供电装置出现偏励磁。

——可控硅元件冷却风扇故障而元件发热严重。

——各电缆接头，尤其是主回路电缆头、整流变压器、电抗器进线接头发热严重。

——锅炉预热器出现尾部燃烧，烟气温度连续上升到 180℃以上，经联系处理后温度无法降低。

——灰斗堵塞，不能及时疏通。

（7）操作注意事项及要求

针对设备出现的异常情况，采取一些特殊调整手段，是一种有效的解决办法，这些情况有：

1）当运行条件恶化引起电气设备过热，如高位布置整流变压器因在酷热天气下运行而发热严重、阻尼电阻过热、可控硅冷却风扇故障使元件发热严重时，为了保持电场投运，可适当降低运行参数（一般通过调节电流极限来限流）来运行。如前级电场出灰能力下降，也可通过降低该电场的运行参数适当将灰量转移到后级。

2）振打控制方式的调整。当电极普遍积灰严重时，可适当增加振打频率，缩短振打间隔；反之则可适当加大振打间隔。

3）滤袋区滤袋压差长时间上升到 1 200 Pa 时缩短清灰周期时间，以压差下降到正常为宜。

4）设备在投入运行后，严格执行《除尘车间交接班制度》及相关规定。

（六）电袋复合式除尘器故障原因分析及处理方法

以某冶炼厂除尘车间电除尘为例，介绍电袋复合式除尘器故障原因分析及处理方法（表 3-24）。

表 3-24　电袋复合式除尘器故障原因分析及处理方法

序号	故障现象	产生原因	处理方法
1	二次工作电流大，二次电压升不高，甚至接近于零。	与表 3-20 相同	与表 3-20 相同
2	二次工作电流正常或偏大，二次电压升至较低电压便发生闪络。	与表 3-20 相同	与表 3-20 相同
3	二次电压正常，二次电流显著降低。	与表 3-20 相同	与表 3-20 相同
4	二次电压和一次电流正常，二次电流无读数。	与表 3-20 相同	与表 3-20 相同
5	二次工作电流正常或偏大，二次电压低，且会发生闪络。	（1）两极间的局部距离变小。 （2）有杂物挂在集尘极板或阴极上。 （3）电缆击穿或漏电。.	（1）调整极间距。 （2）清除杂物。 （3）更换电缆。
6	二次电压偏高，二次电流显著降低。	（1）集尘极或电晕极的振打装置未开或失灵。 （2）电晕线肥大或放电不良。 （3）烟气中粉尘浓度过大。	（1）检查并修复振打装置。 （2）分析肥大原因，采取必要措施。 （3）改进工艺流程，降低烟气的粉尘含量。
7	二次电压和一次电流正常，二次电流无读数。	（1）毫安表并联的电容器损坏造成短路。 （2）毫安表本身指针卡住。	查找原因，更换仪表或消除故障点。
8	二次电流不稳定，毫安指针急剧摆动。	（1）电晕线折断，其残留段受气流影响摆动。 （2）烟气湿度过大，造成粉尘比电阻值下降。 （3）阴极绝缘件对地产生表面放电。	（1）剪去或固定好残留段。 （2）通知工艺技术人员，进行适当调整。 （3）处理放电的部位。

序号	故障现象	产生原因	处理方法
9	一、二次电流、电压均正常，但除尘效率不理想。	（1）气流分布板孔眼被堵，气流分布不均。 （2）灰斗、壳体的阻流板脱落，气流发生短路。 （3）放灰装置严重漏风，进口风量增加。 （4）粉尘二次飞扬。 （5）烟气条件变化。	（1）检查气流分布板的振打装置是否出故障。 （2）检查阻流板，并做适当处理。 （3）加强排灰装置的密封性，处理漏风原因。 （4）a. 调整振打强度，时间和周期；b. 改善气流分布；c. 减少漏风；d. 防止产生反电晕；e. 调整火花率控制；f. 改善粉尘的比电阻。 （5）改善烟气条件。
10	二次电流、电压闪络过于频繁，除尘效率降低。	（1）电场以外放电，如隔离开关、高压电缆及阻尼电阻等放电。 （2）电控柜火花率没有调整好。 （3）前电场的振打周期不合格。 （4）工况变化，烟气条件波动很大。	（1）处理放电部位。 （2）调整火花率电位器及置“自动”状态。 （3）调整振打周期。 （4）停产后，对电场检查，消除放电异常部位。 （5）调整工艺状况，改善烟气条件。
11	预热器出口烟气温度突然持续快速上升，控制系统发出超高温警报。	锅炉可能出现尾部燃烧。	（1）联系锅炉主控，及时减少二次风的风量。 （2）如采取措施后除尘器进口温度还是持续上升且超过 190℃，应进行烟气排空。
12	预热器出口烟气温度突然持续快速下降，控制系统发出超低温警报。	锅炉可能出现爆管故障或助燃风量减少。	联系锅炉主控，提高炉温，如采取措施后仍不能恢复温度，应及时进行烟气排空，以防发生结露而引起湿壁、糊袋。
13	后级滤袋阻力上升很快。	（1）前级电除尘的除尘效率下降。 （2）进入后级滤袋除尘的粉尘浓度加大。	（1）前级除尘器的运行状况差或发生故障，调整电场的二次电压、电流和振打周期。 （2）前级电除尘器故障一时无法排除，适量缩短清灰脉冲间隙。
14	烟囱出口有明显可见黑烟。	（1）刚使用新滤袋还没有进入除尘稳定期。 （2）个别滤袋发生破损。	（1）新滤袋使用数周后除尘趋于稳定。 （2）检查压差小于正常值的分室，关闭该室提升阀以进行封堵或更换损坏滤袋。
15	某室滤袋差压较明显偏离正常值。	该室有个别滤袋破损或堵塞。	关闭该室阀门，检查更换损坏或堵塞布袋的情况并进行处理。

（七）电袋复合式除尘器检修

以某冶炼厂除尘车间电除尘为例，介绍电袋复合式除尘器的检修。

（1）设备（年终检修内容）

1）清扫、清理除尘器各室、管道、进出口阀内积灰。

2）检查除尘器进口矩形阀阀片、风机进口扇形阀阀片情况，并进行紧固、调整、更换。

3）对除尘器、风机进出口阀的电动执行装置进行检查、润滑。

4）检查电场、滤袋区内部情况，更换损坏的振打件、绝缘件和损坏的滤袋，检查、调整、紧固各喷吹连接管及装置。

5）检查调整电场间距或阴极悬挂装置。

6）检查、调整振打装置：

——阳极振打锤是否在振打毡中心区域的有效位置；

——检查振打轴轴承及锤的磨损情况；

——检查阴极振打密封套是否损坏。

7）对进、排提升阀和放灰系统气动阀进行清洗检查。

8）对放灰系统抽风机叶轮、轴承座进行清理、清洗和检查调整。

9）对散装机及所属电机进行吹灰清理、检查、保养。

10）对引风机的检修按车间风机维护、检修规程进行。

11）检查、维护或更换铂热电阻、压力传感器和压差变送器等相关设施。

（2）检修质量标准及要求

检修质量标准及要求见表 3-25。

表 3-25　检修质量标准及要求

序号	检修内容	检修标准
1	清扫、清理除尘器各室、管道、进出口阀内积灰	要求将内部积尘清理干净。
2	检查除尘器进口矩形阀阀片、风机进口扇形阀阀片、出口蝶阀	（1）各阀片、板、槽积灰清理，无变形脱落，阀体密封好。 （2）通过驱动装置操控，转动灵活、可靠。
3	除尘器、风机进口、出口阀的电动执行装置检修	执行器操作正常，开度表与机械开度指示一致。

序号	检修内容	检修标准
4	电场、滤袋区内部情况，更换损坏的振打件、绝缘件和损坏的滤袋，检查、调整、紧固各喷吹连接管及装置	（1）绝缘件无损坏，要求表面清洁无污物。 （2）更换绝缘件要求：同一组承压绝缘子应调整到同一水平面内，其平面度小于 5 mm，阴极吊梁的水平度小于 10 mm。 （3）检查、清理滤袋，要求各滤袋完好，无严重积尘，更换损坏的滤袋。 （4）清扫气室上箱体，要求将滤袋上口周边清理干净，严禁灰尘及杂物进入滤袋和冷却管内。 （5）在更换滤袋时严禁野蛮施工，要多人进行，将袋笼水平放置，安装时要轻拿、轻放，滤袋要求干净，禁止将有油污、潮湿、材质腐化及破损的滤袋用于安装。 （6）滤袋安装完后必须进行检查，看卡环是否卡紧到位。 （7）要求喷吹管各 U 型卡固定牢固，各喷吹管必须保证与滤袋中心的同轴度在 2 mm 以内。
5	调整电区间距	（1）电场间距符合标准，在±10 mm。 （2）异极距及规定标准：对于ϕ8 圆钢不锈钢针刺线，L=（同极距－10）÷2－10；对于其他线型，L=（同极距－线体直径－1.5）÷2－10。
6	阳极振打装置	（1）振打锤头敲击必须在振打毡中心位置，偏差为±5 mm。 （2）传动轴、连接件、固定螺栓如腐蚀严重应及时更换，更换后的连接螺栓应点焊。
7	阴极振打装置	（1）检查、更换和调整要求，新换的绝缘件必须干净。 （2）锥形绝缘轴的铅垂度要求为 3 mm。 （3）电磁振打器振打棒露出长度：38±2 mm（普通型）；60±2 mm（加强通型），振打器中心应与振打棒中心重合，同心度偏差小于 5 mm。 （4）振打器铅垂度要求：小于 1 mm。 （5）同一分区阴极吊梁各吊点在同一水平面，水平度小于 3 mm。 （6）阳极振打棒梁杆铅垂度偏差小于 3 mm。 （7）绝缘子支撑法兰应调整水平并与悬吊杆同心，其中水平度公差为 2 mm，同轴度公差为 5 mm。 （8）承压绝缘子应调整与悬吊杆同心，其同轴度公差为 10 mm。 （9）支撑梁的水平度公差为 2 mm。 （10）锤头与振打棒的中心线偏差小于 5 mm。 （11）安装振打器时应注意标记，安装完毕后须冷态连续振打 150 次后再次调整振打棒长度，这样方可锁紧钢带抱箍。

序号	检修内容	检修标准
8	清洗、检查汽缸体，气动元件，调压、过滤装置	（1）汽缸推杆轴线与出风口导向套孔中心同心度小于 ø2 mm，垂直度小于ϕ2 mm。 （2）阀板与出风管保持水平，关闭间隙小于 2 mm。 （3）密封件（油浸盘根）安装时应避免长度不够现象，不允许截断安装。 （4）保证提升杆运动流畅，要求动作时，无卡塞、关闭到位、严密。 （5）清洗“三连体、过滤装置”时，严禁野蛮拆装，在清洗 PC 杯时用中性清洗剂清洗，禁止用有机溶液清洗，清洗时确保进出气孔畅通。 （6）确认 O 型圈、调压膜片、膜片压环、调压柱完好到位才能装配，装配完成后经试、调压正常，不泄漏即可。 （7）使用压力请勿超过 9.5 kg/cm^2。 （8）检查或更换滤芯。
9	放灰系统抽风机叶轮、轴承座	（1）叶轮清洁干净。 （2）轴承座清洗保养。 （3）运行中振动符合规范。
10	散装机及所属电机	（1）电机进行吹扫、检查、外观清洁。 （2）散装机各传动件进行清洗、润滑检查。 （3）各限位器进行调整或更换，确保可靠。 （4）要求运行中无卡塞、灵活。
11	铂热电阻、压力传感器、压差变送器	确保引压管畅通，各温度、压力显示正常。

（3）验收要求

1）各设备检修完毕后，必须通过试车运行正常，达到检修质量、技术要求。

2）检修部门相关人员应做好相关检修记录，要求齐全、准确。

3）使用部门应进行验收认可。

4）在安全上必须符合相关安全要求，无安全隐患。

（八）电袋复合式除尘器完好标准

（1）基础建筑

除尘器基础及钢结构无裂缝、腐蚀，楼梯和平台稳固、无断裂现象。

（2）除尘器本体

1）除尘器入口电动矩形阀正常开启。

2）启动插板阀正常活动，无漏灰现象。

3）放灰上升下降管能正常伸缩。

4）离线阀能正常提起或降落。

5）风机入口扇形阀、风机出口蝶阀活动灵活。

6）侧部振打正常运行。

7）电场区可参见电除尘器完好标准。

8）滤袋区可参见布袋除尘器完好标准。

项目五　湿式除尘器

湿式除尘器是通过含尘气体与液滴或液膜的接触，利用水滴和颗粒的惯性及其他作用捕集颗粒或使粒径增大，使尘粒从气流中分离出来的设备，也叫洗涤式除尘器。湿式除尘器既能净化废气中的固体颗粒污染物，也能脱除气态污染物（气体吸收），同时还能起到气体降温的作用。湿式除尘器具有设备投资少、构造简单、净化效率高和运行安全的特点。尤其适宜净化高温、易燃、易爆及有害气体。缺点是容易受酸碱性气体腐蚀，管道设备必须防腐；要消耗一定量的水，粉尘回收困难，污水和污泥要进行处理；使烟气抬升高度减小，冬季烟筒会产生冷凝水；在寒冷地区要考虑设备的防冻等。

采用湿式除尘器可以有效去除 0.1～20 μm 的液滴或固体颗粒，其压力损失在 250～1 500 Pa（低能耗）和 2 500～9 000 Pa（高能耗）。

（一）湿式除尘器的除尘原理

惯性碰撞和拦截是湿式除尘器捕获尘粒的主要机理，其次是扩散和静电作用等。尘粒和水滴之间的惯性碰撞是最基本的捕集作用，对尺寸在 0.3 μm 以上的尘粒而言，尘粒与水滴的碰撞效率取决于尘粒的惯性。气流在运动过程中如果遇到障碍物（如水滴）会改变气流方向，绕过物体进行流动。粒径和重量较大的尘粒具有较大的惯性，会脱离气流的流线保持直线运动，从而与水滴相撞。如果从脱离流线到停止运动，尘粒移动的距离大于尘粒脱离流线的点到水滴的距离，尘粒就会和水滴碰撞而被捕集。对于气流中密度较小的粉尘，由于其惯性较小，能随气流一起绕过水滴；当其流线至水滴表面的距离小于粉尘的半径时，粉尘由于接触水滴而被拦截。

（二）常见的湿式除尘器

（1）旋风洗涤除尘器

旋风洗涤除尘器与干式旋风除尘器相比，由于附加了水滴的捕集作用，除尘效率明显提高。在旋风洗涤除尘器中，含尘气体的螺旋运动产生的离心力将水滴甩向外壁形成壁流，减少了气流带水，增加了气流间的相对速度；不仅可以提高惯性碰撞效率，而且由于采用更细的喷雾，壁液还可以将离心力甩向外壁的粉尘立刻冲下，有效地防止了二次扬尘。

旋风洗涤除尘器含尘气体入口气速为 15～45 m/s，气流压力损失为 500～750 Pa，除尘效率一般可达 90%～95%。

旋风洗涤除尘器适用于净化大于 5 μm 的粉尘。常用的旋风洗涤除尘器有立式旋风水膜除尘器、卧式旋风水膜除尘器和中心喷雾旋风除尘器。

1）立式旋风水膜除尘器

立式旋风水膜除尘器的除尘过程是含尘气体从筒体下部进风口沿切线方向进入后旋转上升，使尘粒受到离心力作用而被抛向筒体内壁，同时被沿筒体内壁向下流动的水膜所黏附捕集，并从下部锥体排出除尘器。

立式旋风水膜除尘器是一种运行简单、维修管理简便、应用比较广泛的洗涤式除尘器，其构造如图 3-35 所示。在圆筒形的筒体上部，沿筒体切线方向安装若干个喷嘴，水雾沿切线喷向器壁，在器壁上形成一层很薄的不断向下流动的水膜。含尘气体由筒体下部切向导入并旋转上升，气流中的尘粒在离心力的作用下被甩向器壁，从而被液滴和器壁上的液膜捕集，最终沿器壁向下注入集水槽，经排污口排出。净化后的气体由顶部排出。

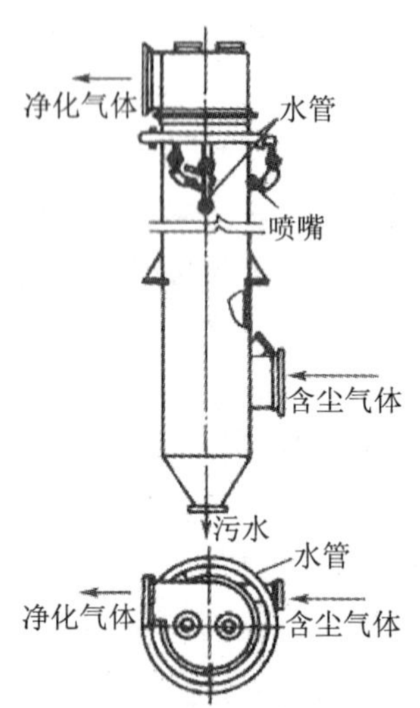

图 3-35 立式旋风水膜除尘器

立式旋风水膜除尘器的除尘效率随气体的入口速度增加和筒体直径减小而提高。但入口气速过高，会使阻力损失大大增加，有可能还会破坏器壁的水膜，使除尘效率下降，同时出现带水的现象。因此入口气速一般控制在 15～22 m/s。为减少尾气净化气体对液滴的夹带，净化气体出口气速应在 10 m/s 以下。入口含尘质量浓度不宜过大，最大允许质量浓度为 2 g/m^3。若用于处理含尘质量浓度大的废气时，应设置预除尘装置。水气比取 0.4～0.5 L/m^3 为宜，一般情况下除尘效率为 90%～95%，设备压力损失为 500～750 Pa。

2）卧式旋风水膜除尘器

卧式旋风水膜除尘器是一种阻力不高而效率比较高的除尘器。其结构简单，操作维修方便，耗水量小，而且不易磨损，在机械、冶金等行业使用较多。

卧式旋风水膜除尘器也称旋筒式除尘器，如图 3-36 所示。它由外筒、内筒、螺旋导流叶片、灰浆斗及排灰浆阀等组成。除尘器的外筒和内筒横向水平放置，内筒和外筒之间装螺旋导流叶片，螺旋导流叶片使内筒、外筒的间隙呈一螺旋通道，除尘器下部为集水槽。

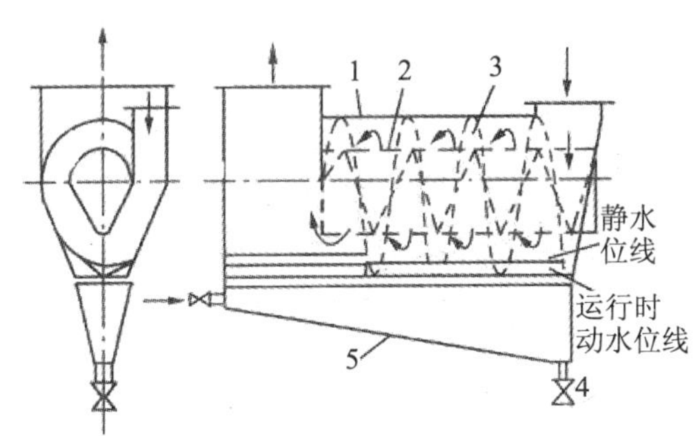

1—外筒；2—内筒；3—螺旋导流叶片；4—排灰浆阀；5—灰浆斗

图 3-36 卧式旋风水膜除尘器

含尘气体由进口切向高速进入，通道内做旋转运动前进，在离心力的作用下，尘粒被甩向筒壁；气流冲击水面激起的水滴和尘粒碰撞，把一部分尘粒捕获；携带水滴的气流继续做旋转运动，水滴被甩向器壁形成水膜，又把落在器壁上的尘粒捕获。由于这种卧式旋风水膜除尘器综合了旋风、冲击水浴和水膜三种除尘形式，因而其除尘效率可达 90%以上，最高可达 98%。

影响卧式旋风水膜除尘器效率的主要因素是气速和集水槽的水位。在处理风量一定的情况下，若水位过高，螺旋形通道的断面面积减小，气流通道的流速增加，使气流冲击水面过分激烈，造成设备阻力增加；反之，若水位过低，通道断面积增大，气体流速降低会使水膜形成不完全或者根本不能形成，从而使除尘效率下降。试验表明，槽内水位至内筒底之间距离以 100～150 mm 为宜，相应螺旋形通道内的断面平均风速范围应为 11～17 m/s。

为了防止或减少卧式旋风水膜除尘器排出的气体带水，通常将除尘器后部做成气水分离室，并增设除雾装置。

卧式旋风水膜除尘器的阻力损失为 800～1 000 Pa，平均耗水 0.05～0.15 L/m^3。由于它具有结构简单、设备压力损失小、除尘效率高、负荷适应性强、运行维护费用低等优点，因此应用十分广泛。

3）中心喷雾旋风除尘器

图 3-37 为中心喷雾旋风除尘器示意图。含尘气流由除尘器下部沿切线方向进入，水通过轴向安装的多头喷嘴喷入，尘粒在离心力的作用下被甩向器壁，水由喷雾多孔管喷出后形成水雾，利用水滴与尘粒的碰撞作用和器壁水膜对尘粒的黏附作用而除去尘粒。入口处的导流板可以调节气流入口速度和压力损失。如需要进一步控制，则要靠调节中心喷雾管入口处的水压。

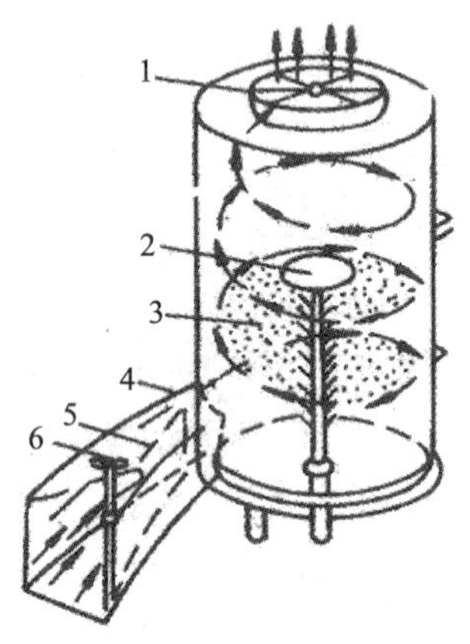

1—旋流板脱水器；2—中心隔板；3—喷嘴；4—含尘气体入口；5—导流板；6—调节杆

图 3-37　中心喷雾旋风除尘器

中心喷雾旋风除尘器的结构简单，设备造价低，操作运行稳定可靠。由于塔内气流旋转运动的路程比喷雾塔长，尘粒与液滴之间相对运动速度大，因而使粉尘被捕获的概率大。中心喷雾旋风除尘器对粒径在 0.5 μm 以下粉尘的捕集效率可达 95%以上。

（2）重力喷雾洗涤器

重力喷雾洗涤器又称喷雾塔或洗涤塔，是湿式洗涤器中最简单的一种，图 3-38 是重力喷雾洗涤器示意图，在逆流式喷雾塔内，含尘气体向上运动，通过喷淋液体所形成的液滴空间时，由于尘粒和液滴之间的碰撞、拦截和凝聚等作用，较大较重的尘粒靠重力作用沉降下来，与洗涤液一起从塔底排走。为保证塔内气流分布均匀，常采用孔板型气流分布板。为了防止气体出口夹带液滴，常在塔顶安装除雾器。被净化的气体排入大气，从而实现除尘的目的。

一般按照尘粒与水流流动方式的不同将重力喷雾洗涤器分为逆流式、并流式和横流式。

通过喷雾洗涤器的水流速度与气流速度之比为 0.015～0.075，气体入口速度范围一般为 0.6～1.2 m/s，耗水量为 0.4～1.35 L/m^3。

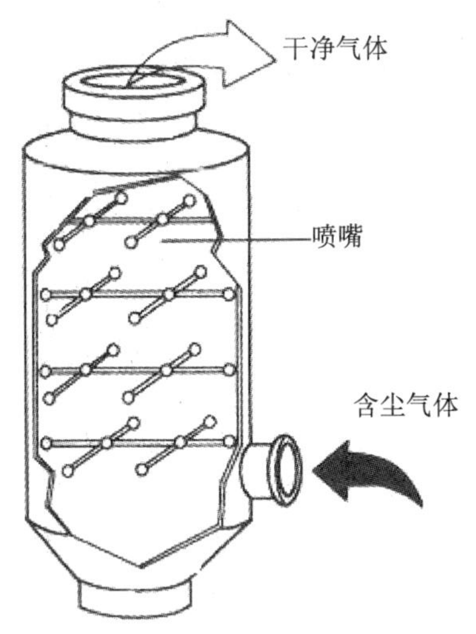

图 3-38 重力喷雾洗涤器

喷雾洗涤器的压力损失较小，一般在 250 Pa 以下。对于粒径 10 μm 以下尘粒的捕集效率低，因而多用于净化大于 50 μm 的尘粒。重力喷雾洗涤器具有结构简单、阻力小、操作方便等特点，经常与高效洗涤器联合使用捕集粒径较大的颗粒。但其耗水量大、设备庞大、占地面积大、除尘效率低，因此经常被用于电除尘器入口前的烟气调质，以改善烟气的比电阻，也可用于处理含有害气体的烟气。

（3）自激喷雾除尘器

1）冲击水浴除尘器

冲击水浴除尘器如图 3-39 所示：连续进气管的喷头掩埋在器内的水室里，含尘气流经喷头喷出，冲击水面，气流急剧改变方向；粒径较大的尘粒惯性大，与水碰撞而被捕集；粒径较小的尘粒随气流以细流的方式穿过水层，激起大量泡沫和水花，进一步使尘粒被捕集，达到二次净化的目的。

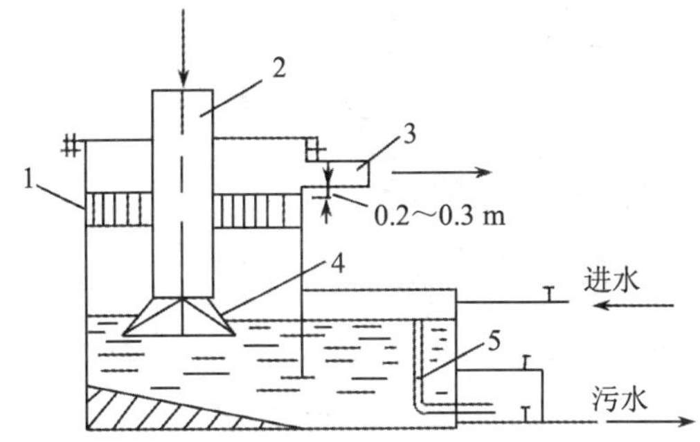

1—挡水板；2—进气管；3—排气管；4—喷头；5—遣留管

图 3-39 冲击水浴除尘器

2）自激式除尘器

自激式除尘器由洗涤除尘室、排泥装置和水位控制系统组合而成。如图 3-40 所示，在洗涤除尘器内设置了 S 形通道，使气流冲击水面激起的泡沫和水花充满整个通道，从而使尘粒与液滴的接触机会大大增加。含尘气流进入除尘器后，转弯向下冲击水面，粗大的尘粒由于惯性冲入水中被水捕集直接沉降在泥浆斗内。未被捕集的微细尘粒随着气流高速通过 S 形通道，激起大量的水花和水雾，使粉尘与水滴充分接触；并通过碰撞和截留，使气体得到进一步净化，净化后的气体经挡水板脱水后排出。

自激式除尘器入口风速一般取 15～20 m/s，进气室的下降流速 3～4 m/s，S 形通道内的气流速度 18～35 m/s，除尘效率可达 95%，设备压力损失达 1 000～1 600 Pa，耗水量 0.04 L/m^3。

自激式除尘器结构紧凑，占地面积小，施工安装方便，负荷适应性好，耗水量少。缺点是价格较贵，压力损失大。

（4）文丘里洗涤器

文丘里洗涤器如图 3-41 所示，它是一种高效湿式洗涤器，常用在高温烟气降温和除尘上。水在喉管处注入并被高速气流雾化，尘粒与液滴之间相互碰撞使尘粒沉降。

文丘里洗涤器一般包括文丘里管（简称文氏管）和脱水器两部分。文氏管由进气管、收缩管、喷嘴、喉管、扩散管、连接管组成。脱水器也叫除雾器，上端有排气管，用于排除净化后的气体；下端有排尘管接沉淀池，用于排除泥浆。

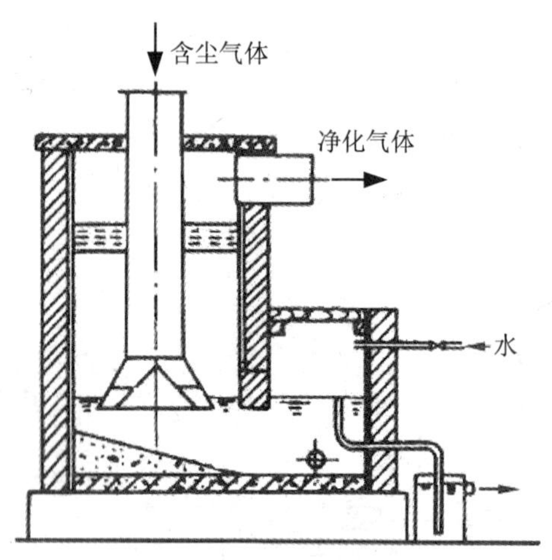

图 3-40　自激式除尘器

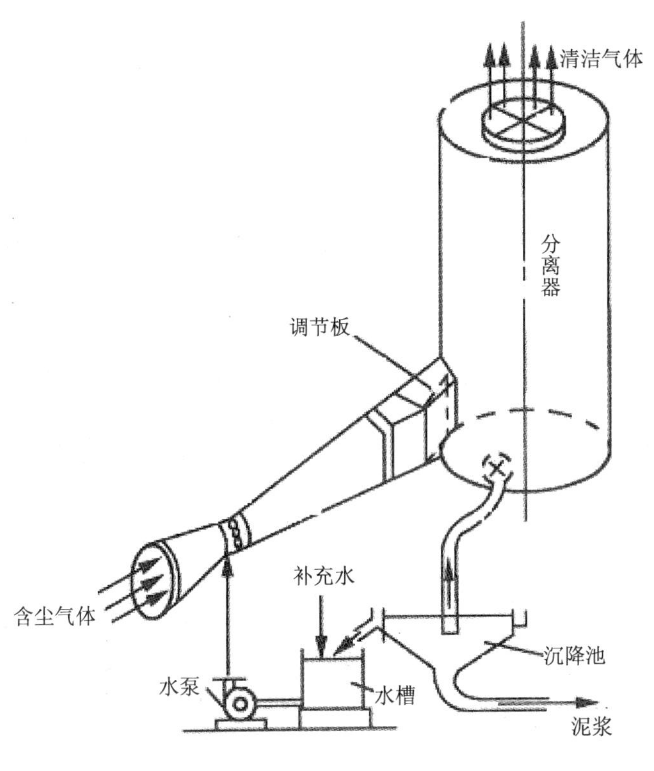

图 3-41　文丘里洗涤器

文丘里洗涤器的除尘包括雾化、凝聚和脱水三个过程，前两个过程在文氏管内进行，后一个过程在脱水器内进行。含尘气体由进气管进入收缩管，气速逐渐增加，气流的压力做功使得动能增加，进入喉管时，流速达到最大值。从喉管加入的水被高速气流冲击雾化形成细小雾滴，在收缩管和喉管中气液两相之间的相对流速增大，从喷嘴喷出来的水滴，在高速气流冲击下雾化，气体湿度达到饱和，尘粒表面附着的气膜被冲破，使尘粒被水湿润。尘粒和水滴、尘粒和尘粒之间发生激烈的凝聚，形成较大颗粒；在扩散管中，气流的速度减小，压力回升，以尘粒为凝聚核的作用加快，凝聚成较大的含尘水滴，更易被除去，并被脱水气捕集分离，使气体得以净化。因此，要想提高尘粒与水滴的碰撞效率，喉管的气体速度必须较大，在工程上一般保证气速为 50～80 m/s 净化方面都常使用。文丘里洗涤器结构简单，体积小，布置灵活，投资费用低，缺点是压力损失大。

（5）泡沫除尘器

泡沫除尘器又称泡沫塔洗涤器，简称泡沫塔。在泡沫除尘器中与气体相互作用的液体，呈运动着的泡沫状态，使气液之间有很大的接触面积，能尽可能地增强气液两相的湍流程度，保证气液两相接触表面有效更新，达到高效净化气体中尘、烟、雾的目的。

泡沫除尘器可分为溢流式和淋降式两种。

如图 3-42 所示，在圆筒形溢流式泡沫塔内，设有一块或多块多孔筛板，洗涤液加到顶层塔板上，并保持一定的原始液层，多余液体则沿水平方向横流过塔板后进入溢流管。待净化的气体从塔的下部导入，均匀穿过塔板上的小孔而分散于液体中，鼓泡而出时产生大量泡沫。泡沫塔的效率，包括传热、传质及除尘效率，主要取决于泡沫层的高度和泡沫形成的状况。气体速度较小时，鼓泡层是主要的，泡沫层高度很小；增加气体速度，鼓泡层高度便逐渐减少，而泡沫层高度增加；气体速度进一步提高，鼓泡层便趋于消失，几乎全部液体都在泡沫状态；气体速度继续提高，则烟雾层高度显著增加，机械夹带现象严重，对传质产生不良影响。一般除尘过程，气体最适宜的操作速度范围为 1.8～2.8 m/s。

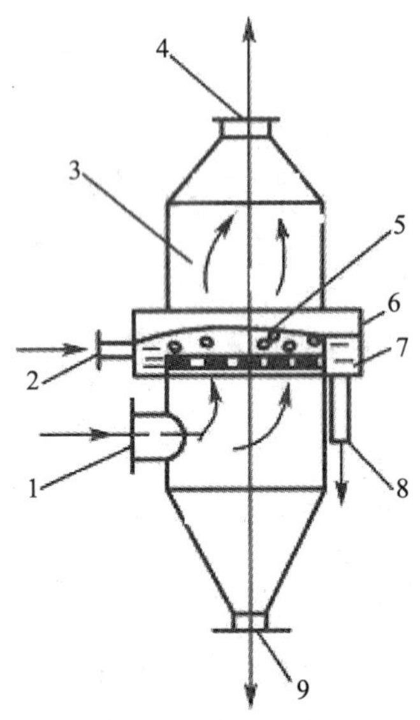

1—烟气入口；2—洗涤液入口；3—泡沫洗涤器；4—出气口；
5—筛板；6—水堰；7—溢流槽；8—溢流管；9—污泥出口

图 3-42　泡沫除尘器

当泡沫层高度为 30 mm 时，除尘效率为 95%～99%；当泡沫层高度增至 120 mm 时，除尘效率为 99.5%，压力损失为 600～800 Pa。

（6）填料洗涤除尘器

填料洗涤除尘器是在除尘器中填充不同形式的填料，并将洗涤液喷洒在填料表面上，以覆盖在填料表面上形成液膜，从而捕集含尘气体中的粉尘。它适用于易清洗、流动性好的粉尘，并有冷却气体和吸收气体中有害成分的作用。

1）填料塔

根据洗涤液与含尘气体相互接触时的流动方向的不同，可分为错流式、顺流式和逆流式填料塔。

错流式填料塔（图 3-43）的特点是含尘气体由侧向进入，通过四层筛网所夹持的填料层。填料层厚度一般小于 0.6 m，最厚为 1.8 m，为保证填料能充分被洗涤液所覆盖形成液膜，填料层斜度需大于 10°。当处理含尘浓度较高的气体时，除了在填料层上部设有喷水装置外，同时在气体入口处，顺气流方向设置喷嘴。其液气比一般为 0.15～0.5 L/m³，每米厚度填料的压力损失为 160～400 Pa。当入口含尘气体浓度为 10～12 g/m³ 时，捕集大于 2 μm 的粉尘效率可达 99%。

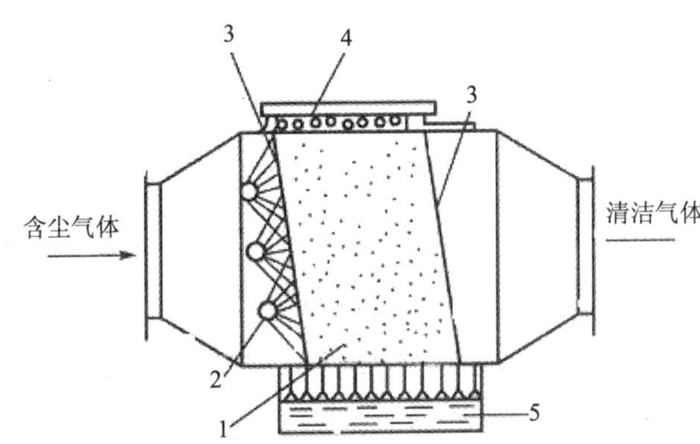

1—填料；2—喷嘴；3—支撑筛板；4—喷水装置；5—泥浆槽

图 3-43　错流式填料塔

顺流式填料塔（图 3-44）的特点是含尘气体与洗涤液的流动方向相同。其液气比一般为 1～2 L/m³，每米厚度填料的压力损失为 800～1 600 Pa。

逆流式填料塔（图 3-45）的含尘气体与洗涤液的流动方向相反。气体的空塔速度为 1～2 m/s，液气比为 1.3～3.6 L/m³，每米厚度填料的压力损失为 400～800 Pa。

填料塔常用的填料如图 3-46 所示，材质通常为陶瓷、塑料和金属。填料层的断面气体流速一般为 0.3～1.5 m/s。对于拉西环，当气体流速为 0.5～1.5 m/s 时，每米厚度填料的压力损失为 250～600 Pa。

2）湍球塔

湍球塔是一种可浮动填料洗涤除尘器。它将流化床的原理应用到气液传质设备中，使填料处于流化状态，因而使过程得到强化。塔内栅板上装有一定数量的球形填料。球形填料在一定气速下流态化，形成湍动旋转并相互碰撞。气体、液体在球形填料流态化带动下，也处于湍动状态。气、固、液三相湍动，因而能有效地把气体中的粉尘捕集下来。如图 3-47 所示。

湍球塔所用的球形填料材质使用较多的是高密度聚乙烯球和聚丙烯球，湍球塔除尘效率较高，一般对于粒径为 2 μm 细尘的除尘效率可达 99%以上。

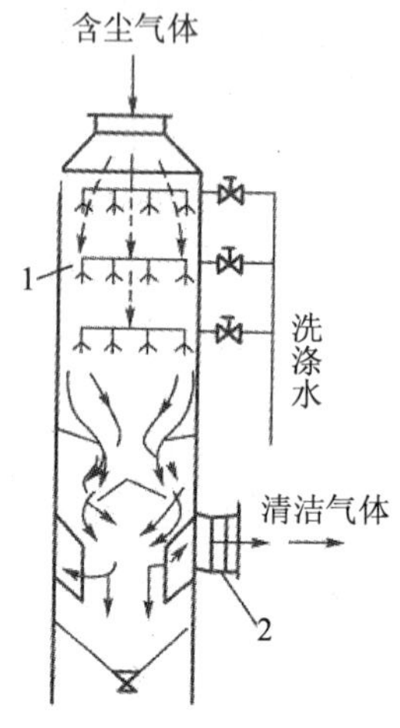

1—喷水装置；2—除雾器

图 3-44　顺流式填料塔

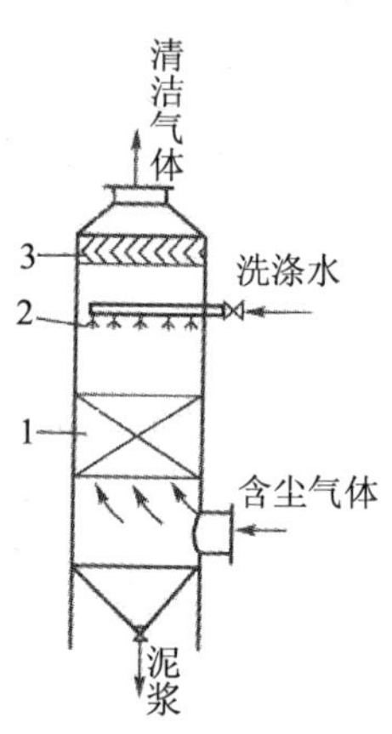

1—填料层；2—喷水装置；3—除雾器

图 3-45　逆流式填料塔

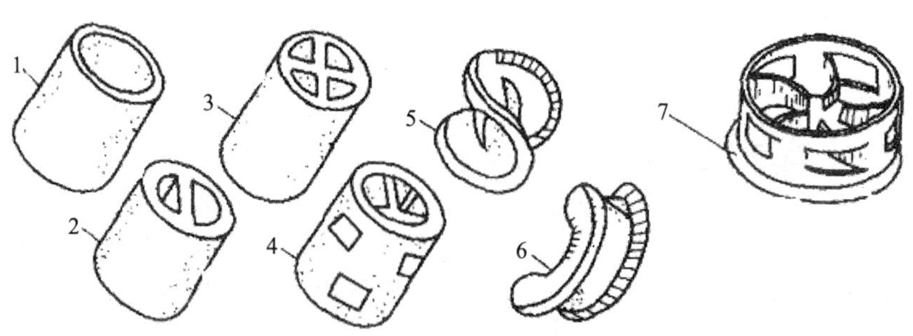

1—拉西环；2—ϕ环；3—十字环；4—鲍尔环；5—弧鞍形填料；6—矩鞍形填料；7—阶梯环

图 3-46　填料塔常用的填料

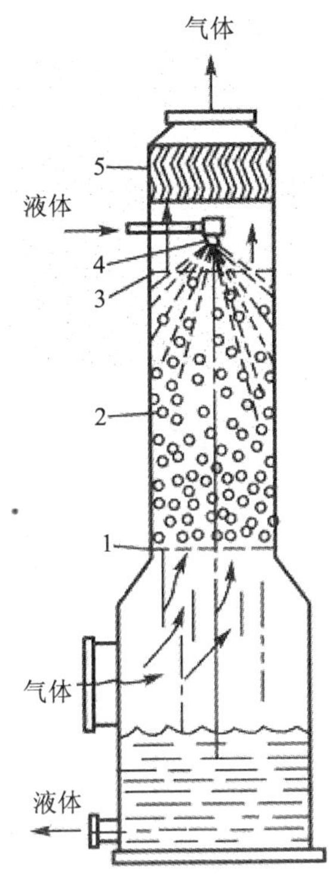

1—筛板；2—球形填料；3—筛板；4—喷嘴；5—除沫器

图 3-47 湍球塔

（三）湿式除尘器的运行与维护管理

（1）湿式除尘器的运行

1）启动前的检查

① 引风机、排灰系统的电动机和其他所有转动部分的润滑冷却情况。

② 除尘器本体及烟道连接的引风机、调节阀门或挡板、排灰装置及人孔、手孔等的气密性是否良好。

③ 对于水浴式与水膜式除尘器，要保证液位控制系统的准确。

④ 对于喷淋洗涤器，要求喷淋均匀无死角，液滴细密，耗水量少。

⑤ 文丘里洗涤器雾化后的液滴要保证布满整个喉管截面。

⑥ 在运行中应十分注意烟气离开冷却装置的温度，先供给洗涤水，然后通入烟气开始运转。

2）风量调整

由于启动时的烟气密度较大，为使引风机不超载，应先关小挡板的开度再启动，然后逐渐开大到设计额定风量。

（2）湿式除尘器的维护管理

1）定期对设备内的淤积物、黏附物进行清除；

2）定期检查文氏管、自激式除尘器的喉部磨损、腐蚀情况，对磨损、腐蚀严重的部位进行修补或更换；

3）定期对喷嘴进行检查和清洗，及时更换磨损严重的喷嘴；

4）运行中应经常注意观察烟色、烟气的压力损失、集尘量、进出口烟气的温度、一切用水设备的耗水量、水压、水温和废水的 pH 值；

5）运行中，除注意烟尘的性质和烟气温度外，还应给予合适的液气比运转。当单位耗水量小于最佳值时，除尘效率会下降；当单位耗水量大于最佳值时，虽然喉管速度的增加在一定程度上对提高雾化有利，但在烟气流量一定的条件下，压力损失和净化后烟气含湿量也随单位耗水量的增加而增加。因此，对供水系统的稳压装置，必须经常注意检查；

6）除尘、冲灰水系统要分开，避免互相干扰、互相影响；

7）及时消除漏风现象。

（四）湿式除尘应用案例

工程案例一：文丘里除尘器用于热电厂锅炉烟气除尘

（1）烟气特性

电厂使用的蒸汽锅炉的型号为 SG-400-2 型中间再热超高压自然循环煤粉炉。锅炉每小时产汽量 400 t。设计煤种飞灰的真密度为 2.1 g/cm^3。锅炉在额定负荷下，进入除尘器烟气的特性见表 3-26。

表 3-26　烟气特性

参数	烟气流量/（$m^3 \cdot h^{-1}$）	含尘质量浓度/（$g \cdot m^{-3}$）	烟气初始温度/℃	烟气绝热饱和温度/℃	烟气静压/Pa
数值	550 352	20～29	170	51～53	－1 900～－2 300

（2）工艺流程

锅炉烟气经换热降温至 170℃以下，烟气进入文丘里除尘器。除尘后的气体通过 120 m 高的烟囱，排入大气。

（3）主要技术性能

1）除尘效率与出口含尘浓度

在该除尘器上进行低压雾化喷嘴与高压雾化喷嘴的性能对比试验，证实采用高压喷嘴除尘效率可达 98%左右，相应的飞灰排放质量浓度比采用低压喷嘴可下降 1

倍左右，见表 3-27。

表 3-27 各种雾化喷嘴性能的比较

雾化喷嘴形式	雾化水压/MPa	文氏管水耗/（$kg \cdot m^{-3}$）	飞灰排放质量浓度/（$g \cdot m^{-3}$）		除尘效率/%
			入口	出口	
低压喷嘴	0.11	0.174	19.7	0.66～0.85	98.5
高压喷嘴	1.6～2.0	0.164～0.181	22.12～26.96	0.2～0.48	98.5

李广超，等. 大气污染控制技术. 北京：化学工业出版社，2004。

2）文氏管供水的影响

随着文氏管单位水耗的增加，除尘效率相应上升，但其又与除尘设备状态完好的情况有关系。

当除尘设备运行状态良好时，漏风率小于 3%，单位水耗在 0.17 kg/m³ 左右，设备进入高效区（η=95%～96%）；当设备运行状态较差时，漏风率高于 10%，单位水耗保持在设计值（0.17 kg/m³），除尘效率仅为 92.5%。单位水耗大于 0.194 kg/m³ 时，设备进入高效区（η=95%～96%）。

3）捕滴器水耗的影响

在维持文氏管水耗不变时，将捕滴器单位水耗从 0.0 484 kg/m³ 提高到 0.131 kg/m³，除尘效率可从 92.5%提高到 96.8%。但水耗加大会使除尘器烟气带水现象加剧。

在设备完好的情况下，除尘器的压力损失为 1 500～1 800 Pa；但除尘器严重漏风时的压力损失高达 2 400～2 600 Pa。

（4）运行中容易出现的问题

该除尘器运行中由于捕滴器入口流速较高，它采用轴向引出方式，故除尘器的压力损失较大，风机能耗增加。为了降低除尘器压力损失，可以在除尘器出口装设旋流器。

（5）运转维护要点

1）重视对文丘里除尘器的运行管理，尤其应建立一套定期清洗除尘水的砾石过滤系统和环形喷嘴的制度，保证除尘用水的水质良好，水压稳定适中。每根供水管上的压力表均需定期校验，以保证压力指示数据正确可信。

2）应注意使喷嘴供水管系分配合理，避免由于多层喷嘴供水方式中出现的喷嘴水量不均匀而造成水膜不连续，以及因喉管底部缺水而导致积灰的现象。

3）精心安装文丘里喷嘴装置，每次检修更换喷嘴时，都要进行封喉效果的冷态观测试，以保证喷嘴正确到位，封喉良好。对检修后的捕滴器，也要进行环形喷嘴静态喷水的验收保证。

4）捕滴器环形喷嘴供水压力不大于 0.02 MPa；定期检查捕滴器入口蜗壳、排灰口等易磨损腐蚀的部位，及时修补堵漏，保证捕滴器良好的工作状态，避免烟气带水。

（6）处理效果

用文丘里除尘器后，虽然烟囱较低，但飞灰的 pH 逐渐增加，流至灰场时 pH 为 7～9，符合排放标准。排放浓度仍可达到环保要求。除尘器排水的 pH 值为 3.5～4.5。但在流动过程中 pH 逐渐增加，流至灰场时 pH 为 7～9，符合排放标准。

工程案例二：黄铁矿烧渣回转窑氯化焙烧烟气湿法除尘

（1）项目简介

本项目为黄铁矿烧渣经回转窑氯化焙烧项目的烟气净化，焙烧烟气含有砷、硫、金属氯化物、水蒸气、氯化氢等有害杂质，含有大量机械粉尘及挥发尘。该项目首先采用窑尾沉降室、旋风除尘器除去烟气中的大部分机械尘（收下的烟尘返回备料），然后经文丘里除尘器、复挡除沫器除去挥发尘（以金属氯化物为主），净化烟气经风机由烟囱排空。其除尘流程为：

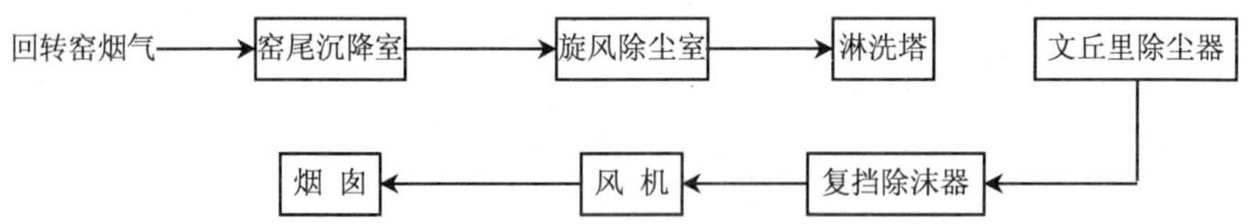

（2）工艺参数

回转窑烟气参数如下：

烟气量：28 500 m^3/h

烟气温度：450 ℃

含尘浓度：16.8 g/m^3

烟气成分见表 3-28。

表 3-28 回转窑出窑烟气成分

成分	CO_2	CO	O_2	N_2	H_2O	SO_2	合计
比例/%	8.92	2.81	14.52	72.50	1.23	0.02	100

（3）除尘设备选择

1）旋风除尘器

挥发窑旋风除尘器进口工况烟气量为 77 284 m^3/h，选择 6×ϕ800 旋风除尘器 1 台。

2）淋洗塔

挥发窑淋洗塔进口工况烟气量为 80 280 m^3/h，选择 1 台直径 3 200 mm 淋洗塔，其空塔气体流速为 2.8 m/s。

3）文丘里除尘器

挥发窑文丘里除尘器进口工况烟气量为 48 610 m^3/h，选择 1 台喉管直径 2×300 mm

文丘里除尘器，其流速为 96 m/s。

4）风机

风机进口工况烟气量为 54 300 m^3/h，考虑风机的风量富余能力 30%，要求风机的风量为 70 590 m^3/h；各设备及管道的阻力损失为 4 800 Pa，考虑 30%的压力富余能力，则要求风机的铭牌风压为 6 240 Pa。选择 F4—73No14D 离心引风机 2 台（1 用 1 备），流量 109 550 m^3/h，风压为 6 442 Pa，配套电动机 Y355-4，功率 280 kW。

课程作业

1. 分组回答学习型工作任务提出的所有问题，归纳出本章小结，在班级讨论。

2. 课程练习

(1) 填空题

1）分级效率等于 100%时，除尘器能 100%除去尘粒的最小粒径是（　）。

2）提高重力沉降室的捕集效率可以采取（　）、（　）、（　）等措施。

3）旋风除尘器由（　）、（　）、（　）、（　）组成。

4）在相同的转速下，筒体的直径越小，尘粒受到的离心力越大，除尘效率（　）。

5）（　）是使含尘气体通过滤料或滤层，将粉尘分离和捕集的装置。

6）影响袋式除尘器效率的因素有（　）、（　）、（　）、（　）。

7）袋式除尘器采用的滤料按滤料的材质分为（　）、（　）、（　）等；按滤料的结构分为（　）和（　）两类；按编织方法分为（　）、（　）、（　）等。

8）中国生产的滤料有三大类，即（　）、（　）、（　）。

9）袋式除尘器的清灰方式有（　）、（　）、（　）、（　）、（　）、（　）等。

10）根据结构特点将袋式除尘器划分为四种形式，即（　）、（　）、（　）、（　）。

11）根据清灰方法的不同，一般将袋式除尘器分为五类：（　）、（　）、（　）、（　）、（　）等。

12）含尘气体通过高压电场时，通过电晕放电使含尘气流中的尘粒带电，利用电场力使粉尘从气流中分离出来并沉积在电极上的过程。利用静电除尘的设备称为（　）。

13）静电除尘的基本原理包括（　）、（　）、（　）、（　）等基本过程。

14）静电除尘器的结构形式很多，根据集尘极的形式可以分为（　）和（　）两种；根据气流的流动方式，分为（　）和（　）两种；根据粉尘在静电除尘器内的荷电方式及分离区域布置的不同，分为（　）和（　）静电除尘器。

15）静电除尘器的结构由除尘器主体、（　）和（　）组成。除尘器的主体包括（ ）、（ ）、（ ）、（ ）和（ ）等。

16）文氏管由（ ）、（ ）和（ ）三部分组成。

17）影响填料塔除尘器除尘效率的因素有（ ）、（ ）、（ ）。

18）影响卧式旋风水膜除尘器效率的主要因素是（ ）和（ ）。

19）卧式旋风水膜除尘器的阻力损失大约为（ ），平均耗水 0.05~0.15 L/m^3。它具有结构简单、（ ）、（ ）、负荷适应性强、运行维护费用低等优点。

20）依靠气流自身的动能，冲击液体表面而激起水滴和水雾的除尘器称为（ ）除尘器。

21）文丘里除尘器是一种（ ）湿式除尘器，常用在高温烟气降温和除尘上。

（2）简答题

1）重力沉降室有何特点？适应条件是什么？

2）画图并说明惯性除尘器的除尘机理及适应条件。

3）简述旋风除尘器的工作过程与原理。

4）影响旋风除尘器效率的因素有哪些？

5）说明机械振打、脉冲喷吹和反吹风清灰袋式除尘器的清灰原理，分析各自的优缺点。

6）选择过滤材料时应考虑哪些因素？如何进行选择？

7）简述颗粒层除尘器的除尘机理。

8）影响袋式除尘器除尘效率的因素有哪些？

9）在选择滤料时应考虑气体哪些特性？对滤料有何要求？

10）静电除尘器有哪些优缺点？

11）简述静电除尘器的除尘机理。

12）试述影响静电除尘器除尘效率的因素。

13）选择静电除尘器时应考虑哪些因素？

14）在电除尘中，粉尘比电阻过高和过低时对除尘效率有何影响？静电除尘器处理粉尘最适宜的比电阻范围是多少？若粉尘的比电阻过高，应采取哪些措施调整其比电阻？

15）什么是“电晕闭塞”，对电除尘有什么危害，应如何防止出现“电晕闭塞”？

16）湿式除尘器有哪些特点？

17）简述湿式除尘器的除尘原理。

18）简述文丘里除尘器的除尘机理。

19）试述各类湿式除尘器的适用条件。

20）水泥厂粉尘的主要来源有哪些？

21）简述水泥厂粉尘的治理方法。

22）电袋复合式除尘器的特点有哪些？

（3）计算题

1）拟采用重力沉降室除去常压炉气中的球形尘粒。沉降室的宽和长分别为2 m和6 m，气体处理量为1 m^3/s（标态），炉气温度为427℃，密度 ρ=0.55 kg/m^3，黏度μ=3.4×10^{-5} Pa·s，粉尘密度=400 kg/m^3，在沉降室中，烟气水平流速不大于0.5 m/s。

试求：

① 重力沉降室的总高度H（m）；

② 理论上能完全分离下来的最小颗粒尺寸；

③ 粒径为40 μm的颗粒的回收百分率；

④ 欲使粒径为 10 μm 的颗粒完全分离出来，需在重力沉降室内设置几层水平隔板？

2）有一沉降室长7 m，高12 m，气速30 cm/s，空气温度300 K，尘粒密度2.5 g/cm^3，空气黏度0.067 kg/（kg·h），求该沉降室能100%捕集的最小粒径。

3）某旋风除尘器的阻力系数为9.9，进口速度15 m/s，试计算标准状态下的压力损失。

4）冲喷吹袋式除尘器处理含尘气体，气体流量为1.35 m^3/s，滤袋直径为120 mm，滤袋长度为2 000 m，试计算所需滤袋数量。

5）安装一个滤袋室处理被污染的气体，试估算某些滤袋破裂时粉尘的出口浓度。已知系统的操作条件：1atm①，288 K，进口处粉尘质量浓度为9.15 g/m^3，滤袋破裂前的出口粉尘质量浓度为0.045 8 g/m^3，被污染气体的体积流量14 158 m^3/h，滤袋室数为6，每室中的滤袋数100，滤袋直径15 cm，系统的压降1 500 Pa，破裂的滤袋数为2。

6）在气体压力为1atm，温度为293 K下运行的管式电除尘器。圆筒形集尘管直径为0.3 m，L=2.0 m，气体流量0.075 m^3/s。若集尘板附近的平均场强E=100 kV/m，粒径为1.0 μm的粉尘荷电量q=0.3×10^{-15}C，计算该粉尘的驱进速度w和电除尘效率。

7）某钢厂用袋式除尘器净化烟气，烟气量为14 630 m^3/h，袋式除尘器由40个滤袋组成，每条袋的直径为200 mm，长4.5 m。试计算每条滤袋的过滤面积和该袋式除尘器的过滤速度。ρ_i=10 g/m^3，ρ_0=150 mg/m^3，试计算袋式除尘器的通过率。

8）某钢铁厂烧结机尾气除尘器集尘板总面积2 000 m^2（两个电场），断面积为50 m^2，烟气流量50 m^3/s，该除尘器进、出口含尘质量浓度分别为28.5 g/m^3和1.150 g/m^3，计算除尘效率、有效驱进速度和除尘器断面风速。

9）含石膏粉尘废气，流量150 000 m^3/h，含尘质量浓度67.2 g/m^3，用电除尘

① 1 atm=101.3 kPa。

器处理，要求净化后，气体含尘质量浓度为 200 mg/m³，试计算电除尘器集尘极板的面积。

9）利用一板式电除尘器捕集烟气中的粉尘，该除尘器由 4 块集尘极板组成，板高和板长均为 3.66 m，板间距为 0.25 m，烟气的体积流量为 7 200 m³/h，常压操作，粉尘粒子的驱进速度为 12.2 cm/s。试确定：

① 烟气流速分布均匀时的除尘效率；

② 由于烟气分布不均匀，某一通道内烟气量占烟气总量的 50%，其他两通道的烟气量各占 25%时除尘器的除尘效率。

10）电除尘器的集尘效率为 95%，某工程师推荐使用一种添加剂以降低集尘板上粉尘层的比电阻，预期可使电除尘器的有效驱进速度提高一倍。若工程师的推荐成立，试求使用该添加剂后电除尘器的集尘效率。

技能训练 1　旋风除尘器除尘实验

根据本教材附录所列技能训练指导书进行。

技能训练 2　布袋除尘器除尘实验

根据本教材附录所列技能训练指导书进行。

技能训练 3　静电除尘器除尘实验

根据本教材附录所列技能训练指导书进行。

技能训练 4　课程设计实训

根据本教材附录所列技能训练指导书进行。

学习任务四 气态污染物净化基础

● **任务描述**

介绍吸收、吸附、催化净化、燃烧、冷凝等气态污染物的主要净化方法。

通过该任务的学习，让学生能够了解气态污染物常用净化方法的原理、工艺与设备，使学生初步具备净化气态污染物的能力。

● **学习目标**

知识目标	技能目标
1．掌握吸收法、吸附法、催化法净化气态污染物的基本原理 2．了解冷凝、燃烧法等净化气态污染物的原理 3．掌握吸收剂、吸附剂和催化剂的选择原则	1．能够根据废气特征选择适宜的净化方法 2．能够阐述在实际工程中应用广泛的气态污染物净化设备的结构特点及操作要点

● **学习型工作任务**

以某一典型气态污染物净化设备为例，完成两项学习型工作任务：

1．气态污染物的性质对净化设备的选择有何影响？

2．影响该净化设备净化效率的因素有哪些？

项目一　吸收法

一、吸收原理与吸收过程

利用吸收剂将混合气体中的一种或多种组分有选择地吸收分离过程称作吸收。具有吸收作用的物质称为吸收剂。被吸收的组分称为吸收质，吸收操作得到的液体称为吸收液或者溶液，剩余的气体称为吸收尾气。

（1）吸收的基本原理

当混合气体与吸收剂接触时，气体中可吸收成分（吸收质）向液相吸收剂进行转移，同时也发生液相中的吸收质从液相向气相逸出（称为解吸），当吸收过程与解吸过程的传质速率相同时，气液两相就达到了动态平衡。

平衡时，气相中的组分分压称为平衡分压，液相吸收剂（溶剂）所溶解组分的浓度称为平衡溶解度。当仅发生物理吸收时，常用亨利定律描述气液相间的平衡关系，当总压不高时，在一定温度下，稀溶液中溶质的溶解度与气相中溶质的平衡分压成正比，即：

$$P_i^*=Ex_i \tag{4-1}$$

式中：P_i^*—— 溶液表面吸收质的气相平衡分压，Pa；

x_i—— 平衡状态下，吸收质 i 的液相摩尔分数；

E—— 亨利系数，Pa。

亨利定律的另一种表达式为：

$$C_i=HP_i^* \tag{4-2}$$

式中：C_i—— 吸收质在液相中的浓度，kmol/m^3；

H—— 吸收剂的溶解度系数，kmol/（m^3·Pa）。

E_i和 H_i的关系如下：

$$E_i=\frac{\rho}{M_0H_i} \tag{4-3}$$

式中：M_0—— 吸收剂的摩尔质量，kg/kmol；

ρ—— 吸收剂密度，kg/m^3。

亨利定律表明了气体组分能溶于吸收剂中是吸收操作的必要条件。溶解于吸收剂中的气体量与气体、液体本身性质有关，还与液体温度及气体的分压有关。在一定温度下，气体的分压越大，溶解于吸收剂中的气体量就越多。

（2）吸收过程

吸收法净化气态污染物的过程就是利用混合气体中各成分在吸收剂中的溶解度不同，或与吸收剂中的组分发生选择性化学反应，从而将有害组分从气流中分离出来的过程。根据吸收过程中发生化学反应与否，将吸收分为物理吸收和化学吸收。物理吸收是指在吸收过程中不发生明显的化学反应，单纯是被吸收组分溶于液体的过程，如用水吸收 HCl 气体。化学吸收是指吸收过程中发生明显化学反应，如用氢氧化钠溶液吸收 SO_2。

由于化学反应增大了吸收的传质系数和吸收推动力，加大了吸收速率，因此对于废气流量大、成分比较复杂、吸收组分浓度低的废气，大多采用化学吸收。吸收法是分离、净化气体混合物最重要的方法之一，被广泛用于净化含 SO_2、NO_x、HF、HCl 等成分的废气。

（3）吸收法的特点

吸收法的优点是几乎可以处理各种有害气体，适用范围很广，并可回收有价值的产品。

缺点是工艺比较复杂，吸收效率有时不高，吸收液需要再次处理，会造成废水的污染。

二、吸收工艺

（1）预处理

① 烟气除尘

在吸收前应设置高效除尘器除去烟尘，可以采用干式的电除尘器或布袋除尘器，最好选用湿式除尘器，这样既冷却了高温烟气，又起到了除尘作用。

② 烟气冷却

烟气温度高不利于提高吸收效率。冷却烟气的方法有：设置间接冷却器、直接增湿冷却或用预洗涤塔除尘增湿降温等。

（2）吸收流程

根据吸收剂与废气在吸收设备中的流动方向，可将吸收工艺分为逆流操作、并流操作和错流操作。逆流操作是指被吸收气体由下向上流动，而吸收剂则由上向下流动，在气、液逆向流动的接触中完成传质过程。并流操作是指被吸收气体与吸收剂同时由吸收设备的上部向下部流动。错流操作是指被吸收气体与吸收剂呈交叉方向流动。在实际吸收工艺流程中一般采用逆流操作。

根据吸收剂的再生与否，将吸收过程分为非循环过程和循环过程，非循环过程中对吸收剂不进行再生，而循环过程中吸收剂可以循环使用。

（3）后处理

① 除雾

在洗涤器内易生成“水雾”“酸雾”或“碱雾”，随气流排放对烟囱造成腐蚀，产生结垢，排放后对环境造成污染。因此需经折流式除雾器、旋风除雾器或丝网除雾器之一进行除雾后再排放。

② 再加热

高温烟气净化后，温度会下降很多，易出现“白烟”现象。另一方面，由于烟气温度低，使热力抬升作用减少、扩散能力降低，容易造成局部污染。因此烟气加热后再排放是必要的。处理的方法是：使吸收净化后的烟气与一部分未净化的高温烟气混合，以升高净化后气体的温度，相当于降低了洗涤器的净化效率；设置尾部燃烧炉，在炉内燃烧天然气或重油，产生高温燃烧气，再与净化气混合排放。目前，国外的湿式排烟脱硫装置大多采用此法。

③ 液体的后处理

吸收了气态污染物的富液若直接排放，不仅浪费资源，而且会造成环境污染。因而吸收净化气态污染物工艺流程的设置，必须考虑富液的合理处理。处理的目的一是恢复其原有的吸收能力，二是加工成副产品回收。处理方法包括物理分离、化学反应等。以后将针对不同的流程加以论述。

④ 设备、管道的结垢和堵塞问题

结垢和堵塞是吸收操作不可避免的问题之一。许多气态污染物的吸收净化过程，会产生一些固体物质，必然会出现设备结垢和堵塞问题。解决的方法一般从工艺设计、设备结构、操作控制等方面解决。工艺设计方面采取的措施包括：控制溶液或料浆中水分的蒸发量，控制溶液的 pH 值，控制溶液中易于结晶物质不过饱和，保持溶液有一定的品种，严格控制进入吸收系统的粉尘量等。设备结构上，优先选择不易结垢和堵塞的吸收器。如减少吸收器内部构件，增加其内部的光滑度。操作控制上，通过提高流体的流动性和冲击性等减少结垢的发生。

三、吸收剂

（1）常用的吸收剂

水是常用的吸收剂，用水可以吸收 SO_2、HF、NH_3、HCl 及煤气中的 CO_2 等能溶于水的组分，碱金属和碱土金属的盐类、铵盐等能与酸性气体发生化学反应，除去 SO_2、HF、HCl、NO_x 等组分。硫酸、硝酸等属于酸性吸收剂，可以用来吸收 SO_3、NO_x 等。有机吸收剂可以吸收有机废气，如聚乙烯醚、二乙醇胺等。

（2）吸收剂的选择

一般来说，选择吸收剂的基本原则如下：

① 有比较适宜的物理性质，如黏度小，低的凝固点，适宜的沸点，比热容不大，不起泡等；同时有低的饱和蒸气压，以减少吸收剂的损失；对有害成分的溶解要大，以提高吸收剂效率，减少吸收液用量和设备尺寸。

② 具有良好的化学性质，如不易燃，热稳定性高，无毒性；同时吸收剂对设备的腐蚀性小，以减少设备费用。

③ 廉价易得，最好能就地取材，易于再生重复使用。

④ 有利于有害物质的回收利用。

（3）吸收剂的再生

吸收剂处理的方式有：

①通过再生回收副产品后重新使用，如亚硫酸钠法吸收 SO_2 气体，吸收液中的亚硫酸氢钠经加热再生，重新使用；

②直接把吸收液加工成副产品，如用氨水吸收 SO_2 得到的亚硫酸铵经氧化变为硫酸铵化肥。

四、吸收设备

（1）吸收设备的分类

目前，工业上常用的吸收设备可分为表面吸收器、鼓泡式吸收器和喷洒式吸收器三大类。

① 表面吸收器

凡能是气液两相在固定的接触面上进行吸收操作的设备均称为表面吸收器。常见的表面吸收器包括填料塔、液膜吸收器、水平液面的表面吸收器等。净化气态污染物普遍使用的是填料塔，特别是逆流填料塔。

填料塔是一种塔体内装有环形、波纹形或其他形状的填料，吸收剂自塔顶向下喷淋于填料上，气体沿填料间隙上升，通过气液接触使有害物质被吸收的净化设备。

典型的逆流填料塔的工作原理为：废气由塔底进入塔体，自下而上穿过填料层，最后由塔顶排出。吸收剂由塔顶通过分布器均匀地喷淋到填料层中，并沿着填料层向下流动从塔底排出塔外。在废气上升的同时，与吸收剂在填料层中充分接触，污染物浓度逐渐降低，而塔顶喷淋的总是新鲜的吸收液，因而吸收传质的平均推动力大，吸收效果好。

② 鼓泡式吸收器

鼓泡式吸收器内均有液相连接的鼓泡层，分散的气泡在穿过鼓泡层时有害组分被吸收。常见的设备有鼓泡塔、湍球塔和各种板式吸收塔。净化气态污染物中应用较多的是鼓泡塔和板式鼓泡塔。

简单的连续鼓泡式吸收塔工作时，是气体由下面的多孔板进入，通过支撑板上面的液体时形成鼓泡层。

板式吸收塔内沿塔高装有塔板，两相在每块塔板上接触。塔板分为错流式、穿流式、气液并流式等几种。在错流式板式吸收塔内，气体和液体以错流的方式运动，塔板上装有专门的溢流装置，使液体从上一块塔板流到下一块塔板，而气体不通过溢流装置从塔底进入，从塔顶排出。在穿流式板式吸收内，气体从塔底进入，从塔顶排出，液体流动的方向则相反。气液两相在塔板上的接触是以完全混合的方式进行的。在气液并流式板式吸收塔内，气、液的流动方向是一致的。

③ 喷洒式吸收器

在该类塔中，气体是连续相，液体则以液滴形式分散于气体中形成企业接触界面。常用的有喷洒塔、喷射吸收器、文丘里吸收器等。

在喷洒塔中，经喷嘴喷洒的高压液体分散于气体中，气体由塔底进入，经气体分布系统均有分布后和液滴逆流接触，净化后气体经除沫由塔顶排出，液气比为 0.2～2.0 L/m^3。

喷射吸收器的工作原理是：吸收剂由顶部压力喷嘴高速喷出，形成射流，产生的吸力将气体吸入后流经吸收管。液体被喷成细小雾滴和其他充分混合，完成吸收过程，然后气液进行分离，净化气体经除沫后排出。

文丘里吸收器是由文丘里管与气液分离器组合而成的。文丘里管由渐缩管、喉管和渐扩管组成。气体在渐缩管被逐渐加速，在喉管处形成负压，吸收剂被吸入并分散成雾滴，形成气液接触面。气体流经渐扩管时压力逐渐上升，细小的雾滴凝聚成较大液滴后经气液分离器分离除去，净化后气体从分离器顶部排出。液气比 0.3～1.5 L/m³，适于吸收剂用量小的吸收操作。

（2）吸收设备的选择

吸收设备是实现气相和液相传质的设备，选择时要充分了解生产任务的要求，以便于选择合适的吸收设备。一般可从物料的性质、操作条件和对吸收设备自身的要求三个方面来考虑。

① 物料的性质

对于易起泡沫、高黏性的物料系统易选择填料塔；对于有悬浮物固体、有残渣或易结垢的物料，可选用大孔径板式塔、十字架形浮阀塔或泡罩塔；对于有腐蚀性的物料宜选用填料塔，也可以选择无溢流板式塔；对于在吸收过程中有大量的热度交换的系统，宜选用填料塔。

② 操作条件

对气体处理量大的系统宜用板式塔，而气体处理量小的用填料塔；对于有化学反应的吸收过程或处理系统的液气比较小时，选用板式塔有利；对要求操作弹性较大的系统，宜用浮阀塔或泡罩塔；对于传质速率由气相控制的系统宜选用填料塔。

③ 对吸收设备的要求

对吸收设备的一般要求是：要求处理废气能力大，净化效率高，气液比值范围宽，操作稳定，压力损失小，结构简单，造价低，易于加工制造、安装和维修等。

项目二　吸附法

一、吸附原理

在用多孔性固体物质处理其他混合物时，气体中的某一组分或某些组分可被吸引到固体表面并聚集其上，此现象称为吸附。被吸附的气体组分称为吸附质，多孔固体物质称为吸附剂。

（1）吸附平衡

当吸附质与吸附剂长时间接触后，终将达到吸附动态的平衡。动态平衡是指单位时间内被固体表面吸附的分子数与逸出的分子数相等。吸附质分子不断从气相转移到固相的同时，有的被吸附的吸附质分子也会从固体表面脱离返回气相主体，该过程称为脱附。

（2）吸附法的特点

吸附法净化气态污染物的优点：净化效率高；能回收有用组分；设备简单，流程短，易于实现自动控制；无腐蚀性，不会造成二次污染。

可以使用吸附法净化的气态污染物有：低浓度的 SO_2 烟气、NO_x、H_2S、含氟废气、酸雾、含铅及含汞废气、沥青烟及碳氢化合物等。

（3）吸附类型

根据吸附过程中吸附剂和吸附质之间作用力的不同，可将吸附分为物理吸附和化学吸附。

在吸附过程中，当吸附剂和吸附质之间的作用力是范德华力（或静电引力）时称为物理吸附。特点是：① 吸附剂和吸附质之间不发生化学反应；② 吸附过程进行极快，参与吸附的各相之间迅速达到平衡；③ 物理吸附是一种放热过程，其吸附热较小，相当于被吸附气体的升华热；④ 吸附过程可逆，无选择性。

当吸附剂和吸附质之间的作用力是化学键时称为化学吸附。特点是：① 吸附剂和吸附质之间发生化学反应，并在吸附剂表面生成一种化合物；② 化学吸附过程一般进行缓慢，需要很长时间才能达到平衡；③ 化学吸附也是放热过程，但吸附热比物理吸附热大得多；④ 具有选择性，常常是不可逆的。

在实际吸附过程中，物理吸附和化学吸附一般同时发生，低温时主要是物理吸附，高温时主要是化学吸附。

二、吸附工艺

（1）间歇式吸附流程

一般由单个吸附器组成，适用于废气排放量较小、污染物浓度较低、间歇式排放废气的净化。当排气间歇时间大于吸附剂再生所需要的时间时，可在原吸附器内进行吸附剂再生；当排气间歇时间小于再生所需要的时间时，可将吸附器内的吸附剂更换，对失效吸附剂集中再生。

（2）半连续式吸附流程

该流程是应用最普遍的一种吸附流程，可用于净化间歇排放气，也可以用于连续排放气的净化。流程可由两台或三台吸附器并联组成。在用两台吸附器并联时，其中一台进行吸附，一台则进行再生，适用于再生周期小于吸附周期的情形。当再生周期大于吸附周期时，则需要三台吸附器并联使用，其中一台进行吸附，一台进行再生，而第三台则进行冷却或其他操作，以备使用。

（3）连续式吸附流程

当废气是连续性排放时，应使用连续式吸附流程，该流程一般由连续性操作的流化床吸附器和移动床吸附器等组成，其特点是吸附与吸附剂的再生同时进行。

三、吸附剂

（1）常用吸附剂的类型

工业上常用的吸附剂主要有以下几种：

① 活性炭

活性炭是许多具有吸附性能的碳基物质的总称，主要成分是碳。活性炭比表面积一般可达 600～1 000 m^2/g，具有优异的广泛的吸附能力。可用于混合气体中有机溶剂蒸气的回收，气体脱臭，废水、废气的净化处理。使用时，要注意活性炭的可燃性，其使用温度一般不超过 200℃。

② 活性氧化铝

活性氧化铝是一种极性吸附剂，无毒，对水的吸附容量很大，常用于高温度气体的干燥。它还用于多种气态污染物，如 H_2S、SO_2、含氟废气、NO_x 以及气态碳氢化合物等废气的净化。活性氧化铝的机械强度好，可在移动床中使用，并可作催化剂的载体。循环使用后其性能变化很小，使用寿命较长。

（2）吸附剂的选择

对吸附剂的基本要求是：大的比表面积和孔隙率；良好的选择性；易于再生；机械强度大，化学稳定性强，热稳定性好；原料来源广泛，价格低廉。

不同吸附剂的适用范围不同，工业上常用的吸附剂的适用范围见表 4-1。

表 4-1　不同吸附剂的适用范围

吸附剂	适用范围
活性炭	苯、甲苯、二甲苯、甲醛、乙醇、乙醚、煤油、汽油、光气、乙酸乙酯、苯乙烯、CS_2、CCl_4、$CHCl_3$、H_2S、Cl_2、CO、SO_2、NO_x
活性氧化铝	H_2S、SO_2、烃类
硅胶	H_2S、SO_2、HF、烃类
分子筛	H_2S、SO_2、Cl_2、NO_x、NH_3、Hg、烃类
褐煤、泥煤	SO_3、SO_2、NO_x、NH_3

（3）吸附剂的再生

吸附剂吸附一定量的污染物后，净化效果下降，甚至失效，需要进行脱附再生。由于吸附剂的吸附容量有限（一般仅约 40%，对某些有机物甚至在 1%以下），吸附净化与脱附再生频繁交替，所以再生是净化系统的重要操作环节。脱附后的污染物质回收利用或进行无害化处理。脱附方法有加热、减压、置换和化学或生化反应等多种。

① 加热脱附

恒压条件下，吸附剂的吸附容量随温度降低而增大，随温度升高而减小。所以，在较低的温度下吸附，再用高温气体吹扫脱附。这种高低温交替进行的操作过程称为变温吸附。吸附质和吸附剂不同，脱附温度也不同。摩尔体积在 80～190 mL/mol 的有机物，一般用水蒸气、惰性气体或烟道气吹脱，脱附温度在 373～423 K；摩尔体积大于 190 mL/mol 的吸附质，需要在 973～1 273 K 温度下脱附，称高温焙烧，脱附介质用水蒸气或二氧化碳。用热气体吹脱，一般采用逆流操作。加热脱附给热量大，脱附较完全；但一般吸附剂导热性较差，冷却缓慢，因而再生时间较长。

② 减压脱附

恒温条件下，吸附剂的吸附容量随系统压强降低而减小，所以可在高压下吸附，低压下脱附。这种操作过程称变压吸附。变压吸附循环包括吸附、均压、降压、冲洗、充压、再吸附等阶段。减压脱附不必加热，再生时间短，但由于设备存在死空间，因而使脱附回收率降低。

③ 置换脱附

用于吸附剂亲和能力比与原吸附质（污染物）亲和能力更强的物质（脱附剂），将已被吸附的物质置换出来。

④ 吹扫脱附

向再生设备中吹入不被吸附的吹扫气，降低吸附质在气相中的分压，使其解析出来。操作温度越高，通气温度越低，效果越好。

⑤ 化学脱附

向床层中通入某种物质，使其与被吸附的物质发生化学反应，生成不易被吸附的物质而解吸下来。

实际应用中，往往是几种脱附方法的综合，例如用水蒸气脱附，就同时具有加热、置换和吹扫作用。

脱附不可能完全，脱附结束后吸附剂内总会有一定量的吸附质。脱附后吸附剂内残留的吸附质量称为脱附残留量，一般为吸附剂质量的 2%～5%。脱附残留量与吸附剂和脱附剂性质、脱附操作条件（温度、压降、时间）有关。

四、吸附设备

一般对吸附器的要求是：有足够的过气断面和停留时间；产生良好的气流分布，以便所有的过气断面得到充分的利用；可预先除去入口气体中能污染吸附剂的杂质；采用经济的方法预处理，减轻负荷；能有效地控制和调节吸附操作温度；易于更换吸附剂。

目前常用的吸附设备主要有固定床吸附器、移动床吸附器和流化床吸附器三大类。

（1）固定床吸附器

固定床吸附器由固定的吸附剂床层、气体进出管道和脱附介质分布管等部分组成，分卧式[图 4-1（a）]和立式[图 4-1（b）]两种。卧式固定床吸附器适合于废气流量大、浓度低的情况下使用。立式固定床吸附器主要适合于小气量、高浓度情况下使用。这两种吸附器装在净化系统中可进行吸附—脱附—干燥—冷却全过程，但只能间歇运转。如果需要连续工作，则至少要设两个吸附器，交替吸附和再生。

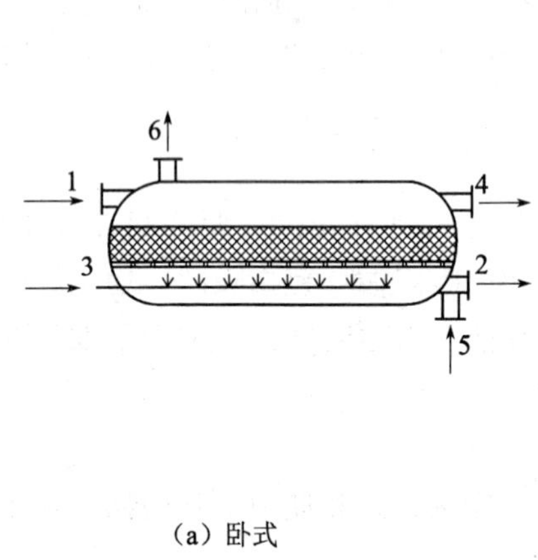

（a）卧式

1—气体进口；2—气体出口；
3—脱附介质分布管；4—脱附介质出口；
5—干燥介质进口管；6—干燥介质出口

（b）立式

1—气体进口；2—干燥介质出口；
3—脱附介质分布管；4—气体出口；
5—干燥介质进口管；6—脱附介质出口

图 4-1　固定床吸附器

另一类吸附器适于处理流量很大、浓度很低的废气，如图 4-2 所示的格屉式吸附器，常用于通风工程中。这种吸附器中的吸附剂失效后，不能在其中再生，需要更换吸附剂。

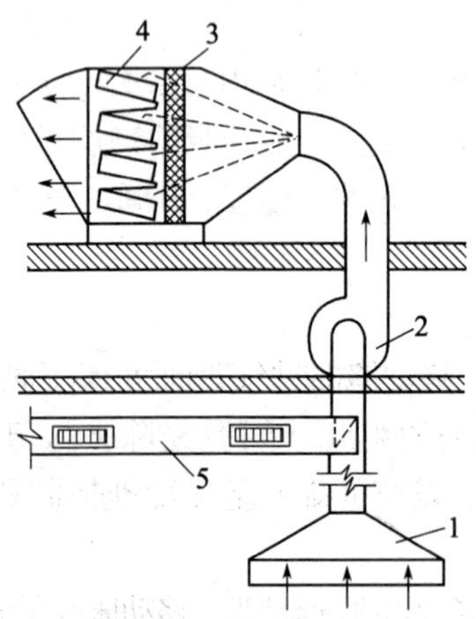

1—集气罩；2—风机；3—过滤器；4—吸附器；5—排气管道

图 4-2　格屉式吸附器

（2）移动床吸附器

移动床吸附器设备中的固体吸附剂在吸附床中不断移动，固体吸附剂由上向下移动，而气体则由下向上流动，形成逆流操作。移动床吸附器的结构，主要由吸附剂冷却器、吸附剂加料装置、吸附剂卸料装置、吸附剂分配板和吸附剂脱附器等部件组成。

移动床吸附的工作原理是：吸附剂从设备顶部进入冷却器，降温后经分配板进入吸附段，借重力作用不断下降，并通过整个吸附器。净化气体从分配板下面引入，自下而上通过吸附段，与吸附剂逆流接触，净化后的气体从顶部排出。当吸附剂下降到汽提段时，由底部上来的脱附气与其接触进一步吸附，将较难脱附的气体置换出来，最后进入脱附器对吸附剂进行再生。

（3）流化床吸附器

废气以较高的速度通过，使吸附剂呈悬浮状态。流化床吸附器如图 4-3 所示，上部为吸附工作段，下部为再生工作段。废气由吸附段下端进入，依次通过各吸附层，净化后由上端排出；吸附剂由上端进入，逐层下降，然后进入再生工作段；再生热气体由下端进入，逐层与上端下降的吸附剂接触，再由再生段上端流出。再生后的吸附剂用气力输送装置提升到顶部，重复使用。这种吸附装置能连续工作，处理能力大，设备紧凑，但构造复杂，能耗高，吸附剂磨损很大。

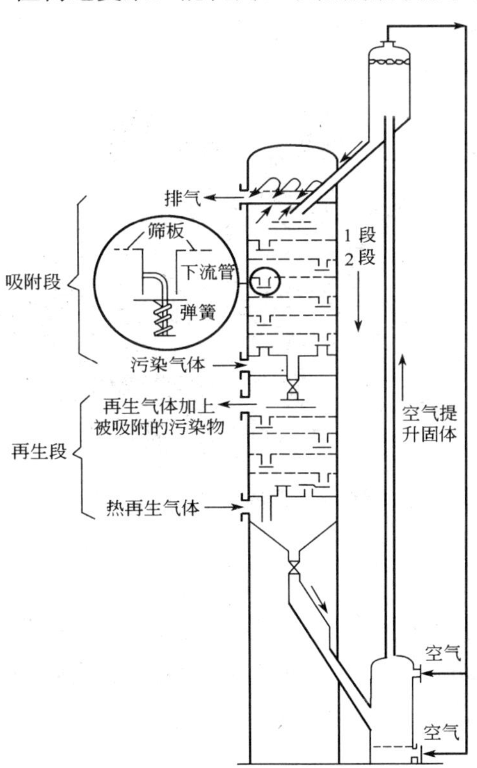

图 4-3　多段逆流操作流化床吸附器

五、影响气体吸附的因素

（1）操作条件

操作条件是指稳定、压力、气体流速等。一般来说，低温有利于物理吸附；高温有利于化学吸附；增大气相压力利于吸附，但能耗会随之增加且操作难度也加大。

（2）吸附剂性质

衡量吸附剂吸附能力的是“有效表面积”，即吸附质分子能进入的表面积。被吸附气体的总量随吸附剂表面积的增加而增加。吸附剂的孔隙率、孔径、粒度等均会影响比表面积的大小。吸附剂是具有丰富微孔的物质（图 4-4），内表面积很大。例如 1 kg 活性炭的总表面积可达 10^6 m^2。内表面积和微孔的大小直接影响吸附性能。吸附剂的主要特性参数都与多孔结构有关。

① 比表面积

单位质量吸附剂所具的总表面积，即：

$$a_s = \frac{a_t}{m} \tag{4-4}$$

式中：a_s —— 吸附剂比表面积，m^2/g 或 m^2/kg；

a_t —— 吸附剂的总表面积，m^2；

m —— 吸附剂的质量，g 或 kg。

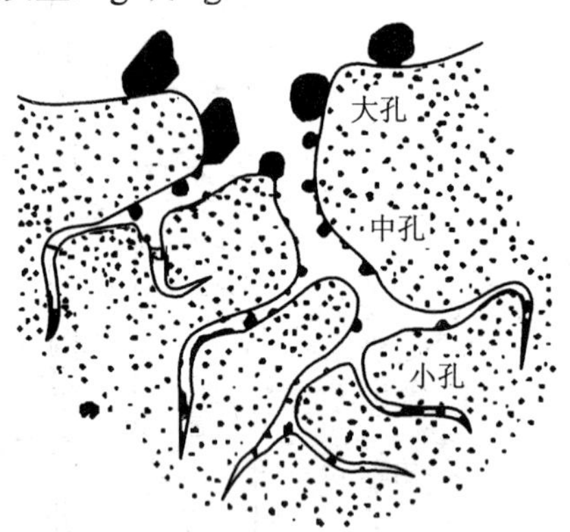

图 4-4 颗粒活性炭微孔结构

② 孔径

通常用孔径来表示微孔大小。根据孔径大小，可将微孔分为大孔（r=0.1～1.0 μm）、中孔（r=0.002～0.1 μm）和小孔（r＜0.002 μm）。大孔吸附液体分子较有效，中孔吸附蒸气分子较有效，小孔吸附气体分子较有效。

③ 孔隙率

吸附剂内部微孔的容积与吸附剂个体体积之比，即：

$$\varepsilon_h = \frac{V_h}{V_s} \tag{4-5}$$

式中：ε_h —— 吸附剂的孔隙率；

V_h —— 吸附剂内部微孔的总容积，m^3；

V_s —— 吸附剂个体的体积，m^3。

另外，孔隙率与空隙率的意义有所不同，空隙率是表明吸附剂个体之间的容积所占的比率。

④ 饱和吸附量

饱和状态下，单位质量吸附剂所吸附的吸附质的质量，又称静活性。不同吸附剂在不同条件下，对不同吸附质的饱和吸附量不同。

（3）吸附质性质

临界直径指吸附质不易渗入的最大直径，代表了吸附质的特性且与吸附质分子的直径有关。

吸附质的分子量、沸点、饱和性等也影响吸附量。若用同种活性炭做吸附剂，对于结构相似的有机物，分子量和不饱和性越大，沸点越高，越容易被吸附。

吸附质在气相中的浓度越大，吸附量也就越大。但浓度大必然会使吸附剂很快饱和，因此吸附法不宜净化污染物浓度高的气体。

（4）吸附剂活性

吸附剂的活性一般用单位吸附剂吸附的吸附质的量来衡量。

静活性指在一定温度下，与气体中被吸附物（吸附质）的初始浓度达平衡时单位吸附剂上可能吸附的最大吸附量。亦即在一定温度下，吸附达饱和时，单位吸附剂所能吸附吸附质的量。

动活性指吸附过程中未达到平衡时单位吸附剂吸附质的量。

此外，接触时间、吸附器性能等也影响吸附效果。

项目三　催化转化法

催化转化法是利用催化剂在化学反应中的催化作用，使废气中的污染物转化成非污染物或比较容易与载气分离的物质。催化转化法对不同浓度的污染物都有比较高的转化率，其化学反应发生在气流与催化剂接触过程中，反应物和产物无须与主气流分离，因而避免了其他方法可能产生的二次污染，使操作过程简化。因此，该法在大气污染控制中得到较多的应用，已成功应用于脱硫、脱硝、汽车尾气净化和有机废气净化等方面。用催化转化法净化，废气中不能有过多不参加反应的微粒物质，且不应含有使催化剂性能降低、寿命缩短的物质。

一、催化转化原理

在化学反应中加入某种物质（催化剂），使反应速率发生明显变化而该物质的量和化学性质均不变，这种作用称为催化作用。催化作用可增加反应速率（正催化），降低反应速率（负催化），或使反应按特定途径进行。一般所说的催化作用多指正催化。

催化作用有两个重要特征。第一，催化剂只能改变化学反应速率，对于可逆反应而言，其对正逆反应速率的影响是相同的，因而只能改变到达平衡的时间，既不能使平衡移动，也不能使热力学上不可能发生的反应发生。第二，催化作用有特殊的选择性，一种催化剂在不同的化学反应中表现出明显不同的活性，而对相同的反应物，选择不用的催化剂就可得到不同的产物。

根据催化剂和反应物的物相，催化过程可分为均相催化和非均相催化两类。催化剂和反应物的物相相同，其反应过程称为均相催化；催化剂和反应物的物相不同，其反应过程称为非均相催化。一般气体净化采用固体催化剂，其反应就是非均相催化反应。

根据化学反应不同可分成催化氧化和催化还原两类。催化氧化法净化就是让废气中的污染物在催化剂作用下被氧化成非污染物或更易于处理的物质。例如将不易溶于水的 NO 氧化成 NO_2 的活性炭催化氧化。高浓度的 SO_2 尾气在 V_2O_5 的作用下，SO_2 氧化成 SO_3，然后用水吸收成 H_2SO_4。废气中低浓度的 SO_2 可用活性炭吸附在 O_3 和 H_2O 作用下的炭表面发生催化氧化反应，转化成 H_2SO_4。催化燃烧也是一种催化氧化反应。催化还原法净化是让废气中的污染物在催化剂作用下，与还原性气体反应转化为非污染物。例如废气中的 NO_2 在 Pt 或稀土等催化剂作用下，可被甲烷、氢、氨等还原为 N_2。

在众多的催化理论中，多位活化络合物理论比较好地解释吸附现象。多位理论认为：催化作用来源于催化剂表面的活性中心，活性中心具有一定的几何规整性。只有当活性中心的结构几何对应时，才能形成多位的活化络合物，从而产生催化作用。活性中心不仅能使反应分子的某些键变得松弛，而且还由于几何位置对应，有利于形成新键。活性中心对反应分子的吸附能力要适中。吸附过弱，分子得不到活化；吸附过强，不利于进一步转化。

在多相反应中，气体在催化剂表面上吸附与否，吸附强弱都与催化反应密切相关。对反应物没有吸附能力的元素或化合物不能做催化剂的活性组分。催化剂对气体的催化作用是通过降低反应活化能来实现。活化能的大小直接影响到反应速度的快慢，它们之间的关系可用阿累尼乌斯方程表示：

$$K = A \cdot \exp\left(-E / RT\right)$$

式中：K—— 反应速度常数，单位与反应级数有关；

A—— 频率因了，单位与 K 相同；

E—— 活化能，kg/mol；

R—— 气体常数，kJ/（K·mol）；

T—— 绝对温度，K。

二、催化剂

（1）催化剂的构成与成分

凡能加速化学反应速率，而本身的化学性质和数量在反应前后没有改变的物质称为催化剂。催化剂是催化转化反应的关键。

实际应用的催化剂是将具有催化活性的物质附载于适当的结构材料（载体）上。催化剂通常由主活性物质、助催化剂和载体组成。有的还加入成型剂和造孔物质等，以制成所需要的形状和孔结构。

① 主活性物质。能单独对化学反应起催化作用，因而可作为催化剂单独使用。用于气体净化的主要是金属和金属盐。

② 助催化剂。本身没有什么催化作用，但它的少量加入能明显提高主活性物质的催化性能。除此之外，助催化剂的加入，也可以提高主活性物质对反应的催化选择和提高主活性物质的稳定性。

③ 载体。用于承载主活性物质和助催化剂，它的基本作用在于：第一，可以提供大的比表面积，提高活性物质和助催化剂的分散度，以节约活性物质。第二，可以改善催化剂的传热，抗热冲击和机械冲击等性能。因此要求选用有一定机械强度，磨损强度及热稳定性与导热性好的多孔惰性材料做载体。

常用的载体材料有氧化铝、铁矾土、石棉、陶土、活性炭、金属等。载体的形状可以是网状、球状、柱状、蜂窝状（阻力小，比表面积大，填放方便）等。催化剂和助催化剂可采用喷涂和浸渍等方法附于载体表面。几种常用的净化气态污染物的催化剂的组成如表 4-2 所示。

（2）催化剂的性能

催化剂的性能主要有三项：活性、选择性和稳定性。

活性和选择性是催化剂在动力学范围内变化最灵敏的指标，是选择和控制反应参数的基本依据。

① 活性。催化剂的活性是衡量催化剂催化效能大小的标准。它取决于比表面积和活性中心密度，与化学成分、制造有关。活性是衡量催化剂加速化学反应速度之效能大小的尺度。

表 4-2 净化气态污染物常用的催化剂的组成

用途	主活性物质	载体
有色冶炼厂烟气制酸 硫酸厂尾气回收制酸 $SO_2 \rightarrow SO_3$	V_2O_5 含量 6%～12%	SiO_2 （助催化剂 K_2O 或 Na_2O）
硝酸生产及化工工艺尾气 $NO_x \rightarrow N_2$	Pt、Pd 含量 0.5%	$Al_2O_3 \sim SiO_2$
	Cu、CrO_2	$Al_2O_3 \sim MgO$
碳氢化合物的净化 $CO+HC \rightarrow CO_2+H_2O$	Pt、Pd	Ni、NiO_3、Al_2O_3
	CuO、Cr_2O_3、Mn_2O_3、稀土金属氧化物	Al_2O_3
汽车尾气净化	Pt（0.1%）、Pd、Rh	砖铝小球、蜂窝陶瓷
	碱土、稀土和过渡金属氧化物	α-Al_2O_3、γ-Al_2O_3

催化剂的活性通常用特定反应条件下，单位质量（或体积）的催化剂在单位时间内所产生的反应产物量来表示：

$$A = \frac{m_R}{t \cdot m_S} \tag{4-6}$$

式中：A —— 催化剂活性，g/（s • g 催化剂）；

m_R —— 反应产物生成量，g；

m_S —— 催化剂质量，g；

t —— 反应时间，s。

在催化反应器设计中经常使用空间反应速度（空速）来衡量活性。催化剂只有在一定的温度（活性温度）范围内具有活性，温度太低，活性不明显，温度太高，催化剂会受到损坏。

② 选择性。催化剂的选择性是指只对特定的反应起催化作用的特性。从热力学角度看，如果反应可能同时向几个平行方向发生时，通常在一定条件下催化剂只对一个反应方向起加速作用。选择性强，副反应少，可减少无谓的原料消耗。催化剂选择性的大小常用反应所得的目的产物的摩尔数与某反应物消耗的摩尔数之比来表示。

③ 稳定性。催化剂的稳定性是指操作过程中保持活力的能力。它包括热稳定性、机械稳定性、抗毒性。催化剂的寿命是反映稳定性的重要指标。正常情况下，催化剂的寿命一般在 20 000～30 000 h。

从理论上说，催化剂性质不因反应而变，但实际上催化剂会逐渐失活。造成失活的原因有机械的原因、物理的原因和化学的原因三类。机械的原因主要是含尘气体冲刷，引起催化剂磨损，和不能参加反应的颗粒物在催化剂表面的沉积，将其覆盖。物理的原因主要是温度过高使催化剂熔化，破坏了多孔物质（即烧结），甚至引起烧蚀。化学的原因主要是某些物质（如硫、砷、重金属）与活性中心牢固结合，或者某些重化合物（气体中含有或副反应产生）在催化剂表面积累，而使活性下降，直至失活。前两种原因引起的失活过程称为催化剂衰老，后一种称为催化剂中毒。

由可逆过程引起的失活的催化剂，可经过再生恢复部分或大部分活性。

三、催化反应器

（1）反应器类型

在气态污染物治理工程中应用的催化反应器主要分固定床和流化床两类。流化床反应器是近年来发展起来的一项新技术，它具有传热效率高、温度分布均匀、气固接触面积大和传质速率高等优点，但它的动力消耗也大，催化剂容易磨损流失，因此在污染治理中的实际应用并不多，目前应用最广的仍是固定床反应器。

固定床反应器的优点是轴向返混少，反应速度较快，因而反应器体积小，催化剂用量少；气体在反应器内停留时间可严格控制，温度分布可适当调节，因而有利于提高转化率和选择性；催化剂磨损小；可在高温高压下操作。固定床反应器的主要缺点是传热条件差，不能用细粒催化剂，催化剂更换、再生不方便，床层温度分布不均。

在固定床反应器中，根据换热和要求方式又可分为绝热式和换热式两大类。其中，绝热式反应器分为单段式和多段式；换热式反应器主要是管式反应器，管式反应器又以催化剂的装填部位不同分为多管式和列管式两种。

单段绝热反应器结构简单，造价低，气流阻力小，反应器体积小、利用率高，因此适用于反应热效应较小，反应温度允许波动范围较宽的反应过程。为了保持绝热反应器结构简单的特点，又能在一定程度上调节反应温度，发展了多段绝热、在段内绝热和在段间加换热器。

管式反应器属换热式反应器，与外界有热量交换。管式反应器传热效果好，适用于床温分布严格，反应热特别大的情况，但管式反应器的缺点是催化剂的装填困难，在管内装填催化剂，管间通入热载体或冷却剂的为多管式；管内通入热载体或冷却剂，而管间装填催化剂的称为列管式。管式反应器的轴向温度可以通过调节热载体的流量来控制，径向温度差通过选择管径来控制，管径越小，径向温度分布越均匀，但设备费用和阻力也越大。

新发展的径向反应器（薄层反应器）可采用细粒催化剂提高催化剂的有效系数，并具有废气通气面积大，压降小的特点，适用于处理大流量废气，是单层绝热反应器的一种特殊形式。

根据物料进入后的混合情况，反应器分为理想置换型、理想混合型和中间型三类。

理想置换型反应器，物料在其中完全无返混，即任意位置的质点均依次流动，所有质点在反应器中停留时间相等。

理想混合型反应器，新物料进入后立即发生瞬时完全混合，物料在反应器内均匀分布，任意位置各种参数（温度、浓度等）均相同。

中间型反应器，介于上述两种理想反应器之间，反应器内有部分物料返混。

严格地说，工业上应用的反应器均属于中间型反应器，但固定床反应器接近于理想置换反应器，流化床反应器接近于理想混合型反应器。

通常污染物净化需要有一定的催化反应温度，所以在系统启动催化反应器时首先需要用预热器加热废气和（或）催化剂，以保证催化反应能顺利进行下去。催化预热方式有电加热，气体、液体燃料燃烧加热等方式。待反应器正常运转，反应热能维护反应进行时，可停止加热，完全依靠反应热来维持反应温度，这种催化反应器称自热式反应器。

由于预热能耗高，近年来不断研究节能的预热方式，其中已经应用的有：远红外辐射加热（外热）和利用金属载体的导电性通电加热（内热）等节能的预热方式。

（2）催化反应器的选型原则

在工程上，必须要结合实际情况，如工艺要求、物质条件等来设计反应器或选择合适类型的反应器，不一定局限于所介绍的结构形式。下面介绍在固定床反应器的设计和选型时，应当遵循的一些基本原则。

① 根据催化反应热效应的大小、反应对温度的敏感程度以及催化剂的活性温度范围，选择反应器的结构类型，保证床层具有适宜的温度分布。

② 在满足上述温度条件的前提下，应尽量使催化剂的装填系数大以提高设备的利用率。

③ 床层阻力应尽量小，这对气态污染物的净化尤为重要。

④ 在满足工艺要求的基础上，力求反应器的结构简单，便于操作，造价低廉，安全可靠。

由于催化法净化气态污染物所处理的废气风量大，污染物的浓度低，反应热效应小，要想使污染物达到排放标准，就必须有比较高的催化反应转化率。通常选用单段绝热反应器，包括径向反应器，即能满足要求。目前，在 NO_x 的催化转化，有机废气的催化燃烧和汽车尾气的净化中，大多采用了单层绝热床反应技术。

项目四 其他方法

一、燃烧

气态污染物中，少数无机物（如 CO）和大部分有机物是可燃的。燃烧净化法就是利用热氧化作用将废气中的可燃有害成分转化为无害物或易于进一步处理的物质的方法。燃烧法的优点是：净化效率高，设备不复杂，如果污染物浓度高还可以回收余热。难以回收或回收价值不大的污染物，用燃烧法净化较为适宜。但在污染物浓度低的情况下，采用燃烧法要添加辅助燃料，因此为了提高经济性，必须注意燃烧后的热能回收问题。

采用燃烧法应仔细分析废气成分，确定焚烧反应的中间和最终产物不是污染物，若废气中的污染物含硫、氯等元素，燃烧后往往含有二氧化硫、氮氧化物、氯化氢等污染物，还需要二次处理。对于处于爆炸范围内的废气的焚烧净化处理要特别注意安全，防止发生回火、爆炸等事故。

按燃烧过程是否使用催化剂，可分为催化燃烧和非催化燃烧两类。

催化燃烧是一种催化氧化反应，其反应温度较低，产生的氮氧化物少，但要求废气中不可燃的固体微粒含量少，并不含硫、砷等有害元素。

非催化燃烧设备简单，反应温度高，但可能产生氮氧化物等二次污染。

非催化燃烧又可分为直接燃烧和热力燃烧两种。

一般来说，少量可燃废气可通入锅炉或窑炉燃烧；对于大流量或高浓度可燃废气，才专设气体焚化设备，进行燃烧处理。

二、冷凝

冷凝法是利用气态污染物在不同温度及压力下具有不同的饱和蒸气压，在降低温度或加大压力条件下，使某些污染物凝结出来，以达到净化或回收的目的，甚至可以借助控制不同的冷凝温度，对污染物进行分离。

将废气冷却，使其温度降低到污染物的露点以下，气相污染物就会凝结析出，这就是废气净化中的冷凝分离方法。冷凝过程中，被冷凝物质仅发生物理变化，其化学性质不变，所以可回收利用。

由于废气中的污染物含量往往很低，大量的是空气和其他不凝性气体，故可认为当气体混合物中污染物的蒸气分压等于它在该温度下的饱和蒸气压时，废气中的污染物就开始凝结出来。这时该污染物在气相达到了饱和，该温度下的饱和蒸气压就体现了气相中未冷凝下来，仍残留在气相中的污染物水平。

废气中污染物浓度高，对冷凝回收有利。为了提高回收率，可选择较低的冷却温度，以降低污染物的饱和蒸气压，或者提高废气总压强。但冷却温度过低，会很不经济；提高废气的总压强，需要增加设备和能耗，通常也不采用。为回收利用考虑，用于冷凝的气体不能含有较多的颗粒物或容易冷凝且流动性不好的组分。

冷凝法由于受到冷凝温度的限制，净化效率往往不高，为 30%~50%，冷凝后的尾气往往达不到排放要求，需要进一步处理。所以冷凝法一般用来进行高浓度废气的回收，很少单独用来进行废气净化。

根据最终冷凝温度的不同，冷凝工艺可分为常规冷却（至 4℃）、冷冻（至－101℃）和深度冷冻（至－195℃）。大气污染控制过程中，以常规冷却居多。

常用的冷凝方式有直接冷却和间接冷却两种。

直接冷却是冷却介质与废气直接接触进行热交换，冷却效果好，设备简单；但要求废气中的组分不会与冷却介质发生化学反应，也不互溶，否则难以回收利用。

直接冷却常用的热交换设备是喷淋塔。

间接冷却时废气与冷却介质不直接接触，因此不会相互影响，但热交换设备稍复杂，冷却介质用量较大。为了避免由于固态物质在热交换表面沉积而妨碍热交换，要求废气不含微粒物或胶黏物。

间接冷却常用的冷却介质有空气、水或氟利昂等。间接冷却采用各种表面冷却器叫做冷凝器。冷却介质为水或氟利昂时，用管壳式冷凝器。风冷时采用管式或翅片式冷凝器。

三、生物净化

生物法作为一种新型的气态污染物的净化工艺在国外已得到越来越广泛的研究与应用，在德国、荷兰、美国及日本等国的脱臭及近几年的有机废气的净化实践中已有许多成功地采用生物法的实例。近年来国内也开展了一些这方面的实验研究，并且已有生物脱臭装置投入应用。与传统的物理化学净化方法相比，生物法具有投资运行费用低、较少二次污染等优点。与废水生物处理工艺相似，生物净化气态污染物过程也同样是利用微生物的生命活动将废气中的污染物转化为二氧化碳、水和细胞物质等，但其与废水生物处理的重大区别在于，气态污染物首先要经历由气相转移到液相或固相表面液膜中的传质过程，然后才能在液相或固相表面被微生物吸收降解。与废水的生物处理一样，气态污染物的生物净化过程也是人类对自然过程的强化与工程控制，其过程的速度取决于：① 气相向液固相的传质速率（这与污染物的理化性质和反应器的结构等因素有关）；② 能起降解作用的活性生物质的量；③ 生物降解速率（与污染物的种类、生物生长的环境条件、抑制作用等有关）。

在气量较大的情况下，其投资费用通常要低于现有的其他类型的处理设施。而运行费用低是该类设备最突出的优点之一。目前已大量得到应用的是生物过滤器，生物滴滤器则是目前研究的热点之一。目前生物法的应用已从脱臭等领域向 VOCs 类物质净化方面拓展。

课程作业

1. 分组回答学习型工作任务所提出的所有问题，归纳出本章小结，在班级讨论。

2. 课程练习

(1) 填空题

1）根据吸收原理，吸收分为________吸收和________吸收两种，用 NaOH 吸收 SO_2 为________吸收。

2）吸收流程配置时应考虑的因素包括：____等。

3）根据吸收剂与废气在吸收设备中的流动方向，可将吸收工艺分为________、________和________。

4）非循环过程是指对________不进行再循环，而循环过程是指将________循环使用。

5）工业上最常用的吸附剂是________。

6）常用吸附剂的再生方法有____。

7）________吸附器适宜净化大气量污染废气，（ ）吸附器适用于小型、分散、间隙性的污染源。

8）吸附装置____等几种。

9）催化剂的组成包括：________、________、________。

10）催化剂的性能由____等来描述。

11）适合利用催化法净化的污染物有________、________、________等。

12）火炬燃烧属于________燃烧。在操作良好时，火焰呈________色，在操作不良时，火焰呈________色。

13）燃烧法分为________、________和________。

14）催化燃烧设备有________和________两大类。

15）直接燃烧设备有________、________、________等。

16）热力燃烧控制的温度和停留时间分别为________和________。

17）冷凝法用于________、________、________等气体的净化。

18）冷凝法常用设备为________和________。

19）冷凝法操作主要通过控制＿＿＿＿＿来实现。

（2）简答题

1）解释吸收净化的主要原理（亨利定律）。

2）吸收剂选择的原则主要有哪些？

3）影响吸收效果的关键因素有哪些？

4）解释吸附净化的原理。

5）影响吸附净化的因素有哪些？

6）防止催化剂中毒的措施有哪些？

7）热力燃烧的操作步骤有哪些？

8）进入催化燃烧器的气体通过预处理可除去哪些有害成分？

9）冷凝法的基本原理是什么？

10）冷凝法的特点和用途有哪些？

（3）计算题

1）某矿石焙烧炉排出炉气冷却至 20℃后，送入填料吸收塔中用水洗涤，去除其中的 SO_2。已知操作压力为 101.325 kPa，炉气的体积流量为 2 000 m^3/h，炉气的混合分子量为 32.16，洗涤水耗量 L=45 200 kg/h，吸收塔选用填料为乱堆瓷拉西环（25 mm×25 mm×2.5 mm）和陶瓷矩鞍填料，若取空塔流速为液泛速度的 70%，试分别求出所需的塔径及每米填料的压力降。

2）空气和氨的混合物在直径为 0.8 m 的填料塔中，用水吸收其中所含氨的 99.5%，每小时所送入的混合气体量为 1 400 kg，混合气体的总压力为 101.325 kPa，其中氨的分压为 1.333 kPa，所用的气液比为最小值的 1.4 倍，操作温度（20℃）下的平衡关系为 $Y=0.75X$，总体积吸收系数 $K_Y \cdot a$=0.088 kmol/（$m^3 \cdot s$），求每小时的溶剂水用量与所需的填料层高度。

技能训练　SO_2气体吸收实验

根据本教材附录所列技能训练指导书进行实验。

学习任务五 气态污染物净化

● 任务描述

该学习任务重点介绍废气中 SO_2、NO_x、F、有机污染物的净化技术，并对含 H_2S、HCl、Cl、沥青烟、Hg、恶臭的废气治理进行了简要介绍。

该学习任务是学生毕业后从事气态污染物净化所必须掌握的知识和技能，要求学生在掌握烟气脱硫、脱硝、脱氟方法的基础上，在有机废气、含 H_2S 废气、含氯废气、含 Hg 废气、恶臭气体等其他废气治理方面有进一步拓展的能力。

● 学习目标

知识目标	技能目标
1.了解燃煤烟气的主要性质和特征 2.了解燃烧前、燃烧中的主要脱硫方法 3.掌握燃煤烟气末端脱硫技术（干法和湿法）的主要工艺过程及设备结构、原理和主要工艺参数 4. 掌握烟气中 NO_x 的主要来源及常用的烟气脱硝方法 5. 掌握含氟废气的来源及常用的治理方法 6. 了解挥发性有机废气的主要治理方法 7. 了解含 H_2S、HCl、Cl、Hg 废气及沥青烟、恶臭气体、汽车尾气的治理方法	1. 能熟练分析燃煤烟气的性质和特点 2. 能对燃烧前、燃烧中的脱硫工艺进行选择 3. 能阐述主要干、湿法脱硫工艺、机理及主要工艺参数 4. 能利用脱硝技术对含 NO_x 废气进行净化处理 5. 能利用脱氟技术对含氟气体进行净化处理 6. 能阐述挥发性有机废气治理的常用工艺原理 7. 能阐述含 H_2S、HCl、Cl、Hg 废气及沥青烟、恶臭气体、汽车尾气治理的工艺原理

● 学习型工作任务

以某典型烟气脱硫或脱氟工程为例，完成如下学习型工作任务：

1. 项目概况
2. 烟气特点
3. 处理要求
4. 主要工艺流程及技术参数
5. 主要设备选型及日常运行、维护、管理方法

项目一　烟气脱硫

一、燃煤烟气脱硫

（一）煤中硫的来源

大气中的二氧化硫（SO_2）只要来源于煤和石油的燃烧，约占总量的 80%。我国是以燃煤为主的国家，燃煤产生的（SO_2）又占大气中 SO_2 的主要部分。

煤中的硫含有四种形态：黄铁矿硫（FeS_2）、硫酸盐硫（$MeSO_4$）、有机硫（$C_xH_yS_z$）和单质硫。其中单质硫、有机硫和黄铁矿硫可燃烧放出 SO_2 而硫酸盐硫不能燃烧，成为灰分的一部分。

可燃单质硫及其化合物在高温下与氧发生反应，生成 SO_2 和少量 SO_3，其反应可用如下方程表示：

$$S+O_2 \rightarrow SO_2$$

$$3FeS_2+8O_2 \rightarrow Fe_3O_4+6SO_2$$

在空气过剩系数 α =1.15 时，燃用含硫量为 1%～4%的煤，标态下烟气中 SO_2 含量占（0.11%～035%）；燃用含硫量为 2%～5%的油，烟气中 SO_2 含量约占（0.12%～0.31%）。

一般烟气中 SO_3 的浓度相当低，即使在贫燃料状态下，生成的 SO_3 也只占 SO_2 生产量的百分之几，但它却是决定烟气露点高低的最重要因素。研究表明：当烟气中的 SO_3 占 0.005%（5×10^{-5}）时，可使烟气露点提高到 150℃以上。在富燃料状态下，除生成 SO_2 外，还会生成一些其他硫的氧化物，如一氧化硫及其二聚物，还有少量的一氧化二硫，但由于它们的化学反应能力强，所以在各种氧化反应中仅以中间体形式出现。

从 SO_2 的污染源来看，我国的 SO_2 主要来自中小型燃煤取暖炉、工业锅炉和燃煤火电厂，其中燃煤火电厂是 SO_2 污染大户。到 2000 年，我国火电厂装机容量已达 2.22 亿 kW，其 SO_2 的排放量占全国的 50%左右；预计到 2010 年火电厂装机容量将达到 3.7 亿 kW，其 SO_2 排放量约占全国的 67%。中小型燃煤取暖炉容量虽不大，但地域分散，烟囱林立，治理难度更大。

（二）燃煤烟气脱硫

二氧化硫的控制技术可分为三大类，即燃烧前脱硫技术、燃烧中脱硫技术、燃烧后脱硫技术。

（1）燃煤前脱硫技术

燃烧前脱硫技术主要是指燃料的脱硫技术，对于以燃煤为主要能源的我国来说，又主要指煤的脱硫技术。煤的脱硫主要有化学法、物理法和微生物法，目前工业中应用最广泛的是煤的重力分选法，其他脱硫方法如浮选法、氧化脱硫法、微波脱硫法、磁力脱硫法、微生物脱硫法，以及煤的气化、液化等，仍处于实验室到半工业阶段。

煤中的硫可分为有机硫和无机硫，其中有机硫又可分为原生有机硫和次生有机硫两大类。有机硫与煤中的有机质形成复杂的分子结构，采用机械破碎、重力分选等物理方法不能将它们脱除，需用化学方法或电磁辐射破坏碳硫间的化学键后才能脱除，成本较大。而无机硫主要由硫化铁硫、单质硫、硫酸盐硫组成，可用物理方法脱除 40%～90%的硫。

重力分选法是利用硫铁矿密度[（4.7～5.2）$\times 10^3$ kg/m^3]比矸石和煤大得多的特点，在水中与精煤分离。其基本工艺流程是：原煤经破碎机破碎后，进入淘汰机，然后再进入旋流器进行分离，可以去除 40%～80%的硫分及 60%左右的灰分。使用本工艺的缺点是耗水量较大，煤泥和煤泥水处理不当，易造成严重的二次污染。

（2）燃煤中脱硫技术

目前应用广泛的燃煤中脱硫技术是型煤固硫技术和循环流化床脱硫技术。

1）型煤固硫技术

型煤固硫技术是近年来发展较快的一项控制二氧化硫污染的技术。其原理是：型煤燃烧时，煤中的固硫剂 CaO 将与生成的 SO_2、SO_3 反应生成 $CaSO_4$，从而达到固硫目的。常用型煤是利用有机化工厂的电石渣，采用“表面富集、多孔活化”脱硫新工艺，制成高温、高效的钙系固硫剂。它使用的添加剂是无机化工厂的废渣，黏结剂也是由造纸黑液活化黏土制成，可使用微机控制的专用机械生产，工艺性能优良，成型率高，产量大，价格低廉，其价格只有国际同类价格的 1/5 左右，为我国型煤的大批量生产创造了良好的条件。

型煤固硫技术也存在一些问题，在型煤的脱硫过程中，生成的致密的 $CaSO_4$ 将覆盖在 CaO 颗粒表面，减小颗粒表面的孔隙率甚至完全被堵死，使颗粒内部的 CaO 难以与 SO_2 和 O_2 反应生成 $CaSO_4$，使 CaO 易被烧结。当温度超过 1 100℃，$CaSO_4$ 分解速度加快，重新释放出 SO_2，从而影响固硫效果。

由于型煤具有投资小、运行费用低、固硫和降尘明显的特点，随着新的固硫剂、黏结剂、添加剂的研制成功、型煤成型工艺的提高及型煤燃烧设备的改进，型煤将成为解决我国中小型锅炉及各种工业窑炉烟尘、SO_2 污染的首选技术。

2）循环流化床脱硫技术

循环流化床脱硫技术是在床内加入廉价脱硫剂（通常用石灰石或白云石），在

800～900℃的低温燃烧过程中，脱除烟气中的 SO_2 和 SO_3，达到固硫的目的。

以石灰石为例，其脱硫过程如下：将石灰石磨成一定的粒度与煤掺混一并加入床内，在燃料燃烧过程中，$CaCO_3$ 受热分解，生成 CaO 和 CO_2。

由于流化床是在 800～900℃的低温条件条件下运行，在此温度下生成 CaO 最具活性，即具有良好的比表面积和孔隙率，有利于 CaO 与 SO_2 和 SO_3 固硫反应的进行：

$$CaO+SO_2+1/2O_2 \rightarrow CaSO_4$$

$$CaO+SO_3 \rightarrow CaSO_4$$

另一方面，由于炉内局部存在还原气体，当温度高于 880℃时，$CaSO_4$ 开始缓慢分解，重新释放出 SO_2，其反应方程式如下：

$$CaSO_4+1/2\,C \rightarrow CaO+SO_2\uparrow+1/2\,CO_2\uparrow$$

这个反应也是氧化钙的再生方法之一，反应生成的二氧化硫可回收再利用。

影响流化床脱硫效率的因素很多，主要有：流化床床温、流化床压比、Ca/S 比（摩尔比）、流化速度、脱硫剂类型、脱硫剂粒度、空气过剩系数等，脱硫效率是这些因素综合影响的结果。

（3）燃煤后脱硫技术

燃烧后脱硫，又称烟气脱硫（FGD），在 FGD 技术中，按脱硫剂的种类划分，可分为以下五种方法：以 $CaCO_3$（石灰石）为基础的钙法，以 MgO 为基础的镁法，以 Na_2SO_3 为基础的钠法，以 NH_3 为基础的氨法，以有机碱为基础的有机碱法。世界上普遍使用的商业化技术是钙法，所占比例在 90%以上。按吸收剂及脱硫产物在脱硫过程中的干湿状态，脱硫技术可分为湿法、干法和半干（半湿）法。湿法 FGD 技术是用含有吸收剂的溶液或浆液在湿状态下脱硫和处理脱硫产物，该法具有脱硫反应速度快、设备简单、脱硫效率高等优点，但普遍存在腐蚀严重、运行维护费用高及易造成二次污染等问题。干法 FGD 技术的脱硫吸收和产物处理均在干状态下进行，该法具有无污水废酸排出、设备腐蚀程度较轻、烟气在净化过程中无明显降温、净化后烟温高、利于烟囱排气扩散、二次污染少等优点，但存在脱硫效率低、反应速度较慢、设备庞大等问题。半干法 FGD 技术是指脱硫剂在干燥状态下脱硫、在湿状态下再生（如水洗活性炭再生流程），或者在湿状态下脱硫、在干状态下处理脱硫产物（如喷雾干燥法）的烟气脱硫技术。特别是在湿状态下脱硫、在干状态下处理脱硫产物的半干法，以其既有湿法脱硫反应速度快、脱硫效率高的优点，又有干法无污水废酸排出、脱硫后产物易于处理的优势而受到人们的广泛关注。按脱硫产物的用途，脱硫技术可分为抛弃法和回收法两种。

1）石灰石—石膏法烟气脱硫工艺

石灰/石灰石湿法脱硫最早由英国皇家化学工业公司在 20 世纪 30 年代提出，目前是应用最广泛的脱硫技术。

该工艺是利用石灰/石灰石浆液洗涤烟道气，使之与 SO_2 反应，生成亚硫酸钙（$CaSO_3$），脱硫产物亚硫酸钙可直接抛弃，也可以通入空气强制氧化和加入一些添加剂，以石膏形式进行回收，脱硫率达到95%以上。为了减轻 SO_2 洗涤设备的负荷，先要将烟道气除尘，然后再进入洗涤设备与吸收液发生反应。

① 吸收原理

$$CaCO_3+SO_2+1/2\ H_2O\rightarrow CaSO_3\cdot 1/2H_2O+CO_2\uparrow$$

$$Ca(OH)_2+SO_2\rightarrow CaSO_3\cdot 1/2\ H_2O+1/2H_2O$$

$$CaSO_3\cdot 1/2\ H_2O+SO_2+1/2H_2O\rightarrow Ca(HSO_3)_2$$

废气中的氧或送入氧化塔内的空气可将亚硫酸钙和亚硫酸氢钙氧化成石膏：

$$2CaSO_3\cdot 1/2\ H_2O+O_2+3H_2O\rightarrow 2CaSO_4\cdot 2H_2O+3/2H_2O$$

$$Ca(HSO_3)_2+1/2O_2+H_2O\rightarrow CaSO_4\cdot 2H_2O+SO_2\uparrow$$

通常石灰/石灰石法由三个单元组成：SO_2 吸收、固液分离、固体处理，工艺流程：排放烟气→冷却塔（洗涤、降温至 60℃左右，增湿）→二级串联吸收塔（石灰浆液洗涤脱硫）→除雾→加热器升温（140℃左右）→烟囱→排入大气见图 5-1。

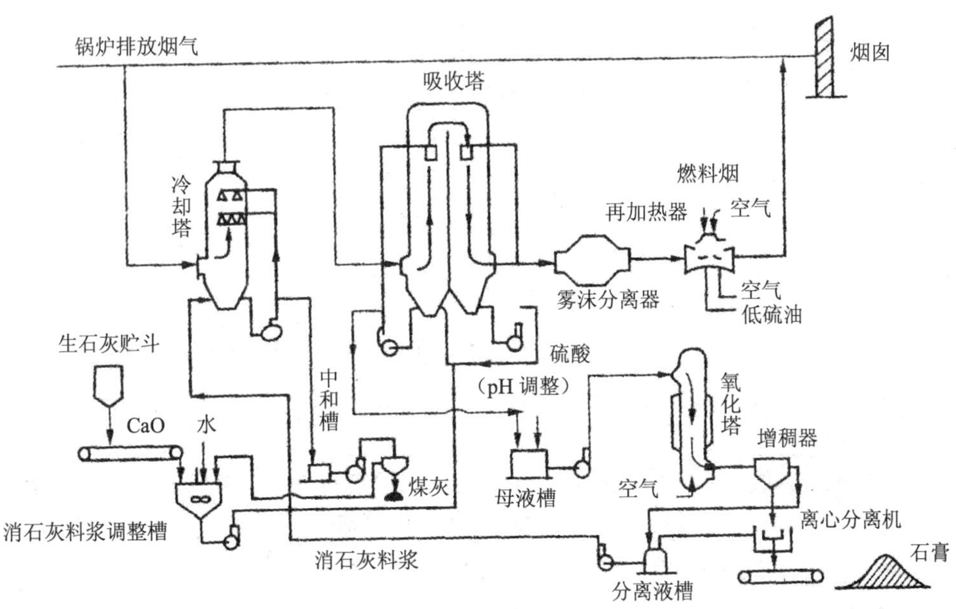

图 5-1　石灰石—石膏法烟气脱硫工艺流程

冷却塔采用空塔，吸收塔采用栅条填料塔。

为防止结垢堵塞，采用高液气比，同时在浆液内加入石膏“晶种”，沉淀过饱和硫酸钙。

吸收 SO_2 后的浆液，用硫酸调整 pH 值至 4～4.5 后，在氧化塔内 60～80℃、4.9×10^5 Pa 的压缩空气氧化。

氧化塔出来的气体含有微量 SO_2，再送回吸收塔吸收；氧化后浆液经增稠、脱水得石膏。

滤液除去不溶杂质，送往石灰乳槽，洗液返冷却塔。

生石灰在消石灰料浆调整槽内加水配成石灰料浆，用泵送到吸收塔。

石灰—石膏法脱硫率＞90%，可副产含水 5%～10%的优质石膏。

② 主要设备

吸收设备：常用喷淋塔、填料塔、湍球塔、板式塔等，本工艺采用填料塔。

氧化塔：回转筒的转速为 500～1 000 r/min，空气被导入并被撕裂成微细气泡，加快氧化速度，氧化效率较高，没有料浆堵塞，见图 5-2。

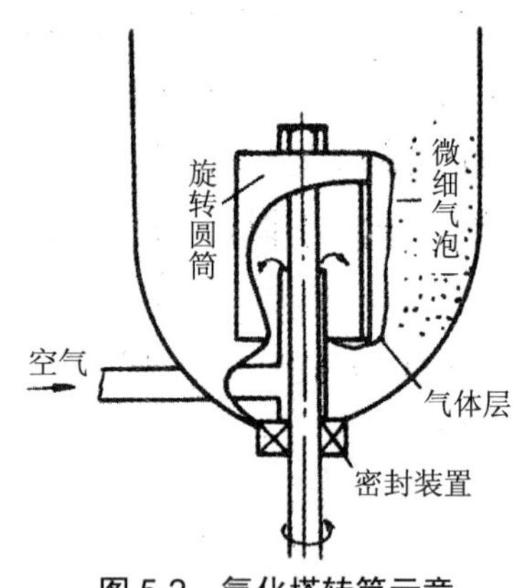

图 5-2 氧化塔转筒示意

③ 操作影响因素

提高 SO_2 吸收率，减少设备的结垢与堵塞，控制以下主要影响因素：

浆液的 pH 值：采用消石灰浆液时，pH 值控制在 5.6～6.2，采用石灰石浆液时，pH 值控制在 6～8。

吸收温度：低温利于吸收吸收，但使反应速度变慢，综合考虑一般在 50～70℃。

石灰石的粒度：粒度越小，比表面积大，反应面积大，提高石灰石的利用率和脱硫率。粒度在 200～300 目。

液气比：优化计算和实验，液气比以 15～20 L/m^3 为宜。

浆液浓度：浆液浓度过高易产生堵塞、磨损和结垢；但过低时，脱硫率低，

pH 值不易控制。浆液浓度一般取 10%～15%。

烟气流速：逆流喷淋塔适宜的塔内气速一般为 2.44～3.66 m/s，典型值为 3 m/s。

氧化方式：自然氧化速度慢，强制氧化采用多，鼓入空气。

控制吸收液过饱和：防止系统结垢，加入二水硫酸钙晶种，提供足够的沉积面积，使溶解盐优先沉淀。

吸收剂：石灰石比石灰容易制备，价格低廉，石灰石的吸收过程中亚硫酸钙的氧化速率远大于石灰吸收，应用更多。

添加剂：防止结垢和堵塞，提高 SO_2 脱除率，常用的添加剂：己二酸、硫酸镁、氯化钙等。原因：己二酸与石灰或石灰石反应，形成易溶的己二酸钙，避免结垢和堵塞。实际应用中 1 t 石灰石加入 1～5 kg 己二酸钙。

④ 操作中主要控制条件

分解温度：石灰石约为 765℃，低于此温度发生可逆反应。白云石约为 344℃。

脱硫反应有效温度：烟气温度低有利于脱硫反应。但温度过低反应速度慢，控制在 950～1 100℃。MgO 与 SO_2 的控制温度约为 800℃。$Ca(OH)_2$ 与 SO_2 的控制温度可以更低一些。

控制“烧僵”：煅烧温度过高，氧化钙的多孔体变为密实体。石灰石喷入位置的炉膛温度应该<1 100℃。

石灰石的粒度：粒径<0.1 mm。

注意：石灰/石灰石直接喷射法所需设备少、投资省，但脱硫效率低，反应产物会沉积，只用在中小锅炉上。

2）旋转喷雾干燥烟气脱硫工艺

喷雾干燥法是 20 世纪 80 年代迅速发展起来的一种湿—干法脱硫工艺。这是美国 JOY 公司和丹麦 NIRO 公司 1978 年联合开发的脱硫工艺，已有超过 10%的脱硫市场占有率。喷雾干燥法脱硫率一般为 85%，高者可达 90%以上，多用于低硫煤烟气脱硫，其工艺流程如图 5-3 所示。将石灰 $Ca(OH)_2$ 或 Na_2CO_3 等制成的浆液喷入雾化干燥反应器，雾化后的碱性液滴吸收烟气中 SO_2，同时烟气的热量使液滴干燥形成石膏固体颗粒，再用袋式除尘器将固体颗粒分离。$Ca(OH)_2$ 吸收 SO_2 的总反应为：

$$Ca(OH)_2 + SO_2 + H_2O \rightarrow CaSO_3 \cdot 2H_2O$$
$$CaSO_3 \cdot 2\,H_2O + 1/2\,O_2 \rightarrow CaSO_4 \cdot 2H_2O$$

常用的雾化装置有压力喷嘴和高速旋转（10 000～50 000 r/min）离心雾化器两种。雾化液滴及其分布要细而均匀，喷嘴或雾化轮应耐磨、耐腐蚀、防堵塞。吸收剂除用 $Ca(OH)_2$ 或 Na_2CO_3 之外，石灰石、苏打粉、烧碱等也可用作吸收剂。石灰脱硫常将固体颗粒循环使用以提高吸收剂利用率，钠脱硫则一次通过吸收器即可完全反应。石灰的实际用量通常是理论计算量的 2.5 倍左右，循环使用可降至 1.5 倍，钠吸收剂利用率较高，一般为 1.1 倍。袋式除尘器被广泛用于喷雾干燥系统的固体捕集，因为沉积在袋上的未反应的石灰可与烟气中残余 SO_2 反应，脱硫率占系统总脱硫率的 10%～20%，滤袋可以看成一个固定床反应器。

影响脱硫率的因素有烟气温度、速度、湿度和 SO_2 浓度等。反应器入口烟温为 150℃左右，较高的入口烟温，可以增加浆液含水量，改善反应器内干燥阶段的传质条件，使脱硫率提高。出口烟温一般为 80～100℃，要求比绝热饱和温度高 10～30℃。出口烟温越低，则固体颗料中残留水分越多，传质条件越好，脱硫率越高。烟气进口 SO_2 浓度越高，需要更高的 Ca/S 才能达到较高的脱硫率。反应器内烟气流速约 1.5 m/s，石灰系统的烟气停留时间为 10～12 s。

喷雾干燥法是目前市场份额仅次于湿钙法的烟气脱硫技术，其设备和操作简单，可使用炭钢作为结构材料，不存在由微量金属元素污染的废水，喷雾干燥出口温度控制在较低且又在露点温度以上的安全温度，因此，不需要重新加热系统。干的固体废物减少了废物体积。另外，脱硫系统的烟气压力适中，吸收剂输送量小，因此，系统能耗较低，只是湿法工艺所需能耗的 1/3～1/2。

该法脱硫后产物为干燥固体，无废水与腐蚀，与湿法相比，投资为湿法的 80%～90%。我国沈阳黎明发动机制造公司、四川白马电厂、山东黄岛电厂用的都是该种方法。

图 5-3 是喷雾干燥法脱硫系统的工艺示意图，包括吸收剂制备、吸收和干燥、固体捕集以及固体废物处置四个主要过程。

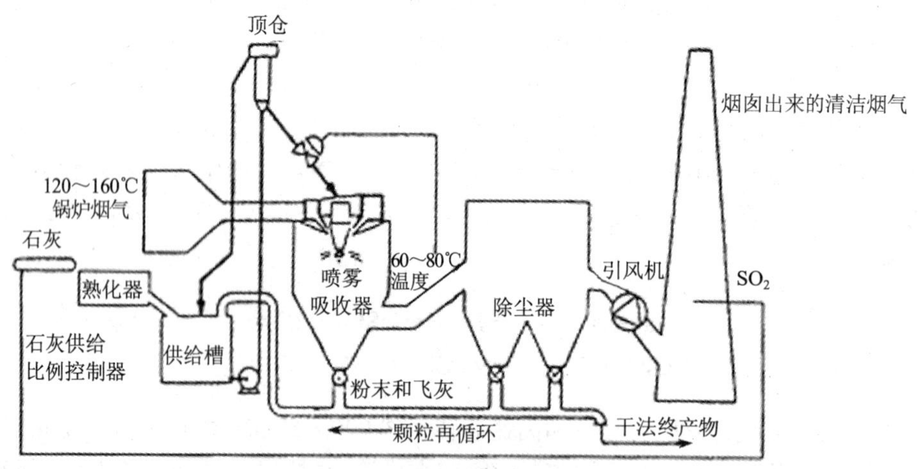

图 5-3　喷雾干燥法烟气脱硫工艺流程

① 吸收剂制备

吸收剂溶液或浆液的现场制备。虽然石灰是常见的吸收剂，但也有多种其他吸收剂可选用。吸收剂选择将取决于当地是否能够容易得到及价格因素。已用于喷雾干燥法脱硫的石灰达 100 多种，通常活化氧化钙含量为 80%～90%是最好的。因为石灰石比石灰便宜，很多用户对石灰石更感兴趣，但石灰石作吸收剂仍在开发中，苏打粉和烧碱也是常用吸收剂，它们可以在多种工业过程中得到。在一些工业部门，如啤酒工业，其废水含有氢氧化钠或苏打灰。这种废水可用作烟气脱硫的反应剂。当苏打灰用作吸收剂时，产生一种由苏打灰和亚硫酸钠组成的脱硫产物，这种混合物可以直接用于纸浆和造纸工业中。对石灰系统，循环固体废物可以提高吸收剂利用率；对钠系统，没有必要进行循环，因吸收剂一次通过吸收塔，反应就几乎是完全的。在石灰系统中，粒状石灰必须熟化，以产生具反应性浆液。本节将着重讨论石灰系统。

② 吸收和干燥

含 SO_2 烟进入喷雾干燥器后，立即与雾化的浆液混合，气相中 SO_2 迅速溶解，并与吸收剂发生化学反应。同时，烟气预热使液相水分蒸发，并将水分蒸发后的残留固体颗粒干燥。对于石灰喷雾干燥，SO_2 吸收的总反应为：

$$Ca(OH)_2\text{（s）}+SO_2\text{（g）}+H_2O\text{（l）}=CaSO_3\cdot 2H_2O\text{（s）}$$

$$CaSO_3\cdot 2H_2O\text{（s）}+0.5O_2\text{（g）}=CaSO_4\cdot 2H_2O\text{（s）}$$

喷雾干燥室为烟气与雾滴提供足够的接触时间，以便得到最大的 SO_2 去除率，并且充分干燥由吸收液雾滴形成的固体颗粒。大部分石灰系统的烟气脱硫时间为 10～12 s。

气流分布装置和雾化器要能够使烟气和雾化的液滴充分混合，有助于烟气与液滴间质量和热量传递。要求液滴要充分小，以便有足够的表面积，以利于 SO_2 吸收。同时，也不宜过小，防止未充分吸收之前，液滴完全干化。工艺过程主要包括：氧化镁浆液制备、SO_2 吸收、固体分离和干燥、$MgSO_3$ 再生。

③ 固体捕集

从喷雾干燥系统出来的最后产物是一种干燥粉末，除了由煤燃烧产生的飞灰以外，还含有硫酸钙、亚硫酸钙以及过剩的氧化钙。其典型成分为：飞灰 64%～79%，$CaSO_3\cdot 2H_2O$ 14%～24%，$CaSO_4\cdot 2H_2O$ 2.1%～4%，$Ca(OH)_2$1.2%～5%。袋式除尘器被广泛用于捕集干化固体，其原因在于收集滤袋表面的固体中未反应的碱类物质能够与烟气中 SO_2 继续反应。研究表明，袋式除尘器中去除的 SO_2 可占到 SO_2 总去除率的 10%。电除尘器的优点在于它对冷凝并不太敏感，可以在更接近饱和温度下操作，从而使 SO_2 去除率提高。尽管烟气中 SO_3 已被去除，由于烟气中水分存在和烟气体积流量减小，电除尘器效率仍然较高。

④ 固体废物处置

处置方法因吸收剂类型而异。对于石灰系统，当固体废物中未反应的吸收剂量小于 5%时，固体废物是无害的，可采用与飞灰相同的处置办法；但对于钠系统，应采取谨慎措施减小废物的浸出率。喷雾干燥吸收的最后产物是一种潜在的工业和建材原材料，但目前扩大规模的应用仍在研究之中。

3）磷铵肥法烟气脱硫工艺

磷铵肥法烟气脱硫技术属于回收法，以其副产品为磷铵而命名。该工艺过程主要由吸附（活性炭脱硫制酸）、萃取（稀硫酸分解磷矿萃取磷酸）、中和（磷铵中和液制备）、吸收（磷铵液脱硫制肥）、氧化（亚硫酸铵氧化）、浓缩干燥（固体肥料制备）等单元组成。它分为两个系统：

① 烟气脱硫系统　烟气经高效除尘器后使含尘量小于 200 mg/m^3，用风机将烟压升高 7 000 Pa，先经文氏管喷水降温调湿，然后进入四塔并列的活性炭脱硫塔组（其中一只塔周期性切换再生），控制一级脱硫率大于或等于 70%，并制得 30%左右浓度的硫酸，一级脱硫后的烟气进入二级脱硫塔用磷铵浆液洗涤脱硫，净化后的烟气经分离雾沫后排放。

② 肥料制备系统　在常规单槽多浆萃取槽中，同一级脱硫制得的稀硫酸分解磷矿粉（P_2O_5 含量大于 26%），过滤后获得稀磷酸（其浓度大于 10%），加氨中和后制得磷氨，作为二级脱硫剂，二级脱硫后的料浆经浓缩干燥制成磷铵复合肥料。

4）炉内喷钙尾部增湿烟气脱硫工艺

① 固硫原理

炉内喷钙尾气增湿固硫工艺，也称为炉内喷钙和氧化钙活化工艺，分成两个阶段：炉内喷钙阶段和炉后活化阶段。在第一阶段将磨细到 325 目左右的石灰石粉用高压空气喷射到炉膛上部，炉膛温度为 900～1 250℃，石灰石中的 $CaCO_3$ 分解成 CaO 和 CO_2，烟气中的 SO_2 和 CaO 发生反应生成 $CaSO_4$，未发生反应的 CaO 与飞灰、烟气（含有 SO_2）一起排出炉膛。该反应是气固两项反应，反应条件较差，固硫效率和钙的利用率都不高，固硫率为 20%～40%。为改善反应条件，在第二阶段，在炉后烟道上设置一个增湿活化反应器，烟气进入活化反应器中喷水增湿，烟气中未反应的 CaO 与水反应生成低温下有较高活性的 $Ca(OH)_2$，再与烟气中剩余的 SO_2 发生化学反应，首先生成 $CaSO_3$，部分发生氧化反应生成 $CaSO_4$。在高温情况下，这些颗粒成为固体粉末，从增湿活化反应器排出的烟气进入除尘器，经除尘器净化后的烟气排入大气。

第一阶段主要反应为：

$$CaSO_3 \rightarrow CaO + SO_2 \text{（石灰石分解）}$$

$$CaO + SO_2 \rightarrow CaSO_3 \text{（脱硫反应）}$$

第二阶段主要反应为：

$$CaO + H_2O \rightarrow Ca(OH)_2$$
$$Ca(OH)_2 + SO_2 \rightarrow CaSO_3 + H_2O$$
$$SO_2 + H_2O \rightarrow H_2SO_3$$
$$2CaSO_3 + O_2 \rightarrow 2CaSO_4$$

② 炉内喷钙尾气增湿固硫的特点

炉内喷钙尾气增湿固硫工艺具有以下特点：

a. 工艺流程简单，易于在老锅炉上安装，喷钙活化设备；

b. 脱硫效率高，石灰石利用率较高，当燃烧含硫量为 15%的煤炭，钙硫比为 2.0 时，其脱硫效率可达到 70%以上；

c. 投资少，该工艺脱硫装置站电厂总投资的 0.5%，属于最低投资的脱硫技术之一；

d. 干式排灰容易处理，可做建材和铺路；

e. 该工艺不排放废水，不需要水处理设备，不造成二次污染。

③ 该工艺是丹麦 Tampella 公司和 IVO 公司共同开发的，于 1986 年首先在丹麦的 Inkoo 电厂运行。目前，在我国南京下关等电厂也安装了脱硫设备，并已投入运行。

该工艺运行遇到的主要问题是：①该脱硫工艺适用于低、中硫煤；②炉内温度对脱硫效率有影响，炉膛上部温度较低，使烟气温度下降，不利于 CaO 的活化，使脱硫效率下降；③炉膛温度过高，生成的 $CaSO_4$ 受热分解，释放出 SO_2，也会降低脱硫效率。

5）烟气循环流化床脱硫工艺

循环流化床烟气脱硫（CFB-FGD）技术是 20 世纪 80 年代后期由德国 Lurgi 公司首先研究开发的。整个循环流化床脱硫系统由石灰制备系统、脱硫反应系统和收尘引风系统三个部分组成，其工艺流程见图 5-4。

循环流化床烟气脱硫的主要化学反应如下：

$$CaO + SO_2 + 2H_2O \rightarrow CaSO_3 \cdot 2H_2O$$
$$CaSO_3 \cdot 2H_2O + 1/2O_2 \rightarrow CaSO_4 \cdot 2H_2O \text{（石膏）}$$

同时也可脱除烟气中的 HCl 和 HF 等酸性气体，反应为：

$$CaO + 2HCl + H_2O \rightarrow CaCl_2 + 2H_2O$$
$$CaO + 2HF + H_2O \rightarrow CaF_2 + 2H_2O$$

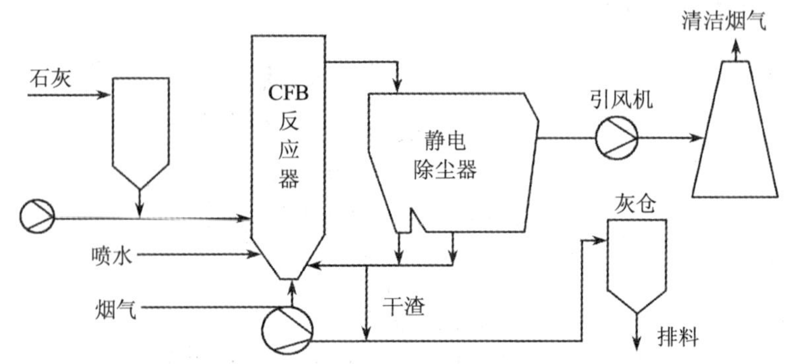

图 5-4　循环流化床烟气脱硫（CFB-FGD）工艺流程

循环流化床烟气脱硫的主要优点是脱硫剂反应停留时间长及对锅炉负荷变化的适应性强。由于床料有 98%参与循环，新鲜石灰在反应器内停留时间累计可达到 30 min 以上，提高了石灰利用率。反应器内烟气流速可在 1.83～6.1 m/s 范围内变化，可以满足锅炉负荷在 30%～100%变化。但目前循环流化床烟气脱硫系统只在较小规模电厂锅炉上得到应用，尚缺乏大型化的应用业绩。

6）海水脱硫工艺

天然海水含有大量的可溶性盐，其中主要成分是氯化钠和硫酸盐及一定量的可溶性碳酸卤。海水通常呈碱性，自然碱度为 1.2～2.5 mmol/L。这使得海水具有天然的酸碱缓冲能力及吸收 SO_2 的能力，其脱硫效率为 90%以上。

用于燃煤电厂的海水烟气脱硫工艺是近几年发展起来的新型烟气脱硫工艺。根据是否添加其分化学吸收剂，海水脱硫工艺可分为两类：

① 用纯海水作为吸收剂的工艺，以挪威 ABB 公司开发的 Flakt-Hydro 工艺为代表，有较多的工业应用。

② 在海水中添加一定量石灰以调节吸收液的碱度，以美国 Bechtel 公司的脱硫工艺为代表，在美国已建成示范工程，但未推广应用。世界上第一座用海水进行火电厂排烟脱硫的装置是 1988 年在印度孟买建成的，采用的是 ABB 的海水脱硫技术。中国第一座海水脱硫工程应用在深圳西部电力有限公司 2 号 300MW 机组，1999 年投产运行。

7）电子束法脱硫工艺

电子束法脱硫技术是一种物理与化学方法相结合的高新技术。它利用电子加速器产生的等离子体氧化烟气中的 SO_2（NO_x），并与注入的 NH_3 反应，生成硫铵和硝铵化肥，实现脱硫、脱硝目的。在辐射场中，燃煤烟气中的主要成分 O_2、H_2O（气），吸收高能电子的能量，生成大量反应活性极强的活性基团和氧化性物质，如 O、OH、O_3、H_2O。这些氧化性物质与气态污染物进行各种氧化反应，举例如下：

$$SO_2 + 2OH \rightarrow H_2SO_4$$
$$NO + O \rightarrow NO_2$$
$$NO_2 + OH \rightarrow HNO_3$$

生成的 H_2SO_4 和 HNO_3 与加入的 NH_3 发生如下反应：

$$H_2SO_4 + 2NH_3 \rightarrow (NH_4)_2SO_4$$
$$HNO_3 + NH_3 \rightarrow NH_4NO_3$$

反应生成的硫铵和硝铵气溶胶微粒带有电荷，很容易被捕集。电子束法是 1970 年日本荏原（Ebara）公司首先提出的烟气脱硫技术。20 世纪 80 年代以来，先后在日本、美国、德国、波兰等国家进行研究并建立了中试工厂。1992—1994 年，日本建造了三座小型示范厂，取得了预期的效果。脱硫工艺流程如图 5-5 所示，大致由烟气冷却、加氨、电子束照射和副产品收集等几部分组成。

电子束法脱硫效率≥90%，可同时脱硫脱硝，投资较低，副产物可用作肥料，无废渣排放，但运行电耗高，运行成本还受到肥料市场的直接影响。

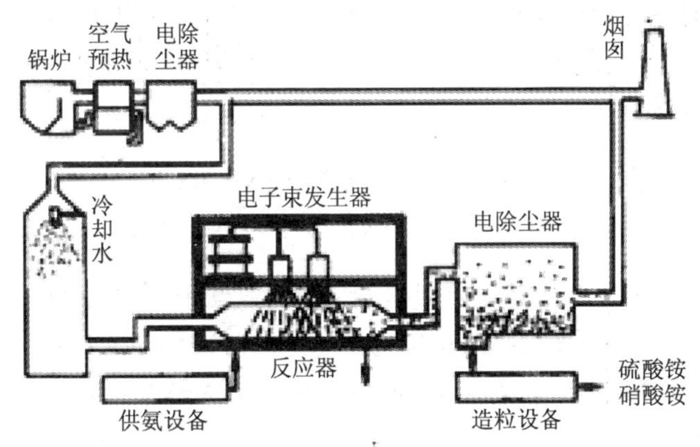

图 5-5　电子束照射脱硫工艺流程

8）氨水洗涤法脱硫工艺

湿式氨法脱硫工艺采用一定浓度的氨水做吸收剂，最终的脱硫副产物是可做农用肥的硫酸铵，脱硫率在 90%～99%。但相对于低廉的石灰石等吸收剂，氨的价格要高得多，高运行成本及复杂的工艺流程影响了氨法脱硫工艺的推广应用，但在氨有稳定来源、副产品有市场的某些地区，氨法仍具有一定的吸引力。氨法烟气脱硫主要包括 SO_2 吸收和吸收后溶液的处理两大部分。

以氨溶液吸收 SO_2 时，其化学反应迅速，质量传递主要受气相阻力控制。吸收塔内发生的主要反应为：

$$2NH_3 + SO_2 + H_2O \rightarrow (NH_4)_2SO_3$$

$$(NH_4)_2SO_3 + SO_2 + H_2O \rightarrow 2NH_4HSO_3$$

$(NH_4)_2SO_3$ 对 SO_2 有很强的吸收能力，它是氨法中的主要吸收剂。随着 SO_2 的吸收，NH_4HSO_3 的比例增大，吸收能力降低，这时需要补充氨水将 NH_4HSO_3 转化为$(NH_4)_2SO_3$。含 NH_4HSO_3 量高的溶液，可以从吸收系统中引出，以各种方法再生得到 SO_2 或其他产品。

氨法的优点：反应速度快，吸收效率高，不容易结垢堵塞。

成熟方法：氨—酸法、氨—亚硫酸铵法和氨—硫铵法。

① 氨—酸法

氨—酸法：吸收 SO_2 后的吸收液用酸分解的方法。

酸解用酸：硫酸、硝酸和磷酸等，分解产物不同。

优点：应用开始于 20 世纪 30 年代，工艺成熟、方法可靠、设备简单、操作方便等。

a. 基本原理

氨—酸法脱硫工艺由吸收、分解、中和三步组成，工艺流程见图 5-6。

吸收：SO_2 在吸收塔内与氨水反应生成$(NH_4)_2SO_3$，再与 SO_2 反应生成 NH_4HSO_3，不再有吸收 SO_2 的功能。不断补充 NH_3 使其生成$(NH_4)_2SO_3$。

$$2NH_3 + SO_2 + H_2O \rightarrow (NH_4)_2SO_3$$

$$(NH_4)_2SO_3 + SO_2 + H_2O \rightarrow 2NH_4HSO_3$$

$(NH_4)_2SO_3$ 对 SO_2 有很强的吸收能力，它是氨法中的主要吸收剂。随着 SO_2 的吸收，NH_4HSO_3 的比例增大，吸收能力降低，这时需要补充氨水将 NH_4HSO_3 转化为$(NH_4)_2SO_3$。含 NH_4HSO_3 量高的溶液，可以从吸收系统中引出，以各种方法再生得到 SO_2 或其他产品。

分解：吸收液达到一定浓度时，抽出部分送至分解工序，加入浓硫酸使$(NH_4)_2SO_3$、NH_4HSO_3 分解出 SO_2，回收 SO_2 制酸或制成液体 SO_2。

中和：分解工序加入过量的酸用氨中和，制取硫酸铵，做化肥使用。

工艺流程：工艺流程见图 5-6。

b.设备

填料塔或泡沫塔。

填料塔：操作稳定，操作弹性大，即对气量波动适应性强，使用较多；

泡沫塔：结构简单，投资省，吸收效率较高，也较多采用。

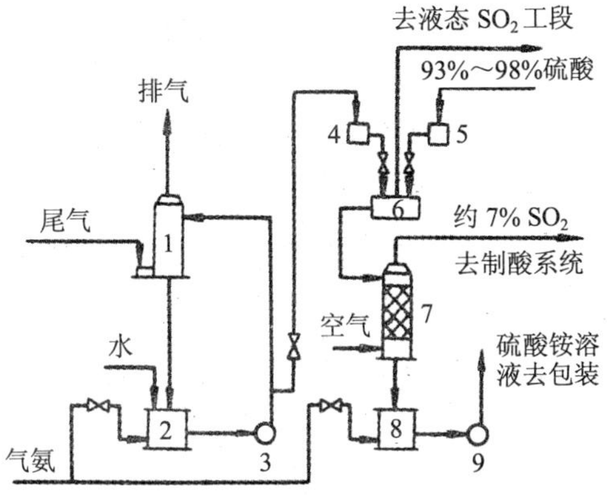

1—尾气吸收塔；2—母液循环槽（NH_4）$_2SO_3$-NH_4HSO_3；3—母液循环泵；4—母液高位槽；
5—浓硫酸高位槽；6—混合槽；7—分解塔；8—中和槽；9—硫酸铵泵

图 5-6　氨—酸法净化 SO_2 流程

② 氨—亚硫酸铵法

a.基本原理

氨水作氨源，对 SO_2 进行吸收，也可用固体碳酸氢铵（贮存、运输、使用较方便）。

吸收母液经中和、分离后，制成固体亚硫酸铵，工艺流程见图 5-7。

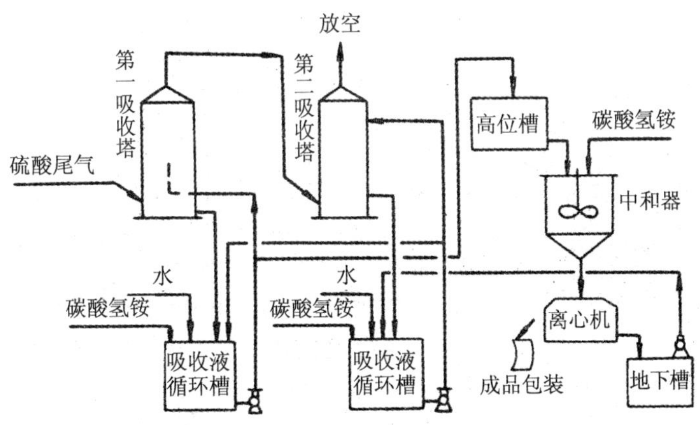

图 5-7　氨—亚硫酸铵法工艺流程

固体亚硫酸铵用途：可在制浆造纸中代替烧碱，造纸废液又可作肥料使用。

吸收反应式：

$$2NH_4HCO_3+SO_2 \rightarrow (NH_4)_2SO_3+H_2O+CO_2\uparrow$$
$$(NH_4)_2SO_3+SO_2+H_2O \rightarrow 2NH_4HSO_3$$

副反应：

$$(NH_4)_2SO_3+1/2O_2 \rightarrow (NH_4)_2SO_4$$

当 NH_4HSO_3 增加到一定程度溶液呈酸性，加固体碳酸氢氨使 NH_4HSO_3 转变为 $(NH_4)_2SO_3$

$$NH_4HSO_3+NH_4HCO_3=(NH_4)_2SO_3 \cdot H_2O+CO_2\uparrow$$

反应为吸热反应，溶液温度不经冷却即可降到 0℃左右。

$(NH_4)_2SO_3$ 比 NH_4HSO_3 在水中的溶解度小，则 $(NH_4)_2SO_3 \cdot H_2O$ 由于过饱和而结晶析出，加工制得固体亚铵。

b. 亚铵法工艺过程：吸收、中和与分离

9）双碱法脱硫工艺

双碱法是针对石灰或石灰石法易结垢和堵塞的问题发展的一种脱硫工艺，又称钠碱法。首先采用钠化合物（NaOH、Na_2CO_3 或 Na_2SO_3）溶液吸收烟气中的 SO_2，生成 Na_2SO_3 和 $NaHSO_3$，接着用石灰或石灰石使吸收液再生为钠溶液，并生成亚硫酸钙或硫酸钙沉淀，见图 5-8。由于吸收塔内用的是溶于水的钠化合物作为吸收剂，不会结垢。然后将离开吸收塔的溶液导入一开口反应器，加入石灰或石灰石进行再生反应，再生后的钠溶液返回吸收塔重新作为吸收剂使用。该法可避免钙盐结垢堵塞的问题，脱硫效率可达 90%以上。

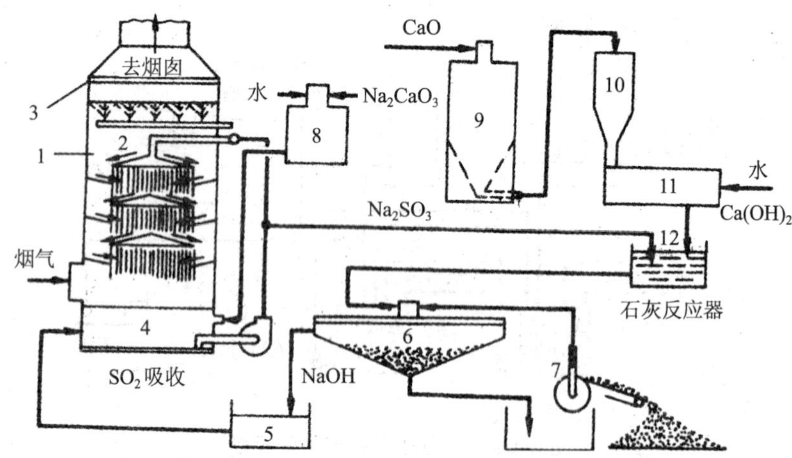

1—吸收塔；2—喷淋装置；3—除雾装置；4—吸收液槽；5—缓冲器；6—浓缩池；7—过滤机；8—Na_2CO_3 吸收液槽；9—石灰仓；10—中间仓；11—熟化器；12—石灰反应器

图 5-8　双碱法净化 SO_2 工艺流程

① 工艺原理

吸收反应为：

$$Na_2CO_3 + SO_2 \rightarrow Na_2SO_3 + CO_2 \uparrow$$
$$2NaOH + SO_2 \rightarrow Na_2SO_3 + H_2O$$
$$Na_2SO_3 + SO_2 + H_2O \rightarrow 2NaHSO_3$$

反应器中的再生反应为：

$$Na_2SO_3 + Ca(OH)_2 + 1/2H_2O \rightarrow 2NaOH + CaSO_3 \cdot 1/2H_2O \downarrow$$
$$2NaHSO_3 + Ca(OH)_2 \rightarrow CaSO_3 \cdot 1/2H_2O \downarrow + 3/2H_2O + Na_2SO_3$$
$$2NaHSO_3 + CaCO_3 \rightarrow CaSO_3 \cdot 1/2H_2O \downarrow + Na_2SO_3 + CO_2 \uparrow + 1/2H_2O$$

如果将亚硫酸钙进一步氧化，才能回收石膏。此法的脱硫率也很高，可达 95%以上。缺点是吸收过程中，生成的部分 Na_2SO_3 会被烟气中残余 O_2 氧化成不易清除的 Na_2SO_4，使得吸收剂损耗增加和石膏质量降低。电站锅炉烟气中，有 5%～10%的 Na_2SO_3 被氧化为 Na_2SO_4。如果溶液中的 OH^- 和 SO^{2-} 保持足够高的浓度：

$$Na_2SO_4 + Ca(OH)_2 + 2H_2O \rightarrow 2NaOH + CaSO_4 \cdot 2H_2O$$

则可除去 Na_2SO_4。若吸收塔采用稀硫酸来除去硫酸钠，这也要增加硫酸消耗：

$$Na_2SO_4 + H_2SO_4 + 2CaSO_3 + 4H_2O \rightarrow 2CaSO_4 \cdot 2H_2O + 2NaHSO_3$$

钠钙双碱法所得的亚硫酸钙滤饼（约 60%的水）重新浆化为含 10%固体的料浆，加入硫酸降低 pH 值后，在氧化器内用空气进行氧化可制得石膏。亚硫酸钙滤饼也可直接抛弃。

双碱法在国外有较广泛的应用，国内有关单位在国家“十五”期间 863 计划的支持下，双碱法脱硫技术研究和应用都进展得很好，目前已成为我国工业锅炉烟气脱硫的主要技术之一。

② 操作要点

a. 吸收液浓度

碱液浓度较高，减小设备，可以减少吸收液用量，设备投资与操作费用随之降低。一般控制浓度在 0.15～0.4 mol/L 范围内。

b. 结垢问题

原因及控制：SO_4^{2+} 与 Ca^{2+} 产生石膏结垢，保持石膏浓度在其临界饱和度值 1.3 以下，即可避免；吸收烟气中 CO_2 形成碳酸盐结垢，控制洗涤液 pH＜9，可避免。

c. 硫酸钠的去除

硫酸盐在系统中积聚降低洗涤效率，可采用硫酸盐苛化的方法或采用硫酸化使其变换为石膏去除。

优点：吸收效率高，脱硫率＞90%，不易结垢和堵塞；

缺点：亚硫酸钠的氧化形成硫酸钠，降低了产品质量。

10）亚硫酸钠法脱硫工艺

由于双碱法生成的石膏产品质量较差，而且往往滞销，因此，为了寻求副产品的出路，在双碱法的基础上，又开发了一种亚硫酸钠循环吸收工艺。亚硫酸钠溶液循环吸收 SO_2 产生 $NaHSO_3$，$NaHSO_3$ 的再生是通过热分解 $NaHSO_3$ 来实现的，在热分解过程中。释放出高浓度 SO_2 气体，可以将其制成液体 SO_2，也可以制成硫酸或元素硫。

①基本原理

$NaCO_3$ 或 NaOH 作吸收剂得到高纯度（96%）亚硫酸钠。

$$2NaCO_3+SO_2+H_2O \rightarrow 2NaHCO_3+Na_2SO_3$$
$$2NaHCO_3+SO_2 \rightarrow Na_2SO_3+H_2O+CO_2\uparrow$$
$$Na_2SO_3+SO_2+H_2O \rightarrow 2NaHSO_3$$
$$NaOH+SO_2 \rightarrow Na_2SO_3+H_2O$$

Na_2SO_3 溶解度比 $NaHSO_3$ 低，中和生成的 Na_2SO_3 以 $Na_2SO_3 \cdot 7H_2O$ 形式析出（结晶温度＜33℃时）。固—液分离后，得 Na_2SO_3 结晶产品。

吸收过程的主要副反应为氧化反应，生成的 Na_2SO_4 混在产品中影响产品质量和吸收效果，在吸收液中加入一定量的对苯二胺及对苯二酚作阻氧剂。

②工艺流程及操作

亚硫酸钠法的工艺过程：吸收、中和、浓缩结晶及干燥，见图 5-9。

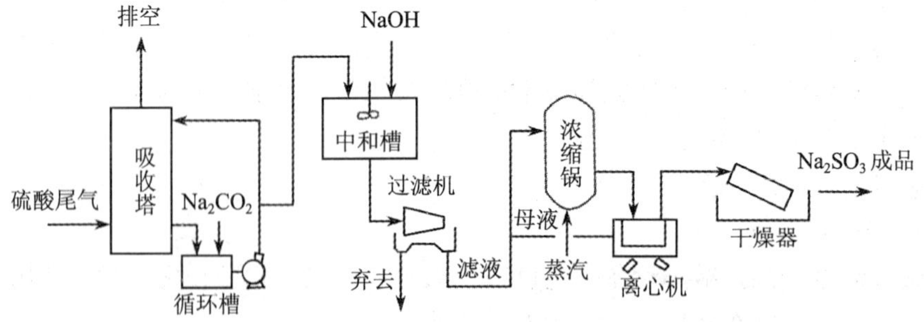

图 5-9 亚硫酸钠法工艺流程

③吸收设备

我国某厂采用的吸收设备为聚氯乙烯塑料板制的湍球塔，液体在塔内停留时间为 6s。吸收效率可达 90%～95%。

亚硫酸钠法优点：工艺流程简单，操作方便，运行可靠，基建投资及脱硫费用较低，吸收效果好，副产品亚硫酸钠纯度高。

缺点：耗碱较高。

11）稀硫酸吸收法脱硫工艺

烟气经预除尘和降温后，进入吸收塔，在 50～80℃时被 2%～4%的稀硫酸吸收，由于在吸收剂中加入了 Fe^{3+}作为氧化剂，并同时向吸收塔内鼓入空气以促进氧化作用，因此，增强了吸收效果。氧化了的 SO_2 生成硫酸，如加入 $CaCO_3$ 则生成石膏。该方法操作简单，二次污染少，无结垢和堵塞问题，脱硫效率可达 90%以上。

12）其他净化方法脱硫工艺

① 活性炭吸附法

采用固体吸附剂吸附净化 SO_2 是干法净化含硫废气的重要方法。目前应用最多的吸附剂是活性炭，在工业上应用已较成熟。其方法原理为：活性炭对烟气中 SO_2 的吸附过程中既有物理吸附又有化学吸附，当烟气中存在着氧气和水蒸气时，化学反应非常明显。因为活性炭表面对 SO_2 与 O_2 的反应有催化作用，反应结果生成 SO_3，SO_3 易溶于水而生成硫酸，从而使吸附量比纯物理吸附时增大许多。

物理吸附过程：

$$SO_2 \rightarrow SO_2^*$$
$$O_2 \rightarrow O_2^*$$
$$H_2O \rightarrow H_2O^*$$

化学吸附过程：

$$2SO_2^* + O_2^* \rightarrow 2SO_3^*$$
$$SO_3^* + H_2O^* \rightarrow H_2SO_4^*$$

吸附 SO_2 的活性炭，由于其内、外表覆盖了稀硫酸，使活性炭吸附能力下降，因此必须对其再生。再生的方法通常有洗涤再生和加热再生两种，前者是用水洗出活性炭微孔中的硫酸，再将活性炭进行干燥；后者是对吸附有 SO_2 的活性炭加热，使炭与硫酸发生发应，使 H_2SO_4 还原为 SO_2，富集后的 SO_2 可用来生产硫酸。

对活性炭再生的方法不同，其反应的工艺流程也不同，一般采用加热再生法流程和洗涤再生法流程。洗涤再生法是用水洗出活性炭微孔中的硫酸，再对活性炭进行干燥。加热再生法是对吸附 SO_2 的活性炭进行加热，使炭与硫酸发生反应，将 H_2SO_4 又还原为 SO_2，富集后的 SO_2 可用来生成硫酸。该方法的优点是吸附剂价廉，再生简单；缺点是吸附剂磨损大，产生大量的细炭粒被筛出，再加上反应中消耗掉一部分炭，因此吸附剂成分较高，所用设备庞大。

② 催化氧化法

SO_2 的催化净化可分为催化还原和催化氧化两类。催化还原法是用 H_2S 或 CO 将 SO_2 直接还原为硫，反应为

$$SO_2 + 2H_2S \rightarrow 2H_2O + 3S$$

$$SO_2 + 2CO \rightarrow 2CO_2 + 3S$$

但由于催化剂中毒和二次污染（H_2S 和 CO）问题较难解决，目前尚未达到实用阶段。现在应用较普遍的是催化氧化法，按反应组分在催化过程中的状态，可分为液相催化氧化法和气相催化氧化法。下面就其常用工艺作些简单介绍。

a. 液相催化氧化法

该法是用水或稀硫酸吸收废气中的 SO_2，再利用溶液中的 Fe^{3+}或 Mn^{2+}等将其直接氧化成硫酸。即

$$2SO_2 + H_2O + O_2 \rightarrow 2H_2SO_4$$

千代田法烟气脱硫即是利用这一原理实现的，该法首先将废气由鼓风机送入除尘器，除去灰尘，同时增湿冷却至 60℃左右，然后送入装有含 Fe^{3+}催化剂的稀硫酸（浓度为 2%～3%）吸收塔脱硫，废气经除尘器后排空。由于烟气和吸收液氧气含量少，SO_2 在吸收塔内不能被充分氧化，多数只转化为亚硫酸，因而含亚硫酸的稀硫酸还应被送入氧化塔，在 Fe^{3+}的作用下，用 O_2 将 H_2SO_3 全部氧化为 H_2SO_4。所得稀硫酸自氧化塔顶出来送入吸收塔循环吸收，当稀 H_2SO_4 浓度为 5%时，分流出一部分稀 H_2SO_4 送入结晶槽与石灰石反应生成石膏，母液经沉降槽返回吸收塔循环使用。千代田法工艺流程见图 5-10。

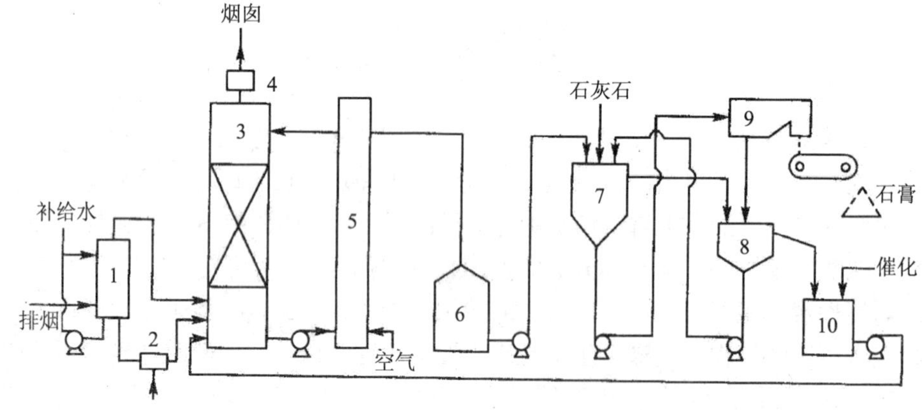

1—除尘器；2—压滤器；3—吸收塔；4—除雾器；5—氧化塔；6—吸收液槽；
7—结晶槽；8—增稠器；9—离心分离器；10—沉降槽

图 5-10 千代田法工艺流程

该法工艺简单，运行可靠，并可得到副产品石膏，但其液气比大，设备庞大，且腐蚀性强，需用钛、钼等特殊金属钢材，因而设备投资大。

b. 气相催化氧化法

气相催化氧化法是在接触法制硫酸的工艺基础上发展起来的，常以 V_2O_5 催化氧化 SO_2 成 SO_3 而制酸。即 SO_2 在 V_2O_5 催化剂表面发生氧化反应。

烟气脱硫催化氧化工艺流程，如图 5-11 所示.。

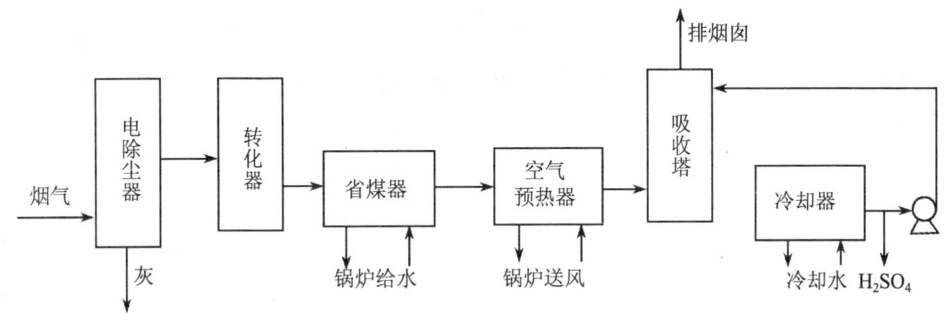

图 5-11 烟气脱硫的催化氧化工艺流程

与传统工艺流程有较大差别。它必须首先除尘，有时还要对烟气加热升温至反应温度，才可进入催化转化室。进入吸收塔之前的降温和热量利用，视整个系统情况而定，对锅炉（包括电站锅炉）系统，一般作为省煤气和空气预热器的热源，通常采用一转一吸的流程，即可达到 90%左右的净化率。此外，在转化器的设计上，更要注意催化剂装卸便于清灰。吸收塔的顶部或后面，要加装旋分板或其他除尘装置，以保证它的脱硫率；而系统其他部分的气体温度应控制在露点以上，以减轻设备与管道的腐蚀。

③ 吸着剂喷射法

按所用吸着剂不同分为钙基和钠基工艺，吸着剂可以干态、湿润态或浆液。喷入部位可以为炉膛、省煤器和烟道。钙硫比为 2 时，干法工艺的脱硫效率达 50%～70%，钙的利用率达 50%，这种方法较适合老电厂改造，因为在电厂排烟流程中不需增加任何设备就能达到脱硫目的。贵州轮胎厂、抚顺电厂、南京下关电厂都是使用该法。

④ 荷电干式吸收剂喷射脱法（CDSI）

CDSI 系统是在除尘器之间的适当位置喷入干的吸收剂（通常是消石灰、$Ca(OH)_2$），使吸收剂与烟气中的 SO_2 反应生成 $CaSO_3$ 及少量的 $CaSO_4$ 颗粒物质，然后被后部的除尘设备除去。该系统包括一个吸收剂喷单元、一个吸收剂给料单元和一个计算机控制单元，吸收剂以高速流过喷射单元产生的高压静电电晕充电区，使吸收剂带有强大的静电荷（通常为负电荷），当吸收剂被喷射到烟气流中，吸收剂颗粒由于均带有同种电荷，因而互相排斥，迅速在烟气中扩散，形成均匀分布的悬浮状态，每个吸收剂颗剂的表面都充分暴露于烟道气中，使其与 SO_2 的反应机会大大增加，从而使脱硫效率大幅度提高。吸收剂颗料表面的电晕还大大提高了吸收剂的活性，减少了同 SO_2 反应所需的气固接触时间，一般在 2 s 内即可完成亚硫酸盐化反应，从而有效地提高了 SO_2 的去除率，该法脱率效率在 70%以上。

⑤ 干式气相催化氧化

干式气相催化氧化已实际应用于有色金属冶炼和锅炉烟气脱硫。除尘净化后的含 SO_2 烟气进入催化转化器，在一定温度下通过催化剂作用，将 SO_2 氧化为 SO_3，继而转化为硫酸加以收集。SO_2 的氧化反应为：

$$SO_2+1/2O_2 \xrightarrow{V_2O_5} SO_3+\text{放热}$$

实际上，这是一个可逆放热反应，因此降低反应温度和提高反应压力有利于反应的进行。能加速 SO_2 转化反应的催化剂很多，铂的活性最高，但价格昂贵且易中毒，一般不使用；Cr_2O_3、Fe_2O_3 等金属氧化物也具有一定的活性，但使用温度过高受到限制；只有以 SiO_2 为载体的 V_2O_5 价格便宜又不易中毒，且在最低温度下（500～550℃）活性最高，目前在硫酸生产被广泛采用。

气相催化氧化法对低 SO_2（含量低于 2%）浓度的锅炉烟气脱硫工艺流程为：烟气在 500℃左右除尘，再进入催化转化器反应，然后流经省煤器、空气预热器放热降温至 230℃左右，最后进入吸收塔，用稀硫酸洗涤吸收 SO_3，待气体冷却到 104℃，则可得到浓度为 80%的硫酸。这就要求实际生产中转化反应必须分段进行。在每段中，反应是在绝热条件下进行的，反应后的气体温度必然升高，因此要将气体冷却（即除去反应热）至一定温度后，再进入下一段进行绝热反应，然后再将反应热移去，如此使转化反应和换热两个过程依次交替进行，直到达到要求的最终转化率为止。对于冶炼工业中高 SO_2（含量高于 2%）浓度的烟气，催化反应放热量大，必须将反应热从系统中不断导出，才能保证最适宜的反应温度，因此工程上采用分段转化反应，一般分 3～4 段。过程是，绝热反应后的气体通过换热器（或管）冷却至一定温度，再进入下一段进行绝热反应、放热，转化反应和换热冷却两个过程依次交替进行，直到实现最终的转化率为止。

二、冶炼烟气脱硫

（一）冶炼过程大气污染物及来源

在金属冶炼过程中，产生二氧化硫气体的主要环节如下。

（1）烧结厂

钢铁行业 SO_2 排放总量占全 SO_2 排放总量的 15%左右，90%为烧结过程产生。在烧结过程中，由于铁矿石中的硫一部分在烧结生产过程中经氧化、分解，随烟气以二氧化硫的形式排出，另一部分的硫残留在烧结矿、球团矿中。受矿源和操作工艺的影响，烧结烟气的成分复杂、波动大，其特点如下：

① 烟气温度较高，一般在 120～180℃，某些情况下波动范围大。

② 烟气挟带粉尘多，粉尘主要由金属、金属氧化物或不完全燃烧物质等组成，浓度可达 10 g/m^3 左右。

③ 含湿量大，水分含量 10%～20%。

④ 含有腐蚀性和有毒气体，根据不同的矿源，含有一定量的 HCl、SO_x、NO_x 和微量的重金属等。另外含有一定量的剧毒污染物。根据德国某公司的研究表明，烧结工艺产生的二噁英仅次于垃圾焚烧炉，占所有二噁英排放总量的 20%左右。

⑤ 烟气量大，一台 400 m^2 的烧结机的烟气量，约相当于火电厂一台 350 MW 机组的烟气量。

（2）炼铁厂

炼铁工艺是将原料（矿石和熔剂）及燃料（焦炭）送入高炉，通入热风，使原料在高温下熔炼成铁水，同时产生炉渣和高炉煤气。炼铁厂的废气主要来源于以下的工艺环节：高炉原料、燃料及辅助原料的运输、筛分、转运过程中产生粉尘；在高炉出铁时产生一些有害废气，该废气主要包括粉尘、一氧化碳、二氧化硫和硫化氢等污染物；高炉煤气的放散以及铸铁机铁水浇注时产生含尘废气和石墨碳的废气。

（3）铁合金厂

铁合金厂废气来源于矿热电炉、精炼电炉、焙烧回转窑、多层机械焙烧炉和铝金属法熔炼炉。铁合金厂废气的排放量大，含尘浓度高，废气中 90%是二氧化硅，还含有氯气、氮氧化物、一氧化碳、二氧化硫等。

（二）有色冶金工业废气特点

（1）铝工业废气

铝工业冶炼废气排放量大，成分也比较复杂。因为原料的来源渠道不同、选用的燃料不同、添加的成分不同、采用的熔炼技术不同，因此废气中的气态污染物也不同，归纳起来可以有以下几种：CO、CO_2、NO_x、SO_2、HCl、HF、碳氢化合物以及易挥发的金属氧化物或挥发的金属，可能还会有氯气等。

（2）重有色金属废气

重有色金属冶炼烟气及污染物的产生量，随冶炼过程和原材料种类不同而有很大差异，按其含硫与不含硫可分为两大类：一类为含硫烟气，除含有一般物质燃烧生成的正常组分外，主要含有硫氧化物，即 SO_2、SO_3、O_2、N_2、CO_2、H_2O 及烟尘组分；另一类为不含硫烟气，即烟气中不含硫氧化物组分，而是由 CO_2、CO、N_2、O_2、H_2O 和烟气等组分。

（三）冶炼烟气脱硫

目前，我国环保企业开发的具有自主知识产权的 LJS 烧结机干法烟气脱硫工艺技术在国内取得了成功的应用。

（1）LJS 烧结机干法烟气脱硫工艺流程

LJS 烧结机干法烟气脱硫工艺流程见图 5-12。

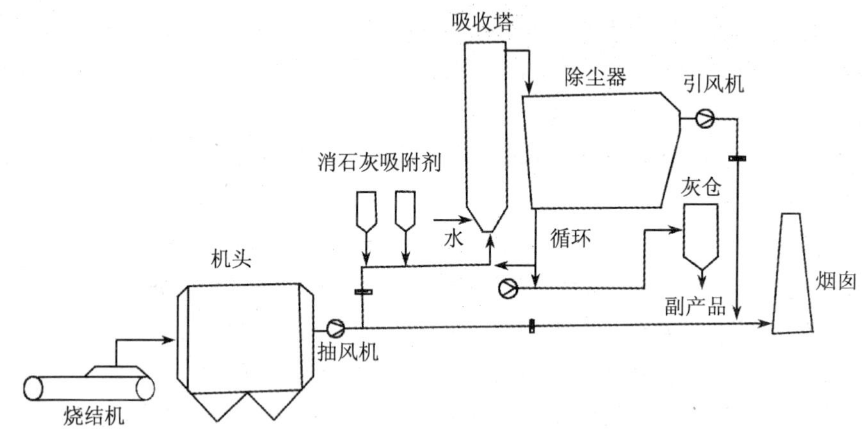

图 5-12　LJS 工艺流程

首先，从烧结机抽风箱排出的烟气经机头除尘器处理后，需要进行脱硫处理的烟气由主轴风机后的烟道引出，烟气从吸收塔的底部与加入的吸收剂和脱硫灰混合后，通过文丘里管的加速而悬浮起来，形成激烈的湍动状态，使颗粒与烟气之间具有很大的相对滑落速度，颗粒反应界面不断摩擦、碰撞更新，极大地强化了气固间的传热、传质。同进通过向吸收塔内喷雾化水，湿润颗粒表面，烟气冷却到最佳的化学反应温度。此时烟气中的 SO_2 和几乎全部的 SO_3、HCl、HF 等酸性气体被吸收而除去，行成 $CaSO_3 \cdot 1/2H_2O$、$CaSO_4 \cdot 1/2H_2O$ 等副产物。主要化学反应如下：

$$Ca(OH)_2 + SO_2 \rightarrow CaSO_3 \cdot 1/2H_2O + 1/2H_2O$$

$$Ca(OH)_2 + SO_3 \rightarrow CaSO_4 \cdot 1/2H_2O + 1/2H_2O$$

$$CaSO_3 \cdot 1/2H_2O + 1/2O_2 \rightarrow CaSO_4 \cdot 1/2H_2O$$

$$Ca(OH)_2 + 2HCl \rightarrow CaCl_2 \cdot Ca(OH)_2 \cdot 2H_2O$$

$$Ca(OH)_2 + 2HF \rightarrow CaF_2 + 2H_2O$$

$$Ca(OH)_2 + CO_2 + 1/2O_2 \rightarrow CaCO_4 + H_2O$$

为了提高吸收剂的利用率及稳定流化床的运行，脱硫除尘器收集到的脱硫产物大部分循环回吸收塔进一步参加反应。由于吸收塔内具有较高颗粒的床层密度，使得床内 Ca/S 比高达数十倍，SO_2 可以得到充分反应。通过控制吸收剂的加入量以及物料与烟气的接触时间，可获得 90%～99%的脱硫效率及 99%以上的 SO_3、HCl、HF 的去除率。同时，利用流化床高比表面积的颗粒层，可以在吸收塔中添加吸收剂和脱硫剂，达到同步脱除二噁英（PCDD/Fs）和 NO_x 等多污染物的协同净化能力。

（2）系统组成

一个典型的 LJS 烧结烟气干法脱硫系统由吸收剂制备、吸收塔、脱硫灰再循环、工艺水系统、脱硫后除尘器以及电气仪表系统等组成。

1）吸收塔

吸收塔为文丘里流化床空塔结构，是整个 LJS 净化反应器的核心。由于烟气中几乎所有的 SO_3、HCl、HF 等完全被脱除，酸露点得到明显下降，而烟气温度始终高于露点温度 10～20℃，不产生结露，因此吸收塔内部及下游设备、烟道、烟囱无需任何防腐处理。

2）脱硫除尘器

脱硫除尘器可采用电除雾器或布袋除尘器，由于目前粉尘排放要求低于 50 mg/m^3，因此多数采用布袋除尘器。由于流化床净化反应的需要，吸收塔的出口浓度可达 600～1 000 g/m^3。同时通过往吸收塔内喷水增湿、降温，吸收塔后烟气呈现“高尘、高湿、低温”特性。针对脱硫后的烟气及粉尘特性，如果采用布袋除尘器，关键要防止糊袋及合理的气布比，一是要充分保证脱硫塔的出口烟气中水是以水蒸气的形式存在，而不导致布袋糊袋；二是布袋清灰方式的选择十分重要，要充分考虑脱硫后的烟气特性，尤其是高达百分之十几的湿度，采用传统的高压空气进行喷吹清灰，容易产生“节流效应”，局部温度下降，使烟气中的水蒸气冷凝而结露，因此要求脱硫后配套低压清灰方式，LJS 工艺采用低压旋转脉冲布袋除尘器，喷吹压力低于 0.1 MPa。

3）吸收剂制备系统

LJS 工艺所需脱硫剂一般为 $Ca(OH)_2$，可以采用烧结厂自身的生石灰粉，由密封罐车运到脱硫岛输送入生石灰仓。然后经过安装在仓下部的多级干式石灰消化器消化成 $Ca(OH)_2$ 干粉，通过气力输送至消石灰仓储存。根据脱硫需要，通过计量系统向吸收塔加入 $Ca(OH)_2$ 干粉。

4）物料循环及外排系统

脱硫除尘器收集的脱硫灰大部分通过空气斜槽返回吸收塔进行再循环反应，只有小部分脱硫灰通过灰斗位进行控制外排，脱硫灰外排采用正压浓相气力输送方式，输送能力按实际灰量的 200%设计，通过输送管道输送到脱硫灰仓，然后进行综合利用。

5）工艺水系统

脱硫除尘的工艺用水包括吸收塔反应降温用水和石灰消化用水。前者通过高压水泵以一定的压力通过回流式喷嘴注入吸收塔内。石灰消化用水采用计量泵，其流量根据消化器入口生石灰的加入量和消化温度进行控制。

6）控制系统

① SO_2 控制

根据进口、出口 SO_2 浓度等来控制吸收剂的加入量，以保证达到 SO_2 的去除率。

② 吸收塔反应温度的控制

通过控制喷水量可以控制吸收塔内的反应温度在最佳反应温度（露点以上 10～20℃）。

③ 吸收塔压降控制

通过控制循环物料量，控制吸收塔整体压降在所需范围内。

（3）技术特点

1）高脱硫率

采用烟气循环流化床高效反应器，利用塔内烈湍动的高密度颗粒床层，以及采用现场消化的新鲜消石灰作为吸收剂，在经济 Ca/S 下，脱硫效率高达 95%～99%，SO_2 排放低于 100 mg/m^3，可达 50 mg/m^3 以下。

2）高除尘率

LSD 工艺为除尘脱硫一体化技术，可进一步降低烧结机头的烟尘排放浓度，使烧结机头烟气的粉尘排放浓度低于国家标准（即 20 mg/m^3）。

3）具有去除多组分烟气污染物的能力

在脱除 SO_2 的同时，可同步去除 SO_3、HCl、HF、重金属、TSP、二噁英等，还可预留一定的脱除 NO_x 的能力。

4）系统无需防腐，排烟无需再热

在流化床系统中可几乎 99%高效脱除 SO_3、HCl、HF 等酸性气体，烟气露点大幅度下降，喷入吸收塔的水分得到充分蒸发，运行反应温度高于露点温度以上 10～20℃，系统无需防腐处理，可以利用原来烟囱进行排烟，烟气的扩散效果好。

5）脱硫系统启、停方便

LJS 系统设置了清洁烟气再循环系统，在没有烧结烟气过来时，可以进行内部循环运行，以满足启、停时间的要求。

6）无废水产生，脱硫副产物为干态，可综合利用

整个 LJS 系统为干态运行，没有复杂的制浆系统，符合烧结文明生产。

7）对烧结工况适应性强

LJS 系统的 SO_2 排放控制是采用吸收剂加入量来进行主控制的，因此在满足脱

硫需要的条件下，只要增加吸收剂的加入量，就可以提高脱硫效率。

冶炼烟气、钢厂尾气、硫酸厂尾气等典型生产工艺含硫尾气，与燃煤烟气相比，具有 SO_2 浓度较高、粉尘等杂质较少的特点，含硫尾气经处理后均可回收硫资源，并且能得到纯度较高的产品。处理这类尾气常用吸收法、吸附法、气相催化氧化法等，详见表 5-1。实际应用中，应根据原料来源、产品销路、环境效益、经济效益来选择含硫尾气的处理方法。

表 5-1　冶炼烟气等生产工艺含硫尾气脱硫方法及特征

生产工艺尾气脱硫方法分类		脱硫剂	脱硫方法	中间阶段	最终产物
吸收法	石灰石/石膏法	$CaCO_3$ CaO $Ca(OH)_2$	直接喷射法	无	石膏
			湿式石灰石/石灰—石膏法	氧化	石膏
			石灰—亚硫酸钙法	无	亚硫酸钙
			喷雾干燥法	无	石膏等
	氨法	NH_3 铵盐	氨—酸法	酸化	浓 SO_2、硫铵亚硫酸铵
			氨—亚硫酸铵法	无	
			氨—硫铵法	氧化	硫铵
	钠碱法	Na_2CO_3 $NaOH$ Na_2SO_4	亚硫酸钠循环法	热再生	浓 SO_2
			亚硫酸钠法	无	亚硫酸钠
			钠盐—酸分解法	酸化	浓 SO_2、冰晶石
			钠碱—石膏法	石灰复反应	石膏
			碳酸钠	还原/再生	硫
			干喷法	无	亚硫酸钠
	铝法	碱性硫酸铝	碱式硫酸铝—石膏法	石灰复反应	石膏
			碱式硫酸铝—二氧化硫法	热再生	浓 SO_2
	金属氧化物法	金属氧化物	氧化镁法	热再生	浓 SO_2
			氧化锌法	热再生	浓 SO_2、氧化锌
			氧化锰法	电解	金属锰
	酸溶液法	酸溶液	稀硫酸法（千代田法）	液相氧化 石灰复反应	石膏
吸附法	反应	石灰石		无	钙盐
		金属氧化物		还原	SO_2
		碱性氧化物		还原	H_2S 或 S
	吸附	活性炭吸附	热再生	氧化、还原	SO_2
			洗涤再生	氧化、还原	稀硫酸
		非反应性吸附		热再生	SO_2
气相氧化转化	催化氧化	氧		氧化-吸收	硫酸
	催化还原	碳		冷凝	S
		还原气		催化	S

三、工程案例

工程案例一：某公司 400 m^2 大型烧结机烟气干法脱硫工程

（1）工程概况

某公司 400 m^2 烧结机配套的 LJS 干法脱硫工艺装置采用旁布置方式，与烧结机主烟气系统相对独立。采用全烟气脱硫方式，即主轴风机与烟囱间设有两个旁路风挡，烧结烟气分别从 1#主抽风机和 2#主抽风机出口烟道引出汇合进入吸收塔，脱硫后烟气经脱硫布袋除尘器除尘净化，净化烟气经脱硫风机返回原烟囱排放。

钢铁烧结机烟气中含有一定量的二噁英，国外一些钢铁烧结机烟气污染治理除了脱硫外，一般均加装了脱除二噁英的装置。该公司为了使 400 m^2 烧结机配套的干法烟气脱硫装置技术水平达到或超过国际先进水平，特别加装了脱除二噁英的装置，并预留了一定的脱 NO_x 能力。

工艺流程如下图所示。

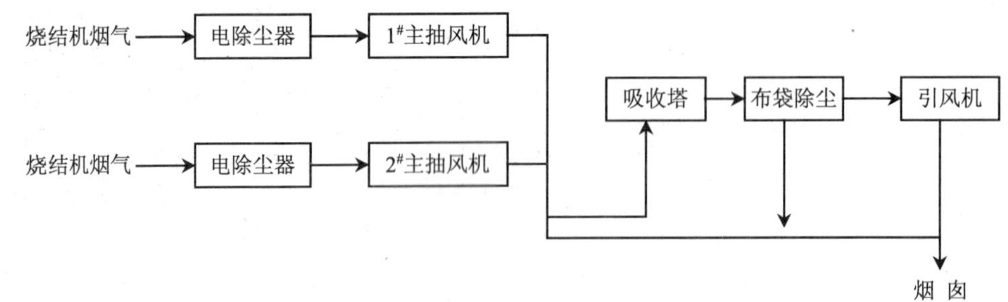

（2）烧结机脱硫系统设计参数

表 5-2 烧结机脱硫系统设计参数

序号	参数名称	单位	数值
1	处理烟气量	m^3/h（工况），m^3/h（干标）	2 400 000/1 330 000
2	入口烟气温度	℃	平均 120
3	入口烟气 SO_2 浓度	mg/m^3（干态）	800～1 200
4	入口烟气粉尘浓度	mg/m^3（干态）	80
5	脱硫效率	%	保证≥90%，设计≥95%
6	出口烟气粉尘浓度	mg/m^3（干态）	保证≤100，设计≤50
7	出口含尘浓度	mg/m^3（干态）	≤20
8	吸收塔	LJS 流化床塔	直径 10.5 m，高度 58 m
9	脱硫除尘器形式	低压回转脉冲布袋除尘器	
10	脱硫引风机	轴流风机	

（3）运行情况

该公司 400 m^2 烧结机干法脱硫项目，烟气出口 SO_2 浓度低于 100 mg/m^3（最低小于 20 mg/m^3），系统脱硫效率在 95%以上，最高可达到 99%；同时粉尘排放低于 20 mg/m^3，各项性能均满足了设计要求。

工程案例二：某锡冶炼厂烟化炉烟气脱硫工程

1）项目简介

本项目为某锡冶炼厂 4 m^2 烟化炉烟气脱硫工程，烟气基础数据如下：

① 烟气流量：39 871～46 206 m^3/h。

② 进口烟气成分（最大气量且气浓最高时）见表 5-3。

表 5-3 进口烟气成分

流量	SO_2	O_2	N_2	H_2O	∑
m^3/h	258.8	7 299	31 116.6	7 531.6	46 206
kmol/h	11.6	325.8	1 389.1	336.2	2 062.7
V%	0.56	15.8	67.34	16.3	100

③ 进口烟气温度：120℃。

④ 当地大气压：86.44 kPa。

⑤ 烟气含尘：68～587 mg/m^3。

⑥ 烟气含 SO_2 范围：3 345～16 016 mg/m^3。

2）烟气特点

① 烟气中 SO_2 浓度中等偏高，对脱硫设备效率要求较高。

② 进气温度高，设计时脱硫设备入口应有一定的保护措施。

③ 烟气既含尘又有 SO_2 气体，因而治理装置须兼有除尘脱硫双重功能。

④ 烟气中 SO_2 浓度波动大，脱硫设施除保证最高气浓时可达标排放外，尚需对气浓波动有一定的适应能力。

3）工艺方案

石灰法具有原料来源丰富、操作简便、运行费用低等优点，但存在结垢、阻塞的缺陷；而动力波洗涤装置在防止堵塞方面有较好的性能，该工程采用以石灰为脱硫剂，用动力波洗涤塔作为第一级脱硫，喷淋塔作第二级脱硫。喷淋塔喷淋装置设置独立的三层喷淋层，以确保在 SO_2 最高时能达标排放。

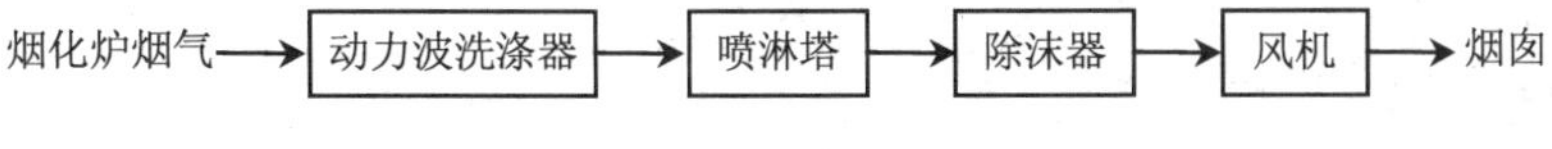

烟化炉烟气→动力波洗涤器→喷淋塔→除沫器→风机→烟囱

工艺流程为：自烟化炉出来的约 120℃烟气从顶部自上而下进入动力波喷射管内，先与雾化冷却水接触降至 60℃左右，再与向上喷射的洗涤液逆流相撞，气体及液体动量达到相对平衡时，形成一段稳定的泡沫层，气液经充分接触后，大部分的 SO_2 被除下。同时烟气温度经绝热饱和过程冷却至 56℃后进入分离塔，经喷淋塔进一步脱硫后进入除沫装置，进行气液分离后，较洁净的烟气送至烟囱。

（4）主要设备选型

主要设备性能参数及选型见表 5-4。

表 5-4　洗涤设备选择计算

序号	项　目		动力波洗涤器	喷淋塔
1	设备内径/mm		ϕ1 100	ϕ3 600
2	设备高度/m		7 000	14 000
3	空塔流速/（m/s）		—	2.0
4	塔形式		—	空塔
5	烟气量	进口/（m^3/h）	46 206	47 770
		出口/（m^3/h）	47 770	48 135
6	烟气温度	进口/℃	120	55
		出口/℃	56	55
7	液体温度	进口/℃	55	55
		出口/℃	55	55

（5）脱硫系统阻力分配

脱硫系统阻力分配见表 5-5。

表 5-5　主要设备进口、出口压力

序号	设备名称	进口压力/Pa	出口压力/Pa	压力损失/Pa
1	动力洗涤器	4 000	1 000	3 000
2	喷淋塔	1 000	200	800
3	风　机	−1 500	4 000	—

（6）主要技术经济指标

① 处理烟气量：38 000～48 000 m^3/h。

② SO_2 总脱硫率：≥95%。

③ 尾气 SO_2 含量：≤850 mg/m^3。

④ 石灰消耗（90%CaO 计）：12.8 t/d。

⑤ 钙硫比：1.05∶1。

⑥ 耗水量：9 m^3/h。

⑦ 电耗：2.46 MW·h/a。

项目二　氮氧化物净化

一、氮氧化物来源

氮氧化物有 N_2O、NO、NO_2、N_2O_3、N_2O_4、N_2O_5 等几种，常以 NO_x 表示，其中污染大气的主要是 NO 和 NO_2。

大气中的 NO_x 污染物来源于两个方面：一是自燃源，二是人为源。

（1）自燃源

自燃源的 NO_x 数量比较稳定，主要来自微生物活动、生物体氧化分解、火山喷发、林火雷电、平流层光化学过程、NH_3-N 的氧化、土壤和海洋中的光解释放等。火山和雷电过程产生大量的 NO 和 NO_2，土壤细菌分解活动的产物则多为 N_2O。据估计，全球自然源 NO_x 的年排放量达 150 亿 t 左右（以氮计）。可见，该数量异常巨大。不过，自燃源基本维持不变状态，变化大的是人为源。

（2）人为源

人为源的 NO_x 是由人类的生活和生产活动产生和排放进入大气的。产生 NO_x 的人类活动不外乎以下三方面：

① 通过化石燃料的燃烧获取能量或动力，如火电、热电、交通车船和飞机；

② 通过生产制取产品，如硝酸生产、冶炼、加工；

③ 处理废弃物，如垃圾焚烧。

实际上，人为排放的 NO_x 绝大部分源于燃烧过程。现代火力发电厂是最大的固定源，机动车辆是主要移动源，除此之外工业炉窑、垃圾焚烧、某些工业生产过程以及居民生活等都是 NO_x 的人为源，详见表 5-6。

人为源产生的 NO_x 数量随着社会经济发展水平的提高而增长。根据 20 世纪中期的估算，全球人为源 NO_x 的排放量（以氮计）约为 1 600 万 t。其中，燃煤的贡献率 51.3%，燃油贡献率 41.9%。当时美国全国的排放量占全球人为排放总量的 40%。美国 NO_x 排放量和 2003 年的排放状况见表 5-7、表 5-8。

表 5-6 氮氧化物的成因及主要来源

成因	① 高温燃烧时，空气中的 N_2 和 O_2 作用，燃烧中含氮有机物热解 ② 自然界含氮有机物被细菌分解，火山喷发、雷电及海洋释放 ③ 硝酸生产中的排放和泄漏 ④ 某些工业过程和机动车辆的废气散发
主要来源	（1）自然源 ① 自然界的火山爆发、雷电、草原及森林失火 ② 细菌分解含氮有机物化合物，如土壤中细菌的活动 （2）人为源 ① 固定源：火电厂锅炉及各种工业窑炉、垃圾焚烧 ② 移动源：机动车、轮船和飞机及其他内燃机排气 ③ 工业生产源：硝酸生产、冶炼加工、各种硝化过程（如染料生产、炸药制造等）、电镀、金属及非金属表面处理过程、高温焊接、催化剂制造、硫酸、氮肥、合成纤维、己二酸、对苯二甲酸等生产过程 （3）其他来源 民用炉灶、吸烟、青贮饲料的微生物处理

表 5-7 美国 NO_x 排放量记录

年份	1968	1980	1990	1993	2003
排放量/（万 t/a）	2 120	2 147	2 137	2 100	1 882

表 5-8 2003 年美国 NO_x 排放情况（以 NO_x 计）

行业	排放量/（万 t/a）	贡献率/%	行业	排放量/（万 t/a）	贡献率/%
燃料燃烧（火电）	404.8	21.5	冶金	8.3	0.4
燃料燃烧（工业）	252.0	13.4	石化	12.4	0.7
燃料燃烧（其他）	66.2	3.5	其他工业	60.4	3.2
机动车辆	1 042.8	55.4	其他	26.2	1.4
化工	9.3	0.5	合计	1 882.4	100

在美国年排放量贡献率排序中，机动车辆居首位，火电厂居第二位。我国是发展中国家，情况有所不同。目前仍然是火电厂居首，机动车辆上升很快。

据统计，目前全世界 NO_x 年排放总量（以氮计）约为 3 000 万 t。尽管发达国家广泛采取减排措施，仍比 35 年前增加了 88%，局部地区的 NO_x 污染危害相当严重，已是不容忽视的事实。

在我国，NO_x 历年排放量的确切数字迄今尚不完整，唯火电厂尚有记录可查。按照 1980—2000 年的零散资料，20 年间，我国的 NO_x 排放量从 468 万 t/a 跃升至

1 177 万 t/a，净增 1.5 倍。由表 5-9 可见，这种逐年增长的趋势是强劲的，应该引起足够的重视。在表 5-9 中，2005 年以后的排放量为推算值。

表 5-9　全国历年 NO_x 排放量

	年份										
	1980	1995	1996	1997	1998	1999	2000	2005	2010	2020	2030
排放量/（万 t/a）	468	1 130	1 204	1 167	1 118	1 136	1 177	1 395	1 765	2 639	3 725

根据 NO_x 排放分析，我国现在的主要行业贡献率排序是：火电行业约占 35.8%；工业部门约占 30.9%；机动车辆约占 21.3%。

二、氮氧化物的危害

（1）对人体的危害

1）直接危害

NO_2 是毒性很强的气体。动物实验、免疫学调查及突变型实验结果表明，在城市地区，环境空气中 NO_2 的体积分数达到（10～100）$\times10^{-6}$ 就会危害人体。同时，NO_2 对植物生长也有影响。NO_2 对人体的危害见表 5-10。

表 5-10　不同浓度 NO_2 对人体的危害

NO_2 质量浓度/（μg/m³）	接触时间/min	症状与现象
140	5～25	吸入接触中暗适应降低（最低暗适应浓度）
200		接触后立即能嗅出气味（嗅觉阈值）
740		接触后立即明显嗅出气味
1 300	10	气道助力开始增大
3 800	10	气道助力明显增大
7 500～9 400	10	随呼吸系统阻力增大，肺的顺应性下降
9 400	15	动脉氧分压肺对 CO 扩散力显著下降
9 400	120	在间断性轻微活动下，气道阻力显著增加，肺泡和动脉氧分压下降
47 000～140 000	≤60	引起支气管炎，并可完全恢复
470～940	长期	
94 000～188 000		引起可逆性细支气管炎和局灶性肺炎
188 000	60	引起致命的肺水肿或窒息，直到死亡
796 000	5	

NO 和 CO 一样是血液性毒物，具有与血红蛋白（Hb）的强结合力，将氧合血红蛋白转变为变性血红蛋白（NO-Hb 和 met-Hb）。在无氧条件下，NO 和 Hb 的亲和性是 CO 的 1 400 倍，相当于氧的 30 万倍，所以吸入 NO 可使机体处于缺氧窒息状态，引起大脑受损，产生中枢神经麻痹和痉挛。但当有氧或与 NO_2 共存时，情况有所不同。

NO_2 的毒性主要表现在对眼睛的刺激和对呼吸机能的影响，刺激和腐蚀灼伤肺组织，使呼吸急促，顺应性低。NO_2 深入下呼吸道，引发支气管扩张症状，甚至中毒性肺炎和肺水肿，呈现呼吸道阻力增加，动脉血氧分压降低，肺泡巨噬细胞障碍和牙齿酸蚀等症状。损坏心、肝、肾的功能和造血组织，严重的可导致死亡。人体暴露在 NO_2 环境中，浓度在 25×10^{-6} 就能致病，在 500×10^{-6} 的浓度下造成死亡。实际上，NO_2 的毒性比 NO 要强 5 倍，对人体的危害与暴露接触的程度有关。

N_2O_4 的毒性同 NO_2。N_2O 对人体的影响主要是麻醉作用，少量吸入便会引起面部笑状痉挛，吸入多量时将导致快速窒息、贫血和胎儿中毒流产。

无论 NO、NO_2 或 N_2O_4、N_2O，在空气中的最高允许浓度均为 5 mg/m^3（以 NO_2 计）。

大气中的 NO 能转化为 NO_2，NO_2 溶于水生成硝酸和亚硝酸，遇碱性物质生成硝酸盐和亚硝酸盐，人体一旦摄入并积聚此类物质，就有可能引发肝脏和食道癌。因此，有人将 NO_2 称为致癌物，NO 为助癌物，在某种意义上，是不无道理的，应引起人们的警觉并加以深入研究。

2）间接危害

光化学烟雾是 NO_x 因光解产生的二次污染物。它对人体的危害要比原始污染物大百倍。1943 年发生在洛杉矶与 1970 年发生在日本千叶和东京的公害事件，就是典型的案例，最多见的症状为眼睛和咽喉疼痛、咳喘、恶寒、呼吸困难以及麻木痉挛、意识丧失等。

NO_2 在光照下产生 O_3，它是氧化剂的主要成分，由于 O_3 难溶于水，不仅能强烈刺激眼睛和呼吸道黏膜，而且能深入肺部深处，增加呼吸道阻力，引起溶血反应和肺水肿，甚至损害中枢神经、导致细胞老化和机体膜脂质过氧化等生命现象。

在大气光化学过程中，碳氢化合物的反应产物大多是醛类物质，如甲醛、丙烯醛等。被吸收到人体内产生一系列呼吸系统疾病，光化学烟雾中的多数成分都是有害于人体的。它们对眼睛的刺激阈值依次为 PBZN0.006×10^{-6}、丙烯醛 0.5×10^{-6}、PNA0.7×10^{-6}、甲醛 1×10^{-6}。

（2）对生态的危害

NO_x 与 SO_2 一样，在大气中会通过两种形式降落地面。一是干沉降，二是湿沉降。NO_x 的生命过程，最终归宿是硝酸盐或硝酸。关于酸雨对生态的种种破坏是众所周知的。硝酸型酸雨的危害程度要比硫酸型酸雨更强，因为它对水体的酸化、对土壤的淋溶贫化、对作物和森林的灼伤毁坏、对建构筑物和文物的腐蚀损伤等方面丝毫不逊于硫酸酸雨，造成的社会经济损失也不会低于硫酸酸雨，所不同的是，给土地增添了有益氮分。但这种“利”远小于弊。因为它可能加速地表水富营养化，并对水生和陆地的生态系统造成破坏。

大气中的 NO_x 有一部分会进入同温层对臭氧层造成破坏，形成空洞和减薄臭氧层，对人类生存都是不利的。据资料称，大气中臭氧减少 1%，人类的皮肤癌可能增加 5%。

NO_x 中的 N_2O 是引起气候变暖的因素之一，虽然它在大气中的数量很少，但其温室效应是 CO_2 的 200～300 倍。

光化学烟雾能加速镀层和涂层的损坏，促使橡胶制品老化，NO_x 还能使燃料褪色，尼龙制品分解。据不完全统计，全世界每年因酸雨对材料腐蚀造成的经济损失在 200 亿美元以上。

光化学烟雾形成 0.1～1 μm 的亚微粒气溶胶不但可以长驱直入被人吸收到肺叶深部，而且也是严重影响肺功能的因素，对公众健康和生态环境产生很大危害。

光化学烟雾能使植物组织机能衰退、生长受阻、落叶落果，造成作物产量下降。1943 年的洛杉矶事件，起因是该市的 200 多万辆汽车排放的尾气，在紫外线照射下，产生光化学烟雾，致使大量居民出现眼睛红肿、流泪、喉痛等症状，死亡率大大增加。随后，日本也多次发生类似的公害和灾难，令世人难忘。

三、烟气脱硝

烟气脱硝技术按治理工艺可分为湿法脱硝和干法脱硝。湿法脱硝包括：酸吸收法、碱吸收法、氧化吸收法、络盐吸收法等；干法脱硝包括：选择性催化还原法、非选择性催化还原法、吸附法、等离子体活化法等。此外，近十几年来国内外一些科研人员还开发了用微生物来处理含 NO_x 废气，成为研究的热点。

（一）湿法脱硝

液相吸收法烟气脱氮工艺常用的吸收剂主要有水、碱溶液、稀硝酸、浓硫酸等。按吸收剂的种类可分为水吸收法、酸吸收法、碱吸收法、氧化—吸收法、吸收—还原法等。工业上应用较多的是碱吸收法和氧化—吸收法。

（1）水吸收法

水吸收 NO_x 时，水与 NO_2 反应生成硝酸（HNO_3）和亚硝酸（HNO_2）。生成的 HNO_2 很不稳定，快速分解后会放出部分 NO。常压时 NO 在水中的溶解度非常低，0℃时为 7.34 mL/100 g 水，沸腾时完全逸出，也不与水发生反应。因此常压下该法效率很低，不适用于 NO 占总 NO_x 95%的燃烧废气脱硝。提高压力（约 0.1MPa）

可以增加对 NO_x 的吸收率，通常作为硝酸工厂多级废气脱硝的最后一道工序。

（2）酸吸收法

普遍采用的是稀硝酸吸收法。由于 NO 在 12%以上硝酸中的溶解度比在水中大 100 倍以上，故可用硝酸吸收 NO_x 废气。硝酸吸收 NO_x 以物理吸收为主，最适用于硝酸尾气处理，因为可将吸收的 NO_x 返回原有硝酸吸收塔回收为硝酸。影响吸收效率的主要因素有：① 温度。温度降低，吸收效率急剧增大。温度从 38℃降至 20℃，吸收率由 20%升至 80%；② 压力。吸收率随压力升高而增大。吸收压力从 0.11MPa 升至 0.29MPa 时，吸收率由 4.3%升至 77.5%；③ 硝酸浓度。吸收率随硝酸浓度增大呈现先增加后降低的变化，即有一个最佳吸收的硝酸浓度范围。当温度为 20～24℃时，吸收效率较高的硝酸浓度范围为 15%～30%。此法工艺流程简单，操作稳定，可以回收 NO_x 为硝酸，但气液比较小，酸循环量较大，能耗较高。由于我国硝酸生产吸收系统本身压力低，至今未用于硝酸尾气处理。

（3）碱溶液吸收法

1）净化原理

用碱溶液（NaOH、Na_2CO_3、$NH_3 \cdot H_2O$ 等）与 NO 和 NO_2 反应，生成硝酸盐和亚硝酸盐，主要反应方程如下：

$$2NaOH+2NO_2 \rightarrow NaNO_2+NaNO_3+H_2O$$

$$2NaOH+NO+NO_2 \rightarrow 2NaNO_2+H_2O$$

$$Na_2CO_3+2NO_2 \rightarrow NaNO_3+NaNO_2+CO_2\uparrow$$

$$Na_2CO_3+NO+NO_2 \rightarrow 2NaNO_2+CO_2\uparrow$$

$$2NH_3+2NO_2+H_2O \rightarrow NH_4NO_3+NH_4NO_2$$

由于氨水吸收时，生成 NH_4NO_2 不稳定，当浓度较高、温度较高或溶液 pH 值不合适时会发生剧烈反应甚至爆炸，再加上铵盐不容易被水或碱液捕集，因此限制了氨水吸收法的应用。考虑到吸收剂的价格、来源、操作难易及吸收效率等因素，工业上应用较多的吸收剂是 NaOH 和 Na_2CO_3，尽管 Na_2CO_3 的吸收效果比 NaOH 差一些，但由于其廉价易得，应用更为普遍。

在实际应用中，一般用低于 30%的 NaOH 或 10%～15% 的 Na_2CO_3 溶液作吸收剂，在 2～3 个填料塔或筛板塔中串联吸收。吸收效率随尾气的氧化度、设备及操作条件的不同而有所差别，一般在 60%～90%。在吸收过程中，在吸收液中加入硝酸，可使 $NaNO_2$ 氧化成 $NaNO_3$，得到硝酸钠产品。

2）影响吸收的因素

① 废气中的氧化度。NO_2 和 NO_x 的体积比称为氧化度，当氧化度为 50%～60%时，吸收速率最大，吸收效率最高。控制废气中氧化度的方法有三种：一是对废气中的 NO 进行氧化；二是采用高浓度的 NO_2 气体进行调节；三是用稀硝酸吸收尾气

中的部分 NO。

② 吸收设备和操作条件　一般来说，增大喷淋密度，有利于吸收反应；选择适当的空塔速度可以适当提高吸收效率，最好是通过改进吸收设备来提高效率。如采用特殊分散板吸收塔，控制尾气在塔内流速 0.05～0.5 m/s，液气比 0.2～15 L/m^3，吸收效率可达 90%。

（4）碱—亚硫酸铵吸收法

1）净化原理

碱—亚硫酸铵吸收法属于液相还原吸收法。第一级碱液吸收是采用 NaOH 或 Na_2CO_3 作吸收剂吸收尾气中的 NO 和 NO_2，利用处理硫酸尾气得到的$(NH_4)_2SO_3$、NH_4HSO_3 还原经过第一级碱吸收后硝酸尾气中的 NO_2。主要反应如下：

$$2NaOH+NO+NO_2 \rightarrow 2NaNO_2+H_2O$$

$$Na_2CO_3+NO+NO_2 \rightarrow 2NaNO_2+CO_2\uparrow$$

$$4(NH_4)_2SO_3+2NO_2 \rightarrow 4(NH_4)_2SO_4+N_2\uparrow$$

$$4NH_4HSO_3+2NO_2 \rightarrow 4NH_4HSO_4+N_2\uparrow$$

2）工艺流程

图 5-13 是碱-亚硫酸铵吸收法工艺流程。含 NO_x 的废气首先经碱液吸收塔进行吸收反应，同时回收 $NaNO_2$。然后进入$(NH_4)_2SO_3$ 吸收塔，气液进行逆流接触，发生还原反应，将 NO_x 还原成 N_2 后直接排空，吸收液循环使用。该方法尤其适用于同时生产硫酸和硝酸的工厂。碱-亚硫酸铵吸收法的工艺指标：气速 1.9～2.3 m/s，液气比 1～1.25 L/m^3，吸收温度 30～35℃，吸收效率可达 90%。

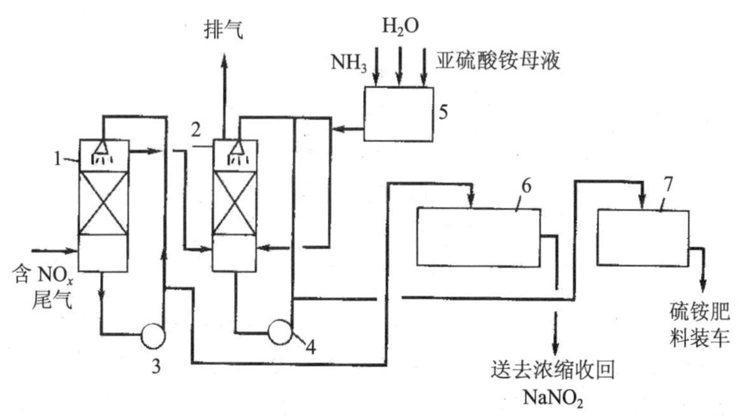

1—碱液吸收塔；2—亚硫酸铵吸收塔；3—碱泵；4—亚硫酸铵泵；
5—亚硫酸铵液储槽；6—亚硝酸钠液储槽；7—硫酸铵成品槽

图 5-13　碱—亚硫酸铵吸收工艺流程

3）影响因素

① 氧化度。随着氧化度的增加，吸收效率增大。当氧化度超过 50%后，吸收效率增加不多。

② $(NH_4)_2SO_3$ 浓度。吸收液$(NH_4)_2SO_3$ 浓度太低，吸收效果差；浓度太高，又易出现结晶及管道设备腐蚀。因此，$(NH_4)_2SO_3$ 的浓度应控制在 180～200 g/L，吸收终点控制在 20 g/L。

③ NH_4HSO_3 浓度。NH_4HSO_3 在溶液中浓度较高时，会降低吸收效率，但可抑制 NH_4NO_2 的生成，一般控制 NH_4HSO_3 与$(NH_4)_2SO_3$ 的比值小于 0.1。当处理硫酸尾气中 NH_4HSO_3 浓度较高时，可由通入 NH_3，使部分 NH_4HSO_3 生成$(NH_4)_2SO_3$。

（5）硝酸氧化—碱液吸收法

当 NO_x 的氧化度低时，用碱液吸收 NO_x 的吸收效率不高，为提高吸收效率，可用氧化剂将 NO_x 中的部分 NO 氧化，提高 NO_x 的氧化度后，再用碱液吸收。氧化剂有 O_2、O_3、Cl_2 等气相氧化剂和 HNO_3、H_2O_2、$KMnO_4$、NaClO、$KBrO_3$、$K_2Cr_2O_7$ 等液相氧化剂。因硝酸氧化时成本低，硝酸氧化-碱液吸收工艺国内已用于工业生产，其他氧化剂因氧化成本高，采用的较少。

1）净化原理

第一级采用浓硝酸将 NO 氧化成 NO_2，使尾气中 NO_x 的氧化度大于 50%，第二级再利用浆液吸收，主要反应如下：

$$NO+2HNO_3 \rightarrow 3NO_2\uparrow +H_2O$$

$$Na_2CO_3+2NO_2 \rightarrow NaNO_3+NaNO_2+CO_2\uparrow$$

$$Na_2CO_3+NO_2+NO \rightarrow 2NaNO_2+CO_2\uparrow$$

2）工艺流程

硝酸氧化—碱吸收法的工艺流程如图 5-14 所示。从硝酸生产系统来的含 NO_x 的尾气用风机送入氧化塔内，与漂白后的硝酸逆向接触。经硝酸氧化后的 NO_x 气体进入硝酸分离器，分离硝酸后依次进入碱吸收塔，经三串联塔吸收后放空。作为氧化剂的硝酸用硝酸泵从硝酸循环槽打至硝酸计量槽，然后定量地打入漂白塔，在漂白塔内用压缩空气漂白的硝酸进入氧化塔，氧化 NO_x 后又进入硝酸循环槽，空气自漂白塔上部排空。

3）影响因素

① 硝酸浓度。硝酸浓度是影响 NO 氧化效率的主要因素。硝酸浓度越高，氧化效率也越高，一般控制硝酸浓度大于 40%。

② 硝酸中 N_2O_4 的含量。N_2O_4 的含量升高时，NO 的氧化效率就下降，通常将 N_2O_4 的含量控制在小于 0.2 g/L。

③ NO_x 的初始氧化度。随着 NO_x 初始氧化度的增大，NO 的氧化率就下降。

④ NO_x 的初始浓度。NO 的氧化效率随着 NO_x 初始浓度的升高而降低。

⑤ 氧化温度。因硝酸 NO 的反应为吸热反应，提高温度有利氧化反应的进行，但温度超过 40℃之后，NO 的氧化率又有所下降，主要由于温度升高后，溶解在硝酸中的 NO 又从溶液中进入气相造成的。

⑥ 空塔速度。氧化塔内空塔速度增大，缩短了气液接触时间，使氧化反应不完全，NO 氧化率下降。

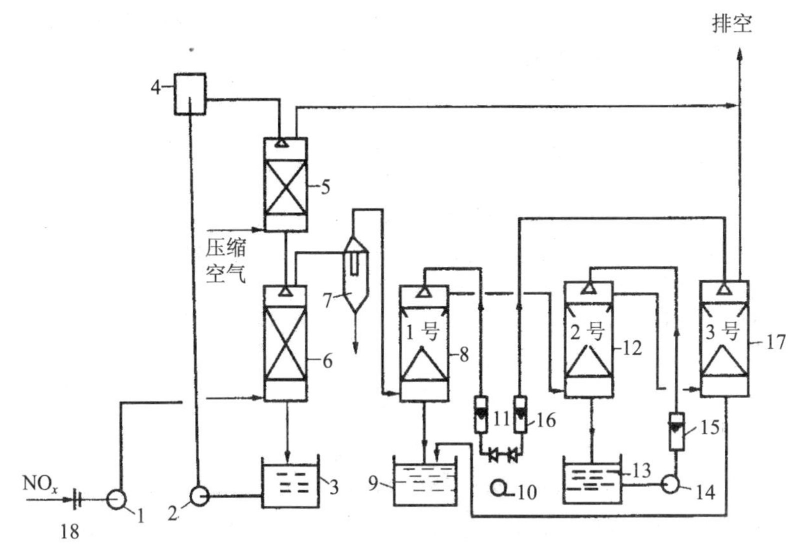

1—风机；2—硝酸循环泵；3—硝酸循环槽；4—硝酸计量槽；5—硝酸漂白塔；6—硝酸氧化塔；7—硝酸分离器；8、12、17—碱吸收塔；9、13—碱循环槽；10、14—碱循环泵；11、15、16—转子流量计；18—孔板流量计

图 5-14　硝酸氧化-碱吸收法工艺流程

（二）干法脱硝

（1）催化还原法

利用不同的还原剂，在一定温度和催化剂的作用下将 NO_x 还原为无害的氮气和水，通称为催化还原法。净化过程中，可依还原剂是否与气体中氧气发生反应分为非选择性催化还原和选择性催化还原两类。

1）非选择性催化还原法

非选择性催化还原法是在一定温度下，以 Pt、Pd 等贵重金属作催化剂，采用 H_2、CO、CH_4 等还原剂，将废气中的 NO_2 和 NO 还原为氮气。同时还原剂还与废气中的氧气反应生成 H_2O 或 CO_2，并放出大量的热。该法还原剂用量大，需要贵金属作催化剂，还需要有热回收装置，投资大，运行费用高，因此逐渐被淘汰，多采用选择性催化剂还原法。

2）选择性催化还原法

选择性还原法（SCR）通常用氨作为还原剂，在铂或非重金属催化剂的作用下，在较低温度条件下 NH_3 有选择地将尾气中的 NO_x 还原为 N_2，而基本上不与氧发生反应，从而避免了非选择性催化还原法的一些技术问题。该法催化剂易得，还原剂的起燃温度低，催化床与出口气体温度较低，有利于延长催化剂寿命和降低反应器材对材料的要求。主要用于硝酸生产、硝化过程、金属表面的硝酸处理、催化剂制造等非燃烧过程产生的含氮废气。

① 反应原理。在温度较低时，在催化剂的作用下 NH_3 与废气中的 NO_2 和 NO 发生如下反应：

$$4NH_3+6NO \rightarrow 5N_2\uparrow + 6H_2O$$

$$8NH_3+6NO_2 \rightarrow 7N_2\uparrow +12H_2O$$

选择合适的催化剂，可以降低副反应 $4NH_3+3O_2 \rightarrow 2N_2\uparrow +6H_2O$ 的反应速率。实际生产中，一般控制反应温度在 300℃以下，因为超过 350℃，会发生下列副反应：

$$2NH_3 \rightarrow N_2\uparrow +3H_2\uparrow$$

$$4NH_3+5O_2 \rightarrow 4NO\uparrow +6H_2O$$

② 工艺流程。选择性催化还原法烟气脱氮工艺流程如图 5-15 所示。含 NO_x 的废气经过除尘、脱硫、干燥等预处理后，进入预热器进行预热，然后与净化后的 NH_3 在混合器内按一定比例混合均匀，再进入装有催化剂的反应器内，在适当的温度下进行催化还原反应，反应后的气体经分离器除去催化剂粉尘后直接排放。

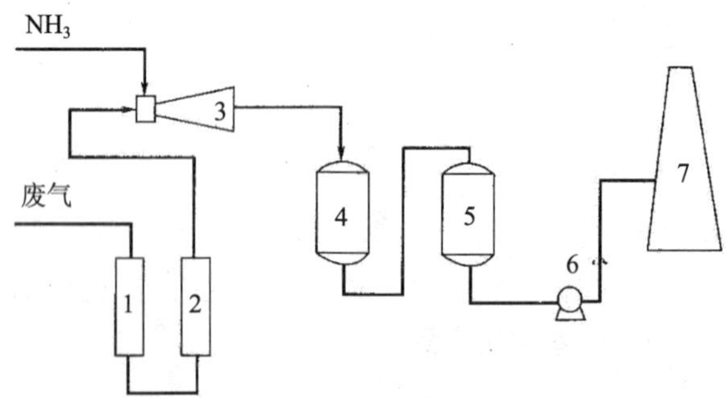

1、2—预热器；3—混合器；4—反应器；5—过滤分离器；6—尾气风机；7—排气筒

图 5-15　选择性催化还原法烟气脱氮工艺流程

3）影响因素

① 催化剂。不同的催化剂由于活性不同，反应温度及净化效率也不同。以氨

为还原剂还原氮氧化物的过程较易进行，可使用 Cu、Cr、Fe、V、Mn 等金属的氧化物或盐类代替贵金属催化剂。国内几种 NO_x 催化剂性能见表 5-11。

表 5-11 几种常用的 NO_x 催化剂性能

催化剂型号	75014	8209	81084	8013
催化剂成分	25%$Cu_2Cr_2O_5$	10%$Cu_2Cr_2O_5$	钒锰氧化剂	铜盐氧化剂
反应温度/℃	250～350	230～330	190～250	190～230
进气温度/℃	220～240	210～220	160～190	160～180
空塔速率/h^{-1}	5 000	10 000～14 000	5 000	10 000
转化率/%	=90	≈95	=95	=95

② 反应温度。采用铜-铬催化剂，在 350℃以下时，随着反应温度的升高，氮氧化物的转化率增大，超过 350℃后温度再升高时，副反应会增加，这时一部分氨转变成一氧化氮。用铂作催化剂时，温度控制在 225～255℃。温度过高，会发生 NO 副反应；而温度低于 220℃后，将出现较多的氮，说明还原反应进行得不完全，在此情况下可能生成大量的硝酸铵和有爆炸危险的亚硝酸铵，严重时会使管道堵塞。

③ 空塔气速。只有适宜的空塔气速才能既经济又能获得较高的净化效率，空速过大时，反应不充分；空速过小时，设备不能充分利用。

④ 还原剂用量。还原剂用量的大小一般用 NH_3 与 NO_x 物质量的比值来衡量。该值小于 1 时，反应不完全；该值大于 1.4 时，对转化率无明显影响，此时由于不参加反应的氨量增加，同样会造成大气污染，同时增加了氨耗。在生产上一般控制在 1.4～1.5。

（2）吸附法

吸附法的优点是：去除率高，无需消耗化学物质，设备简单，操作方便。缺点是：吸附剂吸附容量小，且需再生处理；设备费用较高，能耗较大。它仅适用于处理含 NO_x 浓度较低的废气。

（三）微生物法脱硝

采用微生物净化含 NO_x 废气的思路是建立在用微生物净化有机废气以及利用微生物进行废水反硝化脱氮获得成功的基础上，它的净化机理是：适宜的脱氮菌在有外加碳源的情况下，利用 NO_x 作为氮源，将 NO_x 还原为最基本无害的氮气，而脱氮菌本身获得生长繁殖。其中 NO_2 先溶于水中形成 NO_3^- 及 NO_2^-，然后被微生物还原为氮气，烟气中的 NO 则直接被吸附在微生物表面还原为氮气。

用微生物进行废气脱硝是近年来国际上开始的基础性研究工作，该法能有效地脱除废气中的 NO_x，具有工艺简单、能耗和处理费用低、效率高、无二次污染等优点。但要实现工业应用还存在一些问题：① 微生物的生长速度相对较慢，要处理大流量的烟气，还需对菌种作进一步的筛选；② 微生物的生长需适宜的环境；③ 微生物的生长会造成塔内填料的堵塞。

项目三　含氟废气净化

一、吸附净化

含氟废气通常是指含有气态 HF 和 SiF_4 的废气，主要来源于冶金工业的铝电解和炼钢过程，化学工业的磷肥生产，建材行业的陶瓷、玻璃、水泥、砖瓦等生产过程。含氟废气的净化方法主要有湿法吸收和干法吸附。根据吸收剂的不同又将吸收净化法分为水吸收法和碱液吸收法。

吸附净化法是将含氟废气通过装填固体吸附剂的吸附装置，将氟化氢吸附，从而达到除氟的目的。可采用工业氧化铝、氧化钙、氢氧化钙等作吸附剂。净化铝电解厂烟气常采用的吸附剂是工业氧化铝。铝厂含氟烟气吸附净化法具有如下特点：吸附剂是铝电解的原料氧化铝，吸附氟化氢的氧化铝可直接进入电解铝生产中，不存在吸附剂再生问题；净化效率高，一般在 98%以上；干法净化不存在含氟废水，避免了二次污染；和其他方法相比，干法净化基建费用和运行费用都比较低，可适用于各种气候条件，特别是北方冬季，不存在保温防冻问题。

（1）净化原理

氟化铝对 HF 的吸附主要是化学吸附，同时伴有物理吸附，吸附的结果是在氧化铝表面上生成表面化合物——氟化铝，具体过程包括以下几个方面：

① HF 在气相中的扩散；

② 扩散的 HF 通过氧化铝表面的气膜到达其表面；

③ HF 被吸附在氧化铝表面上；

④ 被吸附的 HF 与氧化铝发生化学反应，生成表面化合物（AlF_3）。

$$AlO_3 + 6HF \rightarrow 2AlF_3 + 3H_2O$$

（2）氧化铝的性质对吸附的影响

① 氧化铝晶型对吸附容量有很大影响，γ 型氧化铝的吸附容量大；

② 氧化铝的比表面积越大，吸附容量也越大；

③ 氧化铝湿度大小直接影响吸附净化能力。

另外，分子中结晶水也影响吸附能力，一般在一定温度下焙烧，脱去部分结晶水，增强活性，但当分子中的结晶水全部失掉后，$\gamma\text{-}Al_2O_3$ 将转化变成 $\alpha\text{-}Al_2O_3$，吸附能力大大降低。

（3）工艺流程

吸附净化流程有输送床吸附工艺和沸腾床吸附工艺等。

1）输送床吸附净化流程

输送床吸附净化流程见图 5-16。

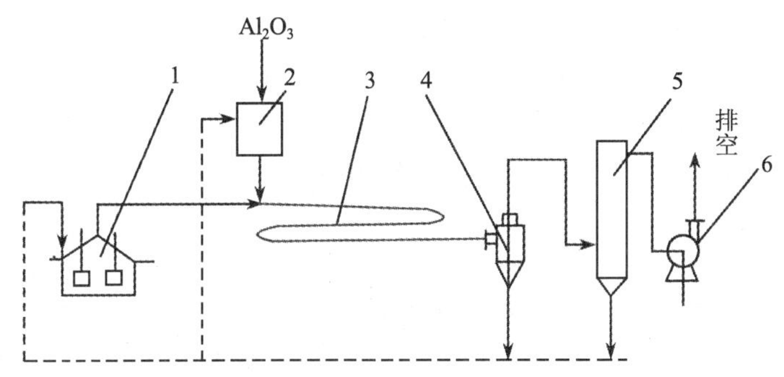

1—铝电解槽；2—加料器；3—输送床；4—旋风分离器；5—袋式过滤器；6—风机

图 5-16　输送床吸附净化流程

来自铝电解槽的含 HF 烟气通过管道进入输送床后与加入的氧化铝粉末相混合。在管道中的高速气流带动下，氧化铝粉末高度分散，与 HF 充分接触，在很短时间内完成吸附过程，再经袋式过滤器分离干净；分离出来的氧化铝既可输入加料器进行循环吸附，也可返回铝电解槽。

此法流程简单，运行可靠，便于管理。净化效率可达 95%～98%，系统的总压降为 2.5～3 kPa。

2）沸腾床吸附净化流程

沸腾床吸附法工艺流程见图 5-17。由铝电解槽来的含氟烟气由沸腾床底部进气分配室进入沸腾床后，气体以一定速度通过床面上的氧化铝层，氧化铝则形成流态化的沸腾层，并与烟气中的 HF 混合、接触，完成吸附过程。气体携带的氧化铝，被沸腾床上部装设的袋式过滤器过滤下来，被净化的烟气由排风机排出。

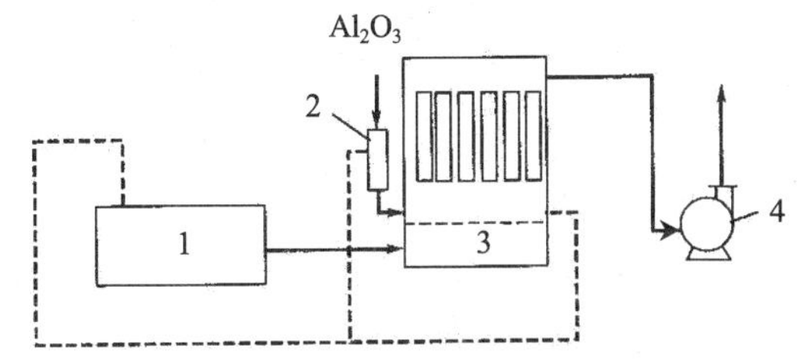

1—铝电解槽；2—Al_2O_3 加料器；3—沸腾床；4—排风机

图 5-17　沸腾床吸附净化流程

沸腾床内氧化铝层的厚度一般为 3～4 cm，床内烟气流速可取 0.28 m/s 左右。该法净化效率可高达 98%，压降较小（约 1.3 kPa），设备紧凑。但安装调整及维护管理复杂。

二、湿法净化

湿法净化技术采用水、碱性溶液或某些盐类溶液来吸收含氟废气中的氟化物，从而达到净化回收的目的。该技术的优点是净化设备体积小，易实现，净化工艺过程可连续操作和回收各种氟化物，净化效率高、效果好。其缺点是会造成二次污染，在寒冷地区需保温措施。常用的两种方法介绍如下：

（1）水吸收法

1）净化原理

由于 HF 和 SiF_4 都极易溶于水，多数情况下采用水吸收法来净化含氟气体。氟化氢溶于水生成氢氟酸，四氟化硅用水吸收成为一定浓度的氟硅酸（H_2SiF_6）和硅胶（H_2SiO_3），H_2SiF_6 与工业食盐反应后，可以副产氟硅酸钠，主要的化学方程式如下：

$$3SiF_4 + 3H_2O \rightarrow 2H_2SiF_6 + H_2SiO_3 \downarrow$$

$$2HF + SiF_4 \rightarrow H_2SiF_6$$

$$H_2SiF_6 + 2NaCl \rightarrow Na_2SiF_6 + 2HCl$$

2）工艺流程

国内通常采用的脱氟流程多为二级吸收，根据使用的设备不同，分为一室一器、一室一塔、一室一旋、二室一塔、三塔等。这里的“室”是指拨水轮吸收室，一般用作一级吸收，其优点是不易堵塞，清理方便，但脱氟效率不高。“器”是指文丘里吸收器，“塔”是指湍球塔、喷淋塔、喷杯塔、旋流板塔等，脱氟效率可达 98%以上。

磷肥生产中，含氟废气的净化工艺流程因磷肥品种、生产方式、含氟废气的温度、气量、含氟量的不同而有所不同。普钙厂排含氟废气与高炉法钙镁磷肥厂排含氟废气相比，含氟量高（28～32 g/m^3），温度低（75℃～80℃），粉尘少，一般水吸收前不设除尘装置，图 5-18 为普钙厂一室一旋脱氟流程，该流程分三个吸收段，各自循环，因而获得较高浓度的氟硅酸产品。

高炉法钙镁磷肥厂生产排放的含氟废气，粉尘多，成分复杂，附含 1～3 g/m^3 的氟以外，还有少量的 CO_2、CO、H_2S、P_2O_5 等，温度 120～250℃，净化难度大些。图 5-19 为典型的高炉钙镁磷肥厂除尘、脱氟流程。自高炉出来的含氟废气，温度高达 300～400℃，经中立除尘后降为 250℃，喷射吸收塔后，含氟量从 1.5～2.5 g/m^3 降为 0.2 g/m^3 左右，脱氟率为 90%左右。

用水吸收 HF 和 SiF_4 后得到的氢氟酸和氟硅酸溶液，可用来制取冰晶石、氟硅脲、氟硅酸钠等产品。

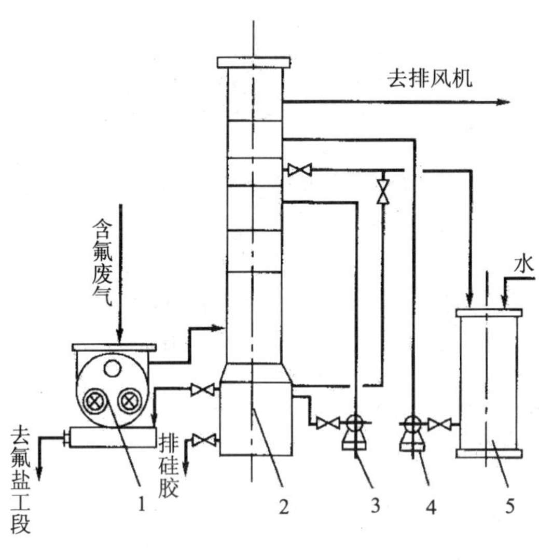

1—吸收室；2—旋流板塔；3、4—泵；5—贮水槽

图 5-18　普钙厂一室一旋脱氟工艺流程

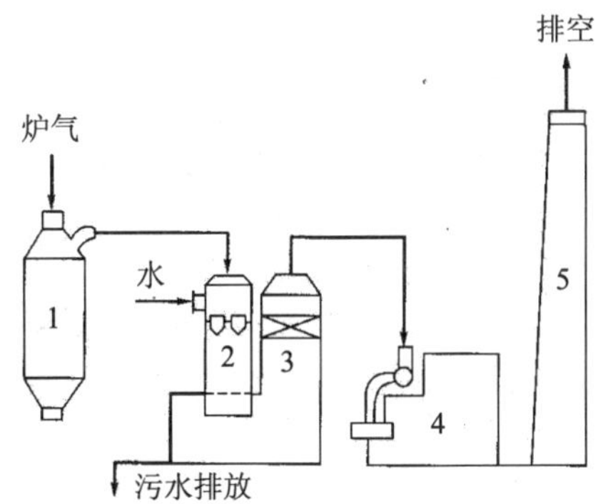

1—除尘器；2—喷射吸收器；3—脱水器；4—热风炉；5—烟囱

图 5-19　高炉法钙镁磷肥厂除尘脱氟工艺流程

（2）碱液吸收法

碱液吸收法是采用碱性物质 NaOH、Na_2CO_3、氨水等吸收剂来脱除含氟尾气中的氟，同时得到副产品冰晶石。最常用的碱性物质是 Na_2CO_3，也可以使用石灰乳作吸收剂，二者的使用有所区别。

1）Na_2CO_3 吸收法

电解铝厂废气通过除尘后，送入吸收塔底部，与浓度为 20～30 g/L 的 Na_2CO_3 溶液在塔内逆流接触，烟气中的 HF 与碱反应生成 NaF，吸收脱氟后的气体经除雾后排空。主要反应方程式如下：

$$HF + Na_2CO_3 \rightarrow NaF + NaHCO_3$$
$$2HF + Na_2CO_3 \rightarrow 2NaF + CO_2\uparrow + H_2O$$

在循环吸收过程中，当溶液中的 NaF 浓度达到 25 g/L 后，再加入定量的偏铝酸钠溶液即制得冰晶石，反应式如下：

$$6NaF + 4NaHCO_3 + NaAlO_2 \rightarrow Na_3AlF_6 + 4Na_2CO_3 + 2H_2O$$
$$6NaF + 2CO_2 + NaAlO_2 \rightarrow Na_3AlF_6 + 2Na_2CO_3$$

2）石灰乳吸收法

用石灰乳作吸收剂净化含氟废气生成 CaF_2 等废渣，可以经过滤、干燥后送去作橡胶或塑料的填料，主要反应式如下：

$$3SiF_4 + 2H_2O \rightarrow 2H_2SiF_6 + SiO_2\downarrow$$
$$H_2SiF_6 + 3Ca(OH)_2 \rightarrow 3CaF_2\downarrow + SiO_2\downarrow + 4H_2O$$
$$2HF + Ca(OH)_2 \rightarrow CaF_2\downarrow + 2H_2O$$

该方法适用于排气量小、废气中含氟量低、回收氟有困难的企业，如搪瓷厂、玻璃马赛克厂、水泥厂等。

三、工程案例——3 万 t/a 普钙生产含氟废气治理

（1）工程基本情况

云南某化工厂年产 3 万 t 普钙生产装置，其氟吸收系统采用喷淋塔、喷杯塔、旋流板塔处理后，尾气中的氟实现达标排放，且每年副产氟硅酸钠 300 t，取得较好的环境效益和经济效益。

（2）基础数据

该厂所用矿石成分：

P_2O_5 32.57%，Al_2O_3 1.5%，CO_2 2.44%，Fe_2O_3 0.96%，SiO_2 13.28%，CaO 44.49%，F 3.09%，SO_4^{2-} 0.096%，细度 100 目，水分 0.91%，MgO 0.41%。

进入氟吸收系统的气体组分为：F 68.91 kg/h，CO_2 136.03 kg/h，H_2O 476.78 kg/h，处理尾气量按 10 000 m^3/h 来进行设计。

（3）工艺流程

该厂年产 3 万 t 普钙的氟吸收系统采用三塔流程，其工艺流程见图 5-20。

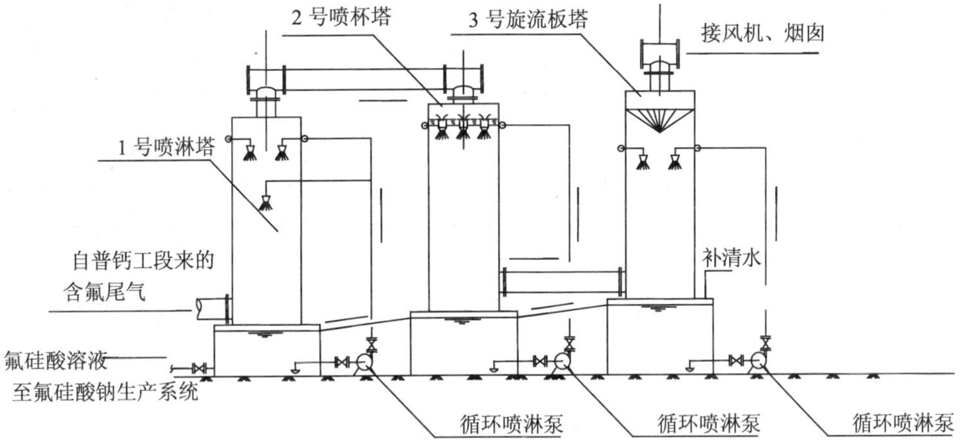

图 5-20　含氟废气治理工艺流程

从生产系统来的含氟气体顺次经过喷淋塔、喷杯塔和喷淋旋流板塔用水进行吸收，含氟尾气经第一吸收塔的吸收效率可达 90%，第二塔的吸收效率可达 70%，第三塔的吸收效率达 85%，总吸收效率可达到 99.6%，清水从第三塔补充加入。吸收液实现封闭循环无污水排放，从烟囱排放出的尾气含氟浓度低于 0.05 g/Nm^3，满足了普钙工业污染物排放标准（GB 4917—85）的要求。

流程特点：

① 1 号喷淋塔采用空塔结构，内设两层喷头，气体入塔后流速降低，增加了气液接触时间，气液逆向接触利于吸收，经实测处理效率达 90%；2 号吸收塔采用喷杯塔，内设喷杯 3 只，吸收液经环形进液管进入塔内，均匀溢入喷杯，沿其内壁呈膜状向下流入吸收室，含氟气体由上而下经喷杯流向吸收室，喷杯下口射流突然扩散（出口速度能达到 25～30 m/s），将液膜粉碎，因而在吸收室内形成极大的气液接触面，使传质过程得以强化，喷杯具有结构简单、阻力小、操作稳定、不易堵塞、维修方便等优点，吸效率为 70%；3 号喷淋旋流板塔具有吸收和除沫的双层功能，吸收塔下部设计与 1 号喷淋塔一致，在其上部加若干旋流板，以除去气流中夹带的含氟液滴，减少对风机的腐蚀，3 号喷淋旋流板塔的吸收效率可达 85%，氟的总去除率达到 99.6%以上。

② 流程走向合理，1 号喷淋塔和 3 号喷淋旋流板塔采用气液逆流接触、2 号喷杯塔采用气液顺流接触，减少了气体管路的长度和弯头的数量，从而减少了气体管路的阻力降，降低了运行费用。

③ 由于 1 号喷淋塔、2 号喷杯塔、3 号旋流板塔的塔体高度依次增加 100 mm，后面一级的吸收液以自流的方式对前面一级的吸收液进行补充、稀释、降温，使 1 号吸收塔实现高浓度的吸收液与高浓度含氟尾气进行气液接触，2 号吸收塔实现中

等浓度的吸收液与中等浓度含氟尾气接触，3 号吸收塔实现低浓度的吸收液与低浓度含氟尾气接触，根据亨利定律 $P_A^*=Ex$，使吸收塔的吸收过程更容易达到平衡；既保证了 1 号吸收塔氟吸收液的回收利用，也保证了 3 号吸收塔出口尾气的含氟浓度降至排放标准。

④ 吸收系统仅有第 3 塔补充新鲜水，从而简化了供水系统。

⑤ 塔体及管道、管件材质耐腐蚀性能强，三个吸收塔采用硬聚氯乙烯制造，管道及管件用玻璃钢/聚氯乙烯复合材料制造；循环喷淋泵采用靖江氟合金泵厂生产的氟合金材质卧式泵；排风机为重庆鼓风机厂生产的离心风机，内衬耐酸橡胶，耐腐蚀性能强。

⑥ 吸收液实行全封闭循环，不会造成二次污染，而且还能副产氟硅酸钠，创造一定的经济效益。

（4）主要设计参数及设备尺寸

① 1 号喷淋塔，塔径ϕ1 m，塔高 6.8 m，塔底部圆筒形贮液槽直径ϕ1.6 m，筒高 1.4 m，硬质 PVC 材质，采用双螺旋形喷头 4 个。设计的液气比为：2.8 L 水/m³气。

② 2 号喷杯塔，塔径ϕ1 m，塔高 6.8 m，塔底部圆筒形贮液槽直径ϕ1.6 m，筒高 1.5 m，硬质 PVC 材质。喷杯数量为 3 只，喷杯上口直径为ϕ0.26 m，下口直径为ϕ0.2 m，杯高 0.5 m。设计的液气比为：2.8 L 水/m³气。

③ 3 号喷淋旋流板塔径ϕ1 m，塔高 6.8 m，塔底部圆筒形贮液槽直径ϕ1.6 m，筒高 1.7 m，硬质 PVC 材质，采用双螺旋形喷头 4 个。设计的液气比为：2.8 L 水/m³气。

④ 尾气风机，型号为 9-19-10D4，风量为 10 947 m³/h，全压为 561 mm H_2O 即 5 495 Pa，电机型号为 Y200L-4，功率为 30 kW，转速为 1 450 r/min，风机要求内衬耐酸橡胶，左旋 90°向上，重庆鼓风机厂生产。

⑤ 吸收液循环泵，卧式泵，型号为 65FSB-32 L，流量 29 m³/h，扬尘为 32 m，电机功率为 5.5 kW，由靖江县氟合金泵厂生产，共 3 台。

⑥ 氟硅酸贮槽，ϕ3 m×4.4 m，筒体材质为碳钢，内衬耐酸酚醛玻璃钢。

⑦ 烟囱，ϕ0.5 m×20 m，PVC 材质。

项目四　挥发性有机废气净化

工业上常见的含挥发性有机物（VOCs）的废气大多数来源于石油、化工、有机溶剂行业的生产过程，VOCs 是由烷烃、烯烃、芳香烃等上百种甚至上千种污染物组成的庞大有机污染物家族，该类有机物大多数具有毒性、易燃易爆，部分是致癌物；有的对臭氧层有破坏作用；VOCs 会与空气中的氮氧化物在光照下形成光化学烟雾，造成二次污染。

有机废气净化和回收有两类，一类是破坏性方法，即将有机废气分解转化并回收，如燃烧法，将有机废气转化成 CO_2 和 H_2O；另一类是非破坏性方法，即将有机废气净化并回收，这类方法有吸附法、冷凝法、吸收法、生物法等。本章重点掌握含有机物废气常用的净化方法及其在实际中的应用。

一、燃烧法

即燃烧净化，用燃烧方法销毁有害气体、蒸汽或烟尘，使其变为无害物质的过程。该过程所发生的化学作用主要是燃烧氧化作用及高温下的热分解。因此这种方法只能适用于净化那些可燃的或在高温情况下可以分解的有害气体，如化工、喷漆、绝缘材料等行业的生产装置中所排出的有机废气，此法可以回收热量。

目前实际中使用的燃烧净化方法有直接燃烧和热力燃烧。

（1）直接燃烧

直接燃烧也称直接火焰燃烧，即是把废气中可燃的有害组分当做燃料直接烧掉。这种方法只适用于净化可燃有害组分浓度较高的废气，或用于净化有害组分燃烧时热值较高的废气。若可燃组分的浓度高于燃烧上限，可混入空气后燃烧；否则，可加入一定数量的天然气等辅助燃料，维持燃烧。

在喷漆或烘漆作业中，常有大量的有机溶剂，如苯、甲苯、二甲苯等。这些蒸气浓度较高时，可以采用直接燃烧法处理。图 5-21 是直接燃烧法净化烘漆废气流程。燃烧炉设在大型烘箱内，含有机溶剂的蒸汽被风机从烘箱顶部抽出后送入燃烧炉，在 800℃下燃烧，燃烧气体与烘箱内气体通过热交换器换热后排空，净化效率可达 99%。

对含烃（即碳氢化合物）类废气的处理采用直接燃烧法，就是利用烃类在高温下易氧化燃烧，完全氧化时生产 CO_2 和 H_2O 的这一性质。

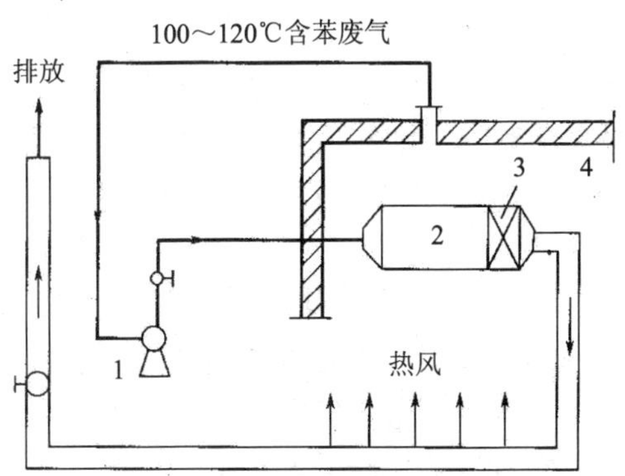

1—风机；2—燃烧炉；3—瓷环；4—热箱壁

图 5-21　直接燃烧法净化烘喷漆废气流程

（2）热力燃烧

热力燃烧是用于可燃有机物含量较低的废气的净化处理。热力燃烧中，被净化的废气不是作为燃烧所用的燃料，而是在含氧量足够时作为助燃气体，不含氧时作为燃烧的对象。在进行热力燃烧时，一般是用燃烧其他燃料的方法（如煤气、天然气、油等），把废气温度提高到热力燃烧所需的温度，使其中的气态污染物进行氧化，分解成 CO_2、H_2O、N_2 等。热力燃烧所需的温度较直接燃烧低，在 540～820℃即可。

二、催化燃烧法

催化燃烧实际上为完全的催化氧化，即在催化剂作用下，使废气中的有害可燃组分完全氧化为 CO_2 和 H_2O。由于绝大部分有机物均具有可燃烧性，因此催化燃烧法称为净化含碳氢化合物废气的有效手段之一。又由于很大一部分有机化合物就有不同程度的恶臭。因此催化燃烧法也是消除恶臭气体的有效手段之一。

目前催化燃烧法已经应用于金属印刷、绝缘材料、漆包线、炼焦、油漆、化工等多种行业中净化有机废气。特别是在漆包线、绝缘材料、印刷等过程中排出的烘干废气，因废气温度较高，有机物浓度较高，对燃烧反应及热量回收有利，有较好的经济效益，因此应用最为广泛。

催化燃烧的催化剂有三类：贵金属催化剂（钯、铂）、过渡金属氧化物催化剂和稀土金属氧化物催化剂。

我国首先用于有机废气燃烧的催化剂是 $Pb\text{-}Al_2O_3$，蜂窝陶瓷载体催化剂。这种催化剂自由空间大，自身磨损率低，床层阻力小，比较适合于高空速操作，空速达 $3\times10^4h^{-1}$。目前广泛用于漆包线有机废气治理。但由于它自由空间大，反应气与催化剂表面的接触效果往往不及颗粒状催化剂好，因此其活性比同类活性组分的颗粒状催化剂低。同时，其机械强度差，容易热冷破碎，耐热稳定性不好，从而影响了推广应用。为克服接触效果差的弱点，太阳煤炭化学研究所、复旦大学等单位试制了纤维载体催化剂，成都有机化学研究所研制了微孔平板状催化剂。

针对排放废气的不同情况，可以采用不同形式的催化燃烧工艺，但无论采用何种工艺形式，其流程的组成具有以下共同特点：①进入催化燃烧装置的气体首先要经过预处理，除去粉尘、液滴及有害组分，避免催化床层的堵塞和催化剂中毒；②进入催化床层的气体温度必须要达到所用催化剂的起燃温度；③催化燃烧反应放出大量的反应热，对这部分热量必须回收。

催化燃烧工艺流程有分建式和组合式两种：①在分建式流程中，预热器、换热器、反应器均作为独立设备分布设立，其间用相应的管路连接，一般应用于处理气量较大的场合；②组合式流程将预热、换热及反应等部分组合安装在同一设备中（即催化燃烧炉），流程紧凑，一般应用于处理气量较少的场合。

催化燃烧法处理的废气，含有机污染物浓度通常在 0.2%以下。工业装置经济合理的转化率一般认为在 85%～90%。

图 5-22 为用催化燃烧法处理漆包机尾气的装置示意图。催化燃烧热风循环供漆机由供线炉、催化燃烧室、风机、风道等组成。供线炉中的有机废气经气流分配器进入催化燃烧室，通过催化剂床层进行催化燃烧，放出大量的热。热气流与补充空气混合后再进入供漆炉作为供漆热源，同时引出部分混合气经放空管排空。

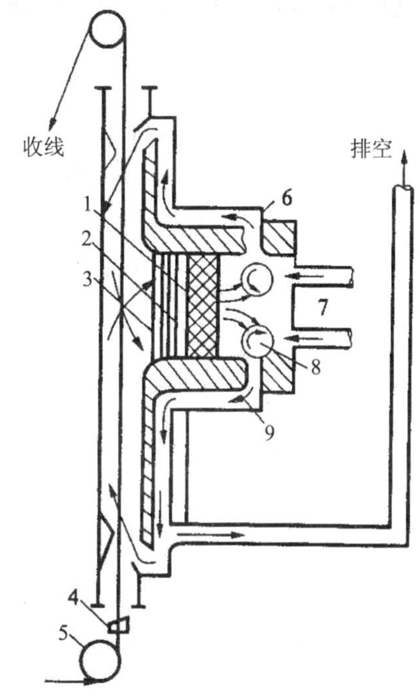

1—催化剂层；2—加热管；3—分配器；4—漆槽；5—导轮；
6—上循环风道；7—补充空气入口；8—风机；9—下循环风道

图 5-22　催化燃烧热风循环供漆机流程

三、吸附法

在这里含碳氢化合物废气中，广泛使用了吸附的方法。吸附法在使用中表现出如下的特点：①可以相对彻底的净化废气，即可进行深度净化，特别是对于低浓度废气的净化比其他方法显现出更大的优势；②在不使用深冷、高压手段下，可以有效地回收有价值的有机组分。

由于吸附剂对被吸附组分吸附容量的限制，吸附法最适用于处理低浓度废气，对污染浓度高的废气一般不采用吸附法治理。

（1）吸附剂

作为净化碳氢化合物废气的吸附剂有活性炭、硅胶、分子筛等，其中应用最广泛、效果最好的吸附剂是活性炭。活性炭可吸附的有机物种类较多、吸附容量较大，并在蒸气存在下也可对混合气中的有机组分进行选择吸附。通常活性炭对有机物的吸附效率随分子量的增大而提高。

（2）活性炭吸附及再生流程

在用活性炭吸附法净化含有机化合物的废气时，其流程通常应包括如下部分：

① 预处理部分，预先去除进气中的固体颗粒物及液滴，并降低进气温度（如有必要的话）；

② 吸附部分，通常采用 2～3 个固定床吸附器并联或串联操作；

③ 吸附剂再生部分，最常用的是水蒸气脱附法使活性炭再生；

④ 溶剂回收部分，不溶于水的溶剂回收；水溶性溶剂需采用蒸馏法回收。对处理量小的水溶性溶剂也可与水一起掺入煤炭中送锅炉烧掉。

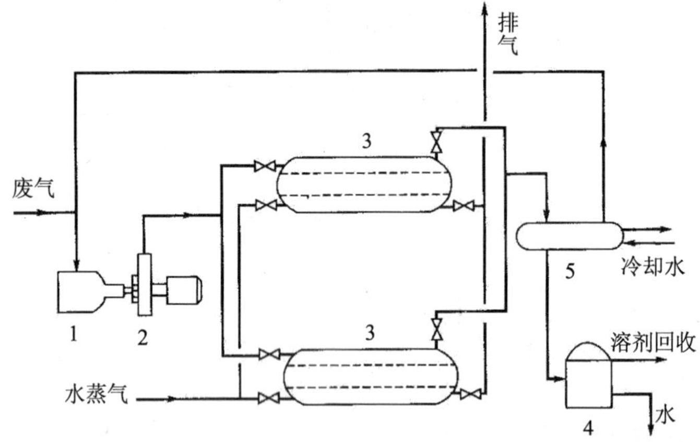

1—过滤器；2—风机；3—吸附器；4—分离器；5—冷凝器

图 5-23　固定床活性炭吸附—回流流程

图 5-23 是固定床活性炭吸附—回收流程，有机废气经过冷却过滤降温及除去固体颗粒后，经过风机进入吸附器，吸附后气体排空。两个并联操作的吸附器，当其中一个吸附饱和时则将废气通入另一个吸附器进行吸附，饱和的吸附器中则通入水蒸气进行再生。脱附气体进入冷凝器冷凝，冷凝液流入分离器，经一段时间停留后分离出溶剂和水。

四、吸收法

在对碳氢化合物废气进行治理的方法中，吸收法的应用不如燃烧法、催化燃烧法、吸附法等广泛，特别是对使用有机溶剂的各种行业，如喷漆、绝缘材料、漆包线的生产过程所排放出的废气，还不能完全达到工业应用水平，影响应用的主要问题是合适的吸收剂的选择。

目前在石油炼制及石油化工的生产及储运中采用吸收法进行烃类气体回收利用。

某胶带制品厂在处理浸漆机废气时，采取了吸收法净化工艺。来自浸漆机的废气经引风机抽出后进入吸收塔和吸收液进行接触，除去甲苯、甲醇等有机物及氨。吸收液采用混合型，其静态容量可达 40%以上，吸收饱和后用蒸气再生，回收有机容积。其工艺流程如图 5-24 所示。

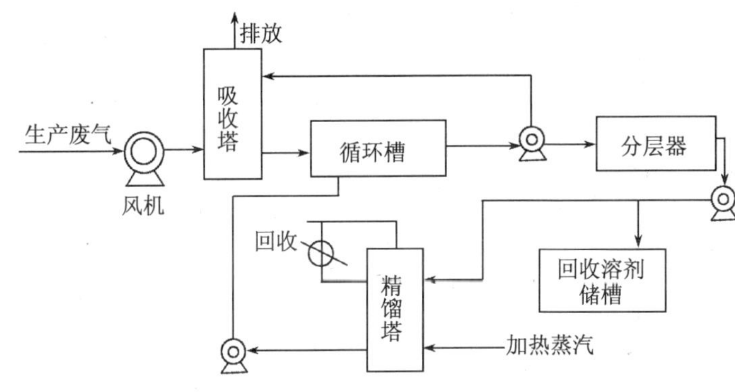

图 5-24　有机废气吸收处理工程流程

五、冷凝法

冷凝法应用于碳氢化合物废气治理时，具有如下特点：

（1）冷凝法适用于以下几个方面：① 处理高浓度废气，特别是有害组分单纯的废气。在设计容积的蒸气压低于冷凝温度下的溶剂饱和蒸气压时，此法不适用；② 作为燃烧与吸附净化的预处理，特别是有害物含量较高时，可通过冷凝回收的方法减轻后续净化装置的操作负担；③ 处理含有大量水蒸气的高温废气。

（2）冷凝净化法所需要的设备和操作条件比较简单，回收物质纯度高；

（3）冷凝净化法对废气的净化程度受冷凝温度的限制，要求净化程度高或处理低浓度废气时，需要将废气冷却到很低的温度，经济上不合算。

冷凝法是回收有价值的有机污染物的较好方法。但是，要获得高的回收率，往往需要较低的温度或较高的压力，故冷凝压缩法常结合使用。另外，冷凝法还常与吸附、吸收等过程联合应用，以吸收或吸附手段浓缩污染物，以冷凝法回收该有机物，达到既经济、回收率又比较高的目的。

六、生物法

生物法控制 VOCs 污染是近年发展起来的污染控制技术，主要针对既无回收价值又严重污染环境的工业废气研究开发的。该技术已在德国、荷兰得到规模化应用，有机物去除率大都在 90%以上。与常规处理法相比，生物法具有设备简单、运行费用低、较少形成二次污染等优点，尤其在处理低浓度、生物降解性好的气态污染物时更显其经济性。

（1）净化原理

VOCs 生物净化过程的实质是附着在滤料介质中的微生物在适宜的环境条件下，利用废气中的有机成分作为碳源和能源，维持其生命活动，并将有机物分解为 CO_2 和 H_2O 的过程。气相主体中 VOCs 首先经历由气相到固/液相的传质过程，然后才在固/液相中被微生物降解。

生物法适宜处理的有机物种类见表 5-12。

表 5-12　生物法适宜处理的有机物种类

有机物种类	有机物实例
烃类	乙烷、二氯甲烷、三氯甲烷、四氯甲烷、环已烷、三氯乙烷、四氯乙烯、苯、甲苯、二甲苯、三氯苯、石脑油等
酮类	丙酮、环已酮等
酯类	醋酸乙酯、乙醇、异丙醇、丁醇
醇类	甲醇、乙醇、异丙醇、丁醇等
聚合物单体	氯乙烯、丙烯酸、丙烯酸酯、苯乙烯、醋酸乙烯

（2）净化工艺

在废气生物处理过程中，根据系统中微生物的存在形式，可将生物处理工艺分为悬浮生长系统和附着生长系统。悬浮生长系统即微生物及其营养物存在于液体中，气相中的有机物通过与悬浮物接触后转移到液相，从而被微生物降解。而附着生长系统中微生物附着生长于固体介质表面，废气通过滤料介质构成的固定塔层时，被吸附、吸收，最终被微生物降解。

根据使用的塔的形式不同，将生物净化工艺分为生物洗涤塔净化工艺、生物滴滤塔净化工艺和生物过滤塔净化工艺。

1）生物洗涤塔净化工艺（悬浮生长系统）

在废气生物处理过程中，图 5-25 是生物洗涤塔净化工艺流程。净化系统由洗涤塔和活性污泥池构成，洗涤塔的作用主要是为气液两相提供充分接触的条件，目前广泛采用多孔板式塔。活性污泥的作用是降解有机物。经有机物驯化的循环液由洗涤塔顶部喷淋而下，与沿塔而下的废气逆流接触，使气相中的有机物和氧气转入液相，进入活性污泥池，被好氧微生物分解。

2）生物滴滤塔净化工艺

生物滴滤塔净化工艺如图 5-26 所示。有机气体由塔底进入，与已接触种挂膜的生物滤料接触而被净化，净化后的气体由塔顶排出。滴滤塔内增设了附着微生物的填料，为微生物的生长和有机物降解提供了条件。

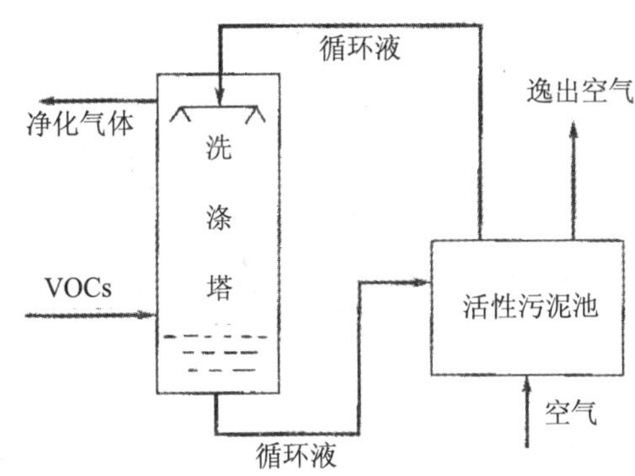

图 5-25　生物洗涤塔净化工艺流程

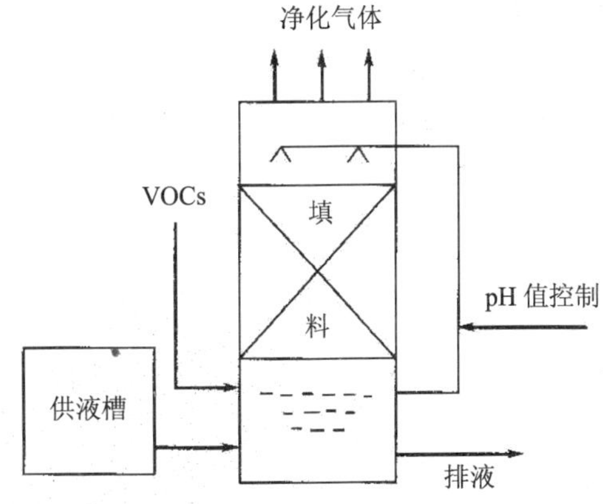

图 5-26　生物滴滤塔净化工艺流程

3）生物过滤塔净化工艺

生物过滤降解工艺流程如图 5-27 所示，有机气体由塔顶进入过滤塔，在流动过程中与已接种挂膜的生物滤料接触而被净化，净化后的气体由塔底排出。定期在塔顶喷淋营养液，为滤料微生物提供养分、水分并调节 pH 值，营养液呈非连续相，其流向与气体流向相同。

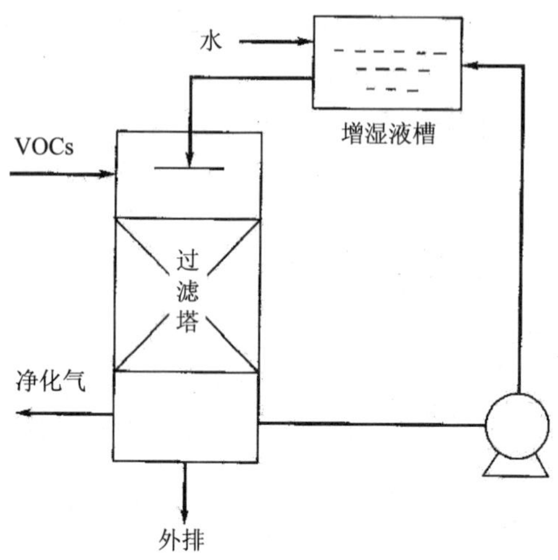

图 5-27　生物过滤塔降解工艺流程

项目五　其他气态污染物净化

一、H_2S 气体净化

（1）干法净化

干法是利用 H_2S 的还原性和可燃性，以固体氧化剂或吸附剂来脱硫，或者直接使之燃烧。固干法脱硫是以 O_2 使 H_2S 氧化成硫或硫氧化物的一种方法，故也可称为干式氧化法。

1）改进的克劳斯法

此法自 1883 年创立以来，几经改进，但仅在设备和布置方面有些差别，其基本原理相似。该方法的基本化学反应如下：

$$H_2S + 1/2O_2 \rightarrow H_2O + S \quad (1)$$

$$H_2S + 3/2O_2 \rightarrow H_2O + SO_2\uparrow \quad (2)$$

$$H_2S + SO_2 \rightarrow 2H_2O + 2S \quad (3)$$

其中反应（1）和（2）发生在加热阶段（反应炉）；反应（3）发生于催化阶段（催化转化器），使用催化剂时，反应可在较低的温度下（200～400℃），否则需要 1 000℃以上的高温。催化剂一般采用做成丸形或球形的天然矾土或氧化铝，有时也用活性更大的硅酸铝或铝硅酸钙等。

克劳斯法要求 H_2S 的起始浓度应大于 15%～20%，用以提供足够的热量以维持反应所需温度。其工艺流程见图 5-28，此法适合于 H_2S 浓度较高的废气。

2）活性炭吸附法

含 H_2S 的气体通过活性炭吸附器时，H_2S 被吸附。若气体中有足够的氧气，H_2S 能在活性炭表面被催化氧化为游离硫：

$$2H_2S+O_2 \rightarrow 2S\downarrow +2H_2O$$

若气体中添加适量氨，也可对该反应起催化作用。用适当的溶剂（如 12%～14% 的硫化铵溶液）洗涤炭上的硫而使炭得以再生。活性炭脱硫的工艺流程如图 5-29 所示。

此法适用于处理天然气和其他不含焦油物质的含 H_2S 废气、粪便臭气。其优点是简单的操作可以得到很纯的硫，若选择合适的炭，还可以除去有机硫化物；其次 H_2S 与活性炭反应的接触时间短，处理气体量大。但该方法不宜处理浓度超过 900 g/m³ 的 H_2S。

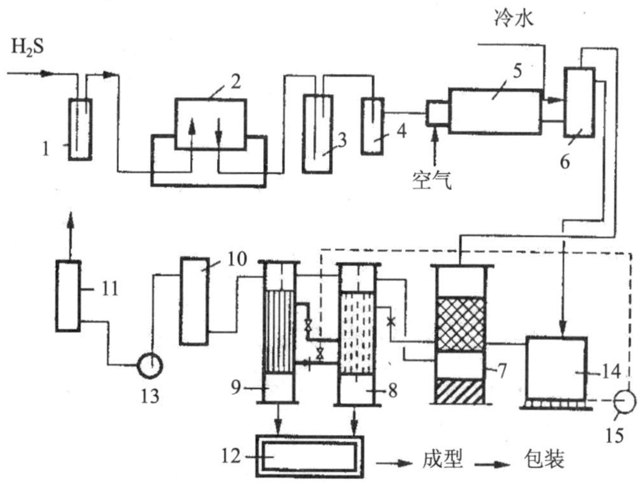

1—进气水封；2—气柜；3—出气水封；4—水分离器；5—燃烧炉；6—废热炉；7—转化器；8—第一冷凝器；9—第二冷凝器；10—泡罩金属网捕集器；11—水洗塔；12—液硫贮槽；13—引风机；14—热水槽；15—热水泵

图 5-28 克劳斯法脱硫工艺流程

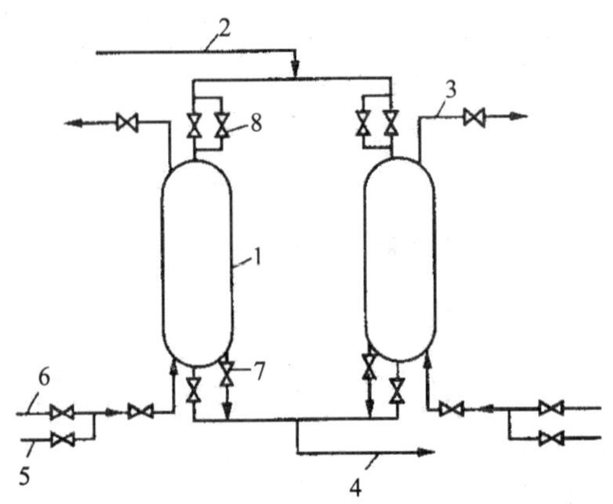

1—活性炭吸附器；2—废气进口管；3—放空管；4—净气出口管；
5—氮气管；6—再生蒸气管；7—排污管；8—充压旁路

图 5-29 活性炭脱硫流程

3）氧化铁法

氧化铁法脱硫是以 Fe_2O_3 为主的铁矿粉，掺入少量木屑、消石灰和一定量水加工为球形颗粒，装入吸附器内。在一定温度下，Fe_2O_3 变为 $Fe(OH)_3$。当 H_2S 通过脱硫剂床层时，H_2S 被吸收，反应如下：

$$2Fe(OH)_3 + 3H_2S \rightarrow Fe_2S_3 + 6H_2O$$

脱硫剂吸附 H_2S 饱和后，向催化剂床层通入空气和水蒸气，在一定温度下，Fe_2S_3 重新变为 $Fe(OH)_3$：

$$Fe_2S_3 + 3O_2 + 6H_2O \rightarrow 4Fe(OH)_3 + 6S\downarrow$$

此法适用于处理焦炉煤气和其他含 H_2S 气体，净化硫化氢效果好，效率可达 99%；但该法占地面积大，反应速度慢，设备庞大笨重。

4）氧化锌法

氧化锌法采用氧化锌为脱硫剂，反应如下：

$$H_2S + ZnO \rightarrow ZnS + H_2O\uparrow$$

在高温下，氧化锌也可脱除某些有机硫。该法适用于处理 H_2S 浓度较低的气体，吸附 H_2S 的速度快，脱硫效率可高达 99%。

（2）湿法脱硫

湿法脱硫与干法脱硫相比，具有占地面积小、设备简单、操作方便、投资少等优点，因而湿法也是目前常用的方法。按脱硫剂的不同，湿法脱硫又可以分成液体吸收法和吸收氧化法两类。液体吸收法中有利用碱性溶液的化学吸收法、利用有机溶剂的物理吸收法，以及同时利用物理吸收和化学吸收法。一般对于含 H_2S 浓度高、总量小的废气，常用化学吸收法或物理吸收法；对于含 H_2S 浓度较高、总量也很大的废气，则应以回收硫黄为主，常用克劳斯法及吸收氧化法创立，而对于低浓度 H_2S 气体，一般使用化学吸收法或吸收氧化法净化。

1）液体吸收法

目前选用的吸收剂是缓冲溶液，常用的 pH 值在 9～11 的强碱与弱酸的盐溶液，如碳酸盐、硼酸盐、磷酸盐、酚盐和酚的衍生物、氨基酸等有机盐以及弱碱溶液（氨、乙醇胺等）。对于物理吸收法，国内外常用的有机溶剂有甲醇、N-甲基-2-吡咯烷酮、碳酸丙烯酯、环丁砜等。另外，工业上一般在常温下吸收，而在常温或加热条件下再生；加压或常压下吸收，常压或真空下再生。

2）吸收氧化法

吸收氧化法的脱硫机理与干式氧化法相同，而操作过程又与液体吸收法类似。该法一般都是在吸收液中加入氧化剂和催化剂，使吸收的 H_2S 在氧化塔（即再生塔）中氧化成硫而使溶液再生。常用的吸收液有碳酸钠、碳酸钾和氨的水溶液；常用的氧化剂或催化剂有氧化铁、硫代砷酸盐、铁氰化合物复盐及有机催化剂组成的水溶液或水悬浮液。近年来该法发展较快，应用得到广泛推广。

除了以上介绍的干法与湿法脱硫之外，还有生物法、湿式吸收—电解再生法等。

二、氯气净化

含氯废气的治理主要是通过湿法净化，一般是采用化学中和法、氧化还原法等过程对氯气进行吸收，起到综合作用。

（1）碱液中和法

碱液中和法是以碱液作为吸收液对氯气（Cl_2）进行吸收，它是当前我国处理含氯气废气的主要方法。常用的吸收剂有 NaOH 溶液、Na_2CO_3 溶液、石灰乳溶液等，还可以得到副产品次氯酸钠、漂白粉等。

氯气的吸收设备采用喷淋塔或充填塔、波纹塔、旋转吸收器和对含氯废气引入碱液槽鼓泡吸收等，经吸收后出口气体中含氯可低于 10 μL/L。图 5-30 为某电冶厂镍钴车间的吸收含氯废气的工艺流程。

（2）氧化铁法

镍钴车间来的含氯废气，由水淋洗塔下部进入，逆流而上，与塔顶喷下的水雾密切接触，除去废气中的盐酸雾和尘粒等。水淋洗塔底排出的酸性废水放入下水道，塔顶排出的废气进入波纹塔下部，与塔顶喷下的碳酸钠溶液逆流接触，吸收废气中的氯气等有害气体，并转换成次氯酸钠和氯化钠。

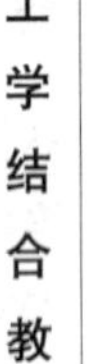

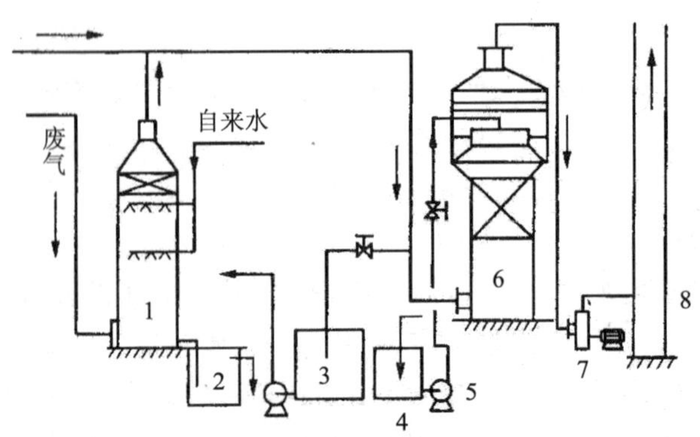

1—淋洗塔；2—水封槽；3—成品槽；4—碱液槽 5—循环泵；6—波纹板吸收塔；7—风机；8—烟囱

图 5-30 碳酸钠溶液吸收含氯废气的工艺流程

（3）硫酸亚铁或氯化亚铁吸收法

用氯化亚铁吸收废氯或铁屑与废氯反应都可以制得三氯化铁产品，同时消除含氯废气的污染。其工艺设备可采用填料塔。如图 5-31 为铁屑一步法吸收废氯的工艺流程示意图。

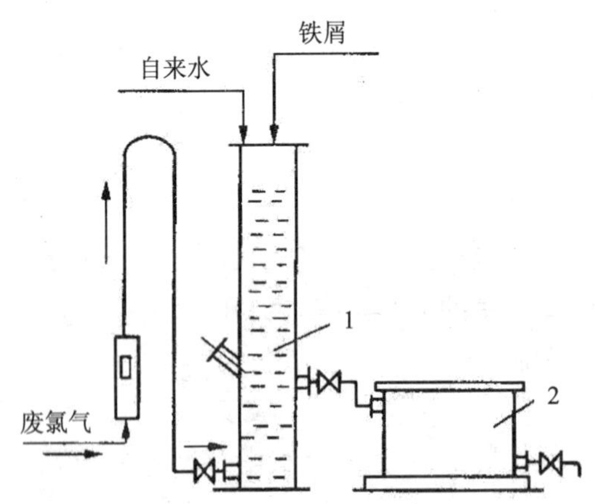

1—水氯化塔；2—$FeCl_3$贮槽

图 5-31 铁屑吸收含氯废气的工艺流程

（4）溶剂吸收法

溶剂吸收法净化含氯废气，是指用除水以外的有机或无机溶剂洗涤含氯废气。可用的溶剂有苯、氯化硫、四氯化碳及二氯化碘水溶液等。

（5）水吸收法

当氯气浓度小于 1%时，可用水通过喷淋塔来吸收氯气，其效果不如碱性中和法好，用水蒸气加热解吸时可回收氯气，如国内的一些氯碱厂在“氯气”解吸时用蒸气或热交换方法回收氯气。

此外，含氯废气的治理还有用硅酸、活性炭、离子交换树脂等近吸附的方法。

三、氯化氢废气净化

（1）水吸收法

因 HCl 在水中的溶解度很大，常采用水直接吸收 HCl 气体。该法一般用于制取盐酸，自用或作产品销售，吸收设备可有喷淋塔、填料塔、膜式吸收塔、穿流板塔等。此法既经济又方便。图 5-32 是结晶氯化铝生产尾气脱 HCl，含氯降到 30 mg/m^3 以下。图 5-33 则是金属酸洗过程中挥发出来的低浓度大风量的 HCl 废气经抽水系统收集后回收的流程，吸收塔为硬聚氯乙烯的规整填料塔，吸收率为 99.9%以上。

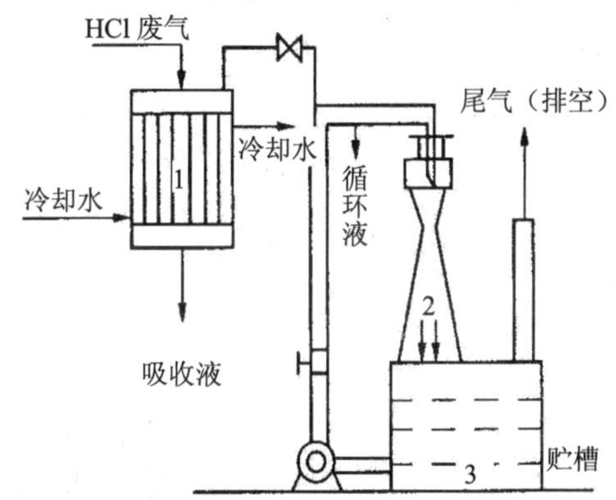

1—石墨降膜吸收塔；2—喷射涤气塔；3—贮槽

图 5-32　HCl 净化工艺流程示意

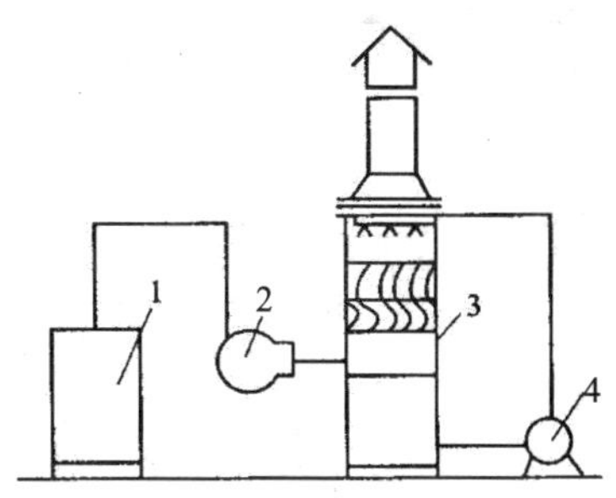

1—金属酸洗生产线；2—风机；3—回收塔；4—循环塑料水泵

图 5-33　含 HCl 废气净化流程

（2）碱液吸收法

生产厂家可以用废碱液来中和吸收 HCl，达到以废治废的目的。也可以用石灰乳作为吸收剂，这也是应用较多的一种方法。吸收可在吸收塔内进行。

（3）联合吸收法

即用水—碱液二级联合吸收。很多情况下，废气中除含有 HCl 以外，往往还有 Cl_2，用水吸收 HCl 效果好，但吸收 Cl_2 效果不大，因为有些厂采用这种串联吸收法来处理这类废气，水主要吸收 HCl 制稀盐酸，碱主要吸收净化 Cl_2。图 5-34 为氯化石蜡生产的含 HCl（为主）及 Cl_2 尾气的水—碱吸收流程。含氯废气从石墨降膜吸收器底部进入，与顶部溢流吸收液（水或稀盐酸）逆流接触吸收 HCl 后，含 Cl_2 的尾气从吸收器 1 顶部出来进入氯气吸收罐 3，尾气中氯气被碱液吸收；尾气再经缓冲罐 4 及液体喷射泵 5，进一步被碱液吸收氯气后排空。

（4）冷凝法

对于高浓度的 HCl 废气，可根据 HCl 蒸汽压随温度迅速下降的原理采用冷凝的方法，先将废气冷却，再回收利用 HCl。可采用石墨冷凝器利用深井水或自来水间接冷却，废气温度降到零点以下，HCl 冷凝下来，废气中的水蒸气也冷凝下来，形成 10%～20%的盐酸，此法很难除净 HCl 气体，一般作为处理高浓度 HCl 气体的第一道净化工艺，再与其他方法组合，可得到较满意的结果。

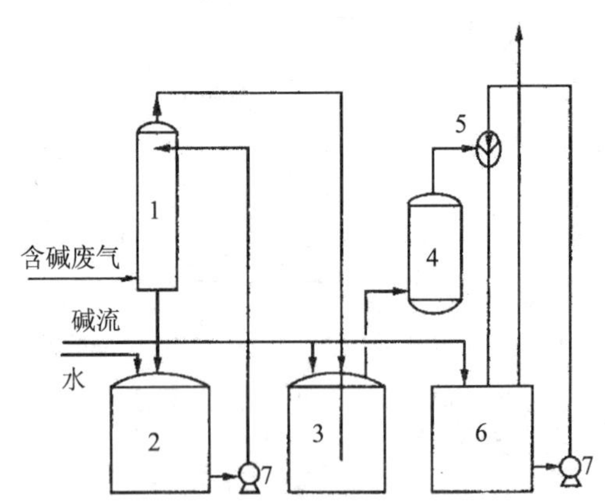

1—石墨降解膜吸收器；2—盐酸循环罐；3—氯气吸收罐；

4—缓冲罐；5—液体喷射泵；6—碱液循环泵；7—泵

图 5-34　水和碱液串联吸收含氯废气工艺流程

四、含汞废气净化

含汞废气的净化方法有冷凝法、吸收法、吸附法、气相反应法、电子射线法及联合法等。如果含汞废气中汞浓度较高，则宜先用冷凝法进行预处理，由于冷凝后气相中仍有相当数量的汞，还需用其他方法如吸收、吸附等手段加以净化。

常用的液体吸收剂有高锰酸钾、漂白粉、次氯酸钠等；常用的固体吸附剂有活性炭、焦炭、分子筛、树脂及活性氧化铝、玻璃丝等。

气相反应法是用某种气体与含汞废气产生气体化学反应来消除汞。最常用的主要是碘升华法。即将结晶碘法在汞作业室内加热蒸发或使其自然升华，形成的碘蒸汽与室内的汞蒸汽反应，生成不易挥发的碘化汞，用水冲刷即可消除残余的汞。

五、恶臭气体净化

对恶臭气体的治理方法可归纳于表 5-13 中。

表 5-13　恶臭的防治方法

<table>
<tr><th>方法</th><th>条件</th><th>适用对象</th><th>方法</th><th>条件</th><th>适用条件</th></tr>
<tr><td rowspan="3">吸收法</td><td rowspan="3">物理吸收法
水
化学吸收法
碱
酸
臭氧、次氯酸钠等</td><td rowspan="3">水溶性恶臭成分
酸性恶臭成分
碱性恶臭成分
臭氧化分解的恶臭成分</td><td>吸附法</td><td>浸渍活性炭
脱臭剂
氧化铁系脱硫剂</td><td>硫化氢等物理吸附量较少的成分
碱性、酸性恶臭成分硫化氢</td></tr>
<tr><td>燃烧法</td><td>直接燃烧法
催化燃烧法
浓缩燃烧法</td><td>可燃性恶臭成分</td></tr>
<tr><td>微生物法</td><td>活性污泥
土壤微生物</td><td>恶臭废水</td></tr>
<tr><td>吸附法</td><td>物理吸收剂
活性炭
化学吸收剂</td><td>碳氢化合物</td><td>中和或掩蔽法</td><td>适当的中和剂或掩蔽剂</td><td>低浓度恶臭成分</td></tr>
</table>

六、沥青烟废气净化

目前正在研究或得以应用的沥青烟净化方法主要有四种。

（1）燃烧法

沥青烟中含有大量可燃烧的物质，因为沥青烟的基本成分为碳氢化合物，其中又含有油粒及其他可燃性的物质，因此在一定的温度下，经供氧是可以保证其燃烧的。

（2）电捕法

沥青烟中的颗粒及大分子进入电场后，在静电场的作用下可以载上不同的电荷，并驱向极板，被捕集或聚集为液体状，靠自身重顺板流下，从静电捕集器底部定期排出，净化后的烟气排出。

（3）吸附法

即采用各种颗粒小或多孔具有较大比表面积的物质（如焦炭、氧化铝、白云石粉或滑石粉）作吸附剂，对沥青烟进行物理吸附。具体吸附剂的选择要结合实际生产性质与特点。净化设备可采用固定床、流化床及输送床等，具体设备应视净化沥青烟的浓度、吸附剂的性质、净化标准等条件而定。

（4）吸收法

吸收法是采用有机类液体作吸收剂，使沥青烟气与吸收剂逆流充分接触并被洗涤，除去烟气中有毒组分。吸收法多用于焦化厂、涂料厂和石油化工厂等。但由于该法存在二次污染、净化效率不高的缺点，故没有得到广泛的应用。

七、汽车尾气净化

（一）汽车尾气的主要成分

（1）一氧化碳（CO）

一氧化碳是烃燃料燃烧的中间产物，主要是在局部缺氧或低温条件下，由于烃不能完全燃烧而产生，混在内燃机废气中排出。当汽车负重过大、慢速行驶时或空挡运转时，燃料不能充分燃烧，废气中一氧化碳含量会明显增加。

（2）氮氧化合物（NO_x）

氮氧化合物是在内燃机气缸内大部分气体中生成的，氮氧化合物的排放量取决于燃烧温度、时间和空燃比等因素。从燃烧过程看，排放的氮氧化物 95%以上可能是 NO，其余的是 NO_2。HC 和 NO_x 在大气环境中受强烈太阳光紫外线照射后，形成光化学烟雾。

（3）碳氢化合物（HC）

醛是烃类燃烧不完全产生，主要由内燃机废气排放，汽车尾气排放的醛类成分见表 5-14。

表 5-14　汽车尾气排放的醛类成分

名称	甲醛	乙醛	丙醛	丙烯醛	丁醛	丁烯醛	戊醛	苯甲醛	其他
成分/%	60～73	7～14	0.4～16	2.6～9.8	1～4	0.4～1.4	0.4	3.2～8.5	0～10

汽车尾气排放的醛类以甲醛为主，占 60%～70%。

（4）含铅化合物

含铅汽油经燃烧后，85%左右的铅以化合物的形式排入大气中造成铅污染。

（二）汽油机尾气的净化方法

减少汽油机排气污染的有效途径可分为两大类：一是机内控制，即通过对汽油机的调整和改进，控制燃烧过程，减少污染物在机内的生成，从而降低汽油机的尾气排放；二是机外净化措施，即将燃烧过程中产生的污染物用安装在排气系统的净化装置进行后处理，以达到治理尾气排放的目的。

在汽油机排气污染物中，CO 和 HC 都是不完全氧化产物，是在缺氧的情况下形成的，这些成分可以通过氧化过程使其排出量减少。NO_x 则是氮在高温下的氧化物，在富氧的条件下生成量增加，NO_x 一旦形成，则必须用化学还原的方法方能使其排出量减少。目前在汽车排气尾管安装催化转化器是有效且被广泛采用的方法，其净化机理如下：

氧化反应

$$2CO + O_2 \rightarrow 2CO_2$$
$$2H_2 + O_2 \rightarrow 2H_2O$$

还原反应

$$2CO + 2NO \rightarrow 2CO_2 + N_2$$
$$HC + NO \rightarrow CO_2 + N_2 + H_2O$$
$$2H_2 + 2NO \rightarrow 2H_2O + N_2$$

水蒸气重整反应

$$2HC + 2H_2O \rightarrow 2CO + 3H_2$$

水煤气转换反应

$$CO + H_2O \rightarrow CO_2 + H_2$$

目前，最成功的汽油机废气净化装置是三效催化转化器，通过三效催化剂，将理论空燃比附近的 HC 氧化为 H_2O 和 CO_2，CO 氧化为 CO_2，NO 还原为 N_2。即由还原性成分（HC，CO，H_2）和氧化性成分（NO，O_2）的化学反应产生无害成分（H_2O，CO_2，N_2），它能使车用汽油机的 CO、HC、NO_x 排放量减少 80%～90%。

（三）柴油机尾气的净化方法

柴油机排气的有害成分主要有 CO、HC、NO_x、硫化物以及颗粒物、臭味等。由于柴油机使用的混合气的平均空燃比理论空燃比大，故其 CO 及 HC 排放明显低于汽油机，柴油机 NO 的排放几乎与汽油机相当。而颗粒物及令人讨厌的气体的排量远高于汽油机，试验证明柴油机颗粒物的排放可达汽油机的数十倍。由于柴油机尾气中氧气的含量较高，故柴油机排气中一般含有较少的 CO、HC。它的主要问题是微粒（黑烟）排放，燃油中 0.1%～0.3%以微粒的形式排出。高温高压富氧燃烧是柴油机热效率高汽油机的主要原因，但也造成了另一个主要问题，即 NO_x 排放。此外，柴油中的含硫量（质量分数 0.01%～0.3%）高于汽油中的含硫量（质量分数＜0.06%），所以柴油机尾气中含有更多 SO_2。

汽油机与柴油机排放浓度对比见表 5-15。

目前，微粒捕集器是国际最接近商业化的柴油机尾气微粒后处理技术，它是通过微粒在金属丝网和陶瓷纤维上碰撞和扩散后黏附其上，从而被捕集。另外，四效催化转化器也将是一种最理想的柴油机排气净化方法，像在三效催化器中 CO、HC 和 NO_x 互为氧化剂和还原剂一样，它能使微粒和 NO_x 互为氧化剂和还原剂，在同一催化床上同时去除 CO、HC、PM_{10} 和 NO_x，即实现一种柴油车用“四效催化剂”的设计。

表 5-15　汽油机与柴油机排放浓度对比

排放成分	汽油机	柴油机
CO/%	0.5～2.5	＜0.2
$HC/10^{-6}$	2 000～5 000	＜1 000
$NO_x/10^{-6}$	2 500～4 000	＜2 000
SO_2 /%	0.008	＜0.02
碳烟/（g/m^3）	0.005～0.05	＜0.25

八、工程案例——海绵钛生产含氯废气净化系统

（1）项目概况

本系统为年产 1 万 t 海绵钛生产中熔盐氯化炉排盐时产生的含 Cl_2、HCl 等废气。其流程为：熔盐氯化炉排盐废气→废气净化系统→排空。

要求排放废气：Cl_2 含量小于 40 mg/m^3（包括雾中含量）；HCl 含量小于 35 mg/m^3（包括雾中含量）；SO_2 含量小于 550 mg/m^3（包括雾中含量）。

（2）设计基础参数

工作制度	每年 365 d 连续工作
当地最热大气压	87 kPa
历年最热月平均气温	21.2℃
相对湿度	75%
设计气量	40 000 m^3/h；
进口废气温度	60±25℃；

进口废气压力　　　　　　　　　　−2 000 Pa

该系统废气为间断排放

设计气量下的烟气成分见表 5-16。

表 5-16　烟气成分

成分	%
Cl_2	0.07
HCl	0.19
CO_2	0.24
SO_2	0.02
$TiCl_4$	0.26
CO	0.10
N_2	72.45
O_2	21.99
Ar	1.18
H_2O	3.50
合计	100.00

（3）废气净化流程

用 4 个吸收塔分 4 段吸收废气中的有害成分。第一段、第二段吸收塔使用稀盐酸和水做吸收剂，吸收废气中的 HCl 气体及挥发物、烟尘等，吸收后产生盐酸，产出盐酸要求 HCl 含量大于 20%。第三段、第四段填料吸收塔使用 20%的 NaOH 溶液做吸收剂，吸收废气中的 Cl_2 以及 SO_2，确保废气达标排放。在 2#塔内上部设置除雾器、4#塔后设置 1 台高效气—液分离器。5#塔配置一台碱液高位槽。

考虑到设备防腐、寿命、工艺适应性等因素，按照经济、实用、可靠的原则，根据介质及工况特性确定塔、器设备及管道为复合材料，用玻璃钢复合 PPH，其能耐浓盐酸、浓碱两种介质。循环槽容积为小时循环液量的 20%，设置一班 8 h 的新液储槽、吸收盐液槽；盐酸过滤后外送。

控制系统由 PLC 加电动阀、pH 值计、液位计、温度计等来完成。循环液更换、废液排放实现自动控制。各段塔均设有液位计，当液位过低或过高时，对进液和排液进行控制，保证液位在设定值范围之内。在各段吸收塔的底部设 pH 计，测出循环液中的 pH 值，当吸收塔 pH 值小于一定值时，进行排液及更换操作。

（4）装置设备及主要技术参数

1）装置设备主要技术参数见表 5-17

表 5-17　设备主要技术参数

序号	设备名称	规格	材质	数量/台	说明
1	1#湍冲喷淋吸收塔	ϕ3 200/ϕ4 200×10 000/4 000	PPH/FRP	1	PPH+FRP=15+12，动力波湍冲+塔内三层喷淋
2	2#湍冲喷淋吸收塔	ϕ3 200/ϕ4 200×10 000/4 000	PPH/FRP	1	PPH+FRP=15+12，动力波湍冲+塔内三层喷淋+一层冲洗
3	3#湍冲喷淋吸收塔	ϕ3 200/ϕ4 200×1 000/4 000	PPH/FRP	1	PPH+FRP=15+12，动力波湍冲+塔内二层喷淋
4	4#填料吸收塔	ϕ3 600×14 000	PPH/FRP	1	PPH+FRP=15+12
5	循环泵	IHF200-150-315	钢衬 F46	4	Q=460 m³/h　H=30 m 55 kW
6	循环泵	IHF200-150-250	钢衬 F46	4	Q=460 m³/h　H=20 m　37 kW
7	自吸泵	50FSZ-K-20-20	钢衬 F46	2	Q=20 m³/h　H=20 m 4.0 kW
8	换热器	60 m²	石墨	3	列管式
9	换热器	60 m²	钛	1	列管式
10	碱液高位槽	5 m³	PPH/FRP	1	
11	高效气-液分离器	13.5 m²		2	
12	风机	9-26-12.5D	钛	2	Q=54 000 m³/h　P=8 300 Pa 250 kW　1 450 r/min

2）设备设计说明

在系统正常操作情况下设置的空塔速度不低于 1.8 m/s，塔内喷淋强度大于 60 m³/（m²·h），塔内停留时间大于 6 s。

循环槽容积为小时循环液量的 15%～20%；另设置一个碱液高位槽，高位槽设置计量装置。吸收盐液送盐液处理系统，盐液槽由盐液处理工段统一设置；盐酸过滤或沉降后清液送贮罐区。

气体管道用材同塔、器为 PPH+玻璃钢加强；液体管道主材用 PPH、PPH+玻璃钢加强。

废气吸收系统利用钛风机将尾气引入四段吸收塔，风机置于 4#塔后，废气吸收系统负压运行，经吸收塔吸收处理后，通过烟囱达标排放。

当 1#湍冲洗涤塔不断循环洗涤吸收 HCl 至盐酸浓度 20%～22%时，打开排液阀门通过循环泵打入贮罐区的盐酸贮槽，关闭阀门的同时给出信号，2#塔旁路阀门打开，通过循环泵由 2#塔向 1#塔补循环液（稀盐酸），向 1#塔补液的同时 2#塔补水阀门打开向 2#塔内补水，当 1#、2#塔分别进液至上限液位时给出信号关闭阀门，完成一次排液补液循环。

$3^{\#}$、$4^{\#}$塔采用 15%～20% NaOH 溶液吸收，接触尾气反应，达到吸收净化效果并达标排放；经过 $1^{\#}$、$2^{\#}$吸收塔饱和盐酸洗涤，喷淋吸收塔溶解 HCl 后，剩余的 HCl 气体和 Cl_2 随尾气进入 $3^{\#}$湍冲喷淋吸收塔、$4^{\#}$填料吸收塔，$4^{\#}$塔循环吸收液采用 15%～20% NaH 溶液，洗涤吸收尾气中的 HCl 和 Cl_2。尾气进入 $4^{\#}$塔，与逆喷的洗涤吸收液接触，形成湍冲区，尾气中的 HCl、Cl_2 与碱液进行剧烈的中和反应，生成 NaClO、NaCl，尾气中 HCl 和 Cl_2 被吸收，剩余的 HCl、Cl_2 再通过泡罩塔板，尾气中的 HCl 和 Cl_2 被进一步吸收，最终达标排放。

由于尾气中 HCl、Cl_2 首先与碱液在 $3^{\#}$塔中接触，所以 $3^{\#}$塔碱液消耗大于 $4^{\#}$洗涤塔，为了确保使尾气能够达标排放，并充分利用碱液，采用逐级补、排碱方法，确保尾气达标排放，其具体操作如下：

$3^{\#}$湍冲喷淋洗涤塔中的循环吸收液，经过一段时间的洗涤吸收，pH 仪在线检测吸收液，当 pH＜7 时（碳酸氢钠浓度 40 g/L），给出信号、打开排液阀，从 $4^{\#}$填料洗涤塔向 $3^{\#}$湍冲洗涤塔补液，$3^{\#}$湍冲洗涤塔液位计控制补液高度，当 $3^{\#}$湍冲洗涤塔液位补充到设定上限时，液位计给出信号，停止向 $3^{\#}$湍冲洗涤塔补液，并同时打开 $4^{\#}$填料洗涤塔补液阀并打开补碱泵向 $4^{\#}$填料洗涤塔进行补碱，$4^{\#}$填料洗涤塔液位计控制补碱高度到设定上限值时，关闭补碱泵，完成一次循环逐级补碱过程。

（5）设备选型

1）第一、二喷淋塔

洗涤塔类型：湍冲、喷淋

洗涤塔内径：3 200 mm

处理废气量：40 000 m^3/h

塔内废气流速：1.38 m/s

废气温度：60±25℃

阻力损失：1 900 Pa

吸收液循环量：460 m^3/h

喷淋层数量：3 层/塔

2）第三、四填料塔

洗涤器类型：填料、喷淋

洗涤器内径：3 600 mm

处理废气量：40 000 m^3/h

塔内废气流速（空塔）：1.1 m/s

填料类型：花环填料（散堆）ϕ73×27.5 mm

废气温度：40±10℃

阻力损失：2 400 Pa

吸收液循环量：320 m^3/h

填料层数量：2 层/塔

3）换热器：

由于 $TiCl_4$ 水解是一个放热过程，循环液温度会逐渐升高，为了控制温度，提高吸收效率与速度并保护设备，在 2#湍冲喷淋塔配备了石墨列管式换热器。

碱液吸收 HCl 和 Cl_2 的过程也是一个放热反应。因此，在 3#湍冲喷淋吸收塔设置一台钛列管换热器，使循环液温度控制在 50℃以下，以提高吸收效率与速度，确保达标排放。

第一、二塔选换热面积为 120 m^2 的石墨列管换热器。

第三填料塔配 60 m^2 的钛列管换热器。

4）高效除雾器

处理废气量：40 000 m^3/h

废气温度：40 ℃

阻力损失：200 Pa/普通+1 000 Pa/高效

除雾器数量：2（普通）+1（高效）套

5）风机

处理废气量：50 310 m^3/h

废气温度：40 ℃

风机进口压力：－8 000 Pa

风机出口压力：500 Pa

风机数量：为钛风机 2 台（1 开 1 备）

6）烟囱

烟囱为混凝土内衬防腐材料，与其他废气净化系统共设一个排放烟囱，高 80 m，出口直径 1.8 m。

课程作业

1 分组回答学习型工作任务提出的所有问题，归纳出本章小结，在班级讨论

2 课程练习

2.1 烟气脱硫

（1）判断题

1）冶炼烟气脱硫，常采用的吸收法有：钠吸收法、氨-酸法、碱性硫酸铝-石膏法、氧化锌法、氧化镁法、稀硫酸法等。（ ）

2）石灰石/石灰法的主要脱硫剂有：$CaCO_3$、CaO、$Ca(OH)_2$。（ ）

3）氨法的主要脱硫剂是 NH_3、铵盐，最终产品是浓 SO_2、硫铵、亚硫酸铵。

（ ）

4）钠碱法的主要脱硫剂是：Na_2CO_3、NaOH、Na_2SO_4。（ ）

5）铝法的吸收剂是碱式硫酸铝。（ ）

6）金属氧化物法的脱硫剂主要包括：氧化锌、氧化镁和氧化锰。（ ）

7）氨吸收法，按吸收液再生方法可分为氨—酸法、氨—亚硫酸铵法等。（ ）

8）氨—酸法是将吸收二氧化硫后的吸收液用酸分解，可副产二氧化硫气体和化肥。（ ）

9）吸附法治理烟气中二氧化硫，常用的吸附剂主要有活性炭、分子筛、硅藻土。（ ）

10）二氧化硫的催化净化可分为催化还原和催化氧化两类。（ ）

11）煤中的硫含有四种形态：黄铁矿硫（FeS_2）、硫酸盐硫（$MeSO_4$）、有机硫（$C_xH_yS_z$）和单质硫。（ ）

12）煤的灰分是指煤中所含的碳酸盐、黏土矿物质以及微量的稀土元素等，灰分为不可燃物质。（ ）

13）煤的化学组成通常用 C、H、O、N、S 等元素及 A（灰分）和 W（水分）的百分数来表示。（ ）

14）型煤固硫技术的原理是：型煤燃烧时，煤中的固硫剂 CaO 将与生成的 SO_2、SO_3 反应生成 $CaSO_4$，从而达到固硫目的。（ ）

15）湿式石灰/石灰石—石膏法，不能采用石灰石浆来脱除烟气中的二氧化硫。（ ）

（2）选择题

1）下列哪种方法不能脱除煤中的硫？（ ）

A. 洗选煤　B. 型煤固硫　C. 循环流化床燃烧　D. 制水煤浆

2）够有效降低 SO_2 和 NO_x 排放量的燃煤锅炉是（ ）。

A. 炉排炉　B. 煤粉炉　C. 旋风炉　D. 流化床锅炉

3）目前，燃煤烟气二氧化硫的控制技术可分为哪几类？（ ）

A. 燃烧前脱硫技术　B. 燃烧中脱硫技术　C. 燃烧后脱硫技术　D. 都不是

4）湿式石灰/石灰石—石膏法采用有脱硫剂是以下哪几种？（ ）

A. 生石灰　B. 熟石灰　C. 石灰石　D. 生石灰或石灰浆液

5）根据硫在煤中的存在形态，哪几种硫可燃烧放出 SO_2？（ ）

A. 单质硫　B. 有机硫　C. 黄铁矿硫　D. 硫酸盐硫

（3）填空题

1）煤是由古代植物在地层内长久炭化衍变而成的。根据植物在地层内炭化程度的不同，可将其分为四大类：______、______、______、______。

2）煤的化学组成通常用C、____、____、____、____等元素及灰分（A）和水分（W）组成。

3）燃烧后脱硫技术按脱硫剂的种类划分为以下五种方法：以________为基础的钙法，以_______为基础的镁法，以_______为基础的钠法，以______为基础的氨法，以_________为基础的有机碱法。

4）氧化镁法脱硫工艺包括以下四道工序：①吸收工序；②______________工序；③_______工序；④吸收剂再水合工序。

5）氨-酸法脱硫工艺由________、________、________三步构成。

6）煤的工业分析包括测定煤中_______________、_______和_______。

（4）问答和作图题

1）简述氨—酸法净化二氧化硫的工艺过程，写出相关化学方程式，并画出完整的工流程图。

2）简述活性炭吸附二氧化硫的机理。

3）写出二氧化硫催化氧化和催化还原的相关化学方程式。

4）燃煤烟气的主要特点是什么？

5）试述石灰石系统和石灰系统脱硫的一个极为重要的区别。

6）试述石灰石/石灰法洗涤烟气脱硫的工艺过程。

7）型煤固硫技术和循环流化床脱技术有何区别？

2.2 NO_x净化

（1）判断题

1）氮的氧化物有：N_2O、NO、NO_2、N_2O_3、N_2O_4、N_2O_5等几种，常用NO_x表示，其中污染大气的主要有NO和NO_2。（ ）

2）对于固定源NO_x污染的控制主要有三种方法：①燃料脱氮；②改进燃烧方法和工艺；（ ）

3）利用非选择性催化还原净化NO_x废气，在工业上可选用合成氨释放气、焦炉气、天然气、炼油厂尾气等作为还原剂。（ ）

4）非选择性催化还原的化学反应通常分为脱色反应和消除反应两种。（ ）

5）在利用碱液吸收法净化NO_x废气过程中，常用的碱液吸收剂有NaOH、Na_2CO_3、$NH_3 \cdot H_2O$等，其中NaOH的吸收效率最高。（ ）

（2）选择题

1）废气脱硝技术有下列哪几种？（ ）

A. 气相反应法　B. 吸附法、液体吸收法　C. 电子束照射　D. 微生物法

2）吸附法脱除NO_x，常用的吸附剂有下列哪些？（ ）

A. 碎石　B. 硅酸　C. 分子筛　D. 硅胶、分子筛、活性炭、天然沸石、泥煤等

3）非选择性催化还原法是指含NO_x的气体，在一定温度和催化剂的作用下，

与还原剂发生反应，其中的二氧化氮还原为氮气，同时还原剂还与气体中的（ ）发生反应生成水和二氧化碳。（ ）

A. O_2　B. H_2　C. CH_4　D. CO

4）NO_x的选择性催化还原法，是指利用适当的催化剂，在一定温度下，以（ ）作为还原剂，利用它的选择性，优先与 NO_x 发生反应，将它还原成无害的氮气和水蒸气。

A. NH_3　B. CO　C. CH_4　D. H_2

5）利用稀硝酸吸收 NO_x 是因为 NO_x 中的（ ）在稀硝酸中的溶解度比在水中大得多。

A. NO_2　B. NO　C. N_2O　D. N_2O_5

（3）简答题

1）我国控制 NO_x 的方法有哪些？应用状况如何？

2）简述低 NO_x 的燃烧技术。

3）介绍液体吸收法去除 NO_x 废气的方法有哪些？

4）简述电子束照射法净化 NO_x 废气的工作原理。

5）分别介绍 NO_x 废气的选择性催化还原和非选择性催化还原。

6）介绍 NO_x 废气的液相还原技术。

2.3 含氟废气净化

（1）干法与湿法处理含氟废气的优缺点有哪些？

（2）介绍湿法处理含氟废气的工艺原理。

2.4 挥发性有机废气净化

（1）介绍活性炭吸附有机废气的净化工艺。

（2）生物法净化有机废气的工艺特点是什么？

（3）利用催化燃烧法处理有机废气应注意哪些问题？

2.5 其他气态污染物净化

（1）填空题

1）有机化合物是指碳氢化合物及其衍生物，它的主要治理方法有：吸收、________、________、________、________、________等方法。

2）燃烧净化方法有__________燃烧和__________燃烧。

3）作为净化碳氢化合物的吸附剂有_______、_______、______等。

4）生物法处理有机废气主要利用异养微生物将作为其生命活动的________的特性，经过_________过程而实现的。

5）含 H_2S 废气的干法脱硫技术是以_____使 H_2S 氧化成______或_____的氧化物的一种方法。

6）在用吸收净化含氟废气的工艺中，废气中的 HF 和 SiF_4 都易溶于水，分别生成________及________。

7）含氯化氢废气的治理方法主要有：____吸收法、____吸收法、联合吸收法和_____法。

8）含汞废气的净化方法有：____法、____法、____法、____法、____法等。

9）恶臭气体的净化方法有：______法、_____法、_____法、_____法、_____法等。

10）沥青烟的净化方法有：________法、________法、_________法、________法四种。

（2）简答及作图题

1）写出用水净化含氟废气的化学方程式，并画出其完整的工艺流程。

2）有机废气的净化技术主要有哪些？

3）生物法处理有机废气的优缺点有哪些？

4）简述克劳斯法净化含硫化氢废气的原理，写出相关化学方程式，并画出其完整的工艺流程。

5）汽油机尾气的主要污染成分有哪些？主要的净化技术有哪些？

6）柴油机尾气的主要污染成分有哪些？主要的净化技术有哪些？

技能训练　NO_x气体吸附实验

根据本教材附录所列技能训练指导书进行实验。

学习任务六 污染气体净化系统的整体配置及运行管理

● 任务描述

通过该任务的学习，使学生能够了解污染气体净化系统的组成与系统设计、风机类型及选择方法、集气罩的集气机理与基本类型等，掌握集气罩设计、气体管道系统设计及净化系统安装、运行管理等知识，能编写大气污染净化系统设计方案。该项目涉及的工作任务主要为开展大气污染治理的企业、行业单位的一些重要岗位和相关业务部门设计。

● 学习目标

知识目标	技能目标
1．掌握烟气净化系统的组成及合理配置方法	1．能够阐述烟气净化系统的整体结构及主要特点 2．能阐述集气罩的主要类型和设计参数
2．掌握集气罩、风机的性能参数	3．能进行风机选型与日常操作、维护与检修
3．掌握设备和管路系统的设计原则和布置规范	4．能进行水泵操作、维护与检修 5．能进行管路系统的设计与布置
4．掌握整个烟气净化系统的运行、维护措施及注意事项	6．能进行烟气净化系统设备与管道的平面、立面布置的设计 7．能阐述整个烟气净化系统的运行、维护措施及注意事项

● 学习型工作任务

选择一个完整的净化系统工艺设计资料，完成以下学习型工作任务:

1．该系统由哪些组成?

2．该系统的设计程序有哪些?

3．系统的主要工艺参数如何确定?

4．系统的设备与管路布置特点是什么?

5．该系统的安装、运行、维护管理要点是什么?

项目一　净化系统与选择原则

一、局部排气系统组成

局部排气系统是指在局部污染源设置集气罩，把污染空气收集起来并经净化后排至室外，其组成如图 6-1 所示。

局部排气系统由如下几部分组成：

（1）集气罩　集气罩是用来捕集污染空气的，其性能对净化系统的技术经济指标有直接的影响。

（2）风管　风管在净化系统中用以输送气流，通过它使系统的设备和部件连为一个整体。

（3）净化设备　当排气中污染物含量超过排放标准时，必须采用净化设备进行处理，达到排放标准后，才能排入大气中。

（4）通风机　通风机是系统中气体流动的动力。为了防止通风机的磨损和腐蚀，可将风机设在净化设备的后面。

（5）烟囱　烟囱是净化系统的排气装置。

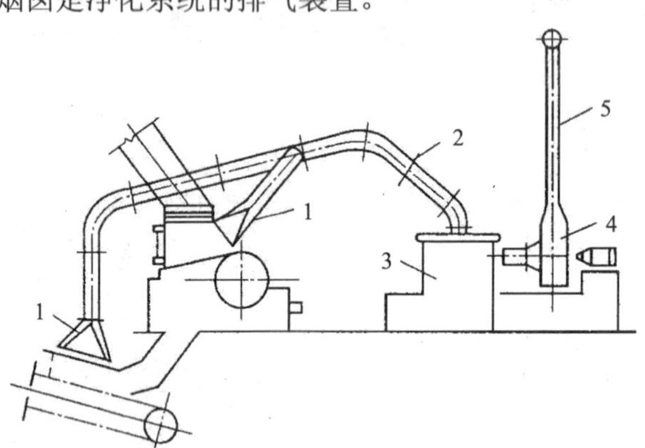

1—集气罩；2—风管；3—净化设备；4—风机；5—烟囱

图 6-1　局部排气净化系统

二、局部排气净化系统设计的基本内容

局部排气净化系统设计的基本内容包括污染物的捕集装置、输送管道、净化设备及排放烟囱设计四个部分。当然，为满足系统正常运行的需要，还应针对处理污染物的特性，完成上述系统增设设备及附件的设计。

排风系统的设计，必须以造价低、排气量小及能最大限度地排除所散发的有害物为原则。

（一）捕集装置的设计

污染物的捕集装置通常称为集气罩。设计内容主要包括集气罩结构形式、安装位置及性能参数确定等内容。

（二）输送管道设计

管道系统的设计主要包括管道布置、管道内气体流速确定、管径选择、压力损失计算以及通风机选择等内容。

（三）净化设备的选择或设计程序

净化设备的设计或选择一般按以下程序进行：

① 工程调查，认真收集有关资料，全面考虑设备生产状况、排污情况及企业相关情况；

② 根据排放标准和生产要求，计算需要达到的净化效率；

③ 根据污染物性质和操作条件确定净化方法和净化流程；

④ 对设备的技术指标和经济指标进行全面比较，选定最适宜的净化装置；

⑤ 确定净化设备的型号规格及运行参数。设计应满足其排放浓度达到当地排放标准的要求。

（四）排放烟囱的设计

排放烟囱的设计主要内容包括结构尺寸及工艺参数（烟囱高度、出口直径和喷出速度等）的设计。

三、净化系统的选择原则

（一）了解排放源烟气的组成、含量、温度与湿度等

冶金、化工等生产过程中产生的烟气，通常含有与矿石原料及产品成分类似的固态粉尘，SO_2、CO、CO_2、NO_x、Cl_2等气态产物；一些易挥发产生的蒸气，如锌、铅、冶金中的锌、铅蒸气；还有水蒸气等。固体物料破碎过程，以机械尘为主。烟气的排放，依生产工艺及设备不同，可能是有组织排放，也可能属无组织排放，如炼铁高炉及硫化锌精矿沸腾焙烧烟气，均为有组织排放；矿石原料及燃料破碎、粉料运输过程中产生的粉尘，则多为无组织排放。总之，详细了解污染物的产生及排放特征、组成与成分等，是正确选择净化系统的基础。

（二）了解烟气污染物的特性及排放标准

通过对烟气的产生、组成及成分等基本情况的调查，可进一步了解烟气的污染特性。烟气中各种组分对车间空气和大气的污染机理各不相同，其危害程度有很大的区别，控制技术与净化装置也各有差异。因此，对烟气污染特性的深入了解，是合理选择净化系统的关键。例如纯氧顶吹转炉炼钢过程产生的烟气，其组成是氧化铁和与熔剂成分相近的（CaO 为主）不同粒度的粉尘，以及以有毒、易爆的 CO 为主的高温烟气。针对该烟气特性，目前不少企业选用湿法净化系统。它必须具有高效、密封、防爆特点，同时也可以有效地回收高浓度 CO 气体及可作炼铁原料的粉尘。然而，对于含有水溶性污染物的烟尘，如含砷、镉氧化物的烟尘，则不宜采用湿法除尘系统净化。因为这将导致有毒污染物进入水体，形成不易控制的二次污染。

（三）合理配置净化装置

使净化系统以较低的投资和运行费，获得较高的污染物去除率；既能有效地回收烟气中的有价成分，又不致造成二次污染，这是净化系统选择的基本原则。综合考虑各种因素，以达到环境、社会及经济效益三者的统一。例如，在烟气净化系统中，采用降尘室或旋风除尘器去除烟尘中的粗粒级粉尘，再采用布袋除尘器去除细粒级粉尘，其除尘效果及投资成本往往较选用单一布袋除尘器或电除尘器要好。就粗粒级收尘来说，除尘室除尘效率低于旋风除尘器，占地面积较大，但能耗低、无磨损问题，易建造。因此在选择除尘系统时需综合各方面因素来决定。

项目二　集气罩

集气罩是烟气的收集装置。

（1）集气罩的基本形式

集气罩有多种形式，本书介绍常用的三类集气罩。

1）密闭罩

将污染源的局部或整体密闭起来的集气罩。它可以分为全密闭罩和半密闭罩。全密闭罩又称为整体密闭罩，见图 6-2，它将污染源全部限制在一个密闭空间内，只在罩上面留出观察窗或检查门。这种罩只需较小的排风量就可以有效地控制污染源的扩散，且不受外界气流的影响。整体密闭罩适用于具有振动的设备或输送有害气体气流速度较大的发生源。半密闭罩又称为局部密闭罩，见图 6-3，它将污染源大部分封闭，把工艺设备留在罩外，便于工人操作。半密闭罩适用于产尘点固定、产尘气流速度不大的污染源，在工业生产不允许对设备全部密封或密封后不便操作的情况下，可以考虑用这种集气罩。

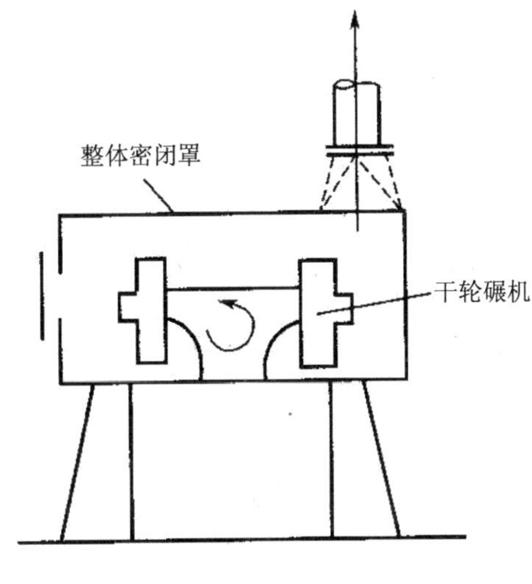

图 6-2　整体密闭罩

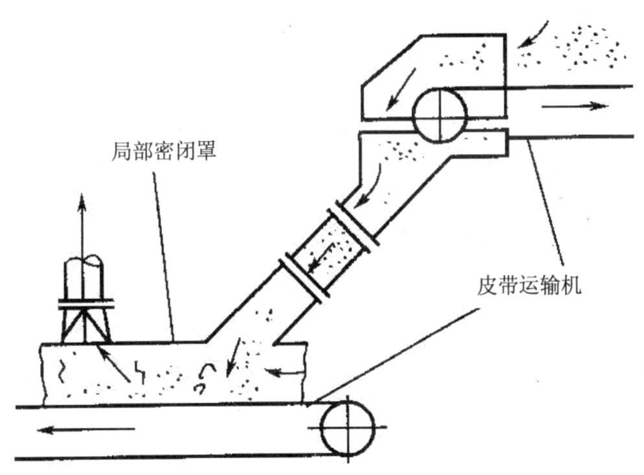

图 6-3　局部密闭罩

2）外部吸气罩

外部吸气罩是利用罩口外部吸气汇流的运动将污染物吸入罩内，按罩口与污染源之间位置关系分为上部集气罩、侧吸罩、槽边集气罩和下部集气罩，见图 6-4。它适用于受工艺条件限制，无法将污染源封闭起来的场合。当污染气流运动方向与集气罩吸气方向不一致或污染源与罩口距离较近时，一般需要较大的排风量才能控制污染气流的扩散，而且易受横向气流的干扰，致使捕集效率下降。

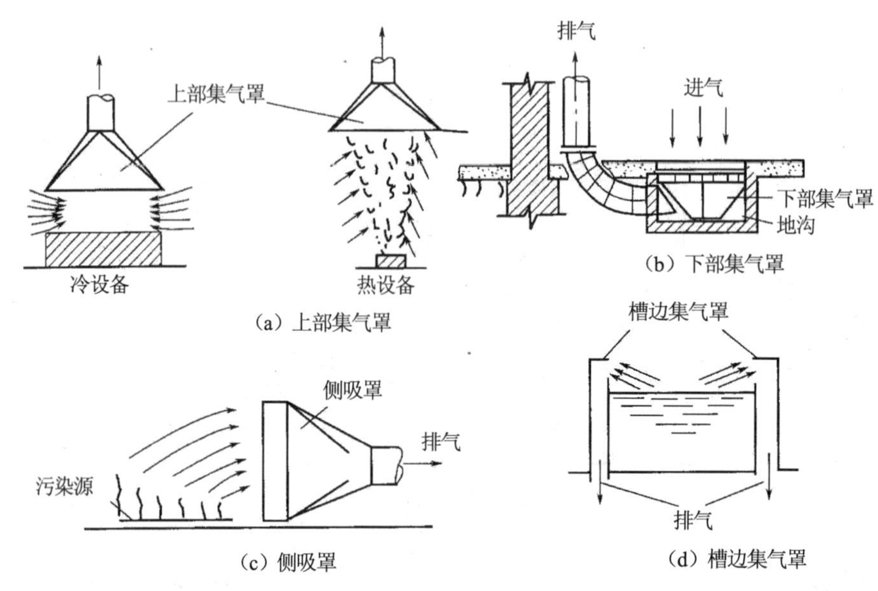

图 6-4 外部集气罩

3）通风柜

通风柜也称箱式集气罩，见图 6-5，它实际是一个具有操作孔的密闭式工作台。操作人员将手伸入罩内，在台上进行有害物的作业，通过孔口气流防止污染物的外逸。优点是控制效果好，排风量大于全部密闭罩，小于其他形式的集气罩。

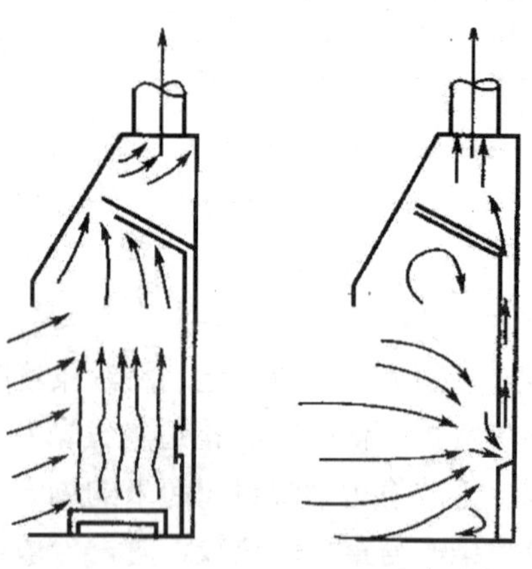

图 6-5 箱式集气罩（通风柜）

（2）集气罩的排风量和压力损失

排风量的计算方法

① 密闭罩的排风量。将产生有害物质的发生源密闭后，还必须从密闭罩内抽吸一定量的空气，使罩内维持一定的负压，以防有害物质逸出罩外污染车间环境。为了保证罩内维持一定的负压，必须满足密闭罩内进风和排风量的平稳，其排风量 Q 等被吸入罩内的空气量 Q_1 和污染源有害气体害 Q_2 之和，即 $Q=Q_1+Q_2$。由于理论上计算 Q_1 和 Q_2 是困难的，一般是按经验公式或计算表格来计算密闭罩的排风量。

按产生污染物的有害气体与缝隙面积计算排风量，其计算式如下：

$$Q=3\,600\beta u\sum A+Q_2 \tag{6-1}$$

式中：Q—— 总排气量，m^3/h；

β—— 安全系数，一般取 1.05～1.1；

u—— 通过缝隙或孔口的气流速度，一般取 1～4 m/s；

$\sum A$—— 密闭罩开孔及缝隙的总面积，m^2；

Q_2—— 污染源有害风量，m^3/h。

对于大容积密闭罩，常按截面风速计算排风量。一般吸气口设在密闭室的上口部，其计算式如下：

$$Q=3\,600\,Au \tag{6-2}$$

式中：Q—— 所需排风量，m^3/h；

A—— 密闭罩截面积，m^2；

u—— 垂直于密闭罩面的平均风速，一般取 0.25～0.5 m/s。

密闭罩的排风量计算方法还有换风次数法、图表计算法等，详细内容可查有关资料。

② 外部吸气罩吸风量的计算。可按下式计算：

$$Q=3\,600\,u_0A \tag{6-3}$$

式中：Q—— 伞形罩风量，m^3/h；

u_0—— 罩口上的平均风速亦称罩面风速，m/s；

A—— 罩口的面积，m^2。

罩面风速的确定是根据吸气口的速度衰减规律，由控制点的距离 x（m）及控制点的 u_x 计算而得，而罩口面积由污染源的情况和工艺操作运行条件而定。

罩面风速和控制点速度沿轴线衰减按下式计算：

$$u_0 = \frac{n(10x^2 + A)}{A} u_x \quad (6\text{-}4)$$

式中：u_x —— 控制点速度，m/s；

A —— 罩口的面积，m^2；

x —— 控制点距罩口距离，m；

n —— 系数，与外部吸气罩的结构、形状和布置情况有关。对于自由悬挂式无边平口吸气罩，n=1.0；对于自由悬挂式有边平口吸气罩（带法兰边），n=0.75。

控制点速度就是工作面上最不利点的风速，视工艺条件而定，一般取 0.2～0.5 m/s；个别取 1 m/s。简化计算时罩面风速可按表 6-1 推荐速度进行计算。

表 6-1　推荐罩面风速

伞形罩结构	罩面风速/（m/s）	伞形罩结构	罩面风速/（m/s）
四面敞开	1.05～1.25	两面敞开	0.75～0.9
三面敞开	0.9～1.05	一面敞开	0.5～0.75

对于操作台上平口的侧吸罩、操作台上条形吸气罩等，其排气量计算公式从表 6-2 中查得。

表 6-2　各种吸气罩排气量的计算方法

名称	形　式	罩口尺寸	排风量计算公式	备　注
矩形或圆形侧吸罩	无边平口	$\frac{h}{B}$>0.2或圆形	Q=（$10x^2+A$）u_x	$A=Bh$（m^2）或 $A=\frac{\pi}{4}d^2$(m^2)
	有边平口	$\frac{h}{B}$>0.2或圆形	Q=0.75（$10x^2+A$）u_x	$A=Bh$（m^2）或 $A=\frac{\pi}{4}d^2$(m^2)
	台上或落地式平口	$\frac{h}{B}$>0.2或圆形	Q=0.75（$10x^2+A$）u_x	$A=Bh$（m^2）或 $A=\frac{\pi}{4}d^2$(m^2)
	台上无边平口		Q=（$5x^2+A$）u_x	$A=Bh$（m^2）或 $A=\frac{\pi}{4}d^2$(m^2)
条缝式平口罩	无边缝口	$\frac{h}{B}$<0.2或圆形	Q=3.7（Bx）u_x	u_x=10 m/s，ξ=1/78
	有边缝口	$\frac{h}{B}$<0.2或圆形	Q=2.8（Bx）u_x	u_x=10 m/s，ξ=1/78
	台上或槽上无边缝口	$\frac{h}{B}$<0.2或圆形	Q=2.8（Bx）u_x	u_x=10 m/s，ξ=1/78
	台上或槽上有边缝口	$\frac{h}{B}$<0.2	Q=2（Bx）u_x	u_x=10 m/s，ξ=1/78

注：B 为矩形吸气罩短边尺寸；H 为吸收罩口至污染源距离。

项目三 通风管道

一、通风管道系统的选择与布置

通风管道系统的选择是净化选择系统中不可缺少的组成部分，它对废气净化系统的能量消耗、工作能力和净化效率有重大的影响。管路系统的选择通常是在净化系统的各种设备选定后进行的。

污染气体通过管道进入废气治理装置，再从治理装置进入风机（也可以先经过风机，后到处理装置）。常用的管道有：水冷却管、内衬耐火材料管、不锈钢管、碳钢管及塑料管。管材选择要根据烟气温度、压力、腐蚀性等来选择。管道有时也可以作为冷却热气体的热交换器使用，如当高温烟气在通过一段金属管道时的温降要比通过非金属管道时大得多。一般情况下，管道配置遵循下列原则：

（1）管道系统配置应从总体布局考虑，各种管线统一规划，合理布局，力求简单、紧凑，安装、操作、维护方便，尽可能缩短管线长度，减少占地空间，适用，美观，节省投资。

（2）当污染物混合后会引起燃烧爆炸；不同温度、湿度的烟气混合后会产生结露；因烟尘性质不同而影响净化效率及综合利用，不能将其混合在一个净化系统内进行处理。除此之外，可考虑采取集中或组合式净化系统来处理烟气，以获得最佳的净化效果和经济效益。

（3）管道排列应尽量集中，平行敷设。管径大的和需要保温的管道应设在里侧，管道与墙、梁、柱、设备及管道之间应留有一定的距离，以满足施工、运行、检修等方面的要求。管与管间及墙间的距离，以能容纳活接管、法兰以及进行检修为宜，具体尺寸可参考表 6-3 的数据。

（4）管道通过人行横道时，与地面的净距不小于 2 m；横过公路时不小于 4.5 m；横过铁路时与铁轨表面净距不小于 6 m。

（5）水平管道的敷设应有一定坡度，以便于放水、放气、疏水和防止积尘，一般坡度为 0.002～0.005。对于含固体结晶或黏度大的流体，坡度可酌情增大，但一般不超过 0.01。

（6）为便于检修、安装，以焊接为主要连接方式的管道中，应设置足够数量的法兰；以螺丝连接为主的管道，应设置足够数量的活接头（特别是阀门附近）；穿墙或楼板的管段不应有焊接。

（7）管道与阀门不宜直接支承在设备上，需单独设置支架与吊架；保温管的支架应有管托，管道的焊缝与支架的距离不小于管径，至少要大于 200 mm；焊缝应在施工方便和受力较小的位置上。

（8）对于除尘系统的管道，在采用水平敷设时，应保证足够的流量，以防积尘。一般情况下尽可能采用垂直或倾斜敷设，其倾斜角度不小于烟尘的安息角。对于易产生沉积的管道，应设置清灰孔。为减轻风机的磨损，尤其是烟气含尘浓度较大时，应将风机设于净化装置后面。烟气对管道的磨损，与烟尘的粒度和性质、管道的连接形式有关。例如分支管与倾斜或者水平安装的干管的连接，宜由上部或侧面接入；三通管的夹争一般不宜大于 30°。当几个分支管汇合于同一干管时，汇合点不宜在同一断面上。通常磨损性强的粉尘，最易在局部损失的部件造成较严重的磨损。在管道的设计与配置中，考虑磨损的防护与维修。

（9）对于管网的配制形式，在进行管网配置时，主要考虑使各支管间的阻力损失平衡。

（10）管内输送的流体需保温时，必须采用保温措施，除管道材料本身具有一定的保温性能外，主要依靠各类型的保温材料达到保温的目的。常用保温材料有石棉、矿渣棉、蛭石板、玻璃棉、聚苯乙烯泡沫塑料、聚氨酯泡沫塑料等。它们的导热系数一般在 0.12 W/（cm·K）以内。保温材料种类和厚度的选择，依生产工艺需要及保温效果、费用、使用年限等多种因素决定。

（11）管道系统还要考虑热胀冷缩的影响，在系统配置中，可采用 L 型和 Z 型管段对热胀冷缩进行自然补偿，另外还可设置各种伸缩器来调节。

（12）对于剧毒物，不允许采用正压输送，风管也不能穿过其他房间。

（13）确定排入大气的排气口的位置时，要考虑排出气体对周围环境的影响。对含尘和含毒废气即使经过冷化处理后，仍应尽量在高处排放。

（14）要求管道严密不漏，以保证吸风口有足够的风压。

表 6-3　管与墙间的安装距离

管径/英寸（in）	1	1.5	2	3	4	5	6	8
管径/mm	25	37.5	50	75	100	125	150	200
管中心离墙距离/mm	120	150	150	170	190	210	130	270

二、通风管道安装

（1）管道安装一般应具备下列基本条件：

① 与管道有关的土建工程经检查合格，满足安装要求；

② 与管道连接的设备要合适，便于固定；

③ 必须在管道安装前完成有关工序，如清洗、脱脂、内部防腐与衬里等；

④ 管子、管件及阀门等已经检验合格，并具备有关的技术证件；

⑤ 管子、管件及阀门等已按设计要求核对无误，内部已清理干净，不存杂物。

（2）管道的坡向、坡度应符合设计要求。

（3）管道的坡度，可用支座下的金属垫板调整，吊架用吊杆螺栓调整。垫板应与预埋件或钢结构进行焊接，不得加于管道和支座之间。

（4）法兰、焊缝及其他连接件的设置应便于检修，且不紧贴墙壁、楼板或管架上。

（5）合金钢管道不应焊接临时支撑物，如有必要时应符合焊接的有关规定。

（6）脱脂后的管子、管件及阀门，安装前必须严格检查其内外表面是否有油迹污染，如发现有油迹污染，不得安装，应重新进行脱脂处理。

（7）埋地管道安装时，如遇地下水或积水，应采取排水措施。

（8）埋地管道试压防腐后，应办理隐蔽工程验收，并填写“隐蔽工程录”，及时回填土，并分层夯实。

（9）蒸汽管道上，每隔一定距离，应装置冷凝水排除器。

（10）管道穿越道路时，应加套管或砌筑涵洞保护。

（11）与传动设备连接的管道，安装前需将管内部清理干净，其同定焊口一般应远离管道。

（12）管道系统与设备最终封闭连接时，应在设备联轴节上架设百分表监视设备位移。转速大于 6 000 r/min 时，其位移值应小于 0.02 mm，转速小于或等于 6 000 r/min 时，其位移值应小于 0.05 mm。需预拉伸（压缩）的管道与设备最终连接时，设备不得产生位移。

（13）管道安装合格后，不得承受设计外的附加载荷。

（14）管道经试压、吹扫合格后，应对该管道与设备的接口进行复位检查，其偏差值应符合规定，如有偏差，应重新调整，直至合格。

（15）管道安装完毕后，应按规定进行强度和严密度试验。未经试验合格，焊缝及连接处不得除漆及保温。管道在开工前需用压缩空气或惰性气体进行吹扫。

（16）对于各种非金属管道及特殊介质管道的布置和安装，还应考虑一些特殊性问题，如聚氯乙烯管应避开热的管道，氧气管道在安装前应脱油等。

三、通风管道的简单计算

管道计算的目的是确定管道直径和系统压力损失，并由系统的风量和总压力损失选择适当的风机和电机。管道计算的常用方法是流速控制法，即以管道内气流速度作为控制因素，据此计算管径和压力损失。

根据流速进行管道计算通常按以下步骤进行：

（1）首先确定各抽风点位置和风量，气体净化装置、风机和其他部件的型号规格、风管材料等。

（2）根据现场实际情况布置管道，绘制管道系统轴测图，并进行管段编号，标注长度和风量。管段长度一般按两管件间中心线长度计算，不扣除管件（如三通、弯头）本身的长度。

（3）确定管道内的气体流速，当气体流量一定时，若流速选高了，则管道断面尺寸减小，一次投资减少，但系统压力损失大，噪声大，动力消耗大，运转费用高。对于除尘管道，还会增加管道的磨损；反之，若流速选低了，噪声和运转费用降低，但一次投资增加。对于除尘管道，则还可能发生粉尘沉积而堵塞管道。因此，要使管道设计得经济合理，必须选择合适的流速。

管道内各种流体常用的流速范围见表 6-4。

表 6-4　管道内各种流体常用流速范围

流体	种类及条件	流速/（m/s）	管材
含尘气体	粉末的黏土与砂	11～13	钢板
	耐火泥	14～17	钢板
	重矿物粉末	14～16	钢板
	干型砂	11～13	钢板
	煤灰	10～12	钢板
	钢和铁（尘末）	13～15	钢板
	棉絮	8～10	钢板
	水泥粉尘	12～22	钢板
	铁和铁屑	19～23	钢板
	灰土沙尘	16～18	钢板
	锯屑、刨屑	12～14	钢板
	大块干木块	14～15	钢板
	干微尘	8～10	钢板
	染料粉尘	14～18	钢板
	大块湿木屑	18～20	钢板
	谷物粉尘	10～12	钢板
	麻（纤维尘、杂质）	8～12	钢板

流体	种类及条件	流速/（m/s）	管材
饱和蒸汽	$D_N \geq 200$ mm	30～40	钢
	$D_N=100～200$ mm	25～35	钢
	$D_N<100$ mm	15～30	钢
凝结水	凝结水泵吸水管	0.5～1.0	钢
	凝结水泵吸水管	1～2	钢
	自流凝结水管	约 0.5	钢
冷却水	冷水管	1.5～2.5	钢
	热水管	1.0～1.5	钢
压缩空气	$P_N=1.0～2.0$MPa	8～12	钢
	$P_N=2.0～3.0$MPa	3～6	钢
煤气	$D_N<600$ mm	4～6	钢
	$D_N=800～1\ 200$ mm	8～14	钢
	$D_N=1\ 600～2\ 000$ mm	14～16	钢
	$D_N \geq 200$ mm	约 16	钢

流体	种类及条件		流速/（m/s）	管材
锅炉烟气	烟道	自然通风	3～5	砖、混凝土
			8～10	钢板
		机械通风	6～8	砖、混凝土
			10～15	钢板
过滤蒸汽	$D_N \geqslant 200$ mm		40～60	钢
	D_N=100～200 mm		30～50	钢

流体	种类及条件	流速/（m/s）	管材
液氨	真空	0.05～0.3	钢
	$P_N \leqslant 0.6$MPa	0.3～0.8	钢
	$P_N \leqslant 2.0$MPa	0.8～1.5	钢
氢氧化钠	浓度 0～30%	约 2	钢
	浓度 30%～50%	约 1.5	钢
	浓度 50%～93%	约 1.2	钢
硫酸	浓度 88%～93%	约 1.2	钢
	浓度 93%～100%	约 1.2	钢
盐酸		约 1.5	钢铸铁
氢氧化钠	带有固体	2～4.5	钢
	没有固体	约 1.5	钢

（4）根据系统各管段的风量和选择的流速确定各管段的断面尺寸。在已知流量和预先选取流速的前提下，管道内径可按下式计算：

$$d = 18.8\sqrt{\frac{Q}{u}} \text{ 或 } d = 18.8\sqrt{\frac{w}{\rho u}} \qquad (6\text{-}5)$$

式中：d —— 管道的直径，mm；

Q —— 体积流量，m^3/h；

w —— 质量流量，kg/h；

u —— 管内气体的平均流速，m/s；

ρ —— 管内气体的密度，kg/m^3。

对于除尘管道，为防止积尘堵塞，管径不得小于下列数值：输送细小颗粒粉尘（如筛分和研磨细粉），$d \geqslant 80$ mm；输送较粗粉尘（如木屑），$d \geqslant 100$ mm；输送粗粉尘（有小块物质），$d \geqslant 130$ mm。

（5）风管断面尺寸确定后，应按管内实际流速计算压力损失。

对于输送气体的管道系统，因气体的密度较小，系统的总压力损失，可按下式计算：

$$\Delta p = \Delta p_1 + \Delta p_m + \sum \Delta p_i \qquad (6\text{-}6)$$

式中：Δp_1 —— 摩擦压力损失，Pa；

Δp_m —— 局部压力损失，Pa；

$\sum\Delta p_i$ —— 各设备压力损失之和，包括净化装置和换热器等，Pa。

摩擦压力损失Δp_1，是流体流经直管段时，由于流体的黏滞性和管道内壁的粗糙产生的摩擦力所引起的流体压力损失。圆形管道的摩擦压力损失可按范宁公式计算：

$$\Delta p_1 = \lambda \frac{L}{d} \times \frac{\rho u^2}{2} \tag{6-7}$$

式中：L —— 直管段的长度，m；

d —— 管道直径，m；

ρ —— 管内气体的密度，kg/m^3；

u —— 管内气体的平均流速，m/s；

λ —— 摩擦阻力系数。

局部压力损失Δp_m是流体流经异形管件（如阀门、弯头、三通等）时，由于流动状况发生骤然变化所产生的能量损失。它的大小一般用动压头的倍数来表示：

$$\Delta p_m = \xi \frac{\rho u^2}{2} \tag{6-8}$$

式中：ξ —— 局部阻力系数（无量纲），由实验确定。各种管件的局部阻力系数可在有关手册中查到。

四、通风管道的维护管理

（1）登记与建档

废气输送管道必须要进行登记与建档，登记与建档的内容如下：

1）编号、名称，在有高压盲板处必须挂牌，牌上标有编号，并登记建档。

2）始端与终点，长度规格。

3）工作介质、工作压力、工作温度。

4）安装日期、使用日期。

5）焊接焊缝探伤记录。

6）检验周期、检验方法和检测结果。

7）安装时的原始记录及使用、改造、修复和更新记录。

8）管道竣工图。

9）工艺系统的管段管件、紧固件和阀门等的登记表。

（2）日常维护项目

1）通过直观检查管道、管件、阀门及紧固件（法兰与连接螺栓）的防腐层、保温层的完好情况，可了解管表面有无缺陷。

2）通过直观检查、气体检测器测定管道的连接法兰、接头、阀门填料和焊缝处有无泄漏。

3）通过直观检查、手锤检查吊卡、管卡支承的紧固、吊架支撑体有无松动及防腐情况。

4）通过直观检查、振动仪测定方法检查管道有无强烈振动，管与管、管与相邻物件有无摩擦。

5）根据运转情况，用听声法检查管内有无杂质堵塞、异物撞击和摩擦声响。

6）安全附件、指示仪表有无异常现象。

7）阀门的操作机构是否灵活及润滑情况。

8）控制机器和设备的工艺参数不得超过工艺配管设计和决策评定后的许用值，严禁在超温、超压、强腐蚀和强烈振动条件下运行。

9）高压工艺配管的操作运行中，严禁带压紧固或拆卸、带压补焊、热管线裸露、作电焊机的接地线或吊装重物受力点以及用热管线烘干物品、做饭等其他用途使用。

项目四　风机

一、风机的结构及工作原理

（1）风机的结构

风机主要由叶轮、机壳、进风口、轴承箱、主轴、轴承箱支架等组成。

（2）风机的工作原理

电动机通过轴把动力传递给风机叶轮，使叶轮旋转，叶轮中的叶片迫使气体旋转，对气体做功，使其能量增加，气体在离心力的作用下，向叶轮四周甩出，通过涡型机壳将速度能转换成压力能，当叶轮内的气体排出后，叶轮内的压力低于进风管内压力，新的气体在压力差的作用下吸入叶轮，气体就连续不断地向风机出口流动。

二、风机的性能参数

离心风机的基本性能通常用进口标准状况条件下的流量、压头、功率、效率等参数来表示。

离心风机的进口标准状况是指进口处空气的压力为 101.325 kPa，温度为 20℃，湿度为 50%的气体状况。气体密度由气体状态方程确定：

$$\rho = \frac{p}{RT} \tag{6-9}$$

1）流量　单位时间内风机所输送的气体体积，称为该风机的流量。以符号 Q 表示，单位为 m^3/s 或 m^3/min，或 m^3/h。另外，风机的体积流量是特指风机进口处的体积流量。

2）风机的压头（全压）　压头是指单位质量气体通过风机之后所获得的有效能量，也就是风机所输送的单位质量气体从进口至出口的能量增值，用符号声表示，单位为 Pa 或 kPa，但工程上常用 mmH_2O 为单位。风机的全压定义为风机出口截面上的总压（该截面上动压 $\rho u^2/2$ 与静压之和）与进口截面上的总压之差；风机的动压为风机出、进口截面气体的动能所表征的压力之差，即出、进口截面上的 $(\rho u_2^2 - \rho u_1^2)/2$；风机的静压定义为全压减去风机的动压。动压在全压中所占的比例很大，有时甚至达到全压的 50%，同时，还因为在确定管路的工作点时采用静压曲线，因此，风机需要用全压及静压来分别表示。

3）功率　功率指风机的输入功率，即由原动机传到风机轴上的功率，也称轴功率，以符号 P 表示，单位为 W 或 kW。风机的输出功率又称有效功率，用符号 P_e 表示。它表示单位时间内气体从风机中所得到的实际能量。

4）效率　为了表示输入的轴功率 P 被气体利用的程度，用有效功率 P_e 与轴功率 P 之比来表示，风机的效率，以符号 η 表示：

$$\eta = \frac{P_e}{P} \tag{6-10}$$

即评价风机性能好坏的一项重要指标，η 越大，说明风机的能量利用率越高，效率也越高，η 值通常由实验确定。一般前向叶轮 η 等于 0.7，后向叶轮 η 在 0.9 以上。

5）转速　转速指风机叶轮每分钟的转数，以符号 n 表示，常用的单位是 r/min。风机的转速一般为 1 000～3 000 r/min，具体可参阅各风机铭牌上所标示的转速值。

三、风机在实际工程中的应用

某冶炼厂收尘车间的风机根据风量调节型式分为液偶调速风机和节流定速风机。液偶调速风机由离心风机、液力偶合器、电动机组成。节流定速风机由进风口节流阀、离心风机、电动机组成。均安置于除尘设备后，通过调节液力偶合器或进风口节流阀的开度来进行风量控制，有效抽、排冶炼过程的工艺烟气。

该冶炼厂部分风机的规格及铭牌主要参数见表 6-5。

表 6-5 风机规格及主要参数

设备名称及规格型号	离心风机				三相异步电动机				附件
	转速/（r/min）	风量/（m³/h）	全压/Pa	调节形式	功率/kW	电压/V	电流/A	转速/rpm	
反射炉布袋收尘风机 Y4-68No14D	1 477	155 672	3 244	节流定速	250	6 000	29	1 477	扇形节流阀
转炉环保 2#风机 Y4-73-11No22D	0～945	319 000	3 500	液偶调速	560	6 000	65.6	990	偶合器稀油站
转炉环保 1#风机 Y4-73-11No22D	0～945	319 000	3 500	液偶调速	560	6 000	65.6	990	偶合器
艾萨 1#收尘风机 Y4-73，No20D	0～920	276 000	3 000	液偶调速	400	6 000	46.2	993	偶合器
艾萨 2#收尘风机 Y4-73，No20D	0～920	276 000	3 000	液偶调速	400	6 000	46.2	993	偶合器
艾萨环保 3#风机 FW2400 DIBB 50	0～890	400 000	4 500	液偶调速	800	6 000	96.6	991	偶合器 稀油站
阳极炉 5#风机 Y6-39，No18.5D	0～1 300	129 000	7 200	液偶调速	355	6 000	43	1480	偶合器
阳极炉 6#风机 Y9-38-11No16D	987	104 784	4 100	节流定速	250	380	457.7	987	蝶阀
备 1#收尘 7#风机 Y9-38-11No16D	987	104 784	4 100	节流定速	250	380	457.7	987	蝶阀
800 m² 布袋收尘风机 9-35-11No13.5D	990	34 900	4 500	节流定速	110	380	204	990	扇形节流阀

四、风机的日常操作

（1）风机启动前准备工作

1）检查并清除风机操作平台和机房内人行通道的杂物。

2）检查风机操作平台及扶梯上无大面积的积水和明显的油渍。

3）确认风机进出口阀门处于关闭位置。如没有关闭，应立即关闭到位。

4）检查风机机壳轴孔无异物、检修入孔门封堵严密，无冒烟现象。

5）检查冷却系统水、油管无锈蚀和滴漏。

6）清除转轴及其密封部位的油污，确认密封及防漏装置完好。

（2）检查电动机

1）检查机座接地线无破损，各连接螺栓紧固，地脚螺栓无松动。

2）停机 3 天以上，请电工检查电机绝缘符合以下要求，方能进行送电操作。

——6 000 V 高压电机：绝缘电阻值大于 60 MΩ（2 500 V 兆欧表）。

——380 V 低压电机：绝缘电阻值大于 5 MΩ（500 V 兆欧表）。

3）清除轴承密封部位的油污，盘转电机轴，确认无异响和卡阻现象。

4）检查电机冷却风扇及风道无尘垢。

5）检查电机联轴器安全防护罩完好并固定牢靠。

（3）检查风机轴承箱及转子组

1）检查轴承端盖清洁，轴承箱无漏油、渗水，连接螺栓完好，底座无裂纹。

2）检查轴承温度指示仪表完好。

3）检查轴承润滑脂处于油窗 1/2～2/3 位置，确认轴孔无异物、叶轮无异常。

4）盘动风机轴，观察转速表有显示，并确认转动件无蹩劲和卡塞现象，与固定部分无摩擦。

5）开启轴承箱冷却水阀，观察管路和法兰无泄漏现象。

6）检查风机轴及联轴器的安全防护罩完好并固定牢靠。

（4）检查风机附件

1）检查液力偶合器（适用于液偶调速风机）

——液力偶合器箱体内的油面在油标的 3/4 以上位置。

——液力偶合器输入、输出轴的密封圈周围无油污，油窗、箱盖无渗油现象。

——“电动”或“手动”调节执行器，确认动作灵敏后，将液力偶合器勺管调节到“0%”位置。

——转动液力偶合器输入、输出轴时，确认无蹩劲和卡阻现象。

——开启板式换热器出口水阀，确认冷却管路无漏水现象后，打开油路阀门。

2）稀油站的检查

——检查稀油站磁过滤器清洁，储油箱油面宜在油标 1/2～3/4 位置。

——打开稀油站主油路阀门，启动稀油站油泵，检查供油压力在 0.05～0.24 MPa。同时确认油液循环正常。

——确认网片式滤油器转换开关控制有效。

——检查管式换热器无滴水、漏油现象。

3）检查风机进风口节流阀门

——检查阀门执行机构，确认动作灵活且无松动和泄漏。

——开动阀门，确认转动灵活后，关严阀门。

（5）申请启动风机

1）风机岗位操作人员检查、确认无异常，填写开机操作票后，向车间调度提出开机操作申请；

2）车间调度向总厂生产调度提出风机开机申请，经总厂生产调度许可，车间调度下风机启动指令；

3）风机岗位人员确认风机进口阀门关闭、打开风机出口阀门后，进行电动机启动操作

——高压电机的启动操作。

- 电工合上高压开关柜上的隔离开关，送开关柜上的直流操作电源和直流合闸电源
- 将控制开关柜上的转换开关置于“现场”或“本柜”位置
- 风机岗位人员按下启动按钮或拨动合闸开关，电机启动

——低压电机的启动操作。

- 电工合上柜内电源的刀开关
- 风机岗位人员按下启动按钮，电机转动，当电流达到稳定值时，再按运行按钮，电机正常运转

4）风机的调节和控制

——待电机运转平稳后，缓慢调节风机低负荷运转。

- 节流定速风机：缓慢开启风机进风口节流阀或蝶阀开度至 1/4
- 液偶调速风机：缓慢操纵执行器将液偶勺管置于开度的“20%”位置

——试运转半小时后，根据生产工艺要求，车间调度指示风机岗位进行风机负荷调节。

- 节流定速风机：应均匀开启节流阀进行风量调节，不得接近额定电流
- 液偶调速风机：勺管开度每次不得超过 5%，运转平稳后再调节。不得超过最高转速

——开机过程中，巡回检查，观察温度、电流、压力变化情况。

——监视电动机：轴承温度不应高于环境温度 40℃，否则检查润滑油量；电流值不大于额定值。

——监视液力偶合器：当液力偶合器出口油温 60℃时，逐步打开液力偶合器的板式换热器冷却水进口阀门。

——监视稀油站：当稀油站供油温度高于 45℃时，开冷却旁路阀门，逐步打开管式换热器冷却水进口阀门，关闭主油路阀门。

——监视风机轴承：1 h 温升幅度低于 50℃，否则检查冷却水路及供水状况。

——开机操作完毕，报告调度风机投入生产运行，填写风机运行记录。

5）根据风机负荷及运转状态，调节冷却水量，精心操作，控制好风机运行技术参数

——风机转速低于最高转速。

——电机运行电流低于额定电流。

——轴承正常运行温度不应高于 70℃，最高温度不得超过 80℃。

——液力偶合器出口油温不应高于 85℃，最高温度不得超过 95℃。

——液力偶合器出口油压为 0.05～0.3MPa。

——稀油站出口油温不得高于 50℃。

（6）风机停机操作

1）接车间调度停机指令后，调节风机负荷至空负荷

——节流定速风机：缓慢关闭风机进风口节流阀或蝶阀。

——液偶调速风机：缓慢操纵执行器将液偶勺管置于开度的“0%”位置，关闭风机进口阀门。

2）填写“风机停机操作票”，按下控制开关柜上的“停止”按钮或拨动分闸开关，确认电动机停止运行

——电工断开高压开关柜里的隔离开关，并将转换开关置于“0”位。

——关闭风机出口阀门，待风机完全停转半小时后，关闭风机冷却水路和油路阀门。

- 关闭风机轴承座进出口冷却水阀门
- 关闭液力偶合器的板式换热器进出口冷却水阀门
- 关闭稀油站列管式换热器进出口冷却水阀门，及油路阀门。停稀油站油泵电机

3）报告调度停机完毕，认真填写风机停机记录

（7）风机异常处理措施

1）当运行风机出现以下情况之一，可以直接按下紧急停机按钮进行停机

- 风机发生剧烈振动或摩擦碰撞或轴承突然发出明显的异常声响，不能处理时
- 风机轴承温度＞70℃或偶合器出口油温＞90℃，采取相应措施但温度仍不断上升时
- 电动机温升异常或冒烟
- 发生人身伤亡事故时

2）停机后，立即报告车间调度，并按“风机停机操作”继续完成停机操作。

3）停机后，做好备用风机的启动前准备工作。

4）报告班长，如实填写生产记录。协助专业维修人员及时排除故障。当班期间无法处理完毕，应在交接班记录中明确表述清楚。

（8）操作安全要求

1）未经相关培训的风机岗位操作人员，不得单独进行风机的操作。

2）开机时，钳工、电工、操作工人应同时都在场，各自做好一切准备。

3）风机岗位当班人员，应在当班班长或车间调度监护下，认真检查设备及安全设施。

4）上岗前，应穿戴整齐规范劳保用品，保持通信器具的畅通。

5）酒后严禁上岗操作。进入生产现场严禁吸烟。

6）操作前，严格检查所使用工具安全可靠，确认无隐患。

7）操作前，观察周围是否有不安全因素，如果有应立即清除。

8）非电气专业维修人员不得随意拆卸、修理、调整电气设备，严防触电。发生电气故障及漏电等不安全因素时，应及时报告调度室或电工组，及时处理。

9）电工送电操作时必须穿绝缘鞋，戴绝缘手套。

10）电机冷态启动不宜超过两次，如两次启动不成功后，需再次启动电机时，应间隔 1 h 后再进行。高压电动机 24 h 内启动次数不得超过 4 次。

11）若电机检修后，启动电机前，应用点动电机的方式检查风机叶轮旋转方向是否符合要求。

12）节流定速风机启动电机前，用手盘转联轴器，待手离开后，在保持风机转动惯性下，进行电机的启动。启动时，若电流升幅异常过大，应立即进行检查。

13）开机时，非操作人员不得随意在风机工作平台停留。

14）操作时精力要集中。操作期间不得打闹、脱岗。

15）操作人员应积极参加安全培训，并执行分厂有关安全制度的规定。

16）除紧急故障外，严禁无请示停车。

17）生产过程中，接受并配合好安全管理部门的检查。

18）风机高压电气柜 20 m 内严禁动火作业。

五、风机的日常维护

（1）运行风机的维护

1）风机岗位操作人员须精心操作，每小时按风机运行记录要求做好交接班记录。认真检查设备，发现轴承温度高于 70℃时，报告调度，安排维修人员进行排除。不能处理时，告知专业主管工程师。

2）检查轴承箱中的油位，油位宜控制在油标的 1/4～2/3，油量不足时应执行车间润滑管理办法，及时补给。

3）维修钳工每周进行一次专职巡检。检查固定螺栓的紧固性及轴承的振动，听测各机构内部的声响，观察各部温度。如发现振动明显、异常声响或温度超标等异常情况，应采取能力范围内的方法和应急措施，找出故障原因及时排除。否则，告知专业主管工程师。

4）专业主管工程师每月对运行风机运行状态进行监测。

5）每周对运行风机的轴承补油一次。

6）电机运转 3 000 h 两端轴承各添加润滑脂。

7）保证管道无泄漏、冷却水路阀门控制有效。

8）机组运行中出现的异常情况可按风机操作规程中的“（7）风机异常处治措施”执行。

（2）停运风机的维护

1）经常保持设备及周围场地洁净，做到设备无尘垢、无油泥。

2）保证叶轮清洁。清扫叶轮后，检查叶轮紧固件完好情况及叶片磨损情况。

3）每隔两天盘车一次，每次盘车三转以上，停车位置应与上次相差 180℃。

4）紧固联轴器，检查其安全防护装置牢靠性。

5）对已连续运行六个月或以上的风机轴承箱每年清洗、换油一次。

6）稀油站连续运行六个月，清洗网片式过滤器和磁过滤器一次。

7）板式换热器连续运行六个月高压水冲洗一次，每年清洗换热板片一次。

（3）风机维护安全注意事项

1）备用风机应随时保持完好状态，确保能够在 40 min 内投入运行。

2）启动后，相关人员必须对机器监视 30 min 以上，观察各部分运转是否正常。

3）进入风机机壳内进行维护作业前，车间调度负责协调好工艺。

4）在风机机壳内进行叶轮维护作业时，必须设专人进行监护，并在相关位置悬挂明显标志牌。

5）维护作业的照明应采用 36 V 以下照明设备。

6）使用电动工具前，应检查绝缘性能。

7）风机叶轮和机壳清出的含铜粉尘、酸性溶液禁止外排，统一回收利用。

8）及时处理跑、冒、滴、漏，严禁有意乱排放造成的污染。

9）从机壳往地面清理物料时，必须设专人监护现场。

10）车间的油品、半成品、中间物料，如废油、边料、粉尘等，防止流失和污染环境，按车间现场管理办法执行。

11）风机“废料”和“垃圾”，要送往指定地点，不得乱堆乱放。

12）保持岗位休息室和辖区环境卫生，所使用工具按指定要求摆放。

六、风机的日常检修

（1）风机的检修类别、周期与内容

1）中修

中修周期为连续运行一年（视情况可进行适当调整），中修内容包括以下几个方面：

- 清除风机机壳、叶轮及进出口管道内的积尘
- 清洗液力偶合器吸入口滤网，并检查储油箱油品及油量。视情况添加或更换润滑油，换热器、油管、水管应无泄漏、无堵塞、无结垢。否则应予以处理
- 视运转情况校核各轴同心度及纵、横向水平度，并检查紧固地脚螺栓和联轴器连接螺栓
- 视检查情况更换轴承
- 视情况进行动平衡实验
- 视情况清洗油站、过滤器及更换齿轮油泵
- 检查叶轮各连接处的铆钉、螺栓是否有裂纹及松动情况
- 检查、校正各类仪表

2）大修

大修周期为连续运行两年以上（视运行情况可进行适当调整），大修内容包含以下几个方面：

- 更换液力偶合器轴承、摆线齿轮泵及密封
- 修补或更换叶轮
- 视检查情况更换风机轴承箱、轴承、轴、密封件
- 其他部分与中修内容相同

（2）检修质量要求

1）油路系统检修技术标准

——检查齿轮油泵的两轴和齿面有无磨损，轴键有无松动现象。

——齿轮油泵齿形啮合侧间隙控制在 0.17～0.35 mm，齿顶与泵壳壁间隙为 0.10～0.14 mm，齿侧面与泵盖侧面间隙为 0.08～0.15 mm，齿轮轴衬间隙为 0.08～0.12 mm。

——轴承箱内腔、齿轮箱内腔、油箱内腔及进出油管的内壁用洗油彻底清洗，最后用黏着性强的软膏或用水调好的面粉团将残留的污物清洗干净，对进出油管的内壁，用铁线系上清洁的布条进行擦拭，清洗用具不得遗留在油路内。

2）机组同心度的技术标准

——调整机组同心度必须以风机转子上的联轴器为基准。

——两联轴器径向误差应<0.05 mm，端面之间的平行度误差要<0.2 mm/1 000 mm。

——其他质量标准符合《机械设备安装工程施工及验收通用规范》（GB 50231）中相应风机安装技术规范。

（3）验收标准

1）检修质量符合技术要求，检修记录齐全、准确、整洁。

2）机组经过 72 h 运转后达到试运转要求。

——各主要操作检测达到标牌要求，或能满足生产需要。

——风机轴承处振动速度<6.3 mm，最大振幅<100 μm。

——各轴承温度<65℃或温度<50℃。

——各仪表指示准确、灵敏。

——油、水、风管线无泄漏，全部控制阀门灵活、可靠。

（4）检修安全规定

1）检修人员应经过相关培训，接受安全技术交底，持证操作。

2）作业场地应有防火设备。

3）起重机是危险性较大的特种设备，应进行使用前检查，起重作业应由持证人员负责操作。

4）高空作业应系安全带。

5）参加试车人员要服从统一指挥，并做好各项记录工作。

七、风机完好标准

（1）引风机完好标准

1）基础无倾斜、塌陷。地脚螺栓稳固，无裂纹和腐蚀。

2）机壳无严重变形，变形面积最大处不超过 200 cm^2，深度不大于 10 mm。

3）固件齐全，符合安装要求。

4）外观清洁无油垢。

5）叶轮无裂纹、无破损，转动灵活，防松装置可靠。

6）叶轮与机壳的间隙符合技术手册要求。

7）液力偶合器运行无杂音，调速正常，无泄漏。

8）供水系统控制阀门装置齐全，动作灵敏可靠。

9）计控仪表和安全防护装置齐全，灵敏可靠。

10）能达到铭牌出力或核定能力。

11）考核期内，无重大或特大设备事故发生。

（2）电动机完好标准

1）各主要技术性能达到原出厂标准，或能满足生产工艺要求。

2）操作和控制系统装置齐全，灵敏可靠。

3）设备运行良好，绝缘强度及安全防护装置应符合电气安全规程。

4）设备的通信、散热和冷却系统齐全完整，效能良好。

5）设备内外整洁，润滑良好。

6）无漏油、漏电、漏水现象。

7）考核期内，无重大或特大设备事故发生。

项目五 水泵

一、泵的操作规程

(1）泵的操作内容及要求

1）运行前的检查

——检查泵的进口、出口阀门的开关情况，阀门已处于关闭状态并完好；

——电机上无水迹、受潮现象；

——盘车数周，应无异常声响或阻滞现象；

——润滑剂应处于油镜孔1/3～2/3处，边盘动边检查；

——打开冷却水检查冷却装置应完好、齐全；

——安全防护装置是否齐全。

2）启动步骤

——在检查无误后实施启动步骤；

——有冷却水装置的泵，应先接通冷却水，并保证泵正常运行时，保持冷却水畅通；

——打开进口阀门；

——闭合泵的电源开关。泵开启后，关闭出口阀的时间不能超过3 min。因为泵在关闭排出阀运转时，叶轮所产生的全部能量都变成热能使泵变热，时间一长有可能把泵的摩擦部位烧毁。立即缓慢打开出口阀门，直至打浆完毕。同时应检查泵及管路的密封情况；

——打浆完毕，需放入少量清液，由泵打入罐车，清洗泵。

3）停机步骤

——先关进口阀门；

——分开泵电源开关，停机；

——关闭出口阀门，停机完毕待密封部位冷却后再关闭冷却水；

——打扫现场卫生。

(2）注意事项

1）在未打浆之前，禁止打开浆泵进口阀门。

2）禁止运行中关闭或不开冷却水。

3）启动前必须正反向盘车一周以上。

4）运行中如有异常声音，振动或有电机发热等不正常情况出现时，应停机检查，申请维修。

二、泵的维护规程

（1）检查设备有无异常振动或声响。
（2）检查流量和各部温度是否正常。
（3）认真执行润滑管理制度。
（4）经常检查填料密封，填料泄漏超过规定及时更换。
（5）经常检查各部连接螺栓有无松动现象或因松动而产生的振动。
（6）检查轴套冷却水管是否畅通。
（7）检查各部密封点有无“跑、冒、滴、漏”现象。
（8）做好设备的整洁工作。
（9）检查各部连接螺栓是否紧固。
（10）检查密封填料压紧程度及压盖是否歪斜。
（11）检查轴承的润滑油脂是否充足；冷却系统是否畅通。
（12）检查电机旋向是否正确。

三、泵的检修规程

（1）修方法和质量标准

1）检修内容

——小修。

- 检查紧固各部螺栓
- 检查更换填料
- 检查清洗冷却水管道
- 更换润滑油（脂）
- 找正联轴器，更换易损件

——中（大）修。

- 包括小修内容
- 解体检查各零、部件的磨损、腐蚀程度，予以修复或更换
- 测定叶轮的静平衡及转子的晃动量
- 检查轴承的磨损情况，必要时进行更换
- 检查调整叶轮密封环、轴套、衬套等各部间隙，磨损严重时更换
- 除锈防腐

2）泵壳与泵盖

泵壳与泵盖不应有裂纹、砂眼、夹渣等缺陷。壁厚及各部加工精度应符合要求。

——底板（泵座）。

- 底板应无裂纹，表面光滑平整

- 泵体、轴承座、泵盖及轴套组装时保持同轴度

——泵节。

泵节端面应与管中心线垂直；与管中心同轴。

——泵轴。

- 泵轴不应有裂纹、腐蚀等缺陷
- 泵轴材质和各部尺寸偏差应符合图样
- 安装叶轮和装配联轴节处的轴颈，其表面粗糙度为 3.2，装配滚动轴承处轴颈，其表面粗糙度为 1.6

——轴套。

- 轴套表面不应有砂眼、气孔、疏松等缺陷

轴套的内外表面应加工。轴套与轴或衬套接触表面粗糙度为 1.6，与填料接触的外因表面粗糙度为 1.6。

- 轴套与轴衬间隙见表 6-6 规定

表 6-6 轴套与轴衬间隙

介质	碱（pH 值）	酸（pH 值）
间隙	0.40～0.45	0.60～0.65

——叶轮。

- 叶轮表面及液体流道内壁应整洁，不得有裂纹、黏砂、毛刺等缺陷

叶轮轴孔与轴配合一般采用 H7/H6。

- 滚动轴承

滚动轴承的滚子与滚道，内外表面应无坑疤、麻点、腐蚀等缺陷。保持架完好，接触平滑，转动无杂音。

装配轴承时，必须用清洗剂清洗轴承，排除污垢及其他残余物质，然后涂以润滑油脂装配。如采用加热机对轴承进行加热 5～10 min 后进行装配。装配时严禁用火焰直接加热。

拆装轴承应使用专用工具或压力机，不得用铁锤直接敲击轴承。

——填料密封。

填料密封压盖与轴或轴套的径向间隙为 0.75～1.00 mm，四周保持均匀。

（2）故障及排除方法

1）打不出液体

——泵内没有灌满液体，解决方法：重灌液体。

——吸入管、排出管、叶轮被杂物阻塞，解决方法：清除杂物。

——吸入管有空气吸入，解决方法：修理管路。

——吸上高度太高，解决方法：降低泵安装高度。

——排出管过细，管路损失过大，解决方法：换与泵出口同口径管。

——要求扬程大于泵扬程，解决方法：更换新泵。

——输送热的或易挥发性介质，解决方法：降低吸入高度，最好倒罐。

——转向反，解决方法：改变转向。

2）流量不足

——底阀太小，解决方法：另配置新底阀。

——吸入管路浸入液体深度不够，有空气带入泵内，解决方法：增加浸入深度。

——吸入管径过小或有杂物阻塞，解决方法：换粗管，清除杂物。

——叶轮腐蚀或磨损严重，解决方法：换新叶轮。

3）扬程不够

——叶轮腐蚀严重，解决方法：换新叶轮。

——泵性能不符合要求，解决方法：换新泵。

4）泵振动严重

——泵与电机轴不同心，解决方法：将电机与泵轴线中心调整对准。

——泵轴弯曲，解决方法：卸下校直或换新轴。

5）泵轴承过热

——润滑油没有或不足，解决方法：加油。

——电机和泵轴不同心，解决方法：调整轴心。

——轴承损坏，解决方法：更换新轴承。

6）机械密封泄漏

——动、静密封环不耐腐蚀，解决方法：更换新材质。

——动、静密封环磨损严重或密封面划伤，解决方法：换新密封环或重新研磨。

——电机过热，配置电机功率不够，解决方法：更换较大功率新电机。

（3）使用机械密封注意事项

一般机械密封适用于清洁的、无悬浮颗粒的介质中，因此对新装的管理系统和储液罐，应认真冲洗干净，严防固体杂质进入机械密封端面使密封失效。

1）在结晶的介质中，使用机械密封时，要注意经常冲洗，停车后重新启动前，要将机械密封上的结晶清洗干净。拆卸机械密封应仔细，不许用手锥、铁器等敲击。

2）如果有污垢拆不下来时，不要勉强去拆，应设法清除污垢，冲洗干净后，再进行拆卸，以免损坏密封元件。

3）安装机械密封前，应检查所有密封元件是否失效和损坏的，如有则重新修复或更新元件。

4）应严格检查动环与静环的对磨密封端面，不允许有任何细微的划伤、碰破等缺陷。所有零部件，包括泵体、叶轮、密封腔等在装配前均应冲洗干净。尤其是动静环端面用清洁、柔软的布和棉纱认真擦干净，然后涂上一层清洁的油脂或机油。

5）装配中要注意消除偏差，紧固螺钉时，避免发生偏斜，使密封失效。

6）正确调整弹簧的压缩量，使其不致太紧或太松，太紧，密封端面很快磨损而失时而且消耗功率大；太松则密封不起作用，泄漏量过大。所以泵安装好以后用手盘动，转动效应感觉到密封弹簧有了一定压缩量，而又能轻快、灵活地转动，没有咬紧的感觉，如感觉太紧或不动，则应适当调松一下。

7）对有外部冲洗的机械密封，启动前应开启冲洗液使密封腔内充满密封液。停车时，先停泵，后关密封冲洗液。

项目六　污染气体净化系统的运行维护

一、影响净化系统正常运行的因素

污染气体净化系统的正常运行与多种因素有关，一般情况下应注意以下几个方面：

（1）净化系统的操作运行要严格遵守系统的工艺技术规程、岗位操作规程、安全规程及其他规章制度。

（2）一般情况下，净化系统应先于生产工艺系统运行，而在生产工艺系统之后停止，以避免粉尘在净化装置和管道中沉积，或因净化系统滞后运行造成污染物的泄漏，为防止电动机过载，需在低风量下启动排风系统。

（3）净化系统在运行中出现问题应及时加以解决，并注意分析原因，避免类似情况再次发生。为此，要坚持做好操作运行记录、事故记录和维修记录等。

（4）严格执行日常维护和定期检修的规章制度，定期消除管道和设备的沉积物，消除设备、管道、阀门、排气罩、操作孔、观察孔等部件的泄漏，调节系统的风量和风压，排除各种事故隐患。

二、污染气体净化系统的防腐

净化系统处理的烟气，如化工、冶金等生产过程中排出的含硫烟气，其本身具有一定的腐蚀性。再加上温度、湿度等因素的影响，其腐蚀性将进一步增强，会腐蚀净化装置与管道，不仅会缩短系统的使用年限，还会因腐蚀而产生泄漏，引起污染，甚至造成中毒或爆炸等恶性事故，因此净化系统的防腐非常重要。主要的防腐措施如下：

（1）金属保护膜防腐　目前常用的金属保护膜有两种。一种是在钢材表面上镀上一层活性比铁更强的电负性金属膜，这类金属一般在空气中极易生成一层坚固的氧化膜，从而保护镀膜本身及钢材不受腐蚀。由于镀层电负性大于钢材，当镀层遭到破坏时，有电解溶液存在，于破损部位形成原电池，则产生电化学腐蚀，其结果将首先腐蚀防腐镀膜，从而保护钢材不受腐蚀，直到镀层被完全腐蚀，钢材才开始遭到腐蚀，较常见的是镀锌钢板。

（2）非金属保护膜防腐　采用油漆及各种有机防腐材料，通过喷涂等工艺形成金属材料的保护层，从而达到防腐蚀的目的。

（3）采用耐腐材料防腐　找寻适当的耐腐蚀材料是重要的防腐措施。选择材料时，不仅要考虑在使用条件下材料的耐腐性能好，而且还应考虑材料的机械强度、加工难易程度、耐热性能以及材料的来源和价格等。

除采用防腐措施外，净化系统操作过程中，还需加强对设备的防腐管理和维修，只有这样才能保证设备长期不受腐蚀而正常运转。

三、污染气体净化系统的抗磨损

净化系统的一项重要任务就是除尘，但粉尘在净化系统中随烟气的流动或被捕集粉尘在运输过程中，会与净化装置及管道产生不同程度的摩擦，从而造成某些部件和管道的磨损，最终造成粉尘及烟气的泄漏，大大降低了净化效果，同时还可造成扬尘，恶化作业环境，甚至因净化装置与管道的损坏，使净化系统被迫停止作业，影响整个生产过程。因此，与防腐蚀一样，净化系统的防磨损也应得到足够的重视。

（1）造成净化系统及管道等设备磨损的主要因素

1）粉尘性质的影响　不同的生产工艺，不同的原材料，产生的粉尘性质有较大差异。

2）净化装置与管道材料的影响　不同材料的抗磨损性能相差较大。对于钢材来说，因其成分、加工工艺等不同，抗磨损性能也有差异。一般情况下要选用硬度强、抗磨损性强的材质。目前可以通过不同的加工工艺和制备新型耐磨材料来提高材料的抗磨损性能。

3）输送条件的影响　净化系统中粉尘的输送管道形状、输送速度等对磨损有明显影响。实验表明，输送粉尘的磨损量与气流速度的三次方成正比。速度增大，粉尘对器壁的撞击和摩擦作用增强，磨损量必然增加。另外由于输送管道形状的变化，形成涡流或造成粉尘对管壁的撞击作用，会增大磨损量，而且输送气流方向与速度的改变，也会增加磨损量。

（2）抗磨措施

根据影响磨损的因素，在生产实践中常采用下述抗磨措施：

1）采用耐磨材料替代易磨损部件与衬里　由于净化系统中粉尘对器壁的冲击

作用不强，结合其磨损机理，主要考虑材料的耐磨性及硬度，而对材料的韧性及抗拉强度没有严格要求。目前常用的耐磨材料主要有耐磨铸铁、铸石及橡胶等。

2）选用风速不宜过高，或在局部地点降低风速　由于磨损量与风速的三次方成正比，因此，粉尘输送宜在保证不造成粉尘沉积的条件下，选择适当风速。

3）改进弯管形式，提高其耐磨性在输送磨削性严重的物料时，可根据不同的情况，选用不同的耐磨性能的弯管。

输送管道弯曲部分会造成严重的磨损，除采用耐磨材料衬里外，还可以选择适当的截面形状和尺寸，来提高其抗磨损性能。

四、污染气体净化系统的保温和防爆

在许多工业窑炉的烟气中，常含有大量的易燃易爆成分，如 CO、H_2、C_mH_n、S、P 等，因此在处理这类烟气的净化系统中，有产生燃烧和爆炸的可能。所以，在这类净化系统的选择设计与操作运行中，必须采取必要的安全防火防爆措施及合理可靠的操作规程。

（1）管道保温

在管道系统设计中，为减少输送过程的热量损耗或防止烟气结露而影响系统正常运行，则需要对管道进行保温。

常用的保温材料有石棉、矿渣棉、玻璃棉、玻璃纤维保温板、聚苯乙烯泡沫塑料、聚氨酯泡沫塑料等。它们的导热系数大都在 0.12 W/（m·℃）以内。

保温层厚度要根据保温目的计算出经济厚度。保温层经济厚度的选择应该以确定每米保温层长度的年最低操作费用为基础。这些费用由年热损失、保温层投资的年折旧、保养及检修等费用组成。

输送含腐蚀性气体的管道保温，应考虑到输送介质泄漏而造成管道保温材料腐蚀等问题，采取相应措施保护保温材料或选用耐腐蚀的保温材料。为防护保温层不受外面介质的侵蚀，特别是室外管道，必须考虑专门的保护层或保护涂层。

保温层结构一般由防腐层、保温层、防潮层和保护层组成。其结构设计可参阅有关的国家标准图。

（2）防爆

1）引起净化系统燃烧爆炸的主要因素

在一定条件下，烟气中的可燃物会产生燃烧反应，而剧烈的燃烧反应则形成爆炸。要形成爆炸，需使可燃物与氧气形成一定比例的混合物，称为可燃混合物。对可燃混合物来说，在爆炸条件下，混合物中可燃物的浓度称为爆炸浓度。刚足以引起爆炸的可燃物最低浓度，称为该可燃物的爆炸浓度下限，而最高浓度则为爆炸浓度上限，当可燃物浓度低于爆炸下限或高于爆炸上限时，均无爆炸危险。通过实验可以确定各种可燃物的爆炸浓度范同。一般情况下，燃烧热值高，粒度小，易氧化，悬浮性能好，湿度低，易带电，混合物中氧气浓度愈高的粉尘粒子易产生爆炸。

2）防爆措施

根据爆炸产生的原因及影响因素，可以采取如下防爆措施：

① 爆炸的首要条件是形成爆炸混合物。在烟气净化系统中，形成爆炸混合物的重要原因是系统的密闭性差，导致空气中的氧进入净化系统，形成爆炸性混合物。为此，要保证净化系统的气密性，防止系统负压过大，导致氧气的渗入；也要防止正压过大，使可燃成分逸出。二者都可能形成爆炸性混合物。要使设备达到绝对的密闭是很难的，所以还必须加强厂房的通风、保证车间内可燃物的浓度不致达到危险的程度，并应采用防爆的通风系统。

② 加入惰性气体，改变混合气体成分，防止形成爆炸性气体混合物。或者采用惰性气幕，防止爆炸性气体与氧气混合，形成爆炸性混合物。

③ 消除引爆源，防止因摩擦、撞击、静电及明火等产生引爆源。

④ 使用仪器监测易爆物的温度、压力、浓度、湿度等参数，为控制爆炸混合物的形成提供依据，最好安置自动监控及警报系统。

⑤ 在易发生爆炸的部位和地点设置泄爆孔与阀门。

⑥ 设计可燃气体管道时，必须使气体流量最小时的流速，大于该气体燃烧的传播火焰速度，以防止火焰向管内传播。

⑦ 为防止火焰在设备之间传播，可在管道上装设内有数层金属网或砾石层的阻火器。

⑧ 建立并不断完善严格的操作规程与管理制度。

五、污染气体净化系统的防振

机械振动不仅会引起噪声，而且会因发生共振，造成设备损坏。因此，防振、减振也是安全生产的重要措施之一。

（1）隔振　隔振是通过弹性材料防止机器与其他结构的刚性连接。通常作为隔振基座的弹性材料有橡胶、软木、软毛毡等。

（2）减振　减振是通过减振器降低振动的传递。在设备的进出口管道上应设置减振软接头（图 6-6）。风机、水泵连接的风管、水管等可使用减振吊钩（图 6-7），以减小设备振动对周围环境的影响，它具有结构简单、减振效果好、坚固耐用等特点。

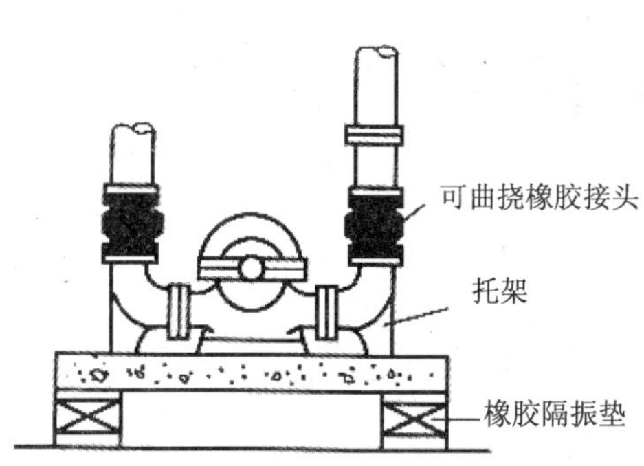

图 6-6　橡胶软接头在系统中的应用

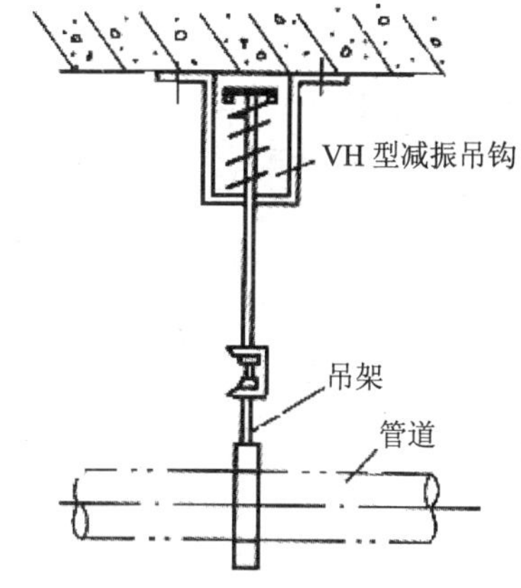

图 6-7　VH 型减振吊钩在系统中的应用

附录 技能训练项目指导书

技能训练1 粉尘真密度测定

（1）测定仪器

比重瓶，分析天平，真空泵，温度计。

（2）测定步骤

把粉尘放入装满水的比重瓶内，排出水的体积就是粉尘的真实体积。

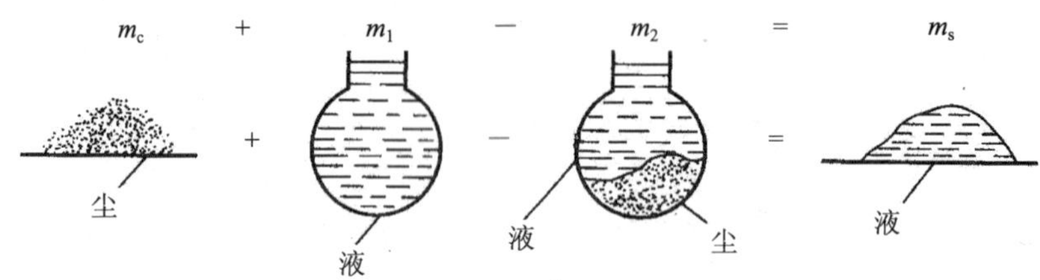

图附-1 测定粉尘真密度

由图附-1 可以看出，从比重瓶中排出的水的体积 V_s（m^3）就是粉尘样品的体积 V_c，因此水的体积为：

$$V_c=\frac{m_s}{\rho_s}=\frac{m_1+m_c-m_2}{\rho_s} \tag{附-1}$$

式中：m_s —— 排出水的质量，kg；

m_c —— 粉尘的质量，kg；

m_1 —— 比重瓶加水的质量，kg；

m_2 —— 比重瓶加水加粉尘的质量，kg；

ρ_s —— 水的密度，kg/m^3。

粉尘的真密度（kg/m^3）为：

$$\rho_c=\frac{m_c}{V_c}=\frac{m_c}{m_1+m_c-m_2}\cdot\rho_s \tag{附-2}$$

测定时应先求得 m_1，然后将烘干的尘样称重求得 m_c，并装入空比重瓶中。为了排除粉尘内部的空气，先向装有尘样的比重瓶装入一定量的液体介质（正好让尘样全部浸没），随后把装有尘样的比重瓶和装有备用液体的烧杯一起放在密闭容器内，用真空泵抽气。当容器内真空度接近 100 kPa，保持 30 min。然后取出比重瓶静置 30 min，使其与室温相同，再将备用液体注满比重瓶，称重求得 m_2。同时用温度计测出备用液体的温度，得出相应的密度ρ_s，应用公式（附-2）求出粉尘的真密度ρ_c。测定时应同时测定 2～3 个样品，然后求平均值。每两个样品的相对误差不应超过 2%。

选用的液体介质要易于渗入到粉尘内部的空隙，又不使粉尘产生物理化学变化。

技能训练 2　粉尘堆密度测定

（1）测定仪器

量筒，分析天平。

（2）测定步骤

测出粉尘在自然堆积状态下所占的体积及粉尘的质量，即可按下式求得粉尘的堆积密度ρ_d（kg/m³）：

$$\rho_d = \frac{m_z - m_0}{V} \qquad \text{（附-3）}$$

式中：m_0 —— 量筒的质量，kg；

m_z —— 盛有粉尘的量筒质量，kg；

V —— 量筒的体积，m³。

考虑到粉尘在不同堆积状态下占有的体积不同，因此先将粉尘由一定高度（约 115 mm）落入量筒内，用刮刀刮平，再称重求得容积密度。

技能训练 3　旋风除尘实验

（1）实验目的

1）通过本实验掌握旋风除尘器性能测定的主要内容和方法，并且对影响旋风除尘器性能的主要因素有较全面的了解。

2）管道中各点流速和气体流量的测定。

3）旋风除尘器压力损失和阻力系数的测定。

4）旋风除尘器除尘效率的测定。

（2）实验原理

1）气体温度和含湿量的测定。

由于除尘系统吸入的是室内空气，所以近似用室内空气的温度和湿度代表管道内气流的温度 t_s 和湿度 y_w。由挂在室内的干湿球温度计测量的干球温度和湿度温度，可查得空气的相对湿度ϕ，由干球温度可查得相应的饱和水蒸气压力 p_v，则空气所含水蒸气的体积分数 y_w 为：

$$y_w = \phi \frac{p_v}{p_a} \quad (附-4)$$

式中：p_v —— 饱和水蒸气压力，kPa；

p_a —— 当地大气压力，kPa。

2）管道中各点气流速度的测定。

本实验用测压管和 U 型管压力计（或倾斜微压计）测定管道中各测点的动压 P_k 和静压 P_s。各点的流速按下式计算。

$$v = K_p \sqrt{\frac{2P_k}{\rho}} \quad (附-5)$$

式中：K_p —— 皮托管的校正系数；

P_k —— 各点气流的动压，Pa。

测定断面上气流的密度（kg/m^3）可按下式计算：

$$\rho = 2.696[1.293\,9(1 - y_w) + 0.804 y_w]\frac{P_s}{T_s} \quad (附-6)$$

式中：P_s' —— 测定断面上气流的平均静压（绝对压力），$P_s' = P_s + P_a$，kPa；

P_s —— 气流的平均静压（相对压力），kPa；

T_s —— 气体（即室内气体）温度，K。

3）管道中气体流量的测定。

① 根据断面平均流速计算。根据各点流速可求出断面平均流速$\bar{v}$，则气体流量为

$$Q = A\bar{v} \quad (附-7)$$

式中：A —— 管道横断面积，m^2。

② 用静压法测定。根据测得的吸气均流管入口处的平均静压的绝对值$|P_s|$，并算出气体流量

$$Q = \varphi A\sqrt{\frac{2|P_s|}{\rho}} \qquad (附-8)$$

式中：$|P_s|$—— 均流管处气流平均静压的绝对值，Pa；

φ —— 均流管的流量系数。

标准状态下（273.15K，101.33 kPa）的干气体流量为

$$Q_w = 2.696(1 - y_w)\frac{P_s}{T_s}$$

4）旋风除尘器压力损失和阻力系数的测定。

本实验采用静压法测定旋风除尘器的压力损失。由于本实验装置中除尘器进、出口接管的断面积相等，气流动压相等，所以除尘器压力损失等于进、出口接管断面静压之差，即

$$\Delta P = P_{si} - P_{s0} \qquad (附-9)$$

测出旋风除尘器的压力损失之后，便可计算出旋风除尘器的阻力系数

$$\xi = \frac{\Delta P}{\rho v_1^2 / 2} \qquad (附-10)$$

式中：v_1 —— 旋风除尘器进口风速，m/s。

5）除尘系统中气体含尘浓度的计算。

① 旋风除尘器入口前气体含尘浓度的计算

$$C_i = \frac{G_f}{G_i t} \qquad (附-11)$$

② 旋风除尘器出口后气体含尘浓度的计算

$$C_0 = \frac{G_f - G_s}{Q_0 t} \qquad (附-12)$$

式中：C_i，C_0—— 除尘器进出口的气体含尘浓度，g/m³；

G_f，G_s—— 发尘量与收尘量；

Q_i，Q_0—— 除尘器进、出口的气体量，m³/s；

t—— 发尘时间，s。

6）除尘效率的测定与计算。

① 质量法。测出同一时段进入除尘器的粉尘质量 G_f（g）和除尘捕集的粉尘质量 G_s（g），则除尘效率

$$\eta = \frac{G_s}{G_f} \times 100\% \qquad (附-13)$$

② 浓度法。用等速采样法测出除尘器进口和出口管道中气流含尘浓度 C_i 和 C_0（mg/m^3），则除尘效率

$$\eta = \left(1 - \frac{C_0 Q_0}{C_i Q_i}\right) \times 100\% \qquad (附-14)$$

7）除尘器处理气体量和漏风率的计算。

$$处理气体量\ Q = \frac{1}{2}(Q_1 + Q_0) \qquad (附-15)$$

$$漏风率\ \sigma = \frac{Q_i + Q_0}{Q_i} \times 100\% \qquad (附-16)$$

（3）实验装置

单管旋风除尘器实验装置（以 CJK02 型旋风除尘实验装置为例），包括：

1）微电脑进气粉尘浓度检测系统 1 套；

2）微电脑尾气粉尘浓度检测系统 1 套；

3）微电脑在线风速、风量检测系统 1 套；

4）微电脑在线风压检测系统 1 套；

5）10 英寸液晶显示器 1 套；

6）数据处理分析系统 1 套（能记录保存实验数据，数据变化曲线分析，取样时间设定，工作效率自动换算等功能）；

7）计算机通讯接口 1 套；

8）在线温度、湿度检测系统 1 套；

9）微型打印机（可直接打印分析数据、不需另配计算机和打印机）1 套；

10）装置配有有机玻璃旋风除尘器主体粉尘布灰装置 1 套；

11）透明有机玻璃喇叭型进灰管段 1 套；

12）自动粉尘加料装置 1 套；

13）卸灰装置（集尘室）1 套；

14）进出口风管 1 套；

15）设备配有气尘混合系统，使风管内的粉尘分布均匀 1 套；

16）采样口 2 组；

17）高压离心通风机 1 台；

18）不锈钢风量调节阀 1 套；

19）仪表电控箱 1 只；

20）漏电保护开关 1 套；

21）按钮开关 2 只；

22）电源线 1 批；

23）不锈钢支架等组成 1 套；

24）其他：干湿球温度计 1 支、湿式冲击瓶 2 个、空盒式气压表 1 个、旋片式真空泵 2 个、钢卷 2 个、秒表 2 个、转子流量计 1 支、光电分析天平 1 台、倾斜式微压计 3 台、托盘天平 1 台、皮托管 2 支、鼓风干燥机 1 台、烟尘采样管 2 支、干燥器 2 个、烟尘测试仪 2 台、弹簧压力表 1 支。

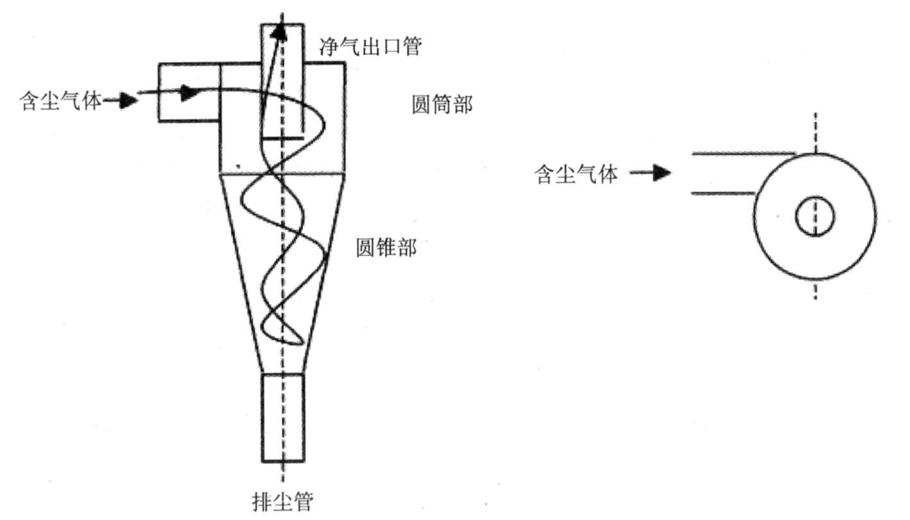

图附-2　旋风除尘器结构

（4）实验步骤

1）测定室内空气干球和湿球温度、大气压力、计算空气湿度。

2）测量管道直径，确定分环数和测点数，求出各测点距管道内壁的距离，并用胶布标志在皮托管和采样管上。

3）测定各点流速和风量。用测压计测出各点气流的动压和静压，求出气体的密度、各点的气流速度、除尘器前后的风量。用托盘天平称量好一定量的尘样。

4）测定除尘效率：用取样泵一头与除尘器进、出口风管上的取样口连接另一头与烟尘测试仪相连，分别测出进气口与出气口中的气体含尘浓度并计算其含尘浓度。

5）改变系统风量，重复上述试验，确定旋风除尘器在各种工况下的性能。

（5）试验数据的记录与整理

实验时间 ______年 ____月 _____日　　空气干球温度（t_d）______ ℃

空气湿球温度（t_v）______ ℃　　空气相对湿度（ϕ）________ %

空气压力（P）________ Pa　　空气密度（ρ）________ kg/m³

1）计算旋风除尘器的处理气体量和漏风率，并将测定及计算结果记入表附-1；

2）计算旋风除尘器在各种工况下的压力损失和阻力系数并记入表附-2；

3）计算旋风除尘器在各种工况下的除尘效率记入表附-3。

表附-1　除尘器处理风量测定结果记录表

测定次数	U型管测压计或/微压计读数			微压计倾斜角度系数 K	静压 Ps/Pa	流量系数 φ	管内流速 v/（m/s）	风管横截面积 F_1/（m/s）	风量 Q/（m³/h）	除尘器进口面积 F_2/m²	除尘器进口气速 v_1/（m/s）
	初读 l_1/mm	终读 l_2/mm	实际 $\Delta l=l_1-l_2$/mm								
1											
2											
…											

表附-2　除尘器阻力测定结果记录表

测定次数	微压计读数			微压计K值	a、b断面间的静压差 ΔP_{ab}/Pa	比摩阻 R_L	直管长度 l/m	管内平局动压 P_d/Pa	管间的总阻力系数 $\Sigma\xi$	管间的局部阻力系数 ΔP_m/Pa	除尘器阻力 ΔP/Pa	除尘器的阻力 ΔP_m/Pa	除尘器进口截面处动压 P_{d1}/Pa	除尘器阻力系数 ξ
	初读 l_1/mm	终读 l_2/mm	实际 $\Delta l=l_1-l_2$/mm											
1														
2														
…														

表附-3　除尘器效率测定结果记录表

测定次数	发尘量 G_i/g	发尘时间 t/s	除尘器进口气体含尘浓度 C_i（g/m³）	收尘量 G_s/g	除尘器出口气体含尘浓度 C_j/（g/m³）	除尘器效率 η/%
1						
2						
…						

（6）讨论

1）用动压法和静压法测得的气体流量是否相同，哪一种方法更准确些，为什么？

2）当用静压法测定风量时，在清洁气流中测定和在含尘气流中测定的数值是否相等，哪一个数值更接近除尘器的运行工况，为什么？

3）用质量法和采样浓度计算的除尘效率，哪一个更准确些，为什么？

4）用静压法测定和计算旋风除尘器的压力损失有何优缺点？你能提出改进方法吗？

5）旋风除尘器的除尘效率和压力损失随处理气量的变化规律是什么？它对旋风除尘器的选择和运行控制有何意义？

6）你认为实验中还存在什么问题？应如何改进？

技能训练 4　布袋除尘实验

（1）实验目的

袋式除尘器又称过滤式除尘器，是使含尘气流通过过滤材料将粉尘分离捕集的装置，采用纤维织物作滤料的袋式除尘器，在工业废气除尘方面应用广泛，袋式除尘器的性能与其结构型式、滤料种类、清灰方式、粉尘特性及运行参数等因素有关。袋式除尘器性能的测定和计算，是袋式除尘器选择、设计和运行管理的基础，是学生必须具备的基本能力。本实验主要研究这类除尘器的性能。

1）进一步提高对袋式除尘器机构形式和除尘机理的认识；

2）掌握袋式除尘器主要性能的实验研究方法；

3）了解过滤速度对袋式除尘器压力损失及除尘效率的影响；

4）提高对除尘技术基本知识和实验技能的综合应用能力；

5）并通过实验方案设计和实验结果分析，加强创新能力的培养。

（2）实验原理

本实验是在除尘器结构型式、滤料种类、清灰方式和粉尘特性一定的前提下，测定袋式除尘器主要性能指标，并在此基础上，测定处理气体量 Q、过滤速度 V_F 对待式除尘器压力损失（ΔP）和除尘效率（η）的影响。

1）处理气体量和过滤速度的测定和计算。

① 动压法测定：测定袋式除尘器处理气体量（Q），应同时测出除尘器进出口连接管道中的气体流量，取其平均值作为除尘器的处理气量。

$$Q=\frac{1}{2}(Q_1+Q_2) \qquad (附-17)$$

式中：Q_1，Q_2 —— 分别为袋式除尘器材进、出口连接管道中的气体流量，m^3/s。

除尘器漏风（δ）按下式计算

$$\delta = \frac{Q_1 - Q_2}{Q_1} \times 100\% \tag{附-18}$$

一般要求除尘器的漏风率小于±5%。

② 静压法测定：采用静压法测定袋式除尘器进口气体流量（Q_1），根据在测孔测得的系统入口均流管处的平均静压，按下式求得（Q_1）。

$$Q_1 = \varphi_v A\sqrt{2|P_s|/\rho} \tag{附-19}$$

式中：$|P_s|$ —— 入口今流管处气流平均静压的绝对值，Pa；

φ_v —— 均流管入口的流量系数；

A —— 除尘器进口测定断面的面积，m^2；

ρ —— 测定断面管道中气体密度，m^3。

③ 过滤速度的计算：若袋式除尘器总过滤面积为（F），则其过滤速度（V_F）按下式计算。

$$V_F = \frac{60Q_1}{F} \tag{附-20}$$

2）压力损失的测定和计算。

袋式除尘器压力损失（ΔP）由通过清洁滤料的压力损失（ΔP_f）和通过颗粒层压力损失（ΔP_p）组成。袋式除尘器的压力损失（ΔP）为除尘器进、出口管中气流的平均全压之差。当袋式除尘器进、出口管的断面面积相等时，则可采用其进、出口管中气体的平均静压之差计算，即

$$\Delta P = P_{s1} - P_{s2} \tag{附-21}$$

式中：P_{s1} —— 袋式除尘器进口管道中气体的平均静压，Pa；

P_{s2} —— 袋式除尘器出口管道中气体的平均静压，Pa。

袋式除尘器的压力损失与其清灰方式和清灰制度有关。当采用新滤料时，应预先发尘运行一段时间，使新滤料在反复过滤和清灰过程中，残余粉尘基本达到稳定后再开始实验。

考虑到袋式除尘器在运行过程中，其压力损失随运行时间产生一定变化。因此，在测定压力损失时，应每隔一定时间，连续测定（一般可考虑五次），并取其平均值作为除尘器的压力损失（ΔP）。

3）除尘效率的测定和计算。

除尘效率采用质量浓度法测定，即用等速采样法同时测出除尘器进、出口管道中气流平均含尘浓度 C_1 和 C_2，按下式计算。

$$\eta = \left(1 - \frac{C_2 Q_2}{C_i Q_i}\right) \times 100\% \qquad \text{（附-22）}$$

由于袋式除尘器效率高，除尘器进、出口气体含尘浓度相差较大，为保证测定精度，可在除尘器出口采样中，适当加大采样流量。

4）压力损失、除尘效率与过滤速度关系的分析测定。

机械振打袋式除尘器的过滤速度一般为 2～4 m/min，可在此范围内确定 5 个值进行实验。过滤速度的调整，可通过改变风机入口阀门开度，按静压法确定。当然，应要求在各组实验中，保持除尘器清灰制度固定，除尘器进口气体含尘浓度（C_1）基本不变。

为保持实验过程中 C_1 基本不变，可根据发尘量（S）、发尘时间（τ）和进口气体流量（Q_1），按下式估算出差入口含尘浓度（C_1）

$$C_1 = \frac{S}{\tau Q_1} \qquad \text{（附-23）}$$

（3）实验装置

袋式除尘器实验装置，以 CJK03 型袋式除尘器为例，主要包括如下：

1）微电脑进气粉尘浓度检测系统 1 套；

2）微电脑尾气粉尘浓度检测系统 1 套；

3）微电脑在线风速、风量检测系统 1 套；

4）微电脑在线风压检测系统 1 套；

5）10 英寸液晶显示器 1 套；

6）数据处理分析系统 1 套（能记录保存实验数据，数据变化曲线分析，取样时间设定，工作效率自动换算等功能）；

7）计算机通讯接口 1 套；

8）在线温度、湿度检测系统 1 套；

9）微型打印机（可直接打印分析数据）1 套；

10）机械自动加尘装置 1 套；

11）有机玻璃喇叭型进灰均流管段 1 套；

12）振打装置（调速电机及调速器 1 套）1 套；

13）有机玻璃制布袋除尘器（800 mm×600 mm）1 套；

14）滤袋材质为：涤纶针刺毡覆膜滤袋、滤袋过滤面积 0.26 m^2、滤袋 6 个；

15）粉尘卸灰装置、接灰斗各 1 套；

16）采样口 2 组；

17）连接管段进出口风管 1 批；

18）设备配有气尘混合系统 1 套（使风管内的粉尘分布均匀）；

19）高压离心风机 1 套、1.5 kW 电机 1 台；

20）风量调节阀 1 套；

21）排灰管道 1 付；

22）仪表电控箱 1 只；

23）漏电保护开关 1 套；

24）按钮开关 3 只；

25）电压表 1 只；

26）不锈钢支架等组成 1 套。

该实验装置共 6 个滤袋，总过滤面积为 0.26 m^2。实验滤料选用 208 工业涤纶绒布。

机械振打清灰是利用偏心振打，故配置 1 台振打电机，振打频率为 50 次/min。

为在实验过程中能定量地连续供给粉尘，控制发尘浓度，实验系统设有粉尘定量供给装置。

通风机是实验系统的动力装置，本实验选用离心通风机，转速为 2 900 r/min，全压为 1 919～1 953 Pa 所配电动机功率 0.75 kW。

在实验前应预先测量缺点喇叭形均流管的流量系数（φ_v），通风机入口前设有调节阀门，用来调节除尘器处理气体量和过滤速度。

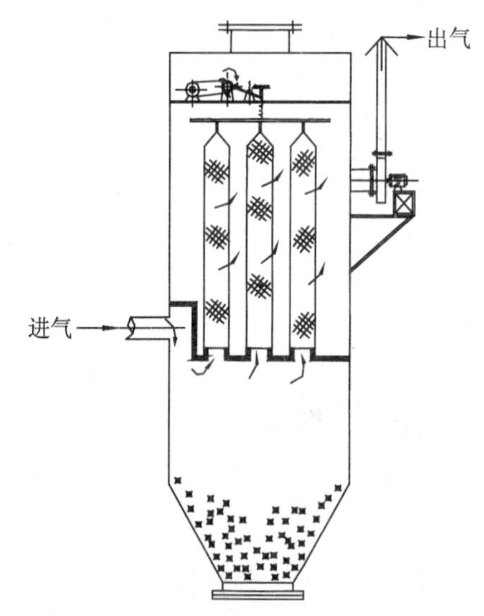

图附-3　布袋除尘实验装置

本实验还需配备以下仪器：

干湿球温度计 1 支、旋片式真空泵 2 台、空盒式气压表 1 个、秒表 2 个、钢卷尺 2 个、光电分析天平（分度值 1/10 000 g）、U 形管压差计 1 个、托盘天平（分度值为 1 g)、倾斜式微压计 3 台、干燥器 2 个、皮托管 2 支、鼓风干燥箱 1 台、烟尘采样管 2 支、超细玻璃纤维无胶滤筒 20 个、烟尘测试仪 2 台。

（4）实验步骤

1）实验内容。

①室内空气环境参数的测定。包括空气干球温度、湿球温度、相对湿度、当地大气压力等环境参数的测定。

②袋式除尘器实验装置的测定。固定袋式除尘器清灰制度，包括选择适当的振打频率与振打时间。测定除尘系统入口喇叭形均流管流量系数（φ_v）。

③袋式除尘器性能测定和计算。在固定袋式除尘器实验系统进口发尘浓度和清灰制度的条件下，测定和计算袋式除尘器处理气体量（Q)、漏风率（δ)、过滤速度（V_F)、压力损失（ΔP）和除尘效率（η)。

④实验数据的整理分析。认真记录袋式除尘器处理气体量和过滤速度、压力损失、除尘效率等性能参数测定实验数据，分析压力损失、除尘效率和过滤速度的关系。

2）实验要求。

①室内空气环境参数测定、除尘系统入口喇叭形均流管流量系数测定、风管中气体含尘浓度测定等实验方法可参照前述各实验指导书。

②为了求得除尘器的 $V_F-\eta$ 和 $V_F-\Delta P$ 的性能曲线，应在除尘器清灰制度和进口气体含尘浓度（C_1）相同的条件下，测出除尘器在不同过滤速度（V_F）下的压力损失（ΔP）和除尘效率（η)。

③除尘器进、出口风管中气体含尘浓度采样过程中，要注意监控均流管处的静压值，使之保持不变，并记录之。考虑到出口含尘浓度较低，每次采样时间不宜少于 30 min。进出口风管中含尘浓度测定可连续采样 3～4 次，并取其平均值作为其含尘浓度。

④在进行采样的同时，测定记录袋式除尘器的压力损失。压力损失亦应在除尘器处于稳定运行状态下，每间隔一定时间，连续测定并记录 5 次数据，取其平均值作为除尘器的压力损失。

⑤本实验要求每个学生综合应用前述基本知识和技能，自行编制上述各项参数的测定方案和实验步骤，经指导教师审查通过后方准予实验。

⑥本实验要求学生独立设计袋式除尘器压力损失、除尘效率与过滤速度关系的测定记录表和 $V_F-\eta$、$V_F-\Delta P$ 实验性能曲线图。

（5）实验数据记录

1）处理气体量和过滤速度。

按表附-4 记录和整理数据。按式（附-17）计算除尘器处理气体量，按式（附-18）计算除尘器漏风率，按式（附-20）计算除尘器过滤速度。

2）压力损失。

按表附-5 记录整理数据。按式（附-21）计算压力损失，并取 5 次测定数据的平均值（ΔP）作为除尘器压力损失。

3）除尘效率。

除尘效率测定数据按表附-6 记录整理。除尘效率按式（附-22）计算。

4）压力损失、除尘效率与过滤速度的关系。

本项是继压力损失（ΔP）、除尘效率（η）和过滤速度（V_F）测定完成后，自行设计记录表，整理五组不同 V_F 下的 ΔP 和 η 数据，并独立设计分析图，绘制 $V_F-\Delta P$ 和 $V_F-\eta$ 实验性能曲线。

表附-4　袋式除尘器处理气体流量及过滤速度测定记录表

除尘器型号规格	除尘器过滤面积 A/m_2	当地大气压力 P_A/kPa	空气湿球温度/℃	空气干球温度/℃	空气相对湿度 φ/%	空气中水蒸气体积分数 y_w/%	均流管流量系数 φ_v	均流管处静压 $\lvert P_s\rvert$/Pa	测定日期	测定人员
				除尘器进口测定断面				除尘器出口测定断面		备注
测定点		A_1	A_2	A_3	A_4	B_1	B_2	B_3	B_4	
管道内气体动压	微压计初读值 l_0									
	微压计终读值 l									
	差值 $\Delta l=l-l_0$									
	微差计系数 K									
	各测点气体动压 P_d/Pa									
管道内气体静压	微压计初读值 l_0									
	微压计终读值 l									
	差值 $\Delta l=l-l_0$									
	微差计系数 K									
	各测点气体动压 P_s/Pa									
	测定断面气体平均静压 P_s/Pa									
皮托管系数 K_P										
管道内气体密度 $\rho/(kg/m^3)$										
各测点气体流速 v/(m/s)										
测定断面平均流速 $\bar{v}$ /(m/s)										
测定断面面积 F/m^2										
测定断面气体流量 $Q_i/(m^3/s)$										
除尘器处理气体流量 $Q/(m^3/s)$										
除尘器过滤速度 V_F/(m/min)										
除尘器漏风率 δ/%										

表附-5 袋式除尘器压力损失测定记录表

袋式除尘器			清灰制度			粉尘特性		过滤速度/(m/min)	测定日期	测定人
规格型号	滤料种类	过滤面积/m^2	振打频率次/min	振打周期/min	振打时间/s	种类	d_{50}/μm			

测定序号	每次间隔时间 t/min	除尘器处理气体流量（静压法）			除尘器进出口平均压差 P_{s12}/Pa	测定断面至除尘器进出口压力损失之和			除尘器压力损失各组测定值 $\Delta P=\Delta P_{s12}-\sum\Delta P_i$/Pa	除尘器压力损失 ΔP/Pa
		均流管流量系数 φ_v	均流管处静压 $\lvert P_s\rvert$/Pa	处理气体流量 Q/(m^3/s)		摩擦压力损失 $\sum\Delta P_L$/Pa	局部压力损失 $\sum\Delta P_m$/Pa	压力损失之和 $\sum\Delta P_i$/Pa		
1										
2										
3										
4										
5										

表附-6 袋式除尘器净化效率测定记录表

除尘器规格型号	清灰制度			处理气体流量			过滤速度 V_F/(m/min)	粉尘特性		大气压力 P_A/kPa	测定日期	测定人
	振打频率次/min	振打周期/min	振打时间/s	φ_V	$\lvert P_s\rvert$/Pa	Q/(m^3/s)		种类	d_{50}/μm			

测定点		除尘器进口测定断面				除尘器出口测定断面				
测定点		A_1	A_2	A_3	A_4	B_1	B_2	B_3	B_4	备注
流量计读数	控制值									
q_m/(L/min)	实测值									
滤筒号										
采样头直径 d/min										
采样时间 t/min										
采样流量 V/L										
流量计前的气体参数	温度 t_m/℃									
	压力 P_m/kPa									
标准采样流量 VN_d/L										

除尘器规格型号	清灰制度			处理气体流量			过滤速度 V_F/(m/min)	粉尘特性		大气压力 P_A/kPa	测定日期	测定人
	振打频率次/min	振打周期/min	振打时间/s	φ_V	$\lvert P_s\rvert$/Pa	Q/(m³/s)		种类	d_{50}/μm			
标准状况下干气体采气总体积$\sum VN_d$/L												
捕集尘量	滤筒初重 G_1											
	滤筒初重 G_2											
	捕集尘量 ΔG											
含尘浓度（标准状况）C/(g/m³)												
除尘器净化效率 η/%												

（6）注意事项

1）粉尘传感器使用一定时间后，必须定时清洁，以保证其测量精度。

2）机械振打袋式除尘实验含尘浓度不宜超过 50 英码。

（7）讨论（讨论结果写入实验报告）

1）用动压法和静压法测得的气体流量是否相同？哪一种方法更准确些？为什么？

2）如何确立图所示系统入口均流管系数 φ_V？

3）用发尘量求得的入口含尘浓度和用等速采样法测得的入口含尘浓度，哪个更准确些？为什么？

4）测定袋式除尘器压力损失，为什么要固定其清灰制度？为什么要在除尘器稳定运行状态下连续五次读数并取其平均值作为除尘器压力损失？

5）试根据实验性能曲线 $V_F-\Delta P$、$V_F-\eta$，分析过滤速度对袋式除尘器压力损失和除尘效率的影响。

技能训练 5　静电除尘实验

（1）实验目的

1）了解电除尘器地电极配置和供电装置；

2）观察电晕放电的外观形态；

3）测定板式静电除尘器的除尘效率；

4）管道中各点流速和气体流量的测定；

5）板式静电除尘器的压力损失和阻力系数的测定；

6）测定静电除尘的风压、风速、电压、电流等因素对除尘效率的影响。

（2）实验原理

电除尘器的除尘原理是使含尘气体的粉尘微粒，在高压静电场中荷电，荷电尘粒在电场的作用下，趋向集尘极和放电极，带负电荷的尘粒与集尘极接触后失去电子，成为中性而黏附于集尘极表面上，为数很少带电荷尘粒沉积在截面很少的放电极上。然后借助于振打装置使电极抖动，将尘粒脱落到除尘的集灰斗内，达到收尘目的。

1）气体温度和含湿量的测定。

由于除尘系统吸入的是室内空气，所以近似用室内空气的温度和湿度代表管道内气流的温度 t_s 和湿度 y_w。由挂在室内的干湿球温度计测量的干球温度和湿度温度，可查得空气的相对湿度ϕ，由干球温度可查得相应的饱和水蒸气压力 P_v，则空气所含水蒸气的体积分数

$$y_w = \phi \frac{P_v}{P_a} \tag{附-24}$$

式中：P_v —— 饱和水蒸气压力，kPa；

P_a —— 当地大气压力，kPa。

2）管道中各点气流速度的测定。

本实验用测压管和 U 型管压力计（或倾斜微压计）测定管道中各测点的动压 P_k 和静压 P_s。各点的流速按下式计算：

$$V = K_p \sqrt{\frac{2P_k}{\rho}} \tag{附-25}$$

式中：K_p —— 皮托管的校正系数；

P_k —— 各点气流的动压，Pa；

ρ —— 测定断面上气流的密度，kg/m³。

气流的密度可按下式计算：

$$\rho = 2.696[1.293(1 - y_w) + 0.804 y_w] \frac{P_s'}{T_s} \tag{附-26}$$

$$P_s' = P_s + P_a$$

式中：P_s' —— 测定断面上气流的平均静压（绝对压力），kPa；

P_s —— 气流的平均静压（相对压力），kPa；

T_s —— 气体（即室内气体）温度，K。

3）管道中气体流量的测定。

① 根据断面平均流速计算。根据各点流速可求出断面平均流速$\bar{v}$，则气体流量为

$$Q=A\bar{v} \tag{附-27}$$

式中：A —— 管道横断面积，m^2。

② 用静压法测定。根据测得的吸气均流管入口处的平均静压的绝对值$|P_s|$，并算出气体流量

$$Q=\varphi A\sqrt{\frac{2|P_s|}{\rho}} \tag{附-28}$$

式中：$|P_s|$ —— 均流管处气流平均静压的绝对值，Pa；

φ —— 均流管的流量系数。

标准状态下（273.15 K，101.33 kPa）的干气体流量为

$$Q_N=2.696(1-y_w)\frac{P_s}{T_s} \tag{附-29}$$

4）静电除尘器压力损失和阻力系数的测定。

本实验采用静压法测定静电除尘器的压力损失。由于本实验装置中除尘器进、出口接管的断面积等气流动压相等，所以除尘器压力损失等于进、出口接管断面静压之差，即

$$\Delta P=P_{si}-P_{s0} \tag{附-30}$$

测出静电除尘器的压力损失之后，便可计算出旋风除尘器的阻力系数

$$\zeta=\frac{\Delta p}{\rho v_1^2/2} \tag{附-31}$$

式中：v_1—— 静电除尘器进口风速，m/s。

5）除尘系统中气体含尘浓度的计算。

① 静电除尘器入口前气体含尘浓度的计算：

$$C_i=\frac{G_f}{G_i t} \tag{附-32}$$

② 静电除尘器出口后气体含尘浓度的计算：

$$C_0 = \frac{G_f - G_s}{Q_0 t} \quad （附-33）$$

式中：C_i，C_0—— 除尘器进出口的气体含尘浓度，g/m³；

G_f，G_s——— 发尘量与收尘量；

Q_i，Q_0—— 除尘器进、出口的气体量，m³/s；

t —— 发尘时间，s。

6）除尘效率的测定与计算。

① 质量法。测出同一时段进入除尘器的粉尘质量 G_f（g）和除尘捕集的粉尘质量 G_s（g），则除尘效率

$$\eta = \frac{G_s}{G_f} \times 100\% \quad （附-34）$$

② 浓度法。用等速采样法测出除尘器进口和出口管道中气流含尘浓度 C_i 和 C_0（mg/m³），则除尘效率

$$\eta = \left(1 - \frac{C_0 Q_0}{C_i Q_i}\right) \times 100\% \quad （附-35）$$

7）除尘器处理气体量和漏风率的计算。

处理气体量 $Q = \frac{1}{2}(Q_i + Q_0)$ （附-36）

漏风率 $\delta = \frac{Q_i + Q_0}{Q_i} \times 100\%$ （附-37）

8）荷电粒子在电场中的驱进速度。

荷电粒子（电晕区外）在电场和空气阻力的共同作用下，向集尘记极板运动，其所达到的终末电力沉降速度称为粒子驱进速度，其计算式为：

$$\omega = \frac{qEC}{3\pi \mu d_p} \quad （附-38）$$

式中：ω —— 荷电粉尘粒子在电场中的驱进速度，m/s；

q —— 粉尘粒子荷电量，C；

E —— 粉尘粒子所处位置的电场强度，V/m；

μ —— 气体黏度，Pa·s；

d_p—— 粉尘粒子的直径，μm；

C —— 肯宁汉修正系数，这里可以近似估算为 $C=1+\dfrac{1.7\times10^{-7}}{d_{\mathrm{p}}}$。

9）起晕电压。

板式静电除尘器起晕电压的计算公式为：

$$V_{\mathrm{c}}=r_{\mathrm{a}}\left(31.028\delta+0.0954\sqrt{\frac{\delta}{r_{\mathrm{a}}}}\right)\ln\left(d/r_{\mathrm{a}}\right)\times10^{5} \quad（附-39）$$

式中：V_{c}—— 起晕电压，V；

r_{a} —— 电晕极半径，m；

δ —— 空气的相对密度。

当大气压力为 P（Pa），温度为 t（℃）时：

$$\delta=\frac{P}{101\,325}\cdot\frac{298}{t+273} \quad（附-40）$$

10）捕集效率。

电除尘器的捕集效率与粒子性质、电场强度、气流性质及除尘器结构等因素有关。从理论上严格的推导捕集效率公式是困难的，所以需要做一定的假设。德意希在1922年推导出除尘效率与集尘板面积、气体流量和粒子驱进速度之间的关系式（即德意希公式）时，做了以下假设：电除尘器内含尘气流为紊流；通过垂直与集尘极表面的任一断面的粉尘浓度和气流分布均匀；粉尘粒子进入电除尘器后就认为完全荷电；忽略电风、气流分布不均匀及捕集粒子重新进入气流等的影响。德意希公式为：

$$\eta=1-\exp\left(-\frac{A}{Q}\omega\right) \quad（附-41）$$

式中：A —— 电除尘器集尘板总面积，m^2；

Q —— 电除尘器的处理气量，m^3/s；

ω —— 荷电粉尘粒子在电场中的驱进速度，m/s。

11）集尘极的比集尘面积。

$$f=\frac{1}{\omega}\ln\left(\frac{1}{1-\eta}\right) \quad（附-42）$$

12）有效截面积的计算。

$$F=\frac{Q}{v} \quad \text{（附-43）}$$

式中：F—— 电除尘器有效截面积，m^2；

Q—— 处理气量，m^3/s；

v—— 气体速度，m/s。

13）集尘极总长度的计算。

$$l=\frac{A}{2nh} \quad \text{（附-44）}$$

式中：l—— 电场总长度，s；

n—— 气体在电除尘器内的通道数；

h—— 集尘极极板高度，m。

（3）实验装置、供电装置和测量仪表

高压静电除尘器实验装置，以 CJK01 型静电除尘器为例，介绍如下。

1）微电脑进气粉尘浓度检测系统 1 套；

2）微电脑尾气粉尘浓度检测系统 1 套；

3）微电脑在线风速、风量检测系统 1 套；

4）微电脑在线风压检测系统 1 套；

5）10 英寸液晶显示器 1 套、数据处理分析系统 1 套（能记录保存实验数据，数据变化曲线分析，取样时间设定，工作效率自动换算等功能）；

6）计算机通讯接口 1 套、在线温度、湿度检测系统 1 套；

7）微型打印机（可直接打印分析数据、不需另配计算机和打印机）1 套；

8）静电除尘器有机玻璃主体 1 套；

9）有机玻璃喇叭型进灰均流管段 1 套；

10）高压静电发生器 1 套；

11）发尘装置 1 套；

12）钢集尘板 4 块；

13）不锈钢电晕极；

14）电晕极间距可调节装置 1 套；

15）配有气尘混合系统、使风管内的气体浓度分布均匀 1 套；

16）出口风管、排气管道 1 套、振打电机（电机功率 30W、220V）1 套；

17）采样口 2 组、自动粉尘加料装置（调速电机 1 台、调速器）1 套；

18）卸除灰尘装置 1 套；

19）直流输出电流表 1 只、直流输出电压表 1 只、调压器 1 台、电源控制开关 1 套、振打电机控制开关 1 套、风机控制开关 1 套；

20）电源指示灯 1 个、过压指示灯 1 个、金属仪表控制箱 1 只、漏电保护开关

1套、漏电保护丝1只；

21）高压离心通风机 1 套、三相异步电动机 1 台（电机功率 1.5 kW）风量调节阀1套、电源线1套、不锈钢支架等组成1套。

22）倾斜微差计 2 台、空盒气压计 1 台、U 形压差计 1 个、托盘天平（分度值 1 g）1台、皮托管 2 支、秒表 2 块、干湿球温度计 1 支、钢卷尺 2 个。

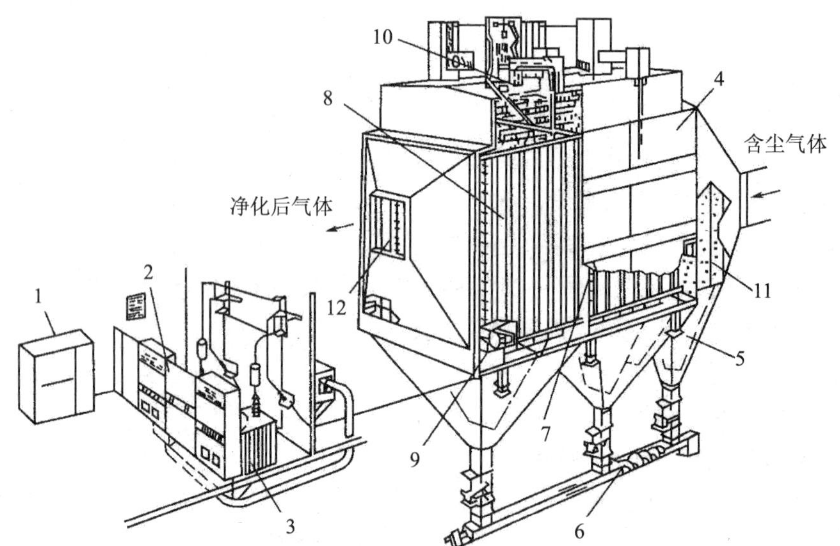

1—低压电源控制柜；2—高压电源控制柜；3—电源变压器；4—电除尘器本体；5—下灰斗；6—螺旋除灰机；7—放电极；8—集尘极；9—集尘极振打清灰装置；10—放电极振打清灰装置；11—进气气流分布板；12—出气气流分布板

图附-4　板式静电除尘器

（4）实验步骤

1）测定室内空气干球和湿球温度、大气压力、计算空气湿度。

2）测量管道直径，确定分环数和测点数，求出各测点距管道内壁的距离，并用胶布标志在皮托管和采样管上。

3）开起风机，测定各点流速和风量。用测压计测出各点气流的动压和静压，求出气体的密度、各点的气流速度、除尘器前后的风量。

4）先检查设备是否接地，如未接地请先将接地接好。检查无误后，将控制器的电流插头插入交流 220V 插座中。将电源“开关”旋柄扳于“开”的位置。控制器接通电源后，低压绿色信号灯亮。

5）将电压调节手柄逆时针转到零位，轻轻按动高压“启动”按钮，高压变压器输入端主回路接通电源。这时高压红色信号灯亮。低压信号灯灭。

6）顺时针缓慢旋转电压调节手柄，使电压慢慢升高。待电压升至 5 kV 时，打开保护开关 K，读取并记录 u_2、I_2。读完后立即将保护开关闭合，继续升压。以后每升高 5 kV 读取并记录一组数据，读数时操作方法和第一次相同，当开始出现火花时停止升压。

7）停机时将调压手柄旋回零位，按动停止按钮，则主回路电源切断。这时高压信号灯灭，绿色低压信号灯亮。再将电源“开关”关闭，即切断电源。

8）断电后，高压部分仍有残留电荷，必须使高压部分与地短路消去残留电荷，再按要求做下一组实验。

9）用托盘天平称好一定量的尘样。

10）测定除尘效率：启动风机后开始发尘，记录发尘时间和发尘量。观察除尘系统中的含尘气流和粉尘浓度的变化情况。关闭风机后，收集静电除尘器灰斗中捕集的粉尘，然后称量，按式（附-34）计算除尘效率。

11）改变系统风量，重复上述试验，确定静电除尘器在各种工况下的性能。

12）改变电场电压，重复上述试验，确定静电除尘器在各种工况下的性能。

（5）试验数据的记录与整理

实验时间 ________年 ______月 ______日　空气干球温度（t_d）________ ℃

空气湿球温度（t_v）________ ℃　空气相对湿度（ϕ）________ %

空气压力（P）________ Pa　空气密度（ρ）________ kg/m^3

电场电压 ________kV　电场电流________mA

1）计算静电除尘器的处理气体量和漏风率，并将测定及计算结果记入表附-7。

2）计算静电除尘器在各种工况下的压力损失和阻力系数并记入表附-8。

3）计算静电除尘器在各种工况下的除尘效率并记入表附-9。

表附-7　除尘器处理风量测定结果记录表

测定次数	U 型管测压计或/微压计读数			微压计倾斜角度系数 K	静压 P_s/Pa	流量系数 φ	管内流速 v/（m/s）	风管横截面积 F_1/m^2	风量 Q/（m^3/h）	除尘器进口面积 F_2/m^2	除尘器进口气速 v_2/（m/s）
	初读 l_1/mm	终读 l_2/mm	实际 $\Delta l=l_1-l_2$/mm								
1											
2											
…											

表附-8　除尘器阻力测定结果记录表

测定次数	微压计读数			微压计K值	a、b断面间的静压差 ΔP_{ab}/Pa	比摩阻 R_L	直管长度 l/m	管内平局动压 P_d/Pa	管间的总阻力系数 $\sum\xi$	管间的局部阻力系数 ΔP_m/Pa	除尘器阻力 Δp/Pa	除尘器的阻力 ΔP_m/Pa	除尘器进口截面处动压 P_{d1}/Pa	除尘器阻力系数 ξ
	初读 l_1/mm	终读 l_2/mm	实际 $\Delta l=l_1-l_2$/mm											

表附-9　除尘器效率测定结果记录表

测定次数	发尘量 G_i/g	发尘时间 τ/s	电场电压 V/v	电场电流 I/A	有效驱进速度 W/（m/s）	除尘器进口气体含尘浓度 C_i（g/m³）	收尘量 G_s/g	除尘器出口气体含尘浓度 C_j/（g/m³）	除尘器效率 η/%

（6）注意事项

1）实验前准备就绪后，经指导教师检查后才能启动高压。

2）设备启动时，电压需先调至零位，才能重新启动。

3）电流表与本测点牢靠连接，严禁开路运行。

4）实验进行时，严禁触摸高压区。

5）使用前请检查设备是否接地，如未接地请勿使用，以免危险。

6）粉尘传感器使用一定时间后，必须定时清洁，以保证其测量精度。

7）板式高压静电除尘实验含尘浓度不宜超过 30 g/m³。

（7）讨论

1）用动压法和用静压法测得的气体流量是否相同，哪一种方法更准确些，为什么？

2）当用静压法测定风量时，在清洁气流中测定和在含尘气流中测定的数值是否相等，哪一个数值更接近除尘器的运行工况，为什么？

3）用质量法和采样浓度计算的除尘效率，哪一个更准确些，为什么？

4）用静压法测定和计算静电除尘器的压力损失有何优缺点？你能提出改进方

法吗？

5）静电除尘器的除尘效率随处理气量的变化规律是什么？它对静电除尘器的选择和运行控制有何意义？

6）你认为实验中还存在什么问题？应如何改进？

7）影响起始电晕电压和火花电压的主要因素是什么？

8）电场电压与电流的变化与除尘效率的关系是什么？

技能训练 6 SO_2气体吸收实验

（1）实验目的

1）了解用板式塔吸收法净化废气中 SO_2 的原理；

2）改变空塔速度，观察吸收塔内气液接触状况和液泛现象；

3）掌握测定板式吸收塔的吸收效率及压降的方法；

4）测定化学吸收体系（碱液吸收 SO_2）的体积吸收系数。

（2）实验原理

含 SO_2 的气体可采用吸收法净化。由于 SO_2 在水中溶解度不高，常采用化学吸收法。吸收 SO_2 的吸收剂种类较多，本实验采用 NaOH 或 $NaCO_3$ 溶液作为吸收剂，吸收过程发生的主要化学反应为

$$2NaOH+SO_2 \rightarrow Na_2SO_3+H_2O$$
$$Na_2CO_3+SO_2 \rightarrow Na_2SO_3+CO_2$$
$$Na_2SO_3+SO_2+H_2O \rightarrow 2NaHSO_3$$

本实验过程中通过测定填料吸收塔进出口气体中 SO_2 的含量，即可近似计算出吸收塔的平均净化效率，进而了解吸收效果。气体中 SO_2 含量的测定可采用碘量法或 SO_2 测定仪。

本实验中通过测出填料塔进出口气体的全压，即可计算出填料塔的压降；若填料塔的进出口管道直径相等，用 U 形管压差计测出其静压差即可求出压降。对于碱液吸收 SO_2 的化学吸收体系，还可通过实验测出体积吸收系数。

1）气体温度和含湿量的测定。

由于系统吸入的是室内空气，所以近似用室内空气的温度和湿度代表管道内气流的温度 t_s 和湿度 y_w。由挂在室内的干湿球温度计测量的干球温度和湿度温度，可查得空气的相对湿度ϕ，由干球温度可查得相应的饱和水蒸气压力 P_v，则空气所含水蒸气的体积分数

$$y_w = \phi \frac{P_v}{P_a} \quad \text{（附-45）}$$

式中：P_v —— 饱和水蒸气压力，kPa；

P_a —— 当地大气压力，kPa。

2）管道中各点气流速度的测定。

本实验用测压管和 U 型管压力计或（倾斜微压计）测定管道中各测点的动压 P_k 和静压 P_s。各点的流速按下式计算：

$$V = K_p \sqrt{\frac{2P_k}{\rho}} \quad \text{（附-46）}$$

式中：K_p —— 皮托管的校正系数；

P_k —— 各点气流的动压，Pa；

ρ —— 测定断面上气流的密度，kg/m^3。

气流的密度可按下式计算：

$$\rho = 2.696[1.293(1 - y_w) + 0.804 y_w]\frac{P_s'}{T_s} \quad \text{（附-47）}$$

式中：P_s' —— 测定断面上气流的平均静压（绝对压力），$P_s'=P_s+P_a$，kPa；

P_s —— 气流的平均静压（相对压力），kPa；

T_s —— 气体（即室内气体）温度，K。

3）管道中气体流量的测定。

①根据断面平均流速计算。根据各点流速可求出断面平均流速 $\bar{v}$，则气体流量为

$$Q=A\bar{v} \quad \text{（附-48）}$$

式中：A —— 管道横断面积，m^2。

② 用静压法测定。根据测得的吸气均流管入口处的平均静压的绝对值$|P_s|$，并算出气体流量

$$Q = \varphi A \sqrt{\frac{2|P_s|}{\rho}} \quad \text{（附-49）}$$

式中：$|P_s|$ —— 均流管处气流平均静压的绝对值，Pa；

φ —— 均流管的流量系数。

标准状态下（273.15K，101.33 kPa）的干气体流量为

$$Q_N = 2.696 Q (1 - y_w) \frac{P_s}{T_s} \quad \text{（附-50）}$$

4）由样品分析数据计算标准状态下气体中 SO_2 的浓度。

$$\rho(SO_2)=\frac{(V-V_0)c(I_2)\times 64}{V_{Nd}}\times 1\,000 \qquad (附-51)$$

式中：ρ（SO_2）—— 标准状态下二氧化硫浓度，mg/m^3；

c（I_2）—— 碘溶液的量浓度，mol/L；

V —— 滴定样品消耗碘溶液的体积，mL；

V_0 —— 滴定空白消耗碘溶液的体积，mL；

64 —— SO_2 的相对分子质量；

V_{Nd} —— 标准状态下的采样体积，L。

V_{Nd} 可用下式计算：

$$V_{Nd}=1.58q'_m t\sqrt{\frac{P_m+P_a}{T_m}} \qquad (附-52)$$

式中：q'_m —— 采样流量，L/min；

t —— 采样时间，min；

T_m —— 流量计前气体地绝对温度，K；

P_m —— 流量计前气体的压力，kPa；

P_a —— 当地大气压力，kPa。

5）吸收塔的平均净化效率（η）可由下式近似求出：

$$\eta=\left(1-\frac{C_2}{C_1}\right)\times 100\% \qquad (附-53)$$

式中：C_1 —— 标准状态下吸收塔入口处气体中 SO_2 的质量浓度，mg/m^3；

C_2 —— 标准状态下吸收塔出口处气体中 SO_2 的质量浓度，mg/m^3。

6）吸收塔压降的计算：

$$\Delta P=P_1-P_2 \qquad (附-54)$$

式中：P_1 —— 吸收塔入口处气体的全压或静压，Pa；

P_2 —— 吸收塔入口处气体的全压或静压，Pa。

7）气体中 SO_2 的分压（P_{SO_2}）的计算：

$$P_{SO_2}=\frac{\rho\times 10^{-3}/32}{1\,000/22.4}\times P \qquad (附-55)$$

式中：ρ —— 标准状态下气体中 SO_2 的质量浓度，mg/m^3；

32 —— 1/2SO_2 的相对分子质量；

P —— 气体的总压，Pa。

8）体积吸收系数的计算。

以浓度差为推动力的体积吸收系数（K_{ra}）可通过下式计算：

$$K_{ra}=\frac{Q(y_1-y_2)}{hA\Delta y_m} \quad （附-56）$$

式中：Q —— 通过填料塔的气体量，kmol/h；

h —— 填料层高度，m；

A —— 填料塔的截面积，m^2；

y_1，y_2 —— 进出填料塔气体中 SO_2 的摩尔分数；

Δy_m —— 对数平均推动力。

$$\Delta y_m=\frac{(y_1-y_1^*)-(y_2-y_2^*)}{\ln\frac{y_1-y_1^*}{y_2-y_2^*}} \quad （附-57）$$

对于碱液吸收 SO_2 系统，其吸收反应为极快不可逆反应，吸收液面上 SO_2 平衡浓度 y^*可看做 0，则对数平均推动力（y_m）可表示为

$$y_m=\frac{y_1-y_2}{\ln\frac{y_1}{y_2}} \quad （附-58）$$

由于实验气体中 SO_2 浓度较低，则摩尔分数 y_1、y_2 可用下式表示。

$$y_1=\frac{P_{A1}}{P} \qquad y_2=\frac{P_{A2}}{P} \quad （附-59）$$

式中：P_{A1}，P_{A2} —— 进出塔气体中 SO_2 的分压力，Pa；

P —— 吸收塔气体的平均压力，Pa。

将式（附-54）和式（附-55）代入式（附-52）中，可得到以分压差为推动力的体积吸收系数（K_{Ga}）的计算式。

$$K_{Ga}=\frac{Q}{pAh}\ln\frac{P_{A1}}{P_{A2}} \quad （附-60）$$

（3）实验装置、流程、仪器设备和试剂

1）实验流程。

吸收液从储液槽由水泵并通过转子流量计，由填料塔上部经喷淋装置喷入塔

内，流经填料表面由塔下部排出，回入储液槽。空气由高压离心风机与 SO_2 气体相混合，配制成一定浓度的混合气。SO_2 来自钢瓶，并经流量计计量后进入进气管。含 SO_2 的空气从塔底部进气口进入填料塔内，通过填料层后，气体经除雾器后由塔顶排出。

2）实验装置。

SO_2 气体吸收实验装置，以型号为 QJK34 的吸收装置为例介绍如下。

① 微电脑 SO_2 进气浓度检测系统 1 套；

② 微电脑 SO_2 尾气浓度检测系统 1 套；

③ 微电脑在线风速、风量检测系统 1 套；

④ 微电脑在线风压检测系统 1 套；

⑤ 在线温度、湿度检测系统 1 套；

⑥ 10 英寸液晶显示器 1 套、数据处理分析系统 1 套（能记录保存实验数据，数据变化曲线分析，取样时间设定，工作效率自动换算等功能）；

⑦ 计算机通讯接口 1 套，微型打印机 1 套（可直接打印分析数据、不需另配计算机与打印机）；

⑧ 碱液吸收填料塔 1 套（D=100 mm，H=2 000 mm）；

⑨ 采样口 2 组、测压环 2 组、涡轮气泵 1 台（压力 0.016MPa，气量 100 m^3/h）；

⑩ 带气体 SO_2 钢瓶 1 套、喷淋系统 1 套、加液泵 1 台、气体流量计 2 只、液体流量计 1 只；

⑪电控箱 1 只、电压表 1 只（220V）、漏电保护开关 1 套、按钮开关 2 只、电源线、PVC 制作气体缓冲箱 1 只、排气管道到室外 1 付、连接管道、阀门、不锈钢支架套等组成；

⑫温度计（0～100℃）2 支、空盒式大气压力计 1 只、玻璃筛板吸收瓶（125 mL）20 个、锥形管（250 mL）20 个、烟气测试仪（采样用）2 台或综合烟气分析仪 2 台。

3）试剂。

① 采样吸收液：取 11 g 氨基磺酸铵，7 g 硫酸铵，加入少量水，搅拌使其溶解，继续加水至 1 000 mL，以硫酸[c（H_2SO_4）=0.05 mol/L]和氨水[c（$NH_3 \cdot H_2O$）= 0.1 mol/L]调节 pH 至 5.4。

② 碘贮备液 [c（I_2）=0.05 mol/L]：称取 12.7 g 碘放入烧杯中，加入 40 g 碘化钾，加 25 mL 水，搅拌至全部溶解后，用水稀释至 1 L，贮于棕色试剂瓶中。

标定：准确细吸取 25 mL 碘贮备液，以硫代硫酸钠溶液 [c($Na_2S_2O_3$)=0.1 mol/L] 滴定，溶液由红棕色变为淡黄色后，加 5 mL 5%淀粉溶液，继续用硫代硫酸钠溶液滴定至蓝色恰好消失为止，记下滴用定量，则：

$$c(I_2)\frac{c(Na_2S_2O_3)V}{25\times 2}$$

式中：c（I_2）——碘溶液的实际浓度，mol/L；

c（$Na_2S_2O_3$）——硫代硫酸钠溶液实际浓度，mol/L；

V——消耗硫代硫酸钠溶液的体积，mL。

③ 碘溶液 [c（I_2）=0.005 mol/L]：准确吸取 100 mL 碘贮备液[c（I_2）=0.005 mol/L] 于 1 000 mL 容量瓶中，用水稀释至标线，摇匀，贮于棕色瓶内。保存于暗处。

④ 碘代硫酸钠溶液[c（$Na_2S_2O_3$）]：取 26 g 硫代硫酸钠（$Na_2S_2O_3$•$5H_2O$）和 0.2 g 无水碳酸钠与 1000 mL 新煮沸并冷却了的水中，加 10 mL 异戊醇，充分混匀，贮于棕色瓶中。放置 3 天后进行标定。若浑浊，应过滤。

标定：将碘酸钾（优级纯）于 120～140℃干燥 1.5～2 h，在干燥器中冷却至室温。称取 0.9～1.1 g（准确至 0.1 mg）溶于水中，移入 250 mL 容量瓶中，稀释至标线，摇匀。吸取 25 mL 此溶液，于 250 mL 碘量瓶中，加 2 g 碘化钾，溶解后，加 10 mL 盐酸 [c（HCl）=2 mol/L]溶液，轻轻摇匀。于暗处放置 5 min，加 75 mL 水，以硫代硫酸钠溶液 [c（$Na_2S_2O_3$）=0.1 mol/L]滴定。至溶液为淡黄色后，加 5 mL 淀粉溶液，继续用硫代硫酸钠溶液滴定至蓝色恰好消失为止，记下消耗量（V）。

另外取 25 mL 蒸馏水，一同样的条件进行空白滴定，记下消耗量（V）

硫代硫酸钠溶液浓度可用下式计算：

$$c(Na_2S_2O_3)=\frac{W\times\frac{25.00}{250}}{(V-V_0)\times\frac{214}{1\,000\times 6}}=\frac{W\times 100}{(V-V_0)\times 35.67}$$

式中：$c(Na_2S_2O_3)$—— 硫代硫酸钠溶液实际物质的量浓度，mol/L；

W—— 碘酸钾的质量，g；

V—— 滴顶点消耗的硫代硫酸钠溶液的体积，mL；

V_0—— 滴定空白溶液消耗的硫代硫酸钠溶液的体积，mL；

214 —— 碘酸钾相对分子质量。

⑤ 0.5%淀粉溶液：取 0.5 g 可溶性淀粉，用少量水调成糊状，倒入 100 mL 煮沸的饱和氯化钠溶液中，继续煮沸直至溶液澄清（放置时间不能超过 1 个月）。

⑥ 5%烧碱或纯碱溶液：称取工业用烧碱或纯碱 5 kg，溶于 0.1 m^3 水中。作为吸收系统的吸收液。

（4）实验方法和步骤

1）正确连接实验装置，并检查系统是否漏气，并在储液槽中注入配置好的 5% 的碱溶液。

2）在玻璃筛板吸收瓶内装入采样用的吸收液 50 mL。

3）打开吸收塔的进液阀，并调节液体流量，使液体均匀喷淋，并沿填料表面缓慢流下，以充分润湿填料表面，当液体由塔底流出后，将液体流量调节至 400 L/h 左右。

4）开高压离心风机，调节气体流量，使塔内出现液泛。仔细观察此时的气液接触状况，并记录下液泛的气速。

5）逐渐减小气体流量，在液泛现象消失后。即在接近液泛现象，吸收塔能正常工作时，开启 SO_2 气瓶，并调节其流量，使奇气体中 SO_2 的含量为 0.01%～0.5%（体积分数）。

6）经过数分钟，待塔内操作完全稳定后，按表附-11 的要求开始测量并记录有关数据。

7）在吸收塔的上下取样口用烟气测试仪（或综合烟气分析仪）同时采样。采样时，先将装入吸收液的吸收瓶放在烟气测试仪的金属架上。吸收瓶上和玻璃筛板相连的接口与取样口相连；吸收瓶上另一接口与烟气测试仪的进气口相连（注意：不能接反）。然后，开启烟气测试仪，以 0.5 L/min 的采样流量采样 5～10 min（视气体中的 SO_2 浓度大小而定）。取样 2 次。

8）在液体流量不变，并保持气体中 SO_2 浓度在大致相同的情况下，改变气体的流量，按上述方法，测取 4～5 组数据。

9）实验完毕后，先关掉 SO_2 气瓶，待 1～2 min 后再停止供液，最后停止鼓入空气。

10）样品分析。将采过样的吸收瓶内的吸收液倒入锥形瓶中，并用 15 mL 吸收液洗涤吸收瓶 2 次，洗涤液并入锥形瓶中，加 5 mL 淀粉溶液，以碘溶液 [c（I_2）= 0.005 mol/L]滴定至蓝色，记下消耗量（V），另取相同体积的吸收液，进行空白滴定，记下消耗量（V_0），并将结果填入表附-10 中。

（5）实验数据记录

1）将实验策测得数据和计算的结果等填入表附-10～表附-12 中。

实验时间 ____年____月____日　　　　实验小组人员

大气压力 _______ kPa　　室温 ________℃　　液泛气速 ________ m/s。

2）根据实验结果，以空塔气速为横坐标，分别以吸收效率和压降为纵坐标，绘出曲线。

表附-10　气体浓度测定记录表

测定次数	空塔气速 υ/(m/s)	I_2液浓度/(mol/L)	塔前				塔后				净化效率 η/%
			标准状态下采样体积 V_{Nd}/L	样品耗 I_2 液 V/mL	空白耗 I_2 液 V_0/mL	标准状态下 SO_2 浓度/(mg/m^3)	标准状态下采样体积 V_{Nd}/L	样品耗 I_2 液 V/mL	空白耗 I_2 液 V_0/mL	标准状态下 SO_2 浓度/(mg/m^3)	

表附-11　实验系统测定结果记录表

测定次数	液体流量/(L/min)	空气流量		SO_2 流量		气体状态				标准状态下气体中的 SO_2 浓度				填料层高度 h/m	塔截面积 A/m^2	压降 ΔP/Pa
						塔前		塔后		塔前		塔后				
		体积流量/(L/min)	摩尔流量 Q/(kmol/h)	体积流量/(L/min)	摩尔流量 Q/(kmol/h)	温度 t_1/℃	压力 P_1/Pa	温度 t_2/℃	压力 P_2/Pa	质量浓度/(mg/m^3)	分压力 P_{A1}/Pa	质量浓度/(mg/m^3)	分压力 P_{A1}/Pa			

表附-12　实验结果汇总表

测定次数	液体流量/(kmol/h)	气体流量 Q/(kmol/h)	液气比	空塔气速 v/(m/s)	塔内气体平均压力 P/Pa	体积吸收系数 K_{Ga}(kmol·m^{-3}·h^{-1}·Pa^{-1})	效率效率 η/%	压降 ΔP/Pa

（6）讨论

1）从实验结果标绘出的曲线，你可以得出哪些结论？

2）通过该实验，你认为实验中还存在什么问题？应做哪些改进？

3）还有哪些比本实验中的脱硫方法更好的脱硫方法？

技能训练 7 NO_x 气体吸附实验

（1）实验目的

1）深入理解吸附法净化 NO_x 废气的原理和特点；

2）掌握活性炭吸附法的工艺流程和吸附装置的特点；

3）训练工艺实验的操作技能，掌握主要仪器设备的安装和使用；

4）掌握活性炭吸附法中的样品分析和数据处理的技术。

（2）实验原理

吸附是利用多孔性固体吸附剂处理流体混合物，使其中所含的一种或几种组分浓集在固定表面，而与其他组分分开的过程。产生吸附作用的力可以是分子间的引力，也可以是表面分子与气体分子的化学键力，前者称为物理吸附，后者称为化学吸附。活性炭吸附广泛用于大气污染、水质污染和有毒气体的净化领域。吸附法净化气态污染物是一种简便的方法。利用活性炭的物理吸附性能和大的比表面积，可将废气中污染气体分子吸附在活性炭上，达到净化的目的。

活性炭吸附气体中的 NO_x 是基于其较大的比表面和较高的物理吸附性能。活性炭吸附 NO_x 是可逆过程，在一定温度和压力下达到吸附平衡，而在高温、减压或化学反应等条件下被吸附的 NO_x 又被解吸出来，使活性炭得到再生而能重复使用。

本实验采用活性炭洗涤吸附床、以活性炭作为吸附剂，通过模拟 NO_x 废气，得出吸附净化效率、空塔气速和转效时间等数据。

（3）实验装置

NO_x 气体吸附实验装置，以 QJK35 型实验装置为例，介绍如下：

1）微电脑 NO_x 进气浓度检测系统 1 套；

2）微电脑 NO_x 尾气浓度检测系统 1 套；

3）微电脑在线风速、风量检测系统 1 套、微电脑在线风压检测系统 1 套；

4）在线温度、湿度检测系统 1 套；

5）10 英寸液晶显示屏 1 套、数据处理分析系统 1 套（能记录保存实验数据，数据变化曲线分析，取样时间设定，工作效率自动换算等功能）、计算机通讯接口 1 套、微型打印机 1 套（可直接打印分析数据、不需另配计算机与打印机）；

6）小型 NO 气体发生装置 1 套、活性炭吸附塔（D=100 mm，H=700 mm）1 套；

7）有机玻璃尾气洗涤罐 1 套；

8）活性炭吸附罐 1 套；

9）NO 气体及钢瓶（4 L）1 套、真空泵 1 台、进出口风管 1 套、采样口 2 组；

10）电控箱 1 只、电压表 1 只、漏电保护开关 1 套、按钮开关 1 只、电源线 1 批、连接管道 1 个、阀门 1 个、不锈钢支架等组成 1 套。

（4）实验步骤

1）实验准备。

实验准备工作在学生进行实验之前由实验室工作人员完成。

① 按流程图连接好装置并检查气密性。

② 校定流量计并绘出流量曲线图。

③ 将活性炭放入烘箱中，在 100℃以下烘 1～2 h，过筛备用。

2）实验步骤。

① 首先检查设备有无异常（漏电、漏气等），一切正常后开始操作。

② 启动气泵电源，开始进气，将进气流量计调节至 1.5～2 m^3/h。

③ 先将 NO_2 气体流量计打开，再打开钢瓶阀门并调节进气浓度（0.1%～0.5%）。

④ 进行 NO_2 气体吸附净化实验，通过改变其气体浓度、气量变化、不同吸附剂等对其吸附效率的影响。

⑤ 待吸附剂饱和以后，停止吸附操作，转入化学洗涤脱附阶段，此时须先 SO_2 气体钢瓶关闭。停止进气，然后再打开洗涤进水泵，对吸附床进行化学洗涤脱附，再生时间约需 15 min。对其基本脱附完后，停止洗涤再生。

⑥ 打开进气风机，用空气吹扫约半个小时左右。待反应器中吸附剂基本吹干后，从新进行吸附操作。

⑦ 实验完毕后，关闭风机，切断电源，清洗、整理仪器药品。

（5）实验结果

1）实验基本参数记录

吸附器直径 d= __________ mm

活性炭装填高度 H=_________mm　　　装填量 m_{AC}= _________g

操作条件：

进口气体浓度 y_0=_______________10^{-6}（体积分数）

气体流量 G=_____________ L/min

室温 T=___________________ K

环境大气绝对压力 P=_________________Pa

2）实验结果

① 记录实验数据并分析结果：

切换时刻 T'_0 ______

最低出口浓度生成时刻 T_0 ______

实验停止时刻 T ______

T与NO_2浓度的关系见表附-13。

表附-13　T与NO_2浓度的关系

实验时间	NO_2出口浓度（体积分数）/10^{-6}	净化效率 η/%
T_0		
$T_0+1\Delta T$		
$T+2\Delta T$		
…		
T'_0		

② 根据实验结果绘出SO_2吸附穿透曲线。由实验结果图定出穿透时间T_B（设穿透点浓度y_B为进口浓度的10%）和饱和时间T_E（设饱和点浓度y_E为进口浓度的70%）。

③ 根据吸附穿透曲线，确定实验所用床层的传质区高度z_a（m）、到达破点时刻吸附装置装置的吸附饱和度a以及该吸附床的动活性。

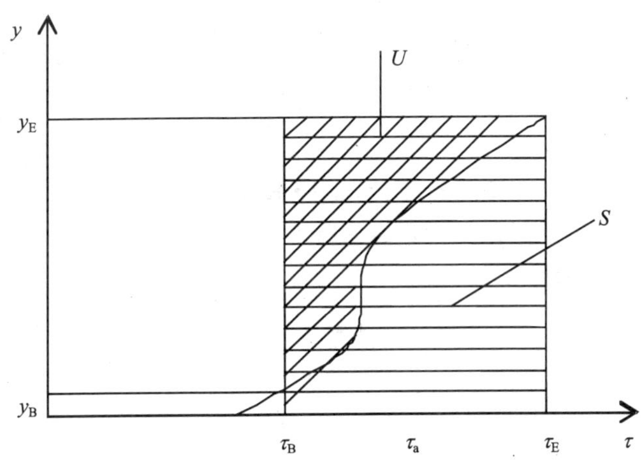

图附-5　理想状态下的吸附穿透曲线

通过图形积分，采用式（附-53）得出吸附传质区的不饱和度为

$$E=\frac{U}{S}=\frac{U}{y_0V_a}=\frac{\int_{V_B}^{V_E}(y_0-y)\mathrm{d}V}{y_0V_a} \tag{附-61}$$

式中：U —— 图中斜线阴影部分面积，表示吸附传质区的剩余吸附总量；

S —— 图中横线阴影部分面积，表示吸附传质区的总体饱和吸附容量；

V_B —— 达到破点时的累积体积，m^3；

V_E —— 达到饱和点时的累积体积，m^3；

V_a —— $V_a=V_B-V_E$，即传质区移动一个传质区长度时间段内的累积气体体积，m^3；

y_0 —— 气体进口浓度，10^{-6}；

y —— 气体出口浓度，10^{-6}。

通过式（附-54）计算出 z_a：

$$z_a=\frac{zV_a}{V_E-(1-E)V_a} \quad （附-62）$$

式中：z —— 吸附床层总长度，m。

通过式（附-55）计算出吸附饱和度 a

$$a=\frac{z-Ez_a}{z} \quad （附-63）$$

$$V_B=(\tau_B-\tau_0^{'})\times G\times 10^{-3} \quad （附-64）$$

达到破点时的吸附量 A_B 为

$$A_B(g)=\frac{M_{SO_2}(y_0-y_B)\times 10^{-6}\times V_B\times p}{RT} \quad （附-65）$$

式中：R —— 通用气体常数，8.31 J（mol • K)；

M_{SO_2} —— SO_2 的摩尔质量，64 g/mol。

动活性用下式计算：

$$动活性=\frac{A_B}{m_{AC}}$$

式中：m_{AC} —— 实验用活性炭质量，g。

（6）讨论

1）若要测定气体进口浓度的变化对吸附容量的影响，应该怎样设计实验？

2）在什么样的条件下可以使用希洛夫公式进行吸附床层的计算？根据实验结果，若设计一个炭层高度为 0.5 m 的吸附床层，它的保护时间为多少？

3）吸附温度对吸附效率的影响如何？

技能训练8　课程设计任务及指导书

（1）设计目的

通过《大气污染治理技术》课程设计实践技能训练，加深学生对该课程基础理论和基本知识（如大气污染预防与控制概念、原理、方法）的理解和掌握；培养学生在大气污染治理工程设计计算、工程绘图、查阅设计资料、运用标准与规范和应用计算机等方面的能力；在指导教师的指导下能解决有关工程的设计问题，培养学生综合运用所学知识，分析和解决工程技术问题的能力。

（2）设计要求

学生应在教师的指导下独立完成设计任务书，具体要求如下：

1）设计过程中必须独立完成设计计算和绘图工作，认真编制设计说明书。

2）所有设计计算及绘图工作必须严格按计划进行，每一部分完成后，必须经指导教师审批后才能进行下一部分的设计。

3）设计文件（说明书和计算书）要求简明扼要、清晰。图纸要求采用国家统一制图标准，图面清洁、美观。

（3）设计内容

1）工艺计算：确定主要设备的型号或尺寸；确定管道的规格和材质；编制工艺设备、管道一览表；

2）工程图绘制：带控制点的工艺流程图，工艺设备与管道平立面布置图；

3）工艺设计说明书，说明书的内容如下：

① 封面（学生自行设计，但应包括学校名称、大气污染治理技课程设计说明书、设计题目、专业、班级、设计者姓名、指导教师和设计时间）；

② 设计任务书；

③ 目录（目录的标题和页码与说明书的标题和页码一致）；

④ 前言（介绍课程设计的目的及范围）；

⑤ 整个生产流程图（方框）及流程说明（沿流程的走向顺序进行介绍）；

⑥ 工艺计算及主体设备计算；

⑦ 附工艺设备、管道一览表；

⑧ 参考文献；

⑨ 课程设计心得体会。

（4）设计题目

题目一：某硫化锌矿焙烧烟气除尘系统设计

1）设计概况。

以某典型的硫化锌矿焙烧烟气除尘系统为载体，由同学们针对烟气流理和性质，通过论证，进行该除尘系统的工艺设计。

该除尘系统的原则流程如下：

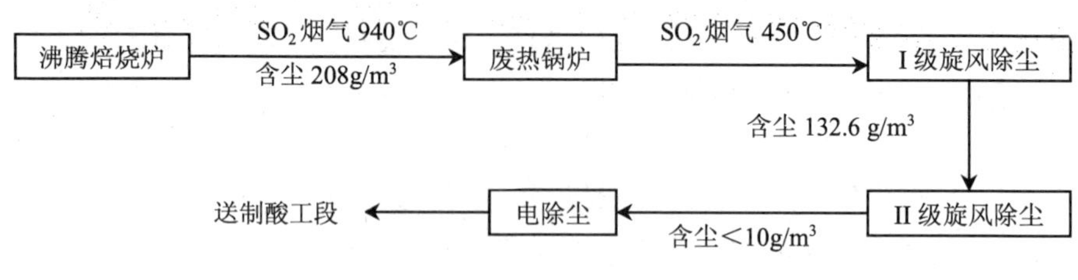

图附-6　除尘系统的原则流程

2）基础数据。

① 烟气量：Q=8 000～10 000 m^3/h，根据学号按小组划分。

② 烟气温度：940℃。

③ 烟气含尘浓度：208 g/m^3。

④ 烟气成分：

表附-14　烟气成分

成分	SO_2	SO_3	O_2	CO_2	H_2O	N_2	合计
%	9.785	0.515	4.131	0.787	7.081	77.701	100

⑤ 烟尘成分：

表附-15　烟尘成分

成分	ZnS	$ZnSO_4$	ZnO	SiO_2	CdO	Fe_2O_3
%	2.47	6.15	76.19	0.606	1.581	2.838
成分	CaO	MgO	SiO_2	Al_2O_3	其他	合计
%	2.708	0.922	5.661	0.245	0.566	100

⑥ 烟尘粒度：

表附-16 烟尘粒度

mm	0～5	5～10	10～20	20～40	40～60	＞60
%	0.8	4.10	27.12	34.56	16	17.36

⑦ 当地气象参数：

当地大气压：76.8 kPa（576 mmHg 柱）。

年平均温度：11.2℃。

相对湿度：74%。

⑧ 总除尘效率要求：工程要求总除尘效率为 99.94%～99.95%。

⑨ 系统漏风率。

表附-17 系统漏风率

漏风率/α	废热锅炉前	Ⅰ级旋风前	Ⅱ级旋风前	电除尘器前	电除尘
%	10	2	3	3	5

⑩ 系统温度变化：

Ⅱ级旋风及Ⅱ级旋风前，每米管道降温 2.5℃（含除尘装置在内），Ⅱ级旋风后每米管道降温 1.8℃。

3）主要计算公式。

① 系统处理烟气量计算公式：

$$Q = Q_0 \alpha \frac{273+t}{273} \frac{P}{B} \qquad (附\text{-}66)$$

式中：Q_0—— 出炉烟气量，m^3/h；

α —— 系统漏风率，%；

t —— 设备入口温度，℃；

P —— 标准大气压，kPa；

B —— 当地大气压，kPa。

② 排风机选型设计计算公式

风机的风量：

$$Q_{风机}=1.2Q$$

式中：1.2 —— 风量富余系数；

Q —— 除尘系统出出口烟气量。

风机的设计风压：

$$H = H_1\beta(\frac{273+T}{273+t})\frac{P}{B} \tag{附-67}$$

式中：H —— 风机设计风压，Pa；

H_1 —— 系统累积负压值，Pa；

β —— 风压富余系数，取 1.2；

P —— 标准大气压，kPa；

B —— 当地大气压，kPa；

t —— 风机制作环境温度，20℃；

T —— 风机工作状态温度，按设计值选定。

③ 电除尘器设计主要计算公式

集尘极总面积 A 计算公式：

$$\eta = 1 - \exp^{(-\frac{A}{Q}\omega_p)} \tag{附-68}$$

式中：η —— 电除尘器的除尘效率，%；

Q —— 处理烟气流量，m^3/s；

A —— 集尘极总面积，m^2；

ω_p —— 粉尘粒子的有效驱进速度，m/s。

过流断面面积 A' 的计算公式：

$$A' = \frac{Q}{u}$$

式中：Q —— 处理烟气流量，m^3/s；

u —— 烟气过流速度，m/s；

A' —— 电除尘器的过流断面面积，m^2。

④ 旋风除尘器设计的主要公式

旋风除尘器进口断面面积 A 的计算公式：

$$A = \frac{Q}{u}$$

式中：Q —— 处理烟气流量，m^3/s；

u —— 烟气进口流速度，m/s；

A —— 旋风除尘器的进口断面面积，m^2。

旋风除尘器阻力损失计算公式：

$$\Delta P = \xi\frac{\rho u^2}{2}$$

式中：ΔP —— 旋风除尘器的阻力损失，Pa；

ρ —— 进口气体密度，kg/m^3；

u —— 进口气体平均速度，m/s；

ξ —— 旋风除尘器的阻力系数。

⑤ 管径计算公式

$$D = 18.8\sqrt{\frac{Q}{u}} \qquad \text{（附-69）}$$

式中：D —— 管道公称直径，mm；

Q —— 烟气流量，m^3/h；

u —— 烟气流速，m/s。

题目二：禄丰钢铁厂烧结烟气治理除尘系统设计

1）设计概况。

以某钢铁企业炼铁厂烧结烟气除尘系统为载体，由同学们针对烟气性质，通过论证，进行该除尘系统的工艺设计。

原则流程为：烧结烟气→旋风除尘器→高压静电除尘器。

2）设计的基础资料。

① 主要扬尘点：烧结机尾、热振筛、烧结机下料端、冷料库顶、冷料底。

② 烟气量。机尾烟气量约为烧结机机头烟气量的 25%～50%，各抽风点的烟气总量为 30 600 m^3/h，进除尘系统前的管道漏风率为 5%。

③ 烟气温度。各抽风点的烟气温度不同，最低 40℃，最高 250℃。各点烟气混合后的温度为 80～90℃，一般为 100℃左右。

④ 烟气含尘浓度。各抽风点的烟气含尘浓度不同，混合后的烟气含尘浓度为 5～15 g/m^3。

⑤ 粉尘成分。总 Fe 约占 50%，其次 CaO 占 10%左右，SiO_2 小于 10%，以及少量 MgO 等。粉尘含铁量和烧结矿的含铁量相近，可以返回原料系统，重新加以利用。

⑥ 粉尘的比电阻。一般在 $10^{12}\,\Omega\cdot cm$ 以下。

⑦ 尘粉尘的磨啄性。粉尘比重大、坚硬且外形粗糙，磨啄性强。

⑧ 粉尘黏附性。粉尘黏附性强，含有 CaO，遇水易结垢、堵塞设备。粉尘颗粒细，黏附在除尘设备内部不易脱落。

⑨ 压力。净化系统均为常压，禄丰钢铁厂的大气压取 82.1 kPa。

3）主要计算公式。

主要计算公式与题目一相同。

参考文献

[1] 李连山. 大气污染控制工程第 2 版[M]. 武汉：武汉理工大学出版社，2003.

[2] 郝吉明，马广大，等. 大气污染控制工程第 2 版[M]. 北京：高等教育出版社，2002.

[3] 李广超. 大气污染控制技术[M]. 北京：化学工业出版社，2004.

[4] 金文. 大气污染控制与设备运行[M]. 北京：高等教育出版社，2007.

[5] 王继斌. 大气污染控制技术与技能实训[M]. 大连：大连理工大学出版社，2001.

[6] 金瑞林. 环境与资源保护法学第 2 版[M]. 北京：高等教育出版社，2005.

[7] 熊振湖，等. 大气污染防治技术及工程应用[M]. 北京：机械工业出版社，2003.

[8] 何争光. 大气污染控制工程及应用实例[M]. 北京：化学工业出版社，2004.

[9] 环境保护局科技标准司. 燃煤锅炉烟气除尘脱硫设施运行与管理[M]. 北京：北京出版社，2007.

[10] 台炳华. 工业烟气净化[M]. 北京：冶金工业出版社，1999.

[11] 鹿政理. 环境保护设备选用手册大气污染控制设备[M]. 北京：化学工业出版社，2002.

[12] 周兴求. 环保设备设计手册/大气污染控制设备[M]. 北京：化学工业出版社，2004.

[13] 郑永铭. 硫酸与硝酸[M]. 北京：化学工业出版社，1998.

[14] 方德明，等. 大气污染控制技术及设备[M]. 北京：化学工业出版社，2005.

[15] 福建龙净脱硫脱硝工程有限公司. 龙净烧结干法脱硫资料汇编[M].

[16] 福建龙净环保股份有限公司. FE 电袋复合式除尘器——技术资料[M].

[17] 杨丽芳，等. 楚雄德胜钢铁公司烧结机尾除尘改造实践[J]. 环境工程，2006（5），Vol. 24，No. 5：38-41.

[18] 杨丽芳，张志凌，等. 用于硅铁电炉烟气除尘的新技术[J]. 环境工程学报，2007（1），Vol. 1，No. 1：99-103.

[19] 杨丽芳，等. 普钙生产含氟尾气治理技术的应用[J]. 环境工程学报，2007（3），Vol. 3，No. 1：92-96.

[20] 杨丽芳，等. 湿式旋流脱硫除尘一体化装置在燃煤锅炉烟气烟化上的应用[J]. 环境工程学报，2007（4），Vol. 4，No. 1：96-100.